Die Kosmos Enzyklopädie der

Orchideen

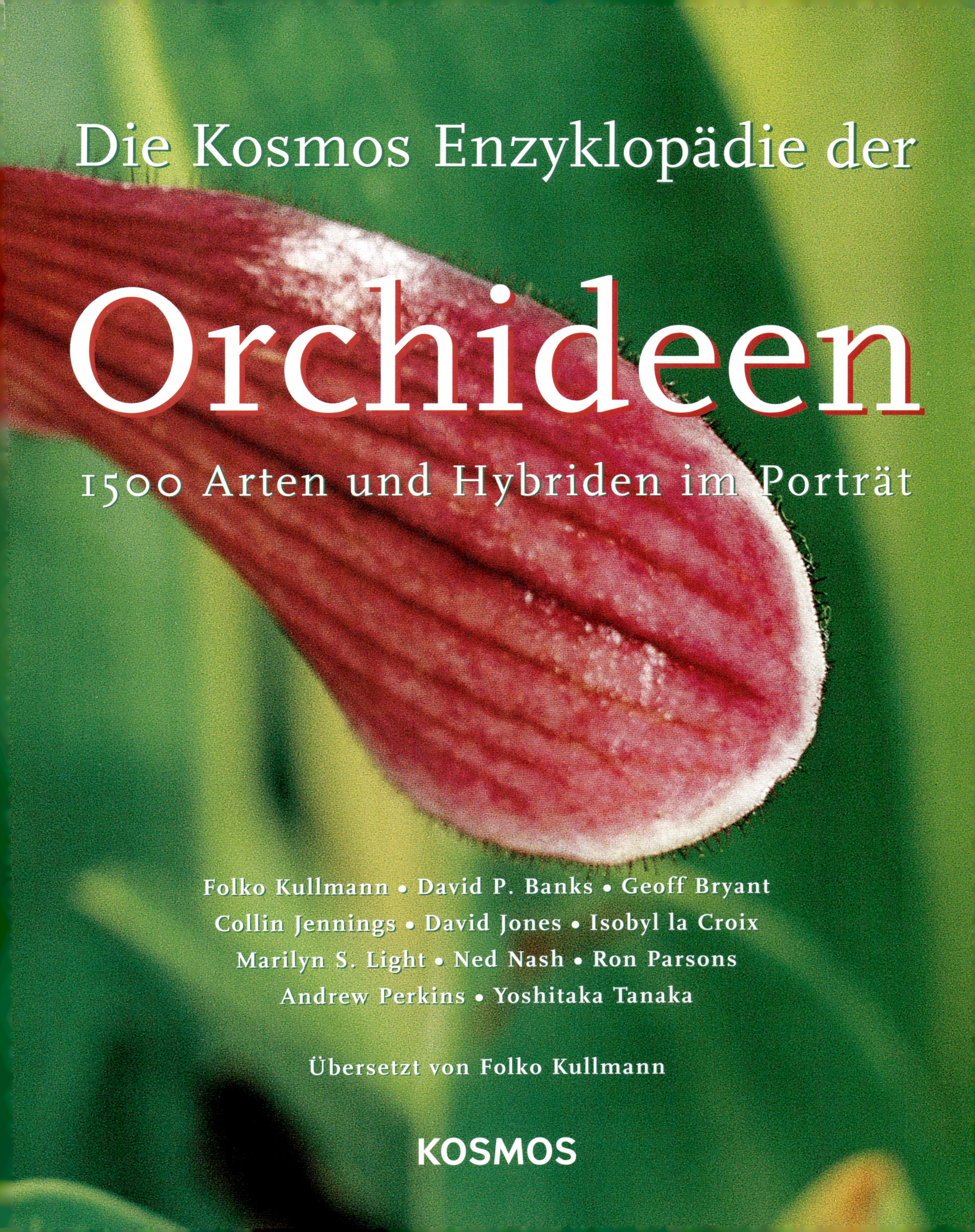

Die Kosmos Enzyklopädie der

Orchideen

1500 Arten und Hybriden im Porträt

Folko Kullmann • David P. Banks • Geoff Bryant
Collin Jennings • David Jones • Isobyl la Croix
Marilyn S. Light • Ned Nash • Ron Parsons
Andrew Perkins • Yoshitaka Tanaka

Übersetzt von Folko Kullmann

KOSMOS

Aus dem Englischen übersetzt von Dr. Folko Kullmann

Produced by Global Book Publishing Pty Ltd
181 Botany Road, Waterloo, NSW 2017, Australia
Ph 612 9310 5692 Fax 612 9690 2294
Email rightsmanager@globalpub.com.au

Reprinted in 2011

The moral rights of all contributors have been asserted.

Managing director	Jane Curry
Art directors	Stan Lamond Kylie Mulquin
Project manager	Dannielle Doggett
Consultants	Dr. Folko Kullmann, David P. Banks, Geoff Bryant, Colin Jennings, Steve Johnson, David Jones, Isobyl la Croix, Marylin S. Light., Ned Nash, Ron Parsons, Andrew Perkins, Dr. Yoshitaka Tanaka
Editors	Kate Etherington Janet Parker
Picture research	Gordon Cheers
Photo library	Alan Edwards
Index	Loretta Barnard
Production	Ian Coles
Rights manager	Kate Hill

Photographers: The publisher would be pleased to hear from photographers interested in supplying photographs that could be included in new editions of Flora's Orchids. Email: photoeditor@globalpub.com.au

Suggestions: The editors would be pleased to hear from plant nurseries, general gardeners, and specialty groups about any plants they feel should be added to future editions of Flora's Orchids. Email: editor@globalpub.com.au

Für die deutschsprachige Ausgabe:

2. Auflage

ISBN 978-3-440-13192-3

Umschlaggestaltung von Atelier Reichert, Stuttgart unter Verwendung von 1 Foto von Florapress/GAP (Hauptmotiv) und 6 Fotos von Gartenschatz, Stuttgart.
Redaktion: Verena Lindenthal
Produktion: DOPPELPUNKT, Stuttgart
Printed in China/Imprimé en Chine

Bildlegenden:
Seite 1: *Zygopetalum mackayi*
Seiten 2/3: *Paphiopedilum* sp. mit Frosch
Seiten 4/5: *Dendrobium speciosum*
Seiten 6/7: *Vanda* (Gordon Dillon x Robert Fuchs)
Seiten 8/9: verschiedene Orchideen und Farne
Seiten 10/11: *Epidendrum anceps*
Seiten 56/57: *Polystachya pubescens* 'Gleneyrie'

Alle Angaben in diesem Buch sind sorgfältig geprüft und stellen den neuesten Wissenstand zum Zeitpunkt der Veröffentlichung dar. Da sich das Wissen aber laufend in rascher Folge weiterentwickelt, muss jeder Anwender prüfen, ob die Angaben nicht durch neuere Erkenntnisse überholt sind. Dazu muss er Beipackzettel zu Dünge-, Pflanzenschutz- bzw. Pflanzenpflegemitteln lesen und genau befolgen sowie Gebrauchsanweisungen und Gesetze beachten.

Inhalt

Das Autorenteam

David P. Banks sammelt und kultiviert seit über 30 Jahren Orchideen und ist Inhaber der Orchideengärtnerei *Hills District Orchids* in Sydney, Australien. Seit 1980 hat er über 200 Beiträge über Orchideen in verschiedenen internationalen Zeitschriften veröffentlicht und ist als Rezensent über die verschiedensten Orchideenthemen in Australien und Übersee gefragt. Seit 1999 ist er Herausgeber der Zeitschrift *Australian Orchid Review*, Autor von vier Büchern, darunter das hochgelobte *Orchids of Australia*, das er zusammen mit dem botanischen Illustrator John Riley herausgegeben hat. Seine preisgekrönten Fotos sind in vielen Orchideenzeitschriften und Büchern veröffentlicht.

Geoff Bryant aus Neuseeland ist Gartenbuchautor und -fotograf und kann auf eine zehnjährige Praxiserfahrung zurückblicken. Er ist Autor von elf Büchern, darunter etliche Handbücher über Pflanzenvermehrung sowie verschiedener Zeitschriftenartikel, die mit seinen eigenen Bildern illustriert sind. Er arbeitet als Lektor, Autor und Fotograf für viele bedeutende Pflanzen- und Gartenbücher. Geoff Bryants Bilder sind bei zahlreichen internationalen Bildagenturen gelistet und er hat eine eigene Homepage (www.hortiphoto.com) im Internet.

Colin Jennings ist pensionierter Chemielehrer. Er wurde 1974 als Bewertungsrichter des *Australian Orchid Councils (AOC)* berufen und 1993 zum *Registrar General of Judging* gewählt. 2003 wurde er mit einem Fellowship des *AOCs* ausgezeichnet und zum *AOC Publications Director*. Er ist Mitglied auf Lebenszeit des *Orchid Clubs of South Australia*, war dessen Präsident für drei Jahre, *Registrar of Judges* für fast zehn Jahre und ist noch aktives Mitglied. Er war Richter und Referent auf verschiedenen Orchideenkonferenzen, darunter mehreren *World Orchid Conferences*.

David Jones ist Forscher am *Centre for Plant Biodiversity* in Canberra, Australien und beschäftigt sich seit über 40 Jahren mit Orchideen. Er hat fast alle Orchideenhabitate Australiens besucht und erfasst. Aufgrund dieser Arbeiten wurden beinahe 300 neue Arten beschrieben. Er unternahm Forschungsreisen nach Neuseeland, Neukaledonien und Papua Neuguinea, um die Verwandtschaftsverhältnisse zwischen dort vorkommenden Orchideenfloren mit denen Australiens zu studieren. Er beschäftigt sich zur Zeit in Zusammenarbeit mit Forscherkollegen aus Tasmanien mit der Taxonomie der Orchideen dieser Insel. Die Ergebnisse wurden in Band 3 des *Australian Orchid Research* und im Buch *Orchids of Tasmania* veröffentlicht.

Dr. Folko Kullmann wurde 1972 in Stuttgart geboren. Sein Interesse an Pflanzen führte zum Studium der Gartenbauwissenschaften in München und einem Studienaufenthalt in Kew Gardens, London. Während einer anschließenden dreieinhalbjährigen Forschungstätigkeit an der Technischen Universität München hat er eine Promotion über Mykorrhizapilze verfasst. Im Alter von 15 Jahren begann das Interesse an Orchideen, mit einem besonderen Schwerpunkt auf südamerikanischen Arten. Zahlreiche Reisen zu Orchideenhabitaten in Europa und nach Südafrika, Südostasien und Australien folgten. Heute arbeitet Folko Kullmann in Stuttgart als Lektor, Autor und Fotograf für Gartenbücher und -zeitschriften. Er hat auch dieses Buch aus dem Englischen ins Deutsche übersetzt.

Isobyl la Croix hat in an der Edinburgh University, Schottland, Botanik studiert. Ein Arbeitsaufenthalt ihres Manns in Malawi kam ihrem Interesse für Orchideen sehr entgegen und die dortigen Forschungen hat sie in dem Buch *Orchids of Malawi* veröffentlicht. Nach ihrer Rückkehr nach Großbritannien verfasste sie die beiden Teilbände der *Flora Zambesica* über die Orchideen Malawis, Mosambiks, Sambias, Simbabwes und Botswanas sowie die Abhandlungen über die Familien *Colchicaceae* und *Dracaenaceae* in diesem Werk. Für das *RHS Dictionary of Gardening* schrieb sie etliche Beschreibungen von Orchideengattungen. Im Jahr 1997 wurde ihr Buch *African Orchids in the Wild and in Cultivation* veröffentlicht. Heute lebt Isobyl la Croix mit ihrer Familie im Nordwesten Schottlands, kultiviert afrikanische Orchideen und arbeitet als Herausgeberin der Zeitschrift *The Orchid Review*.

Marilyn S. Light studierte an der McGill University, Montreal, Kanada. Sie ist Verfasserin zahlreicher Artikel, Bücher und wissenschaftlicher Abhandlungen über Orchideen, darunter *Growing Orchids in the Caribbean*. Sie hat 20 ihrer eigenen Kreuzungen als Hybriden registriert, ist *Past President* des *Canadian Orchid Congress'* und moderiert ein monatliches Diskussionsforum im Internet (www.ochidsafari.org). Sie ist Mitglied der *Botanical Society of America*, der *Garden Writers of America*, und der *American Orchid Society*. Im Jahr 2000 erhielt Marylin S. Light eine Silbermedallien-Auszeichnung der *Ontario Horticultural Association*.

Ned Nash erhielt im Jahr 1975 seinen *Bachelor of Arts* in Botanik an der Universität von Kalifornien in Santa Barbara. Beinahe sein ganzes Berufsleben war und ist den Orchideen gewidmet. Er schreibt für verschiedene Zeitschriften und Magazine in der ganzen Welt, seine Veröffentlichungen in Zeitschriften und Bücher sind mittlerweile kaum noch zählbar. 1995 übernahm er den Posten des *Directors of Education and Conservation* als Krönung seines ehrenamtlichen Engagements für die *American Orchid Society* als Richter, Mitglied des Komitees, des Präsidiums und als Verwalter. Ned Nash zog sich vor kurzem von einer 20-jährigen Tätigkeit als Richter zurück.

Ron Parsons beschäftigt sich seit über 30 Jahren mit Orchideen und seit fast 25 Jahren mit Orchideenfotografie. Seine Bilder sind in zahllosen Zeitschriftenbeiträgen, Büchern, Broschüren und Anzeigen erschienen. Er ist Co-Autor eines Buchs über Masdevallien, das bei Timber Press erscheinen wird. Er hält Vorträge über Orchideen und andere Pflanzen in den USA und Übersee. Zu seinen Spezialgebieten gehören die Flora Kaliforniens, Kakteen und Sukkulenten, Fleischfressende Pflanzen, Zwiebelblumen, Bromelien und Gesneriaceen.

Andrew Perkins wurde 1973 in Sydney, Australien, geboren und wuchs auf dem Land in Windsor, 40 km nördlich von Sydney auf. Schon im Alter von drei Jahren wurde er von seinen Eltern auf Orchideenausstellungen mitgenommen und begann Orchideen zu kultivieren. 1994 absolvierte er sein Studium an der Universität von Sydney mit einem *Bachelor of Science*. Sein Spezialgebiet waren Untersuchungen zur Symbiose von Orchideen und Pilzen und im Jahr 2001 schloss er seine Forschungen mit einer Promotion über die Evolution und intergenerische Verwandtschaftsgrade der australischen Orchideengattung *Calochilus* ab. Seit 2002 arbeitet Andrew Perkins an verschiedenen Forschungsprojekten am National Herbarium, Sydney, im Botanischen Garten Sydney und an der Universität von Sydney.

Dr. Yoshitaka Tanaka wurde 1948 in Kobe, Japan, geboren. Schon im Alter von 14 Jahren begann er mit der Kultur von Orchideen und die Liebe zu dieser Pflanzengruppe hat sogar dazu geführt, dass seine Tochter Ran nach der japanischen Bezeichnung für Orchidee benannt ist. Sein Spezialgebiet ist die Pflanzenzüchtung und Agrarentwicklung in den Tropen und er ist verantwortlicher Direktor der *Foundation of Agricultural Development and Education* in Thailand. Yoshitaka Tanaka hat eine Reihe von Büchern über Orchideen und andere Pflanzen Asiens verfasst, darunter *Wild Orchids in Myanmar; Tropical Fruits in Southeast Asia; Vegetables, Herbs, Spices and Mushrooms in Vietnam; Indigenous Plant Genetic Resources Used By Ethnic Minorities in Vietnam* und *An Illustrated Flora in Vietnam*.

Wunderbare Welt der Orchideen

Was sind Orchideen?

Orchideen lassen sich nicht mit einer einfachen Erklärung beschreiben. Die landläufigen Vorstellung einer Orchideen, sei es eine großblütige Cattleya, ein *Cymbidium* mit porzellangleichen Blüten oder eine bizarr geformte *Mormodes* reicht nicht aus, um die Vielfalt und den Nimbus, der von dieser Pflanzengruppe ausgeht, zu beschreiben. Ihre Geschichte, die mit ihnen verbundenen Geheimnisse und die schiere Andersartigkeit zu allen übrigen Pflanzengruppen machen Orchideen zu weltweit begehrten Sammelobjekten bei Liebhabern und Gärtnern. Keine andere Pflanzengruppe übt auf den Menschen eine so große Faszination aus, wie die der Orchideen. Sie sind Grund für zahllose Legenden, waren Anlass für rücksichtslose Fehden konkurrierender Gärtnereien im England des 19. Jahrhunderts und gehören heute zu den beliebtesten Zierpflanzen überhaupt. Im Gegensatz zu vielen anderen Sammelobjekten haben Orchideen sogar einen echten Wert. Keine andere Blume ist von vergleichbarer Schönheit oder hat ebenso lange haltbare Blüten, die mit großer Zuverlässigkeit jedes Jahre von neuem erscheinen, wenn die Pflege stimmt.

> *Der Orchideen*
> *zarte Form und leichter Duft,*
> *nicht schwer, nicht sanft, und doch*
> *so betörend, betörend.*
>
> HILDA DOOLITTLE (1886–1961), »At Baia«

Es ist aber nicht nur ihre außergewöhnliche Schönheit und Andersartigkeit, die Orchideen bei Liebhabern und Sammlern so beliebt und zu den begehrtesten und teuersten aller Zierpflanzen macht. Wären sie überall erhältlich, sähen sie alle gleich aus, wären sie billig zu haben und immer einfach zu kultivieren, und würden sie nicht mit dieser ungeheueren Vielfalt an Blütenfarben und -formen aufwarten, sie wären bei weitem nicht so begehrt, wie sie es sind.

Unten: Cattleya intermedia *var.* aquinii, *benannt nach dem brasilianischen Orchideengärtner Francisco d'Aquino, hat lippenähnliche Petalen, was als pelorisch bezeichnet wird. Diese Varietät ist bei der Züchtung vieler, so genannter »gesplashter« Cattleyenhybriden beteiligt.*

Nichtsdestotrotz sind viele Orchideenarten und -hybriden ideale Zimmerpflanzen, einfach zu kultivieren, robust, und leicht in Blumengeschäften, Gärtnereien und Gartencentern zu erwerben. Es verwundert nicht, dass die Orchideenkultur zu dem Sektor der Gartenbaubranche gehört, der weltweit am stärksten wächst und die beliebten *Phalaenopsis*-Orchideen gehören europaweit zu den meist produzierten blühenden Topfpflanzen. Sie sind mittlerweile keine teueren, exotischen Gäste für betuchte Blumenfreunde mehr, sondern können schon für wenig Geld beinahe überall erworben werden. Ob Orchideen ihren Nimbus, der sie seit Jahrhunderten umgeben hat, behalten, ob sie bei Liebhabern und Sammlern weiterhin faszinierende Objekte der Begierde bleiben werden, wird die Zeit zeigen. Sie werden allerdings ihren Spitzenplatz in der Gruppe der beliebtesten und begehrenswertesten Zierpflanzen noch für einige Zeit in der Zukunft halten.

DIE FARBEN DES REGENBOGENS

Orchideen gibt es in allen vorstellbaren Farbschattierungen.
Die Blüten variieren von Weiß und Zitronengelb bis zu den tiefsten Purpurtönen.
Die Petalen können mit Streifen, Punkten, Flecken gezeichnet sein.

Polystachya pubescens 'Gleneyrie' *(oben) hat zarte, gelbe Blüten mit braungestreiften Petalen.*

Ascocenda Pramote *(links) zeigt deutlichen Einfluss des Elternteils* Ascocentrum curvifolium.

Cymbidium-*Hybriden (Mitte links) sind sehr variabel, die meisten haben Blüten in verschiedenen Rosa-Tönen mit Punkten oder Tupfen auf der Lippe.*
Der botanische Name von Broughtonia sanguinea *(unten links) verweist auf die blutrote Blütenfarbe.*

ERKLÄRUNG DER SYMBOLE BEI DEN PFLANZENBESCHREIBUNGEN IM PORTRÄTEIL AB SEITE 58

Bei jeder Artbeschreibung geben Symbole einen schnellen Überblick über alle Eigenschaften einer Art.

- **BREITE**—Die Breite der ausgewachsenen Pflanze in der Kultur
- **HÖHE**—Die Höhe der ausgewachsenen Pflanze in der Kultur
- **EPIPHYT**—Die Pflanze wächst in der Natur auf Ästen oder Baumstämmen.
- **LITHOPHYT**—Die Pflanze wächst in der Natur auf Felsen oder Steinen.
- **TERRESTRISCH**—Die Pflanze wächst in der Natur im Erdboden.
- **SONNIG**—Die Planze bevorzugt einen hellen bis sehr hellen Standort in Kultur.
- **HALBSCHATTIG**—Die Planze bevorzugt einen hellen bis halbschattigen Standort in Kultur.
- **SCHATTIG**—Die Planze kommt mit wenig Licht aus und bevorzugt einen schattigen Standort.
- **WARM**—Die Minimumtemperaturim Winter liegt bei 16 °C
- **TEMPERIERT**—Die Minimumtemperatur im Winter liegt bei 10 °C
- **KÜHL**—Die Minimumtemperatur im Winter liegt bei 4 °C
- **FROSTHART**—Die Pflanze toleriert auch ein gewisses Maß an Frostgraden.
- **AUFFÄLLIGE BLÜTE**—Die Pflanze hat große, farbenprächtige und/oder viele Blüten.
- **TOPFKULTUR**—Die Pflanze wächst am besten im Topf
- **EPIPHYTISCHE KULTUR**—Die Pflanze wächst am besten aufgebunden.

Links: Dendrobium subclausum *kommt in der Natur in Neuguinea in vielen unterschiedlichen Höhelagen vor. Die auffälligen, gelb-roten Blüten öffnen sich nicht ganz.*

Die Verbreitung der Orchideen in der Welt

Keine andere Pflanzenfamilie ist wahrscheinlich so weit verbreitet wie die Orchideen. Es gibt nur wenige Stellen auf der Erde, an denen man, wenn man weiß wo und wann man suchen muss, keine Orchideen findet (Außer natürlich auf dem Grund der Ozeane). Vom nördlichen bis zum südlichen Polarkreis besiedeln Orchideen beinahe jede verfügbare ökologische Nische. Die Fähigkeit der Orchideen, sich an unterschiedlichste Umweltbedingungen anzupassen hat zu einer ungeheueren Artenvielfalt geführt. Je nach taxonomischer Sicht liegt die natürliche Artenzahl zwischen 25 000 und 35 000. Damit gehören Orchideen neben Gräsern und Korblütlern zu den drei artenreichsten Pflanzenfamilien überhaupt.

Die meisten Menschen denken beim Begriff »Orchidee« zuerst an Pflanzen, die aus den schwülen, feucht-heißen Regenwäldern der Tropen kommen, das stimmt jedoch nur zum Teil und gilt auch für die am häufigsten kultivierten Arten. Viele Arten kommen aus gemäßigten Zonen und sind im Winter Schnee und Frost ausgesetzt oder besiedeln trockenere Steppengebiete. In solchen Habitaten leben die Pflanzen terrestrisch, also im Erdboden verwurzelt und überdauern unwirtliche Zeiten mit unterirdischen Speicherknollen.

In den Tropen, wo die Wachstumsbedingungen besser, die Konkurrenz unter den Pflanzen aber auch stärker ist, sind viele Orchideen »auf die Bäume geklettert«. Als Aufsitzerpflanzen, so genannte Epiphyten, leben sie auf Zweigen, Ästen oder Stämmen von Bäumen und Sträuchern und sichern sich so einen Platz am Licht. Dabei fügen sie dem Wirt aber keinen Schaden zu, da sie ja nur auf der Rinde sitzen.

Während ihrer Evolution gab es bei den Orchideen, wie bei den meisten Pflanzenfamilien, Gebiete, in denen sich eine besonders große Artenzahl gebildet hat oder von denen die Besiedlung angrenzender Habitate ausging. Bei Orchiden waren das in der Neuen Welt Gebiete um Ekuador, Kolumbien und Panama; in den Tropen der Alten Welt größere Inseln des Südpazifiks sowie Malaysia und Thailand. Erdorchideen sind besonders in Mitteleuropa und China in großer Artenzahl anzutreffen. Orchideen können sich mit erstaunlicher Geschwindigkeit an verschiedene ökologische Nischen anpassen. Ein ausgezeichnetes Beispiel ist die neotropische Gattung *Masdevallia,* deren zahlreiche Arten die feucht-kühlen Bergwälder Mittel- und Südamerikas bewohnen. Die hohen, zerklüfteten Bergkämme sind oft steil und von tiefen Tälern durchzogen. In jedem dieser, voneinander abgetrennten, Canyons gibt es unterschiedliche Bestäuber, die nur eine bestimmte Art besuchen. So entstehen, nur wenige Kilometer voneinander getrennt, Populationen verwandter, aber doch deutlich getrennter Arten.

Rechts: Das 1996 registrierte, rot blühende Phragmipedium *Jason Fischer hat* P. *Memoria Dick Clements und* P. besseae *als Eltern.* P. besseae *hat leuchtend orangerote bis rote Blüten und kommt ursprünglich aus Kolumbien, Ekuador und Peru.*

Heutzutage wird die Verbreitung der Orchideen allzuoft durch menschliche Eingriffe in die Natur beeinflusst. In dem Maße, in dem Menschen große Gebiete in den Tropen für die Besiedlung, den Abbau von Rohstoffen oder die Landwirtschaft erschließen, geht die Artenzahl dramatisch zurück. Die Böden in vielen tropischen Regenwaldgebiet sind so nährstoffarm, dass die Bauern immer wieder neue Gebiete abbrennen müssen, um auf den durch die nährstoffreiche Asche gedüngten Böden für ein paar Jahre Landwirtschaft betreiben zu können. So nimmt die genetische Vielfalt, die der große Reichtum unseres Planeten ist, immer weiter ab.

Andererseits sind es oft opportunistische Orchideenarten, die mit zu den Pionieren bei der Besiedlung von Brachflächen gehören. Dieser Umstand sorgt für die Gewissheit, dass es immer Orchideen in der Natur geben wird. In Brasilien sind verschiedene *Zygopetalum*-Arten dafür bekannt, die Randstreifen von Straßen und Autobahnen zu besiedeln. Dabei werden die Blätter oft vom Verkehr oder bei der Bankettreinigung abgerissen und trotzdem erscheinen die Blütentriebe aus den Blattresten.

Oben: Vandeen kommen von Sri Lanka und India über Südostasien bis nach Neuguinea und Nordostaustralien vor. Es gibt mittlerweile Tausende von künstlichen Hybriden.

In Kolumbien wachsen entlang der Straßen in den Nebelwäldern riesige Kolonien winziger *Phragmipedium*-Sämlinge in den schweren Lehmböden, die von Mutterpflanzen oberhalb der Rodung stammen.

Nichtsdestotrotz findet man die meisten Orchideen fernab jeder Zivilisation oder dort, wo der Mensch aufgrund des Terrains nicht hingelangen kann. Die dort vorkommenden, »örtlich häufigen« Orchideen sorgen dann während der Blütezeit für spektakuläre Anblicke. Seien es Wiesen voller Erdorchideen in gemäßigten Breiten oder Bäume in den Tropen, deren Äste unter dem Bewuchs von Epiphyten kaum noch zu erkennen sind.

Oben: Masdevallia nidifica *wächst epiphytisch in den Nebelwäldern von Costa Rica, Panama, Kolumbien und Ekuador. Die Gattung* Masdevallia *umfasst etwa 500 Arten aus der Neuen Welt.*

Neben diesen, eher allgemeinen Ansprüchen der Orchideen gibt es weitere Faktoren, die eine Rolle spielen, wo eine bestimmte Pflanze wächst. Zum einen muss der Samen erst einmal an eine Stelle gelangen, an der er keimen kann und zum anderen müssen alle Wachstumsvoraussetzungen erfüllt sein, damit die Orchidee heranwachsen und blühen kann. Dies bedeutet, dass nicht selten nur wenige Pflanzen in einer Region anzutreffen sind, wenn die Samen in unmittelbarer Nähe der Mutterpflanze, die ja ideale Wachstumsbedingungen hat, keimen. An diesem Punkt kommt das so genannten Mikroklima ins Spiel. Was sind die sehr speziellen Ansprüche und die Umgebung, die den einen Lebensraum geeigneter machen, als den anderen? Das kann eine höhere oder tiefere Lage oder die Ausrichtung nach Süden, Norden, Osten oder Westen sein. Wächst die Pflanze im Schatten eines Felsens oder an der, der Sonne zuge-

Oben: Dockrillia linguiformis *kommt in Australien vom nördlichen Queensland bis New South Wales im Süden vor. Sie wächst epiphytisch oder lithophytisch und speichert in den dicken Blättern Wasser. So kann sie auch auf Felsen in der prallen Sonne wachsen.*

Orchideen in ihrem Lebensraum

Orchideen sind krautige Pflanzen, die relativ geringe Nährstoffansprüche haben und normalerweise Lebensräume besiedeln, an denen sie nicht vielen Konkurrenten ausgesetzt sind. Sie sind Opportunisten, die dort gedeihen, wo es wenig Konkurrenz durch andere Arten gibt und wachsen in Habitaten, die für viele Pflanzen grenzwertig sind. Sie brauchen dabei die drei Hauptwachstumsfaktoren Licht, Feuchtigkeit und Nährstoffe. Der Faktor, der am geringsten vorhanden ist, ist der das Wachstum begrenzende. In einem trockenen, wüstenähnlichen Lebensraum sind das das Wasser und/oder die Nährstoffe. Die Pflanzen wachsen hier so weit voneinander entfernt, dass jede genug Wasser und Nährstoffe aufnehmen kann, die sie für ihr Überleben braucht. Andere Pflanzen haben in den Zwischenräumen keinen Platz. Nährstoffe können generell in geringer Konzentration vorhanden, oder durch niedrige oder hohe pH-Werte nur schwer verfügbar sein. Wenn Licht der begrenzende Faktor ist, wie in den unteren Schichten eines tropischen Regenwalds, in die kaum ein Sonnenstrahl eindringen kann, gehen viele Pflanzen eine epiphytische Lebensweise ein, um näher an das lebenswichtige Sonnenlicht zu gelangen. Außerdem ist in Regenwäldern das Nährstoffangebot im Boden sehr begrenzt, da die meisten Nährstoffe in der Biomasse der Pflanzen gebunden sind. Deshalb können Pflanzen, die in den Baumkronen leben, von organisch gebundenen Nährstoffen aus herabfallenden Blättern, Vogel- oder Tierkot profitieren, die nie den Boden errreichen.

Rechts: Je nach Art gedeihen epiphytisch wachsende Orchideen besser am Stamm, wo sie geschützter sind und mehr Nährstoffe herabgewaschen werden, oder an den äußeren Zweigen, wo das Lichtangebot und die Luftzirkulation intensiver sind.

wandten Seite und kann so von der Wärme speichernden Eigenschaft des Steins profitieren? Wächst sie hoch in der Baumkrone oder unten am Stamm, in einer Astgabel, wo sich Nährstoffe und Feuchtigkeit sammeln oder an der Spitze eines Zweigs, der Wind und Sonne ausgesetzt ist? Auf Hügel- oder Bergkuppen wehen austrocknende Winde, an geschützen Hängen sammelt sich dagegen mehr Feuchtigkeit. Diese und viele andere Faktoren haben einen Einfluss darauf, ob eine individuelle Orchidee an einem Ort erfolgreich wächst und blüht oder eingeht. Das heißt nicht, dass sie den idealen Standort braucht, im Gegenteil. Wenn sie aber zu schattig steht und keine Blüten ansetzt oder aufgrund extremer Bedingungen nie die Blühstärke erreicht, kann sie ihre Erbanlagen auch nicht weitergeben.

Die Bedeutung des Mikroklimas

Das Mikroklima hat einen entscheidenden Einfluss auf die erfolgreiche Kultur von Orchideen. Nur bei seiner Beachtung kann das maximale Wachstumspotenzial einer Pflanze ausgeschöpft werden. Genau wie im natürlichen Habitat gibt es auch im künstlichen Kulturraum viele unterschiedliche Mikroklimabereiche. Der Abstand vom Glasdach oder Fenster, der Kühlung oder Lüftung, den Ventilatoren, benachbarten Pflanzen oder der Schattierung beeinflusst das Mikroklima und machen in Kombination mit anderen Faktoren, die sich gegenseitig verstärken, einen Platz für eine bestimmte Pflanze besser geeignet als den anderen. So wie ein Feldbiologe alle Umweltbedingungen aufzeichnet, muss auch der engagierte Orchideenfreund den Kulturraum mit allen seinen Besonderheiten kennen. Durch konstantes Beobachten der Reaktionen einer Pflanze auf Kulturmaßnahmen und der Vergleich verschiedener Standorte lässt sich der ideale Platz finden. Manchmal entscheiden wenige Zentimeter über den Blüherfolg. Die meisten Orchideen kommen aus tropischen und subtropischen Regionen und wachsen dort in unterschiedlichen Höhenlagen. Je höher der Standort, desto kühler ist er in der Regel. Weitaus mehr Orchideenarten leben in mittleren und höheren Lagen als auf Meereshöhe. Die meisten kultivierten, epiphytisch wachsenden Arten brauchen also keine feucht-heißen Bedingungen, wie oft angenommen. Das Klima eines milden Frühlingstages mit leichtem Wind und gedämpften Licht kommt den natürlichen Bedingungen in der Heimat der beliebtesten Arten viel näher. Wenn man die Pflanzen sieht, die zusammen mit Orchideen am Naturstandort wachsen, bekommt man einen guten Eindruck ihrer Ansprüche und die Kultur scheint dann längst nicht mehr so kompliziert. Verschiedene Farne, Kakteen, Begonien, Peperomien, Bromelien, Aronstabgewächse, wie der Philodendron, Gesneriaceen, zu denen das Usambara-Veilchen gehört, und noch viele weitere, altbekannte »Zimmerpflanzen« wachsen Seite an Seite mit Orchideen in deren Heimatländern.

Der Mensch ist keine Orchidee, er muss von dem Leben, was die Erde ihm gibt.
SARA JEANNETTE DUNCAN (1861–1922)

Oben: Mediocalcar decoratum *wächst in höher gelegenen Gebieten Neuguineas und trägt attraktive, gelb-orange Blüten, die im Herbst bis Winter erscheinen.*

Ganz oben: Dyakia hendersoniana *kommt epiphtisch in den Wäldern Borneos in Höhenlagen um 800 m vor. Jeder Blütentrieb trägt bis zu 30 duftende, rosa bis magentafarbene Blüten.*

Unten: Rhizanthella slateri *aus Ostaustralien wächst saprophytisch unter der Erde, nur der Blütenkopf wächst über die Oberfläche hinaus.*

Wuchsformen

Als Opportunisten haben sich Orchideen an viele verschiedene Lebensräume angepasst. Sie wachsen epiphytisch, lithophytisch, saprophytisch, terrestrisch, unterirdisch … die Liste ließe sich noch weiter verlängern. Die Wuchsform hat sich durch die verschiedenen Lebensbedingungen wie Trockenheit, Nährstoffknappheit, hohe oder niedrige pH-Werte undsoweiter entwickelt. Trotz der Vielfalt an Lebensräumen lassen sich alle Orchideen zwei Wuchsformen zuordnen. Die Sympodialen, die entlang eines Rhizoms hintereinander beblätterte Triebe mit oder ohne Pseudobulben ausbilden und die Monopodialen, bei denen entlang eines Sprosses Blätter gebildet werden, aus deren Achseln die Blütentriebe entspringen. Alle Orchideen lassen sich trotz der vielfältigen äußeren Erscheinung einer dieser beiden Wuchsformen zuordnen.

Die Größe der Orchideen reicht von winzigen, wenige Milimeter großen Vertretern der Gattungen *Bulbophyllum* oder *Pleurothallis* bis zu Riesen aus den Gattungen *Dendrobium, Grammatophyllum* oder *Sobralia* sowie der kletternden Vanille, die eine Länge von bis zu 6 m oder mehr erreichen können. Die Vielfalt ihrer Erscheinung spiegelt die Vielfalt der Lebensräume wider. Es gibt eigentlich kein gemeinsames Merkmal, an dem man Orchideen ohne Blüte als solche erkennen könnte und doch können erfahrene Botaniker eine Orchidee an bestimmten Merkmalskombinationen erkennen.

Terrestrische Orchideen

Die gemäßigten Breiten sind die Heimat der echten Erdorchideen, da die Pflanzen dort die kalten oder trockenen Winter nach dem Absterben der oberirdischen Pflanzenteile mit unterirdischen, oft knolligen Wurzeln oder Rhizomen überdauern können. Terrestrisch wachsende Orchideen sind so in der Lage, unwirtliche Witterungsbedingungen durch eine Ruhezeit zu überbrücken. Oft geht diese Anpassung so weit, dass die Pflanzen ohne diese Ruheperiode gar nicht überleben können. Diese Eigenschaft, gepaart mit der meist komplexen Anpassung an bestimmte Lebensräume macht die meisten Arten zu Objekten, die in die Hand spezialisierter Botaniker gehören oder überhaupt nicht zu kultivieren sind. Zu letzteren gehören die unterirdisch

Links: Bulbophyllum fletcherianum *ist eine der größten Arten der Gattung und hat purpurfarbene Blätter, die 0,90–1,80 m lang werden können. Die Blüten riechen eher unangenehm.*

Unten: Thelymitra matthewsii, *eine Erdorchidee aus Ostaustralien und dem nördlichen Neuseeland, hat korkenzieherartig gedrehte Blätter und trägt im Frühling eine einzelne, rosapurpurne Blüte.*

wachsenden und die saprophytischen Orchideen. Die australische *Rhizanthella gardneri* oder die saprophytische Gattung *Corallorrhiza* sind Beispiele hierfür. Sie leben in einer Symbiose mit verschiedenen Pilzen, die den chlorophylllosen Pflanzen die Nährstoffe aus den Humusschichten von Wäldern und Gebüschen erschließen. Meist sind nur die bizarr geformten, blassen Blütenstände über der Erdoberfläche sichtbar.

Je näher man sich dem Äquator nähert, desto geeigneter werden die Wachstumsbedingungen für krautige Pflanzen wie Orchideen. Arten, die aus Gegenden mit ausgeprägten Trockenzeiten, wie den Monsunregionen Asien, kommen, werfen oft die Blätter ab und haben verdickte Speicherorgane wie Pseudobulben, sukkulente Blätter oder dicke fleischige Wurzeln, um die Trockenzeit zu überstehen. In ökologischen Nischen mit ganzjährig hohen Niederschlägen, reichlichem Nährstoffangebot und gedämpften Licht wird man eher Pflanzen mit weichen Blättern und kaum ausgebildeten Wasser speichernden Organen finden. Orchideen, die in solchen Nischen am Boden leben, sind oft Semi-Epiphyten, sie wachsen nicht terrestrisch *in* der Erde sondern in der dicken Humusschicht *auf* dem Waldboden. Beispiele hierfür sind die Vertreter der Gattungen *Paphiopedilum, Cymbidium* oder *Anoectochilus* und *Ludisia*.

Epiphytische Orchideen

Die Semi-Epiphyten markieren den Übergang von der terrestrischen zur echten epiphytischen Lebensweise. Epiphyten sind keine Parasiten, sie entziehen ihrem Wirt keine Nährstoffe, sondern nutzen ihn nur als Unterlage, auf der sie wachsen. Je dichter die Wälder und Baumkronen sind, desto mehr Vorteile bietet eine epiphytische Lebensweise. Die Orchideen siedeln hoch oben in der Baumkrone und haben Zugang zum lebensnotwendigen Sonnenlicht, außerdem können sich die dicken Wurzeln entlang der Äste ausbreiten und Nährstoffe aus abgestorbenen organischen Substanzen oder Vogelkot sammeln – Nährstoffe, die meist nie bis zum Waldboden gelangen. Die meisten Orchideen, die man in der Kultur findet, sind ursprünglich Epiphyten und durch den ständigen Wechsel von Regen, Sonne und Wind am Standort ideal an ein Wohnungsklima angepasst. Die Nachahmung der Bedingungen des Naturstandorts ist der Schlüssel für eine erfolgreiche Kultur.

Lithophytische Orchideen

Die Anpassung der Orchideen an extreme Standorte hat zu einer weiteren Lebensweise geführt. Lithophyten wachsen buchstäblich auf Steinen. Viele Arten, darunter zum Beispiel Vertreter der Gattungen *Laelia* oder *Cyrtopodium*, haben sich von Epiphyten zu Lithophyten entwickelt. Diese Lebensweise bringt eine Reihe zusätzlicher Herausforderungen mit sich. Das Angebot organischer Nährstoffe ist noch begrenzter als in den Baumkronen und die Wasserversorgung auch limitiert. Diese Orchideen sind Meister im Ausnutzen und Speichern geringster Wassermengen. Ihre Wurzeln wachsen über weite Strecken bis in tiefe, feuchte Felsspalten und können bei Regen viel Wasser aufnehmen und speichern. Ein weiteres Problem, mit dem Lithophyten häufig konfrontiert sind, ist die sengende Sonne. Sie begegnen dieser mit harten, aufrecht wachsenden, ledrigen Blättern und kompakten Pseudobulben, die oft durch die Einlagerung von rötlichen Pigmenten (Anthocyanen) eine purpurrote Färbung annehmen. So wird das empfindliche Blattgrün (Chlorophyll) vor den ultravioletten Strahlen geschützt.

Oben: Die meisten Dendrobien wachsen epiphytisch, es gibt auch auch Lipthophyten in dieser Gattung. Das Verbreitungsgebiet reicht von Indien und Sri Lanka über Südostasien bis nach Australien und die Pazifischen Inseln.

Links: Paphiopedilum concolor *wächst entweder terrestrisch oder lithophytisch an steilen Kalkfelsen in schattigen Humusnestern.*

Links: Cymbidium canaliculatum *hat nicht nur attraktive Blüten, sondern auch steife, ledrige Blätter, die die Feuchtigkeit direkt zu den Wasser speichernden Pseudobulben leiten.*

Physiologische Anpassungen

Orchideen haben im Laufe der Evolution einige Anpassungen in ihrem Stoffwechsel erworben, die sie von anderen Pflanzen unterscheiden. Wie schon erwähnt, haben sich viele Orchideen an Trockenperioden – seien sie nur wenige Stunden täglich oder mehrere Monate lang – angepasst. Dies geschieht zum einen durch morphologische Veränderungen, wie dicke Blätter mit einer wachsartigen Blatthaut (Kutikula), Pseudobulben oder fleischige Wurzeln. Auf der anderen Seite besitzen Orchideen aber auch einen besonderen Mechanismus der Photosynthese, den so genannten CAM (Crassulacean Acid Metabolism). Dabei öffnen sich die Spaltöffnungen der Blätter nur nachts, wenn die Temperatur niedriger und die Luftfeuchtigkeit höher ist, um aus der Luft CO_2 aufzunehmen. Dieses wird dann in der Form von Malat, einem Zucker gespeichert und tagsüber, wenn die Sonne die nötige Energie liefert, zu Glukose (Traubenzucker), dem eigentlichen Endprodukt der Photosynthese, umgewandelt. Dabei bleiben die Spaltöffnungen geschlossen und die Pflanze verliert während der Hitze des Tages keine Feuchtigkeit.

Orchideen –
rosa, schamhaft, zierlich und keck,
locken im Sumpf zu ihrem Versteck
Lache, Oh wispernder Frühling!

SARAH FOSTER DAVIS,
»Summer Song«

Der Samen ist eine weitere Besonderheit der Orchideen. Im Gegensatz zu anderen Blütenpflanzen besitzt der Orchideensamen kein Endosperm, eine stärkehaltige Masse, die den Keimling mit Energie und Nährstoffen versorgt, bis er selbst zur Photosynthese fähig ist. Die Samen sind winzig und staubfein und werden buchstäblich zu Millionen produziert. In der Natur erfolgt die Verbreitung durch den Wind über weite Strecken oder er fällt direkt unterhalb der Mutterpflanze herab. Die wenigen Samen, die an geeignete Plätze fallen, brauchen nun einen symbiotischen Mykorrhizapilz, der durch die Samenhaut eindringt und den Embryo durch seine Stoffwechselnebenprodukte mit Energie zum Keimen versorgt. Dadurch wird deutlich, wie schwierig es in den Anfängen der Orchideenkultur war, Sämlinge zu erhalten. Trotz vieler Experimente keimten nur vereinzelte Samen auf den Wurzeln der Mutterpflanze, wenn diese noch zufällig mit den benötigten Mykorrhiza-

ORCHIDEENBLÄTTER *Orchideenblätter gibt es in vielen verschiedenen Farben, Formen und Zeichnungen.* Paphiopedilum insigne *(ganz links) hat meist einfarbig grüne Blätter,* P. tonsum *(oben links) hat oberseits marmorierte und unterseits rötliche Blattspreiten und* Dendrochilum tenellum *(unten links) könnte sogar mit einem Gras verwechselt werden, wenn es nicht blüht.*

pilzen besiedelt waren. Von einer planbaren Vermehrung in größerem Stil konnte keine Rede sein. Die meisten epiphytischen Orchideen können erst, wenn sie eine gewisse Größe erreicht haben, auch ohne diese Pilze leben. Im frühen 20. Jahrhundert entdeckte der Botaniker Lewis Knudson dank der Pionierarbeit von Bernard und Knudson die Zusammenhänge zwischen Pilzen und Orchideen. Durch die Zugabe der Nährstoffe, die sonst vom Pilz produziert werden, in einen sterilen Nährboden, war eine zuverlässliche Methode zur Vermehrung von Orchideen in großen Stückzahlen gefunden und der Grundstein für die Orchideenkultur und -produktion, wie man sie heute kennt, geschaffen.

Viele Orchideensämlinge brauchen nach einer gewissen Zeit keinen Symbiosepilz oder die Nährstoffe des Kulturmediums mehr. Die weitaus meisten Pflanzen, die sich in Kultur befinden, kommen ohne Mykorrhizapilze aus. Es gibt aber eine stattliche Anzahl terrestrisch wachsender Erdorchideen, die in einem komplexen Bodenökosystem leben und ohne Mykorrhiza auf Dauer, auch nicht in Kultur, überleben können. Einige dieser attraktiven Arten sind immer noch eine Herausforderung für engagierte Orchideenliebhaber und ihre Kultivierung ist eines der heutigen Ziele der Orchideenforschung. Noch vor 20 Jahren schien es unmöglich, zum Beispiel Arten der Gattung *Cypripedium* im Topf zu kultivieren. Die reich blühenden Schaupflanzen auf heutigen Orchideenausstellungen zeigen, dass es sich lohnt, diese Herausforderungen anzunehmen.

Die Segmente der Orchideenblüte

Orchideen gehören zu den so genannten Monokotyledonen, den Einkeimblättrigen, eine der beiden großen Pflanzengruppen der Blütenpflanzen. Die andere Gruppe sind die so genannten Dikotyledonen, die Zweikeimblättrigen. Die einkeimblättrigen Blütenpflanzen haben außer dem Merkmal, dass der Keimlig nur ein Keimblatt ausbildet, noch einige andere Gemeinsamkeiten. Die Blätter sind bei fast allen parallelnervig und die Blüten haben eine dreigeteilte Struktur. Anhand der Blütenstruktur lassen sich Orchideen von allen anderen Blütenpflanzen, und auch ihren nächsten Verwandten, den Lilien, unterscheiden. Orchideenblüten haben 2 Kränze von Blütenblättern. Der äußere Kranz besteht aus den so genannten Sepalen und der innere aus den Petalen. Eines der Petalen ist meist zu der typischen Lippe, auch Labellum genannt, umgebildet. Die Lippe dient durch ihre besondere Form und Färbung zum Anlocken und als Landeplatz von Bestäubern. Die Sexualorgane der Orchideen sind einzigartig, da der männliche Teil, die Staubbeutel, mit dem weiblichen Teil, der Narbe, zur so genannten Säule verwachsen sind. Dazu kommt, dass der Pollen zu so genannten Pollinien, zu Pollenpaketen, verklebt ist. Die Blüte ist fast immer so aufgebaut, dass eine Selbstbestäubung vermieden wird, indem mitgebrachte Pollinien von anderen Blüten vorher auf der Narbe platziert werden. Bei manchen Arten kommt es aber regelmäßig zur Selbstbestäubung während andere dies durch physiologische Barrieren verhindern können und so eine Neukombination der Gene mit denen von anderen Individuen stattfindet.

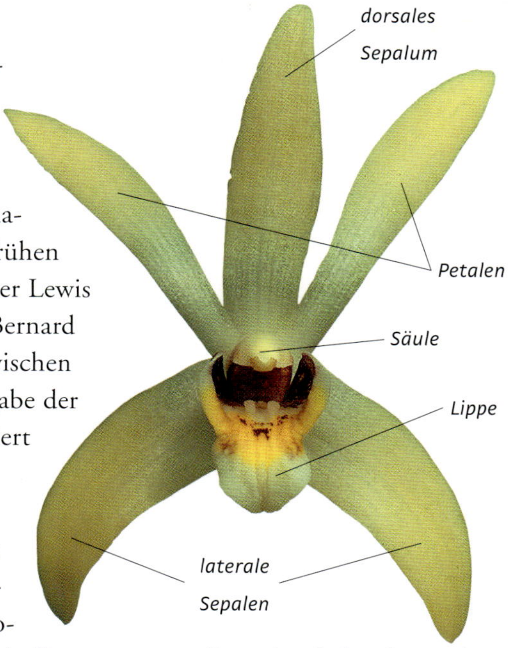

DIE BLÜTENSEGMENTE
Epigeneium triflorum *var.* orientale *(links) hat eine typische Orchideenblüte mit Sepalen, Petalen, einer Lippe und der Säule. Bis zu 17 Blüten erscheinen pro Trieb im Spätsommer.*

Rechts: Nachdem die Blütenblätter gewelkt und abgefallen sind, wird der Fruchtknoten bei diesem Paphiopedilum malipoense *sichtbar.*

Rechts: Die terrestrischen Thelymitra*-Arten aus Australien wachsen in Symbiose mit bestimmten Mykorrhizapilzen.* Thelymitra ixioides *ist von allen Arten am einfachsten zu kultivieren.*

Orchideentaxonomie und Systematik

Die Nowendigkeit, alle Organismen der Erde zu bestimmen und in einem System unterzubringen hat zum System der Nomenklatur (Benamung) und Taxonomie oder Systematik (Klassifikation) geführt, welche für Pflanzen und Tiere benutzt werden.
Die Wissenschaft der Pflanzensystematik geht etliche Jahrhunderte in der Geschichte zurück. Nach und nach entstand eine botanische Terminologie und etliche Pflanzen wurden detailliert beschrieben. Der wichtigste Schritt geschah im Jahr 1753, als der schwedische Naturforscher Carl von Linné, auch bekannt unter dem Namen Linnaeus, sein Werk *Species Plantarum* veröffentlichte. Es enthält botanische Beschreibungen verschiedener Pflanzen, darunter auch Orchideen, und jede Pflanze wurde mit einem aus zwei Teilen (Gattung und Art) zusammengesetzten Namen versehen. Dies war die Geburtsstunde der binomialen Nomenklatur, die bis heute Basis der modernen Pflanzenklassifikation ist.

Orchideen sind aufgrund ihrer vielfältigen Blütenformen und äußeren Gestalt schwierig zu klassifizieren. Sie wurden jedoch während der letzten beiden Jahrhunderte von vielen Botanikern studiert und eine allgemein akzeptierte Systematik aufgestellt.
Es gibt allerdings eine Reihe von Arten, die von verschiedenen Botanikern unterschiedlich eingeordnet werden, was bei Orchideenliebhabern immer wieder für Verwirrung sorgt.

Die Grundeinheit der botanischen Klassifizierung ist die Art. Es gibt eine Reihe von Definitionen, eine einfache ist: »Alle Individuen, die eine Reihe gemeinsamer Merkmale besitzen, die sie von anderen Individuen mit unterschiedlichen Merkmalen abgrenzen«. Diese Definition ist einleuchtend, beruht aber nur auf morphologischen Merkmalen, deren Gewichtung bei der Artabgrenzung unterschiedlich bewertet wird. Die biologische Definition fasst alle Individuen einer Population, die sich untereinander frei fortpflanzen können, zu einer Art zusammen. Dies kann auch durch die moderne DNA-Analyse bestätigt werden. Ähnliche Arten vereinigt man in einer Gattung.

MORPHOLOGISCHE VIELFALT
Frühe Botaniker hatten Schwierigkeiten, die Orchideen aufgrund der unterschiedlichen Blütenformen einzuordnen. Die Blüten von Brassia verrucosa *(oben links),* Miltoniopsis *Jean Carlson (oben rechts) und* Zygopetalum crinitum *(links) sind beispielhaft für diese Vielfalt innerhalb der Familie* Orchidaceae.

Orchideen-Nomenklatur

Das binomiale System der Pflanzennamen wird klar, wenn man es anhand eines Beispiels betrachtet: Die bekannte Gattungen *Phalaenopsis* vereint viele Arten, zum Beispiel *Phalaenopsis amabilis* und *P. schilleriana*. In der Taxonomie werden unterschiedliche Hierarchien benutzt, um Pflanzen in das System einzuordnen. Kategorien, die unterhalb des Artbegriffs liegen, wie Unterart, Form oder Varietät werden von Botanikern genutzt, um kleinere Unterschiede, die durch Isolation oder Anpassung an bestimmte Nischen entstanden sind, zu berücksichtigen. Über der Art liegt die Gattung; mehrere Gattungen werden zu Familien zusammengefügt. Alle Orchideen gehören zu der Familie *Orchidaceae,* die mit 750–900 Gattungen und etwa 25 000–35 000 Arten zu den größten im gesamten Pflanzenreich gehört.

Die botanische Nomenklatur folgt einem System und ist bestimmten Regeln unterworfen. Die Beschreibung und Benennung einer Art erfolgt anhand eines so genannten Typusexemplars, das in einem botanischen Institut im Herbarium hinterlegt werden muss. Die Prioritätsregel hat großen Einfluss auf die Namen, die Orchideenliebhaber für ihre Pflanzen verwenden. Wenn zwei oder mehr Namen gültig (in einer wissenschaftlichen Fachzeitschrift) veröffentlicht wurden, hat der zuerst veröffentlichte Name Vorrang (Priorität) und Gültigkeit vor den anderen. Es dürfen auch nicht zwei Arten einer Gattung denselben Namen tragen, der zuerst veröffentlichte ist dann der einzig gültige und korrekte Name.

Orchideentaxonomie

Die Taxonomie ist die Wissenschaft der Pflanzenklassifikation. Die moderne Orchideentaxonmie berücksichtigt Faktoren wie Blütenmorphologie, vegetative Aspekte, die Pflanzenanatomie, ökologische Einflüsse, und die Umwelt, Bestäubungsmechanismen, Pflanze-Pilz-Beziehungen, Chromosomenforschung und DNA-Analyse sowie phytochemische Analysen der Pflanzeninhaltsstoffe. Molekulargenetische Untersuchungen haben mittlerweile eine große Bedeutung eingenommen und sind für etliche Neuerkenntisse bei Evolutionsmechanismen verantwortlich. Auch viele Verwandschaftsbeziehungen wurden neu bewertet, Arten zusammengefasst, getrennt oder in andere Gattungen gestellt.

Ein gutes Beispiel dafür ist die Gattung *Dendrobium,* die traditionell ein Sammelbecken für über 1000 Arten war. Neuere DNA-Studien haben gezeigt, dass sich die Gattung in zwei Gruppen aufteilen lässt, die eine mit Ursprung in Asien, die andere aus dem australasiatischen und pazifischen Raum. Die erstere Gruppe beinhaltet *Dendrobium moniliforme*, den Typus der Gattung *Dendrobium*, die letztere Gruppe vereint so bekannte Gattungen wie *Cadetia*, *Diplocaulobium* und *Flickingeria*, von denen manche Botaniker meinen, dass sie zu *Dendrobium* gestellt werden sollten. Die neuen Ergebnisse zeigen, dass die traditionelle Klassifikation von *Dendrobium* nicht haltbar ist und Gattungen wie *Cadetia*, *Diplocaulobium* und *Flickingeria* als eigenständige Einheiten anzusehen sind. Wahrscheinlich wird *Dendrobium* nach allen Abspaltungen zum Schluss als übersichtliche Gattung mit nur 50 oder 60 Arten übrig bleiben.

Oben: Dockrillia *wurde früher zu* Dendrobium *gestellt. 1981 wurden die dickblättrigen Dendrobien aus Australien und Neuguinea in eine eigene Gattung gestellt, die sich von* Dendrobium *durch die fehlenden Pseudobulben, die bleistiftartigen Blätter und die Blütenform unterscheiden.*

Links: Epidendrum porpax *ist ein klassisches Beispiel einer Orchidee mit vielen botanischen Namen. Einige sind auch heute noch anzutreffen, obwohl sie nicht die gültigen Bezeichnungen sind. Zu den Synonymen gehören* Nanodes mathewsii *und* Neolehmannia porpax.

Orchideenhybriden und Züchtungen

Links: Cattleya × guatemalensis *ist die Naturhybride zwischen* C. skinneri *und* C. aurantiaca *und nach ihrer Herkunft Guatemala benannt. Sie blüht im Frühjahr.*

HYBRIDNAMEN
Der offizielle registrierte Name für die Kreuzung aus Phalaenopsis *Haifang's Queen ×* P. *Saluspot ×* P. *Baby Angel ist* P. *Sogo Firework (unten links). 'Tipmalee' (Mitte unten) ist ein Cultivar von* Brassolaeliocattleya *Alma Kee. Der Name* Sophrolaeliocattleya *Trizac (unten rechts) setzt sich aus den Namen der Eltern zusammen –* Sophronitis, Laelia *und* Cattleya.

Eine Eigenschaft, die Orchideen für die Züchtung so interessant macht, ist die, dass sich viele Arten – ob aus derselben Gattung oder nicht – frei untereinander kreuzen lassen. Kreuzungen von Arten einer Gattung untereinander nennt man interspezifisch, die zwischen Arten unterschiedlicher Gattungen intergenerisch. Dies hat zu zahllosen künstlichen Hybriden geführt, seit der Einführung der Registrierung in der Mitte des 19. Jahrhunderts sind über 100 000 verschiedene registriert worden. Bei Cattleyen können die Kreuzungen bis zu 12 Generationen zurückverfolgt werden und es gibt mittlerweile Hybriden, bei denen Arten aus 9 verschiedenen Gattungen beteiligt sind. Diese Rückverfolgung ist nur möglich, da die Gärtnerei Sander's & Sons aus St. Albans in England im späten 19. Jahrhundert begann, alle Kreuzungen zu registrieren. Diese Aufgabe wurde in der Mitte des 20. Jahrhunderts von der Royal Horticultural Society (RHS) übernommen. Es gibt keine andere Pflanzengruppe, deren züchterische Bearbeitung und Geschichte so detailliert erfasst ist, wie die der Orchideen.

Die Benennung der Hybriden

Die beispiellose Fähigkeit der Orchideen, sich über Art- und Gattungsschranken hinweg untereinander kreuzen zu lassen, hat zu einer Vielzahl an Hybriden und Hybridnamen geführt. Die Regeln, die der Registrierung und Benennung zugrunde liegen, sind nicht immer leicht zu verstehen. Interspezifische oder intergenerische Hybriden erhalten einen so genannten Grex von der Person, die die Kreuzung durchgeführt und zum ersten Mal zur Blüte gebracht hat. Die erste Kreuzung zwischen zwei Arten nennt man Primärhybride und eine Kreuzung aus zwei unterschiedlichen Gregi (Plural von Grex) Komplexhybride oder Mehrfachhybride. Am einfachsten lässt sich dieses System am eigenen Familiennamen nachvollziehen: Alle Menschen gehören der Art *Homo sapiens* an. Der Grex entspricht dem Familiennamen, zum Beispiel Müller, also *Homo sapiens* Müller. Innerhalb eines Grex gibt es verschiedene Klone oder Cultivare. Sie können mit dem Vornamen verglichen werden. *Homo sapiens* Müller 'Heinz' ist also das menschliche Pendant zu der Züchtung *Cattleya* Bow Bells 'Virgin', mit der ein bestimmtes Individuum der *Cattleya*-Hybride mit dem Namen (Grex) Bow Bells bezeichnet wird.

Intergenerische Hybriden (mit zwei oder mehr Gattungen im Stammbaum) unterliegen einer weiteren Konvention. Bei zwei oder mehr beteiligten Gattungen setzt sich der Name der Hybridgattung aus den Namen der Elterngattungen zusammen. Als Beispiel dient die Kreuzung *Laelia* × *Cattleya,* die zu *Laeliocattleya* wird. Diesese System wird dann etwas unhandlich, wenn drei, vier oder mehr Gattungen beteiligt sind. Diese künstlichen Hybriden werden nach dem Züchter, der sie geschaffen hat, benannt und enden auf -ara. Als Beispiel sei die Kreuzung aus *Laelia* × *Brassavola* × *Cattleya* × *Sophronitis* genannt, die zu *Potinara* wird; oder die Hybride aus *Odontoglossum* × *Cochlioda* × *Oncidium,* die *Wilsonara* heißt. Die Liste ließe sich beliebig verlängern.

Der Vorteil dieses Systems ist die Einheitlichkeit. Alle Hybriden werden zentral erfasst und ihr Stammbaum kann bis zu den ursprünglichen Arten zurückverfolgt werden. Der Nachteil liegt darin, dass die beteiligten Cultivare nicht erfasst werden, die ja auch einen deutlichen Einfluss auf das Ergebnis der Kreuzung haben. So kann es passieren, dass – auf dem Papier identische – Hybriden völlig unterschiedlich ausfallen. Je komplexer die Hybriden werden, desto größer wird dieses Problem. Eine weitere Schwierigkeit ist die sich laufend ändernde Taxonomie der Orchideen. Arten, die vor 150 Jahren als *Oncidium* bekannt waren, wurden in die Gattung *Odontoglossum*, und später in *Lemboglossum* gestellt. Wie dies in Zukunft in dem bisherigen, konservativen Registrierungssystem gehandhabt wird, ist noch nicht befriedigend gelöst. Viele sehr alte Hybriden lassen sich leider kaum wiederholen oder für moderen Kreuzungen nachvollziehen, da die Orchideenzucht zu ihrem Beginn eher von Zufall und Glück, denn von vorausschauender Planung geprägt war. Nichtsdestotrotz ist das System ungeheuer erfolgreich.

Wenn sich zwei Freunde verstehen, sind ihre Worte zart und doch deutlich, wie der Duft einer Orchidee.
UNBEKANNT

Die Eigenschaften einer Hybride von den Eigenschaften oder Ansprüchen der Eltern abzuleiten ist praktisch unmöglich. »Da ist *Laelia* drin, also ist sie kältetolerant … *Odontoglossum* war beteiligt, also muss sie kühl kultiviert werden … Alle Vandeen brauchen volle Sonne.« Keine dieser Aussagen könnte von der Realität weiter entfernt sein. Die Wahrheit ist, die Pflanzen wachsen innerhalb bestimmter Parameter, die sehr unterschiedlich sein können. Die beste Wissensquelle, die leider immer seltener wird, sind erfahrene Orchideengärtner und -züchter. Heutzutage können die wenigsten Gärtnereien ihre Pflanzen über Generationen selbst züchten, sodass dieses einzigartige Wissen, das früher selbstverständlich war, immer mehr verloren geht.

Oben: Potinara *ist eine komplexe Mehrgattungshybride aus* Laelia × Brassavola × Cattleya × Sophronitis. Potinara *Burana Beauty ist ein attraktives Beispiel.*

Ganz oben: Vor der Klassifizierung als Odontoglossum, *war* O. wyattianum *als* Oncidium wyattianum *bekannt. Die Einteilung dieser Orchideengruppe unterliegt ständig neuen Erkenntnissen.*

Die Geschichte der Orchideenkultur

Der Mensch kennt und nutzt Orchideen länger, als es die Geschichtsschreibung dokumentiert. Die Geschichte der Orchideenkultur und der Einfluss dieser Pflanzen auf Gesellschaften und Kulturen in der ganzen Welt ist nicht nur für Orchideenliebhaber faszinierend.

Rechts: In Teilen Indiens wird Rheumatismus mit Auflagen aus Tüchern, die mit Tee aus den Blättern von Spathoglottis plicata *getränkt sind, behandelt.*

Kulturelle Nutzung – Medizin und Nahrung

Konfuzius hat schon vor über 2000 Jahren im alten China die eleganten Blätter und duftenden Blüten von *Cymbidium*-Orchideen beschrieben und ihnen den Namen *lan* gegeben, der Duft und Schönheit beschreibt und heute noch das chinesische Wort für Orchidee ist. Auch die alten Griechen kannten Orchideen. Der Begriff Orchidee leitet sich von dem griechischen Wort *orchis* ab, das Hoden bedeutet. Die Knollen verschiedener Knabenkräuter und anderer Erdorchideen ähneln männlichen Hoden. Man glaubte, die Pflanzen würden dort wachsen, wo Tiere ihren Samen verloren hätten. Im Altertum nahm man an, dass die Pflanzenteile einen Einfluss auf die Körperteile des Menschen hätten, denen sie ähneln. Deshalb wurden die Knollen der *Orchis*-Arten zur Stärkung der Manneskraft verzehrt. Vor dem 18. Jahrhundert spielten Orchideen in den Gärten der westlichen Welt außer in Heilpflanzengärten keine Rolle.

Oben: Die Ureinwohnern Prä-Kolumbiens haben die Samenkapseln von Trichocentrum cebolleta *als Halluzinogen benutzt.*

Ganz oben: Cymbidium tracyanum *wächst epiphytisch in den Wäldern Thailands bis nach China. Die Blüten duften intensiv.*

Links: Ein Extrakt aus den Pseudobulben von Pholidota chinensis *wird in Indien zur Linderung von Zahnschmerzen verwendet. Eine Tinktur aus der ganzen Pflanze dient zur Behandlung von Asthma, Durchfall und Tuberkulose.*

Menschen in tropischen Ländern haben Orchideen seit langem auf eine vielfältige Art und Weise genutzt, die westliche Gelehrte und Mediziner überrascht hätte, wenn sie davon erfahren hätten. So wurde erst vor kurzem entdeckt, dass die Samenkapseln von *Trichocentrum cebolleta* (syn. *Oncidium cebolleta*) psychoaktive Inhaltsstoffe besitzen. Aus den Pseudobulben mancher Orchideen wird Klebstoff gewonnen und dann ist natürlich noch die Vanille, die seit Jahrhunderten oder Jahrtausenden wegen ihrer duftenden und aromatischen Schoten angebaut wird. Wie die oft bizarren Verwendungen einiger Orchideen entdeckt wurden bleibt ein Rätsel. So kommt der Bestäuber der Vanille nicht in allen Anbaugebieten vor und es hat einige Zeit gebraucht, bis entdeckt wurde, wie die Pflanzen bestäubt werden, damit sich Samenkapseln bilden. Auch heute noch ist eine Bestäubung von Hand notwendig, um Schoten zu gewinnen. Überraschenderweise gibt es relativ wenige Anwendungen in der Medizin, was bei der Artenfülle und Verbreitung der Orchideen doch verwundert. Die moderne Medizin erforscht zunehmend traditionelle Heilpflanzen verschiedener Völker, und so werden in Zukunft vielleicht auch Medikamente aus Orchideen gewonnenen.

Noch verwunderlicher ist es, wie wenig Orchideen bei der Gewinnung von Nahrungs- und Genussmitteln eine Rolle spielen. Vor allem wenn man die Breite der Nahrungsmittel, die dem menschlichen Verzehr dienen, bedenkt. Die Vanille ist allgemein bekannt. Die einzige andere, weiter verbreitete Nutzung findet man in Osteuropa und dem Mittleren Osten, wo die stärkehaltigen Knollen einiger Erdorchideenarten gemahlen und als Salep in Eiscreme und anderen Gerichten verwendet werden. Jedes Jahr werden für die Salep-Herstellung Millionen von Orchideen ausgegraben. Die Auswirkungen auf die natürlichen Bestände werden gerade erst erforscht und die Ergebnisse und Konsequenzen für die betroffenen Menschen sind noch offen.

Orchideen in Literatur und Folklore

Jede Pflanzengruppe, die schöne, ungewöhnliche oder fremdartige Blüten hat, gibt Anlass zu Geschichten und Anekdoten. Es liegt in der Natur der Orchideen, dass sie mit einer mysthischen Aura umgeben sind und ihn viele Kräfte und Einflüsse angedichtet wurden. In vielen Kulturen werden sie zur

Rechts: Die Gattung Vanilla *beherbergt etwa 100 Arten. Die meiste Vanille wird aus den Samenkapseln einer einzige Art,* V. planifolia, *gewonnen, die seit Jahrhunderten kultiviert wird.*

Dekoration verwendet; die Bepflanzung von Dörfern in Guatemala mit *Cattleya skinneri* oder die Ernte der Blütentriebe von *Laelia anceps* während der Weihnachtszeit in Mexiko sind nur zwei Beispiele, die dies belegen. In ursprünglichen Kulturen werden viele Pflanzensubstanzen zur Behandlung von Krankheiten herangezogen. Manche zeigen tatsächlich Wirkung, andere gehören eher in das Reich der Fantasie. Ihre Anwendung wird mündlich von Generation zu Generation weitergegeben. In der westlichen Kultur werden Orchideen als Symbole der Fremdartigkeit und Exotik, Schönheit und Eleganz angesehen. In traditionellen Heilpflanzengärten wurden sie schon angepflanzt, bevor das Interesse an den exotischen Blüten aufkam. In der Literatur sind Orchideen schon immer ein Quell der Inspiration gewesen. H. G. Wells, wohl einer der ersten Science-Fiction-Autoren, erzählte von exotischen Orchideen, die ihre Opfer mit ihren betörenden Düften in die Gewächshäuser der Viktorianischen Epoche lockten. In der amerikanischen Krimiserie »Nero Wolfe« hat der Held der Serie, der Detektiv Nero Wolfe, auf dem Dach seines Büros ein Orchideengewächshaus. Der Bestseller *Orchideenfieber* von Eric Hansen beschreibt die Obsession verschiedener Orchideensammler mit diesen Pflanzen und *The Orchid Thief* von Susan Orlean erzählt die Geschichte des Orchideensammlers John Laroche.

> *Die Blätter waren schwärzlich grün und die Blüte glänzend gelb, dasselbe Gelb wie ein frisch poliertes Taxi, und mit aberhunderten kleiner weinroter Punkte übersät.... Der Anblick war zuerst betörend und nach einer Weile geradezu hypnotisierend.*
>
> SUSAN ORLEAN, *The Orchid Thief*

Unten: Der Bestseller der New York Times, The Orchid Thief *von Susan Orlean diente als Vorlage für den Film* Adaptation *(2002). Die Blüte auf dem Titelbild steht auf dem Kopf.*

Rechts: George Forrest (1873–1932) war Pflanzensammler und Botaniker. Um ihn und sein Werk zu ehren, wurde Pleione forrestii, *die er mit anderen Pflanzen in China gesammelt hat, nach ihm benannt.*

Pflanzenjäger und ihre Beute

Die erste tropische Orchidee, die in England im Jahre 1731 zur Blüte kam, war als »getrocknetes« Herbarmaterial ins Land gekommen. An der ausgetrockneten Bulbe zeigte sich eine Knospe und als die Pflanze eingetopft wurde, wuchs sie wieder und blühte. Heute kennt man diese Orchidee als *Bletia verecunda*. Nun folgte eine wahre Orchideenmanie, und es war der Duke of Devonshire, William Spencer Cavendish, dessen Faszination für *Psychopsis papilio* (syn. *Oncidium papilio*) zu ausgedehnten Sammelreisen führte und das Sammeln von Orchideen aus einer viktorianischen Laune zu einer Beschäftigung der Könige machte. Die Obsession des Herzogs für diese neue Pflanzengruppe und seine Bereitwilligkeit, Sammler in alle Welt zu schicken, um neue Arten zu entdecken, in Verbindung mit seinem genialen Gärtner Joseph Paxton führte dazu, dass er die besten und schönsten dieser exotischen Pflanzen in seiner Sammlung vereinen konnte. Durch diese Verbindung von Zielstrebigkeit und gärtnerischem Talent machte er die exotischen Orchideen in der westlichen Welt bekannt. Paxton erkannte, dass Orchideen frische Luft benötigen und in den feuchtheißen, stickigen viktorianischen »stoves« (Gewächshäusern) nicht gedeihen können. Sein Erfolg bei der Kultur führte dazu, dass Orchideen als Pflanzen der »Reichen und Berühmten« bekannt wurden.

Oben: Bollea coelestis *wurde schon 1882 in* Paxton's Flower Garden, *das von Constans und Prevost illustriert wurde, abgebildet.*

Wir wissen heute, dass die am häufigsten kultivierten Orchideen am Naturstandort starkem, aber durch die Blätter gebrochenem Licht, einer mäßig hohen Luftfeuchtigkeit bei konstanter Luftbewegung und wechselnder Feuchtigkeit ausgesetzt sind. Viele Orchideen kommen zudem aus Gegenden, oft am Fuße größerer Bergketten in den Tropen, die trockenere und kühlere Jahreszeiten haben. Diese Bedingungen waren der totale Widerspruch zu den Gewächshäusern der viktoranischen Zeit, die heiß, feucht und schattig gehalten wurden.

Viele Sammler verschwiegen ihr Wissen um die Bedingungen am Naturstandort. Einerseits, um diese nicht zu verraten, andererseits um aufgrund der ständig eingehenden Pflanzen den Bedarf hoch und damit ihre Geschäfte florierend zu halten. Aber in demselben Maße, in dem das Wissen um die Kultur von Orchideen verbessert wurde, kamen neue Fragen auf. Immer tiefer drangen wissenschaftliche Expeditionen auf der Suche nach Orchideen und anderen botanischen Schätzen in fremde Länder vor. Botanische Kuriositäten standen bei der wissenschaftlich interessierten Aristokratie hoch im Kurs und viele förderten Forschung und Forschungseinrichtungen, um neue Nutzungen zu entdecken.

Heutzutage kann man, in einer beinahe völlig globalisierten Welt, bequem innerhalb von 24 Stunden an fast jeden beliebigen Ort der Erde reisen. Es ist schwer vorstellbar, unter welchen enormen Anstrengungen und Entbehrungen die Entdecker zu dieser Zeit auf Reisen gingen, um fremde Welten zu erforschen.

Rechts: Der sechste Duke of Devonshire, William Spencer Cavendish (1790–1858) war von dem ungewöhnlichen Aussehen von Psychopsis papilio *so begeistert, dass er viele Expeditionen in die Tropen finanzierte, um weitere Orchideenarten zu finden.*

Rechts: Die Samenkapsel von Jumellea sagittata *braucht 4–8 Monate zum Reifen. In den frühen Tagen der Orchideenkultur wusste man nicht viel darüber, wie sich die Samenkapseln an Orchideen entwickeln.*

Blüte auf die Narbe einer anderen brachte und eine Samenkapsel entstand. Diese erste Hybride, eine *Calanthe*, sorgte nicht nur in Gärtnerkreisen für Aufruhr, sondern wurde zur Schlagzeile in allen Zeitungen. Die Menschen waren fasziniert und ein bekannter Gelehrter ließ sich sogar zu der Äußerung, dass dies »die Botaniker in den Wahnsinn treiben wird«, hinreißen.

In der Zwischenzeit hatten die Gärtner schon entdeckt, dass Sämlinge auf den Wurzeln der Mutterpflanze oder anderer, etablierter Pflanzen recht gut gediehen. Trotzdem wurden nur wenige Pflanzen groß, ein Dutzend war schon ein Glücksfall. Erst im 20. Jahrhundert wurde die Symbiose mit den Mykorrhizapilzen entdeckt und der Weg zu einer kommerziellen Kultur geebnet.

Ein weiteres Problem war die Tatsache, dass man über Genetik und Vererbung zu diesen Zeiten keine Informationen hatte. Das Werk Gregor Mendels war verschollen bevor es überhaupt entdeckt wurde und so blieben nur mündlich überlieferte Erfahrung von Erfolgen und Misserfolgen. Die meisten wussten, wie man einen guten Hund oder ein gutes Pferd züchtet, aber eine gute Orchidee? Man wusste ja nicht einmal, welche Arten miteinander verwandt waren und die Fähigkeit der Orchideen, sich über Gattungsgrenzen hinweg kreuzen zu lassen, war noch nicht entdeckt. Vor der Erstellung eines »Kreuzungsplans« stand eine lange Zeit akribischer Beobachtungen verschiedener Versuche. So stand am Anfang die Devise, einfach kreuz und quer zu kreuzen und das Ergebnis abzuwarten. Erst langsam wurden genetische Zusammenhänge deutlich. Die erste intergenerische Hybride war eine *Laeliocattleya*. Es wurden jedoch nicht nur Hybriden gezüchtet, sondern auch selektierte Exemplare einer Art untereinander gekreuzt, um Pflanzen, die noch schöner als die wildgesammelten Formen waren, zu erhalten. Schon damals wurden viele Arten in der Natur selten und der Nachschub schwierig. Noch heute sind die selektierten Linien, die Joseph Charlesworth vor 100 Jahren von *Odontoglossum crispum* schuf, unübertroffen.

Fliege voran, mein Herz,
vom Vorland bis zum Ziel,
Wir fahren viel zu langsam,
Es sind noch zwanzigtausend Meilen
bis zur Insel unsrer Träume,
Wo Orchideen blüh'n!

RUDYARD KIPLING (1865–1936), »L'Envoi«

Oben: Die erste intergenerische Kreuzung überhaupt ware eine Hybride zwischen Laelia *und* Cattleya, *eine* Laeliocattleya. *Heute gibt es unzählige verschiedene Züchtungen in fast allen Blütenfarben.*

Die ersten erfolgreichen Orchideenzüchter

Damals wie heute waren die Orchideenzüchter mit der schärfsten Beobachtungsgabe und dem besten Gedächtnis am erfolgreichsten. Man erinnert sich an die Pioniere der Orchideenkultur, darunter auch einige Frauen wie Eileen Low, durch ihre Leistungen, die sie trotz widriger Umstände erzielten. Wenn es einen Gärtner gibt, der den Inbegriff der modernen Orchideenzucht verkörpert, dann ist es H. G. Alexander. Seine Leistungen sind so weit reichend und tief greifend, dass man guten Gewissens behaupten kann, dass es die heutige Orchideenvielfalt

Links: Laeliocattleya *(Pittiana* × Cattleya leopoldii*)* × L. *Interglossa ist ein Beispiel für die vielen* Laeliocattleya*-Hybriden, die erst durch die Pionierarbeit der ersten Orchideenzüchter möglich gemacht worden sind.*

Oben: Im frühen 20. Jahrhundert gehörte Cymbidium erythrostylum *zusammen mit zwei weiteren Arten aus Myanmar und Indochina,* C. parishii *und* C. insigne*, zu den für Züchter erhältlichen Cymbidien.*

nicht in der vorhanden Mannigfaltigkeit geben würde. Er war der Vorreiter bei der Züchtung der modernen polyploiden Cymbidien. Seine *Cymbidium* Alexanderi 'Westonbirt' FCC/RHS ist die wohl wichtigste Cymbidie aller Zeiten und im Stammbaum fast aller modernen Kreuzungen zu finden. Aber auch bei anderen Gattungen ist seine Handschrift zu erkennen. *Laeliocattleya* Lustre 'Westonbirt' hatte beinahe denselben Einfluss in der Züchtung lavendelfarbener Cattleyen wie Alexanderi bei den pastellfarbenen Cymbidien. Alexander sagte einmal über *Paphiopedilum* Hellas 'Westonbirt' FCC/RHS, dass es dieselbe Bedeutung wie *Cymbidium* Alexanderi erreichen würde. Die Geschichte stimmt dem nicht ganz zu und trotzdem gehört Hellas zu den wichtigsten *Paphiopedilum*-Eltern aller Zeiten. *Sophrolaeliocattleya* Falcon war in der Mitte des 20. Jahrhunderts für lange Zeit die beste rot blühende Cattleya, die ihre Schönheit leider nicht an die Nachkommen weitergab und durch einen Virusbefall auch nicht mehr als Topfpflanze erhältlich ist.

Es sind aber nicht nur seine eigenen Orchideenhybriden, die H. G. Alexander einen Platz im Pantheon großer Orchideenpersönlichkeiten sichern. Er war, direkt oder indirekt, ein Lehrmeister für alle, die seine Tradition in einer Orchideenzucht der Spitzenklasse fortgeführt haben. Einer seiner bekanntesten Schüler ist B. O. Bracey, der während seiner langen Zeit bei Armacost & Royston in der Mitte des 20. Jahrhunderts und in seiner eigenen Gärtnerei nach dem Zweiten Weltkrieg Elternpflanzen aus der Zucht von Alexander verwendete. Er schuf viele Cattleyen und andere Hybriden in einer Form, die man heute noch kennt. Bracey konnte von den bahnbrechenden Entdeckungen Knudsons profitieren und Orchideensämlinge buchstäblich zu zehntausenden anziehen, um später aus den blühenden Pflanzen die besten für die Weiterzucht zu selektieren. Außerdem wurden Orchideen so zum ersten Mal einer breiteren Bevölkerungsschicht zugänglich. Bracey war, wie Alexander, ein hervorragender Richter und viele einflussreiche Orchideenzüchter begannen ihre Laufbahn unter ihm in der Firma Armacost & Royston: Leo Holguin, Ernest Hetherington, Herb Hager und Joe Ozzella sind nur einige Namen, die im Gedächtnis bleiben.

Orchideenzüchter in der zweiten Hälfte des 20. Jahhunderts

Die Jahre zwischen den beiden Weltkriegen und die Zeit danach bis in die 1970er markieren einen Höhepunkt vieler Orchideenfirmen und Orchideenzüchter. Es wurden so viele berühmte Gärtnereien in dieser Zeit gegründet, die florierten und dann doch später wieder ums Überleben kämpfen mussten, dass nicht alle genannt werden können. Bekannte Namen aus England sind Charlesworth's, Alexander's, Black & Flory, Armstrong & Brown und Mansell & Hatcher. Der Zweite Weltkrieg und die mit ihm verbundende Rohstoffknappheit, führte dazu, dass viele Sammlungen nach Übersee »in Sicherheit« gebracht wurden und die übrigen Pflanzen der Gefahr kalter Winter bei Mangel an Heizmaterial und ähnlichem

> *Der Richter lässt sein*
> *Haus von Architekten bauen;*
> *die Hales haben sieben Gärtner,*
> *die ihre Rosen zum Blühen bringen;*
> *Der Richter bezieht seine Bäume aus*
> *Spanien, Frankreich und sonstwoher,*
> *und unter Glas gedeihen seine Orchideen,*
> *in der Mitte des Winters.*
>
> JOYCE KILMER (1886–1918), »The Snowman in the Yard«

ausgesetzt waren. Die englischen Gärtnereien haben sich seither nie wirklich erholt. In den Nachkriegsjahren war die Sternstunde von amerikanischen Firmen wie Armacost & Royston, H. E. Patterson, Rivermont, den McDades und anderen. Aber auch Betriebe aus anderen Ländern gehören in die Liste einflussreicher Orchideenbetriebe, darunter Vacherot & Lecoufle aus Frankreich, die zu den ersten Firmen Europas gehörten, die Orchideen asymbiotisch, also steril auf Nährböden aussäten, Wichmann, Münz oder Reuter aus Deutschland, Yamamoto aus Japan, der für seine *Dendrobium*-Züchtungen berühmt ist oder Binot und Altenburg aus Brasilien.

Vor allem in den USA florierte die Orchideenindustrie in den 1950er und 1960er Jahren. Viele der Gärtner, die bei Armacost & Royston vor dem Zweiten Weltkrieg gelernt hatten, gründeten eigene Betriebe oder betreuten die Sammlungen wohlhabender Orchideenliebhaber, von denen viele auch selbst züchteten. Viele dieser Betriebe führten eigene Kreuzungen durch, zogen die Jungpflanzen selbst groß und verkauften direkt an Liebhaber und Orchideenfreunde. In dieser Zeit prosperierte das Orchideenhobby, und Firmen wie Fred A. Stewart Orchids, Jones & Scully, Rod McLellan Company, Carter & Holmes und viele andere hatten ein riesiges Angebot verschiedenster Hybriden.

Lokale und überregionale Orchideengesellschaften entstanden, allein die American Orchid Society (AOS) zählt heute über 20 000 Mitglieder. Auch das Bewertunsgsystem wurde weltweit vereinheitlicht. Mittlerweile hat sich der Orchideenmarkt wieder verändert, für viele leider nicht zum Positiven. Seit den 1990ern sind viele kleinere Betriebe gezwungen, auf zugekaufte Jungpflanzen für Massenmärkte umzusteigen. Eine Vielfalt wie früher ist heute nur noch selten und in wenigen Betrieben erhältlich.

Unten: Phragmipedium *Eric Young war eine der ersten* Phragmipedium-*Hybriden, die von der Eric Young Foundation auf der Insel Jersey im Ärmelkanal. Die Kreuzung aus* P. besseae *und* P. longifolium *wurde 1991 registriert.*

Unten: Im Jahr 1962 wurde Sophrolaeliocattleya *Jewel Box registriert. Die blühwillige und kompakt wachsende Hybride wurde für viele Neuzüchtungen, wie die unten abgebildete* SLC. *Mine Gold 'Orchid Centre' verwendet.*

Links: Phalaenopsis-*Hybriden gibt es in jedem Blumenladen, Gartencenter oder Baumarkt. Die Suche nach einer bestimmten Hybride, wie der abgebildeten Sogo Yukidian, ist dabei schwieriger.*

ORCHIDEEN IM INTERNET

Die aufgeführten Internetseiten sind nur ein kleiner Ausschnitt von dem, was das Internet über Orchideen bietet. Gängige Suchmaschinen könnten zusätzlich helfen, bestimmte Orchideenarten oder -hybriden, sowie lokale Orchideenvereine zu finden.

NORDAMERIKA

American Orchid Society – www.orchidweb.org
Canadian Orchid Congress – www.CanadianOrchidCongress.ca
Native Orchid Conservation (Manitoba, Canada) – www.nativeorchid.com
Orchid Specialist Group – go.to/orchid-specialist-group
Cymbidium Society of America – www.cymbidium.org
Encyclia Enthusiasts – www.encyclias.org
The *Odontoglossum* Alliance – www.odontoglossumalliance.org
International *Phalaenopsis* Alliance – www.phal.org
The Pleurothallid Alliance – www.pleurothallids.com
The Slipper Orchid Alliance – www.slipperorchid.org

EUROPA

International Orchid Register (RHS) – www.rhs.org.uk/plants/registration_orchids.asp
British Orchid Council – www.british-orchid-council.info
Orchid Society of Great Britain – www.orchid-society-gb.org.uk
The North of England Orchid Society – www.orchid.org.uk
The Hardy Orchid Society – www.hardyorchidsociety.org.uk
British *Paphiopedilum* Society – www.paphiopedilum.org.uk
The Pleurothallid Alliance UK – www.pleuro.co.uk
Orchideen-Forum (Deutschland) – www.orchideenforum.de
Deutsche Orchideen-Gesellschaft (Deutschland) – www.orchidee.de
Vereinigung deutscher Orchideenfreunde (Deutschland) – www.vdof.de

ASIEN UND PAZIFIK

The Orchid Society of South-East Asia – www.ossea.org.sg
Australian Orchid Council – www.orchidsaustralia.com
Australasian Native Orchid Society – www.anos.org.au
Orchid Council of New Zealand – www.orchidcouncil.co.nz
New Zealand Native Orchid Group – www.anos.org.au/groups/newzealand/nznogframe.html

AFRIKA

South African Orchid Council – www.saoc.co.za
Cape Orchid Society – capeorchids.itgo.com
Witwatersrand Orchid Society – www.saoc.co.za/tos.htm
Disa Orchid Society of South Africa – www.saoc.co.za/dosa.htm

Moderne Trends in der Orchideenkultur

Der wichtigste Trend in der modernen Orchideenkultur ist die Spezialisiserung der Orchideen produzierenden Betriebe. Früher haben die meisten Gärtnereien die Pflanzen, die sie verkauft haben, auch selbst angezogen und waren so mit ihren Schützlingen vertraut. In der heutigen globalisierten Welt wird jeder Abschnitt im Leben einer Orchidee von einem anderen Unternehmen der Orchideenindustrie, oft sogar in unterschiedlichen Ländern, betreut. Vermehrungslabore, die die Aussaat von Hybriden und Sämlingen oder die Gewebekutur übernehmen, gibt es praktisch überall. Die Aufzucht der Jungpflanzen geschieht dann oft in wärmeren Ländern, in denen meist auch die Arbeitskräfte billiger sind. Wenn die Jungpflanzen dann größer sind, werden sie in die Endbetriebe geschickt, die nahe bei den Verbrauchern liegen, um dort die ersten Blüten auszubilden. Wie alle Betriebe der Gartenbaubranche unterliegen auch Orchideengärtnereien einem enormen Kostendruck und in dem globalen Wirtschaftsnetz, das unseren Planeten umspannt, zählt jeder Cent. Dies hat zu einer wahren Schwemme an günstigen, qualitativ hochwertigen Orchideen für die Massenmärkte geführt und viele Menschen so zum Kauf angeregt.

Leider können viele traditionelle Orchideenbetriebe unter diesen neuen Bedingungen nicht länger mithalten. Befürworter der Massenproduktion mögen anmerken, dass viele Gärtnereien mit unrealistischen Erwartungen gegründet wurden oder auf die vielen Verbesserungen bei der Kultur, die durch Forschungen der Großbetriebe vorangetrieben wurden, verweisen. Die Traditionalisten beklagen dagegen den Verlust der Vielfalt bei den angebotenen Orchideen und die schlechte Beratung beim Kauf, da viele Kultivateure nur noch wenig Wissen in der Breite besitzen. Es ist eine fantastische Leistung, dass eine *Phalaenopsis*, die noch vor 15 Jahren von der Aussaat bis zu ersten Blüte fünf bis zehn Jahre benötigte, heute innerhalb von 36 Monaten diesselbe Wachstumsleistung vollbringt. Es ist auch zu begrüßen, dass die Blütenqualität der angebotenen Pflanzen heute denen der unerreichbaren Spitzenklasse von vor zehn Jahren entspricht, aber wenn dies auf Kosten derer, die die Industrie aufgebaut haben, geht, darf diese Entwicklung zumindest kritisch hinterfragt werden.

Rechts: Orchideenzüchter und -liebhaber können alle Informationen über Eltern und dem Züchter des rechts abgebildeten Epidendrum *Orange Glow auf der Internetseite der RHS im International Orchid Register finden.*

Orchideen im Internet

Es ist eine nicht zu leugnende Tatsache, dass kein anderes Medium mehr Informationen über Orchideen aller Art bietet, als das Internet. In der Vergangenheit war die einzige Möglichkeit, an Informationen zu gelangen, über Orchideenspezialisten und -gärtner, Orchideengesellschaften, Bücher und Fachzeitschriften. Wenn man heutzutage nach Informationen sucht, findet man diese mit ein paar Mausklicks. Früher war eine Mitgliedschaft in einer oder mehreren renommierten Orchideengesellschaften notwendig, um an aktuelle Informationen in den Zeitschriften der Gesellschaften zu gelangen. Der *Orchid Review* der britischen Royal Horticultural Society, das *Orchids Magazine* (früher *AOS Bulletin*) der American Orchid Society oder *Die Orchidee* der Deutschen Orchideen Gesellschaft sind bekannte Beispiele für die traditionelle Informationsverbreitung. Ihre Artikel werden von Experten ihres Fachs verfasst und der Anzeigenteil allein ist schon den Preis des Heftes wert. Nirgendwo sonst konnte man sich über aktuelle Angebote oder Trends besser informieren, als durch die monatlichen Anzeigen der Orchideengärtner, -händler und -importeure. Bei regelmäßigen Treffen werden Informationen und Kulturtricks ausgetauscht, Pflanzen vorgestellt und Probleme diskutiert. Doch Schreibkunst und Orchideenwissen gehen leider nicht immer Hand in Hand, wie immer wieder vorkommende Selbstdarstellungen und »Selbstbeweihräucherungen« zeigen.

Der Aufstieg des Internets war für viele Orchideengärtnereien Fluch und Segen zugleich. Die Relevanz der Publikationen vieler nationaler Orchideengesellschaften wurden in frage gestellt und die Mitgliederzahlen sanken. Auf der anderen Seite hat das Internet einer neuen Generation von Orchideenexpereten eine Plattform verschafft, da nun jeder, der einen Computer und etwas Zeit besitzt, seine Informationen mit anderen Enthusiasten teilen kann. Da aber das gedruckte Wort immer noch einen anderen Stellenwert hat, als eine Darstellung auf einem Bildschirm, werden wohl noch einige Diskussionen über die Bewertung von Veröffentlichungen im Internet oder in Fachzeitschriften geführt werden. Trotz alledem ist das Internet zu einer leicht zugänglichen Informationsquelle geworden. In Dutzenden von Informationsforen findet man bei Problemen sofortige Hilfe, kommerzielle Orchideenhändler können ihre Pflanzen zum richtigen Zeitpunkt anbieten und Anfänger erhalten Rat und Hilfe bei allen Fragen oder können sich direkt an einen Gärtner wenden. Fotos, Ratschläge, Tricks und Kniffe, gesetzliche Bestimmungen bei der Ein- oder Ausfuhr von Orchideen, Zubehör, Substrate oder Düngemittel, Gewächshäuser, Vitrinen oder Bücher – egal was man als Orchideen-Neuling oder enthusiastischer Sammler sucht, man findet es im Internet.

Oben: Die Homepage der American Orchid Society (AOS) bietet Informationen zur Kultur und Vermehrung von Orchideen und hilft bei Problemen und anderen Fragen.

Links: Orchideenspezialisten, die Informationen über die mittel- und südamerikanische Gattung Pleurothallis *oder bestimmte Arten wie* P. marthae *suchen, finden diese auf der Homepage der Pleurothallid Alliance.*

Orchideenkultur

Oben: Stanhopea nigroviolacea *sollte, wie alle Vertreter der Gattung in Hängekörben kultiviert werden, damit die Blütentriebe ungehindert nach unten durch das Substrat wachsen können.*

Bei der Kultur von Orchideen muss man einige, grundlegende und wichtige Dinge beachten: den Standort, Temperaturansprüche, die Kulturmethode (aufgebunden oder im Topf), Bewässerung und Düngung.

Orchideenkultur im Gewächshaus

Ein Gewächshaus ist der Traum vieler Orchideenliebhaber und bietet für viele empfindlichere Arten ideale Kulturbedingungen. In den gemäßigten Breiten Mitteleuropas bietet ein Gewächshaus im Winter nicht nur Schutz vor Frost und niedrigen Temperaturen, sondern auch an heißen Sommertagen Schutz vor zu hohen Temperaturen. Als Material zur Eindeckung dient Glas oder Plexiglas, letzteres in Form von isolierenden Stegdoppel- oder Stegdreifachplatten. Im Winter kann für eine zusätzliche Isolierung an der Innen- oder Außenseite eine Lage Luftpolsterfolie angebracht werden. Gewächshäuser gibt es von verschiedenen Herstellern in vielen unterschiedlichen Formen und Größen. Bei manchen ist die Stehwandhöhe nicht ausreichend, um dies zu überwinden setzt man das gesamte Haus einfach auf einen erhöhten Sockel aus Beton oder Ziegelsteinen. Darauf kann nun das Gewächshaus befestigt werden. Umgekehrt kann man auch den Boden ausheben, um die Höhe und das Volumen zu vergrößern. Das Kleinklima in einem solchen Erdhaus ist besonders kühl und feucht, ideal für viele Kalthausorchideen. Beim Bau eines Gewächshauses auf örtliche Bauvorschriften achten!

Die Lage und Ausrichtung des Gewächshauses hängt davon ab, welche Pflanzen man kultivieren möchte. Ein sonniger Standort ist ideal, wenn man Wärme liebende Orchideen wie *Dendrobium-Phalaenopsis*-Hybriden, Cattleyen oder Vandeen pflegen möchte. Ein schattigerer Platz ist besser für Masdevallien, Paphiopedilen, *Phalaenopsis* und Bewohner feuchtkühler Bergregionen geeignet. Ist man sich unsicher, ist der sonnigere Platz der bessere, denn schattieren kann man später immer noch.

Man kann das Schattierungsgewebe zwar direkt über das Gewächshaus legen, eine gesonderte Rahmenkonstruktion, die das Netz in einem Abstand von etwa 30 cm zum Glas hält, ist aber vorzuziehen. So kann Luft zwischen Schattierung und Gewächshaus zirkulieren. Wenn man den Rahmen vorher mit Maschendraht bespannt, ist das Dach zursätzlich vor Hagel und anderen herabfallenden Dingen geschützt. Eine Extralage aus Schattierungsgewebe ist im Sommer hilfreich und kann, wenn die Gefahr zu hoher Temperaturen vorbei ist, entfernt werden

Viele Gärtnereien und Kultivateure installieren unter den Tischen ein Nebelsystem, um die Luftfeuchtigkeit zu halten oder zu erhöhen und die Temperatur im Sommer abzusenken, ohne die Pflanzen zu befeuchten. Die Luftumwälzung ist besonders wichtig. Ventilatoren unter dem Dach oder auf den Tischen helfen, stehende Luft zu vermeiden. Entlüftungsventilatoren in den Seitenwänden helfen im Sommer, warme Luft nach außen abzuführen.
Die Kombination aus Feuchtigkeit und Wasser mit elektrischem Strom kann tödlich sein. Alle Elektroinstallationen und Geräte müssen feuchtraumgeeignet sein und von einem Elektriker installiert werden.

Oben: Diese gesunde Brassia arcuigera *fühlt sich auf dem Gitterrost, auf dem sie steht, sehr wohl, da die Luft optimal zirkulieren kann.*

Rechts: Ein Orchideengewächshaus sollte so groß wie möglich sein – die Sammlung wird mit der Zeit ohnehin immer größer.

Es gibt verschiedene Möglichkeiten, ein Gewächshaus in den kalten Monaten zu beheizen. Für kleinere Häuser reichen oft elektrische Heizlüfter oder elektrische Rippenrohrheizungen. Sie sind in der Anschaffung so günstig, dass dies die höheren Betriebskosten ausgleicht. Größere Gewächshäuser können entweder an die Hausheizung angeschlossen werden oder benötigen eine eigene Öl- oder Erdgasheizungsanlage. Gute Gewächshaushersteller bieten auch passende Heizsysteme an.

Einige tropische Orchideen, besonders jene, die in der Nähe des Äquators vorkommen, sind nicht immer einfach zum Blühen zu bringen, selbst wenn die Temperaturen optimal sind. Das liegt an der unterschiedlichen Tageslänge in hiesigen Breiten. Sobald die Pflanzen im Frühjahr und Sommer genug Licht zum Wachsen oder Blühen bekommen, nimmt die Tageslänge wieder ab und die Blütenknospen werden oft abgeworfen. Sie bilden ihre Neutriebe, die manchmal zwei Jahre zum Ausreifen benötigen, angepasst an eine Sonnenscheindauer von 12 Stunden. Pflanzen aus Gewächshäusern in der gemäßigten Zone sind deshalb immer einige Monate im Wachstumsrückstand. Im Winter stellen sie das Wachstum ganz ein und sind anfällig für Fäulnis.

Links: Dendrobium-Phalaenopsis-*Hybriden wie Thai Pinky brauchen im Gewächshaus einen warmen und hellen* Standort.

Für Pflanzen, die im Sommer keine hohen Temperaturen vertragen, muss die Luft durch Verdunstungskühler oder Nebelanlagen gekühlt werden. Solche Installationen sind zum Beispiel für die Kultur von Arten und Hybriden aus den Gattungen *Odontoglossum*, *Masdevallia*, *Dracula* oder vielen *Dendrobium*-Arten aus dem Hochland Neuguineas unverzichtbar.

Links: Moderne Gewächshäuser werden meist aus lichtdurchlässigem Plexiglas oder Doppelstegplatten gebaut. Eine vergitterte Lüftungsluke sorgt für die nötige Zufuhr an Frischluft.

Unten links: Ein Gewächshaus mit natürlicher Schattierung – durch eine Hecke oder einen Baum, ist ideal zur Kultur der Wärme liebenden Phalaenopsis parishii.

Ganz links: Die Tische und Stellagen in einem Gewächshaus sollten unterschiedlich hoch sein. So können große und kleinere Pflanzen zusammen kultiviert werden.

Oben: Myrmecophila tibicinis *erreicht eine stattliche Größe. Dieser Platzbedarf sollte in Betracht gezogen werden, vor allem bei kleineren Gewächshäusern.*

Oben rechts: Dracula velutina *aus Kolumbien braucht feucht-kühle Kulturbedingungen und wächst nur in Gewächshäusern mit entsprechender Kühlung.*

Rechts: Die Temperatur im Gewächshaus wird am besten mit einem so genannten Minimum-Maximum-Thermometer gemessen, an dem man die Tageshöchstwerte und das nächtliche Minimum ablesen kann.

Sommerfrische im Freien

Da viele Orchideen eher gemäßigte Temperaturen und eine gute Luftbewegung schätzen, fühlen sich viele Arten aus dem kühlen und vor allem temperierten Bereich im Sommer im Freien, egal ob im Garten, der Terrasse oder dem Balkon wohl. Ein weiterer Vorteil sind die niedrigeren Temperaturen während der Nacht, verbunden mit Taubildung. Viele Orchideenarten sind erst in der Lage, Knospen anzusetzen, wenn die Nachttemperaturen um 5–10 °C niedriger liegen als die Tageswerte. Bei gleichmäßiger Wärme wachsen sie zwar ausgesprochen gut, blühen aber nicht.

Eine Schattenhalle ist für die Freilandkultur im Sommer ideal geeignet. Sie bietet eine luftige Unterkunft bei hoher Luftfeuchtigkeit und gleichzeitigem Schutz vor sengender Sonne. In manchen Bundesländern oder Gemeinden braucht man auch für eine solche Konstruktion, die einer mit Schattierungsnetzen bespannten Pergola ähnelt, eine Baugenehmigung. Genauere Auskünfte erteilen die lokalen Behörden. Als Grundgerüst dienen Kanthölzer oder Metallrohre. Einen Schutzanstrich gegen Fäulnis (bei Holz) oder Rost (bei Metall) darf man nicht vergessen. Das Dach sollte so hoch wie möglich liegen, denn das Mikroklima im Innern der Schattenhalle ist wie beim Gewächshaus umso stabiler und weniger anfällig für Schwankungen, je größer der Luftraum ist. Außerdem können dann mehr Pflanzen von der Decke abgehängt werden. Als Schattiergewebe eignen sich die typischen grünen Schattennetze mit einem Schattierwert zwischen 50–70 % am besten. In einem größeren Haus kann man sich auch verschiedene Bereiche mit unterschiedlicher Schattierungsintensität einrichten. Bei sehr starker Sonneneinstrahlung ist es hilfreich, immer ein zusätzliches Schattiernetz in Reserve zu haben. Die Tische zum Aufstellen der Pflanzen können aus mit Maschendraht bespannten Rahmen oder Lattenregalen bestehen. Wichtig ist eine gute Luftzirkulation. Es ist einerseits angenehm, die Pflanzen in Hüfthöhe versorgen zu können, andereseits können so unter ihnen Nebelanlagen zur Luftfeuchtigkeitserhöhung angebracht werden. Die Füße der Tische stellt man in flache, mit Wasser gefüllte Schalen, damit keine Schnecken und Asseln an die Pflanzen gelangen können.

Der Boden kann mit Platten belegt oder naturbelassen bleiben. Letzteres sorgt für eine höhere Luftfeuchtigkeit und bei guten Bedingungen wachsen oft Farne unter den Orchideen. Da häufig gegossen wird, und vor allem bei einer automatischen Sprühanlage, muss auf einen guten Wasserabfluss am Boden geachtet werden.

Orchideenkultur im Zimmer

Orchideen verschönern ohne Frage jedes Zimmer. Ihre Ansprüche unterscheiden sich aber etwas von denen der meisten Zimmerpflanzen. Sie lieben hohe Luftfeuchtigkeit und die meisten Arten brauchen gleichzeitig verhältnismäßig viel Licht.

In den letzten Jahren haben sich *Phalaenopsis*-Hybriden zu den beliebtesten Zimmerpflanzen entwickelt. Durch züchterische Auslese und Bearbeitung sind viele Sorten entstanden, die ideal an das Klima in unseren Wohnräumen angepasst sind. Sie mögen indirektes Licht, aber keine pralle Sonne. Wenn man den Topf auf eine große, mit Blähton gefüllte Schale stellt, die mit Wasser gefüllt wird, erhöht das die Luftfeuchtigkeit um die Pflanze zusätzlich. Die Pflanze darf aber nicht im Wasser stehen, die Wurzeln faulen sonst. Die Pflanzen mögen es besonders, wenn man sie alle paar Wochen in einen Eimer Wasser taucht. So werden überschüssige Düngesalze oder Kalk aus dem Substrat ausgewaschen. Regelmäßiges Sprühen mit weichem, entkalkten Wasser oder Regenwasser danken die Pflanzen ebenfalls.

Die südamerikanischen Frauenschuhe der Gattung *Phragmipedium* wachsen auch gut auf der Fensterbank. Sie galten lange als heikel, da sie meist wie ihre asiatischen Verwandten aus der Gattung *Paphiopedilum* gepflegt wurden. Sie brauchen aber viel mehr Licht und müssen häufiger gegossen werden, als diese. Das Wurzelsystem ist meist stärker ausgebildet und besteht aus vielen feinen Wurzeln, im Gegensatz zu den wenigen dicken bei *Paphiopedilum*. Etliche Orchideengärtner begannen in den frühen 1990ern mit dieser Gattung zu experimentieren. Sie wachsen gut an hellen Fenstern, mögen aber keine pralle Mittagssonne, die zu Blattverbrennungen führen kann. Der Durchbruch kam, als man entdeckte, dass die Töpfe immer in 3–5 cm tiefen, wassergefüllten Untersetzern stehen müssen. So blühen und wachsen Phragmipedien das ganze Jahr hindurch.

Warm wachsende Miniatur-Orchideen können in umgebauten Terrarien oder Pflanzenvitrinen mit einer Beleuchtung aus speziellen Leuchtstoffröhren gepflegt werden. Mit einer Zeitschaltuhr kann die Tageslänge gesteuert werden. Sie liegt für die meisten Arten idealerweise bei etwa 14 Stunden. Eine feuchte Schicht aus Kies oder Blähton auf dem Boden sorgt für hohe Luftfeuchtigkeit. Die Töpfe werden dann direkt auf diese Schicht gestellt, der Wasserstand darf aber nicht bis zur Topfunterseite gehen, sonst faulen die Wurzeln. Sogar kleine Epiphyten lassen sich auf Korkrinde oder ähnlichen Unterlagen aufgebunden in einem solchen »Mini-Gewächshaus« pflegen und zum Blühen bringen.

Links: Phalaenopsis-*Hybriden wie Hakugin sind ideal für die Kultur in der Wohnung. Sie wachsen kompakt, haben moderate Lichtansprüche und fühlen sich bei denselben Temperaturen wie die Menschen wohl.*

Rechts: Phragmipedium pearcei *wächst auch auf der Fensterbank, solange der Topf in einem flachen, wassergefüllten Untersetzer steht. So ist die Pflanze immer gut mit Feuchtigkeit versorgt.*

ZUSCHLAGSTOFFE
Pinienrinde (ganz oben) wird gerne als Zuschlagstoff zur Verbesserung der Wasserdurchlässigkeit verwendet. Sphagnum-Moos ist nicht immer einfach zu beschaffen. Getrocknetes Moos aus Neuseeland (oben rechts) muss vor der Verwendung gewässert werden und nimmt dann eine dunklere Farbe an (oben links); Perlite (rechts) ist ein durch Hitze expandiertes Gestein, ähnlich wie Blähton. Es wird dem Substrat wegen seiner Wasserhaltefähigkeit beigemischt.

Substrate

Es gibt viele verschiedene Substrate, die bei der Kultur von Orchideen in Töpfen oder Körbchen verwendet werden. Manche von ihnen in reiner Form, andere als Zuschlagsstoffe in Mischungen.

Pinienrinde

Pinienrinde gibt es in verschiedener Körnung von ganz fein (6 mm) bis grob (30 mm). Sie stammt meist von Pinien *(Pinus pinea)* oder der Monterey-Kiefer *(Pinus radiata)*. Die beste Qualität kommt von älteren Bäumen, die in höheren Lagen wachsen. Sie ist für die meisten Orchideenarten geeignet und wird oft vor der Verwendung leicht kompostiert (um Gerbstoffe abzubauen) oder mit Dünger behandelt. Pinienrinde behält bis zu fünf Jahre ihre Strukturstabilität.

Holzkohle

Holzkohle wurde früher häufiger verwendet, eine gute Qualität ist nicht immer leicht zu bekommen. Sie sollte körnig, staubfrei und von Hartholzarten stammen. Vor der Verwendung durchspülen, um anhaftende Stäube zu entfernen. Holzkohle erhöht die Wasserdurchlässigkeit einer Substratmischung und absorbiert schädliche Salze. Besonders bei Jungpflanzensubstraten ist eine Beimischung von bis zu 20 % empfehlenswert.

Farnwurzeln und Baumfarnfasern

Die Wurzeln des einheimischen Königfarns *(Osmunda)* und Fasern, Bretter oder Stäbe von Baumfarn *(Dicksonia)* wurden früher häufig als Substratkomponente oder Unterlage zum Aufbinden verwendet. Viele Baumfarne und der Königsfarn sind mittlerweile geschützt, sodass das Material nur noch schwer erhältlich ist. Baumfarn übersäuert in warmem, feuchten Klima sehr schnell.

Kies

Fluss- und Quarzkies verbessern die Dränage und erhöhen das Gewicht des Substrats und damit die Standfestigkeit des Topfes. Die Partikelgröße beträgt etwa 6–12 mm, der Substratanteil meist etwa 20 %.

Sphagnum (Torfmoos)

Sphagnum-Moos aus Neuseeland kommt getrocknet und gepresst in den Handel. Die Wasserhaltefähigkeit ist enorm. Vor der Verwendung muss das Moos gewässert werden und vervielfacht dabei sein Volumen. Es ist ideal für viele kühlwachsende und heikle Arten oder um Rückbulben zu bewurzeln. Durch den Trocknungsprozess bei der Verarbeitung stirbt das Moos ab und wird, im Gegensatz zu europäischem Sphagnum, nicht wieder grün. Europäisches Sphagnum ist feiner. Das Umtopfen sollte bei der Kultur in Sphagnum jährlich erfolgen.

Perlite

Perlite wird nur als Zuschlagstoff verwendet. Durch die poröse, luftige Struktur verringert es das Volumengewicht des Substrats, erhöht aber die Wasserhaltefähigkeit stark. Ein Zuschlag von 10 % ist meist ausreichend.

Sand

Grober Sand erhöht die Dränage, hat aber geringe Wasserhaltefähigkeiten. Quarzsand ist am besten geeignet, da er keine Salze oder Kalk an das Substrat abgibt. Vor allem bei Erdorchideen ist Sand ein wichtiger Substratzuschlagstoff.

Links: Odontioda *Bugle Boy wächst wie viele* Odontioda-*Verwandte besonders gut in einer Substratmischung, die feine Pinienrinde, Sphagnum-Moos und Perlit enthält. Sie brauchen ganzjährig feucht-kühle Bedingungen.*

Epiphytische Kultur

In der Natur wachsen die meisten Orchideen als Epiphyten an Baumstämmen oder auf Ästen und Zweigen. Es ist also nicht verwunderlich, dass viele Orchideen in Kultur lieber auf einer Unterlage als im Topf wachsen. Es gibt sogar Arten, die es überhaupt nicht mögen, wenn ihre Wurzeln nicht frei an der Luft sind, sondern von Substrat bedeckt werden.

Wenn man sich für eine epiphytische Kultur entschieden hat, muss man die richtige Unterlage wählen. Am besten sind Korkrindenstücke, Weinreben, Robinien- oder Holunderäste geeignet. Früher wurden auch häufig Baumfarnstäbe und -bretter verwendet. Wenn man Holunder- oder Robinienäste zum Aufbinden von Epiphyten schneidet, sollte dies im Winter geschehen und die Äste dann getrocknet werden. Bei frischen Ästen, die während der Vegetationsperiode gesammelt werden, wenn die Bäume im Saft stehen, löst sich die Rinde sehr schnell ab. Sollte man noch Baumfarnstäbe oder -bretter verwenden, muss die Faserrichtung senkrecht sein, damit das Wasser ablaufen kann. Auch Tonröhren oder so genannte Gießtöpfe sind geeignet.

Der Haken zum Aufhängen wird aus kunststoffummanteltem Blumendraht gebogen. Verzinkter Draht kann giftige Substanzen abgeben, die die Pflanze schädigen. Die Pflanze selbst wird mit (ummanteltem) Blumendraht oder in Streifen geschnittenen Nylonstrümpfen auf der Unterlage befestigt. Wichtig ist, dass der Draht nicht in das Rhizom einschneidet. Die Pflanze darf aber auch nicht zu locker auf der Unterlage sitzen, da sonst neue Wurzelspitzen bei jeder Bewegung, zum Beispiel beim Sprühen oder durch Wind, beschädigt werden. Etwas Sphagnum oder lebendes Baummoos zwischen Unterlage und Rhizom speichert zusätzliche Feuchtigkeit und ist zur Etablierung empfehlenswert.

Die Unterlage kann senkrecht oder waagrecht aufgehängt werden. Aufgebunden kultivierte Orchideen brauchen eine höhere Luftfeuchtigkeit und müssen häufiger besprüht oder gegossen werden, als Pflanzen im Topf. Ist die Luftfeuchtigkeit zu niedrig, geht die Pflanze ein.

Oben: Bulbophyllum elisae *aus Ostaustralien wächst auf Korkrinde aufgebunden am besten.*

Oben links: Brassavola cucullata *gehört zu den Arten der Gattung, die wegen ihrer hängenden Blätter und Blüten am besten aufgebunden kultiviert werden.*

Rechts: Encyclia polybulbum *wächst besonders gut auf einer waagrechten Unterlage, darunter hängt* Neolauchea pulchella, *aufgebunden auf ein senkrecht hängendes Rindenstück.*

Oben: Cattleyeen, vor allem die kleinen kompakt wachsenden Arten und Hybriden, wachsen auch gut bei epiphytischer Kultur auf Korkrinde aufgebunden. Bei der Topfkultur brauchen sie einen sehr durchlässigen Pflanzstoff.

Topfkultur

Die meisten Orchideen werden aus praktischen und kulturtechnischen Gründen im Topf kultiviert. Alle terrestrischen und die meisten epiphytischen Arten wachsen im Topf, der das Wurzelsystem beherbergt und die Feuchtigkeit speichert. Töpfe sind überall erhältlich, leicht, einfach zu transportieren und billig. Sie lassen sich nach einer Desinfizierung mit verdünnter Bleiche auch wiederverwenden.

Oben: Dendrobium cuthbertsonii *ist eine Miniatur-Orchidee mit außergewöhnlich großen Blüten. Sie wächst im Topf in reinem Sphagnum besonders gut.*

Töpfe gibt es in vielen Farben und Formen. Sie müssen stabil und standfest sein und viele Abzugslöcher am Boden haben, damit das Gießwasser abfließen kann. Heutzutage werden meist Kunststofftöpfe verwendet, die es in vielen Farben, Größen und Tiefen gibt. Man kann schwarze, braune oder – speziell für die Orchideenkultur entwickelte – durchsichtige Töpfe verwenden. Wichtig ist, dass sie UV-beständig sind, also durch Sonnenlicht nicht spröde werden. Der Vorteil durchsichtiger Töpfe ist, dass das Wurzelsystem beobachtet werden kann, ohne die Pflanze zu stören, Algen können aber zum Problem werden. Man muss bei starker Sonneneinstrahlung darauf achten, dass sich der Wurzelballen und das Substrat im Topf nicht zu stark aufheizen.

> *Wenn man wütend ist, sollte man Bambus zeichnen; bei guter Laune malt man eine Orchidee.*
>
> CHUEH YIN

Unten: Kunststofftöpfe gibt es in verschiedenen Farben. Grüne passen sich besonders gut den Blättern an und lenken nicht von den Blüten der Pflanzen ab.

Wenn möglich, sollten alle Pflanzen auf einem Kulturtisch in Töpfen derselben Größe (und im selben Substrat) stehen, das sieht nicht nur ordentlicher aus, sondern die Töpfe trocknen auch alle zur selben Zeit aus. So kann man die Pflanzen immer alle auf einmal gießen und muss nicht jede Pflanze einzeln kontrollieren.

Tontöpfe

Tontöpfe wurden früher, bevor geeignete Kunststofftöpfe auf den Markt kamen, standardmäßig verwendet. Sie mussten durch ihre Höhe zu mindestens einem Drittel mit Tonscherben zur besseren Dränage aufgefüllt werden. Eine zusätzliche Arbeit, die sich heutzutage kaum noch ein professioneller Gärtner leisten kann. Außerdem sind Tontöpfe schwer, zerbrechlich, teuer und haben meist nur ein Abzugsloch, dass nur eine schlechte Dränage erlaubt. Ein weiterer Nachteil ist der, dass viele Orchideenwurzeln an der Innenseite so festwachsen, dass sie beim Umtopfen unweigerlich beschädigt werden. Meist hilft dann nur ein vorsichtiges Zerschlagen des Topfes.

Es gibt aber etliche Orchideen, die sich in Tontöpfen durchaus wohlfühlen. Da Tontöpfe durch die Wände Feuchtigkeit verdunsten, trocknet das Substrat schneller aus, als in einem Plastiktopf. Außerdem bleibt der Wurzelballen kühler. Niedrige Tontöpfe, vor allem solche mit seitlichen Löchern, wie sie in vielen tropischen Ländern verwendet werden, sind besonders gut für mittelgroße monopodiale Arten wie Vandeen, Lithophyten wie Steinlaelien oder *Dendrobium-Phalaenopsis*-Hybriden geeignet. Die Wurzeln wachsen durch die Dränagelöcher nach außen und über die ganze Topfoberläche. Man lässt die Pflanzen am besten ungestört und tauscht verrotteten Pflanzstoff regelmäßg aus. Dazu dreht man die Pflanze vorsichtig um und entfernt das lose Substrat mit den Fingern oder einem dünnen Holzstäbchen. Die entstandenden Hohlräume füllt man dann wieder mit frischen Rindenbrocken oder einem anderen, geeigneten Pflanzstoff.

Normale Kunststofftöpfe

Viele Orchideenarten, darunter etliche terrestrisch oder semi-terrestrisch wachsende Arten bilden ein umfangreiches und tiefgehendes Wurzelsystem aus. Sie wachsen in normalen, tiefen Kunststofftöpfen besonders gut. Dazu gehören die meisten Cymbidien und viele andere immergrüne, terrestrische Orchideen wie *Calanthe triplicata*, *Neobenthamia gracilis*, *Phaius tankervilleae*, *Sobralia* und *Thunia*, die für ihre Wurzeln viel Platz brauchen. Auch manche hochwachsende Dendrobien, wie *Dendrobium fimbriatum* und *D. pulchellum,* bilden viele Wurzeln und bevorzugen mehr Wurzelraum. Viele Kultivateure füllen eine Schicht grober Kiesel auf den Boden des Topfs, die die Dränage verbessern und als Gegengewicht zur Pflanze den Topf stabilisieren.

Niedrige Kunststofftöpfe

Diese Töpfe sind etwa um ein Drittel niedriger als normale Kunststofftöpfe; der Durchmesser ist größer als die Topfhöhe. Eine zusätzliche Dränageschicht auf dem Topfboden ist deshalb nicht mehr notwendig. Sie werden am häufigsten für Orchideen verwendet.

Gittertöpfe und Gitterkörbe

Viele Orchideen brauchen Luft an den Wurzeln, und wachsen in schnell austrocknenden Gittertöpfen besonders gut. Auch Pflanzkörbe, wie sie für Wasser- oder Teichpflanzen verwendet werden, sind gut geeignet. Orchideen wie Stanhopeen, bei denen die Blütentriebe senkrecht nach unten wachsen, können in normalen geschlossenen Töpfen nicht gedeihen.

Wann wird umgetopft?

Meistens reagieren Orchideen sehr positiv auf frisches Substrat. Sie bilden viele neue Blätter oder Triebe und blühen üppiger. Die beste Zeit zum Umtopfen ist für die meisten Orchideen direkt nach der Blüte, im Frühjahr. So können sie die neue Wachstumsperiode voll ausnutzen. Manche Arten können zu jeder Jahreszeit umgetopft werden, vorausgesetzt, dass die Wachstumsbedingungen ideal sind. Nur während der lichtarmen Wintermonate oder im Hochsommer sollte nicht umgetopft werden, da der Stress für die Pflanze zu groß wäre.

Der beste Zeitpunkt ist, wenn der Neutrieb erscheint, kurz bevor neue Wurzeln gebildet werden. Bei den meisten kultivierten Orchideen ist das im Frühling. Manche kühler wachsende Arten bilden erst im Spätsommer, Herbst oder Winter Neutriebe, sie werden entsprechend behandelt.

Umgetopft wird, wenn das Substrat alt oder die Pflanzen für den Topf zu groß geworden sind. Orchideen in Sphagnum sollten mindestens alle zwei Jahre, besser jährlich umgetopft werden. Erwachsene Cymbidien setzt man alle zwei bis drei Jahre, Jungpflanzen jährlich in frisches Substrat. Orchideen in Rindensubstraten können bis zu fünf Jahre ungestört im Topf bleiben. Kranke Pflanzen sollten sofort, egal zu welcher Jahreszeit, in frisches Substrat oder Sphagnum gesetzt werden.

Oben: Schwarze Kunststofftöpfe gibt es in allen Größen und Formen. Manche haben größere Wasserabzugslöcher und sind für auch Orchideen, die eine gute Dränage brauchen, geeignet.

UMTOPFEN *Horstbildenden Arten wie* Dendrochilum cobbianum *müssen alle paar Jahre, wenn sie über den Topfrand hinausgewachsen sin, umgetopft werden. Durch Drücken löst man die Wurzeln von der Topfinnenwand, dann kann der Ballen besser ausgetopft werden. Das alte Substrat wird vorsichtig entfernt. Dann setzt man die Pflanze in einen größeren Topf, der Platz für den Zuwachs von zwei Jahren bietet. Große Pflanzen kann dabei auch teilen.*

Links: Cochleanthes amazonica *kommt aus Brasilien und Kolumbien. Sie wächst epiphytisch und bevorzugt temperiert-warme bis warme Kulturbedingungen.*

Temperaturansprüche

Bei der Kultur von Orchideen ist oft nur von der Minimumtemperatur die Rede, der Temperatur also, die mindestens eingehalten werden sollte. Es mag für viele tropische Tieflandarten durchaus zutreffen, dass sie eingehen, wenn die Temperaturen unter einen bestimmten Wert fallen, es ist aber auch eine Tatsache, dass viele Arten aus den höher gelegenene Bergregionen leiden, wenn im Sommer die Temperatur über eine gewisse Marke klettern. In den Bergregionen rund um den Äquator, wo die meisten tropischen epiphytischen Orchideen anzutreffen sind, fallen die Temperaturen selten unter 10 °C oder steigen über 26 °C. Die Pflanzen wachsen also in einem relativ engen Temperaturbereich. In der Kultur werden meist viele verschiedene Orchideen aus unterschiedlichen Gebieten im selben Gewächshaus kultiviert. Zum Glück sind viele Pflanzen sehr anpassungsfähig und kommen mit dem Klima im Gewächshaus klar, bei dem die Temperaturen tagsüber oft wärmer und nachts oder im Winter kälter sind, als in der Natur.

Oben: Disa *Watsonii gehört zu den kühl wachsenden Erdorchideen und ist eine Kreuzung der südafrikanischen* Disa uniflora *mit der Hybride* Disa *Kewensis.*

Die Temperaturbereiche lassen sich in drei verschiedene Zonen einteilen:

- **kühl wachsend** – mit einer Minimumtemperatur im Winter von 4–6 °C und maximal 25 °C im Sommer.
- **temperiert wachsend** – mit einer Minimumtemperatur im Winter von 10–12 °C und maximal 30 °C im Sommer.
- **warm wachsend** – mit einer Minimumtemperatur im Winter von 16–18 °C und maximal 35 °C im Sommer. Kurzfristig werden auch höhere Temperaturen vertragen, solange die Luftfeuchtigkeit hoch ist. Unter 10 °C kann es zu Kälteschäden kommen.

Frost

Nur wenige tropische Orchideen vertragen Temperaturen unter dem Gefrierpunkt. Selbst Arten, die in der Natur dem einen oder anderen Schneeschauer ausgesetzt sind, wie *Dockrillia striolata* und *Dendrobium speciosum* erleiden sehr schnell Frostschäden, vor allem wenn sie zum Zeitpunkt des Temperaturabfalls nass waren. In der Natur kommen solche extremen Wetterbedingungen immer nur kurzfristig vor und die Temperaturen steigen tagsüber wieder. Dauerfrost überlebt keine epiphytischen Orchidee.

Viele Erdorchideen haben sich kalten Wintertemperaturen angepasst, indem sie während der Kälteperioden mit unterirdischen Knollen überwintern. Dasselbe machen Arten aus Trockengebieten um regenarme Dürreperioden zu überstehen.

Rechts: Dockrillia striolata *ist relativ kältetolerant und erlebt in ihrer australischen Heimat auch den einen oder anderen Schneeschauer.*

Rechts: Anguloa uniflora *kommt aus den Bergregionen Venezuelas, Perus, Kolumbiens, Ekuadors und Boliviens. Sie mag keine hohen Temperaturen und die Blätter welken schnell.*

Sommerhitze

Viele Orchideen aus höher gelegenen Bergregionen über 1500 m sind in der Natur kaum größerer Hitze ausgesetzt. Temperaturen über 30 °C sind eine Seltenheit. In der Kultur reagieren sie auf sommerliche Hitze oft mit Blattverbrennungen oder werfen die Blätter ab. Besonders Arten aus den Gattungen *Anguloa*, bergbewohnende *Bulbophyllum*- und *Dendrobium*-Spezies, *Disa*, *Dracula*, *Masdevallia*, *Mediocalcar*, *Pleurothallis* und *Odontoglossum*-Verwandte sind sehr hitzeempfindlich. Während sommerlicher Wärmeperioden kann man durch häufiges Nebeln, Sprühen oder Abspritzen der Wege die Luftfeuchtigkeit erhöhen und die Temperatur senken. Die Pflanzen sollten nicht nass sein, solange die Sonne auf die Blätter scheint. Eine zusätzliche Schattierung ist wichtig.

Das richtige Gießen

Wässern und Gießen gehören zu den wichtigsten Aufgaben des Orchideenkultivateurs. Und hier werden gleichzeitig die meisten Fehler, vor allem von Anfängern und Einsteigern gemacht. Während manche ihre Pflanzen aus Furcht vor Staunässe fast vertrocknen lassen, gießen die meisten zu reichlich, mit dem Ergebnis, dass die Wurzeln verfaulen und die Pflanze eingeht. Orchideen werden am besten durchgegossen, also so, dass reichlich Gießwasser zu den Abflusslöchern der Töpfe herausfließt. So werden Düngesalze und Kalk aus dem Substrat ausgewaschen. Bis auf wenige Arten mögen sie es nicht, wenn im Untersetzer Wasser stehen bleibt. Im Gewächshaus auf Kulturtischen kann das Wasser einfach nach unten ablaufen. Das richtige Gießen kann man nur durch Erfahrung mit den eigenen Pflanzen lernen, denn jeder Kulturraum, jedes Gewächshaus und jede Fensterbank ist anders. Während des Wachstums muss häufiger gegossen werden, genauso wie im Sommer bei warmem Wetter. Man darf nicht vergessen, dass viele Orchideen eine Ruheperiode durchmachen, die unbedingt respektiert werden muss. Manche Arten reagieren auf Wassergaben während dieser Zeit mit sofortiger Wurzelfäulnis! Diese Ruhezeit liegt meist in den kühleren und lichtärmeren Wintermonaten, in denen sowieso seltener und vorsichtiger gegossen werden muss.

Orchideen im Garten oder in einer Schattenhalle im Sommer sind auch dem natürlichen Regen ausgesetzt. Während eines Gewitters erhalten sie dabei eine zusätzliche Portion Stickstoffdünger durch bestimmte chemische Reaktionen wenn sich Blitze entladen. Der Nachteil sind oft starke Winde und Hagel oder Dauerregen, der zuviel Feuchtigkeit mit sich bringt. Trotzdem sind Orchideen, die im Sommer im Freien kultiviert werden, kräftiger, robuster und blühen üppiger. Eine weitere Überraschung, die nach einem Gewitter passieren kann, ist eine Massenblüte. Viele Arten aus den Gattungen *Dendrobium* (Sektion

Oben: Die Bewässerung von Hand macht eine individuelle Versorgung jeder Pflanze möglich. Eine stufenlos verstellbare Sprühdüse ist wichtig, damit die Stärke des Wasserstrahls reguliert werden kann.

Links: Mediocalcar decoratum *aus Neuguinea verträgt keine hohen Temperaturen und muss feucht und kühl kultiviert werden.*

Links: Alle Coelogynen, darunter auch die abgebildete Coelogyne flaccida *'Caramel', bevorzugen ganzjährig feuchte Wachstumsbedingungen und regelmäßige Wassergaben.*

Rhopalanthe, zum Beispiel *D. crumenatum*), *Diplocaulobium*, einige *Eria*-Arten, *Flickingeria* und *Grastidium* bilden nach einem Gewitter Blütentriebe und stehen nach etwa neun bis zehn Tagen in voller Blüte, die leider nur einen oder wenige Tage halten. Oft »explodiert« ein ganzes Gewächshausabteil vor lauter Blütenpracht.

Orchideen mögen kein kalkhaltiges Gießwasser, deshalb muss man, wenn das Leitungswasser zu hart ist, das Wasser aufbreiten oder Regenwasser sammeln. Man kann dies am Regenrohr vom Gewächshausdach oder Hausdach ableiten und in Regentonnen auffangen. Nach längeren Trockenperioden sollte man den ersten Teil aber verwerfen, denn er ist durch Staub und oft auch durch Luftschadstoffe belastet. Gutes Wasser erkennt man daran, dass Sphagnum oder Baummoos, das mit den Pflanzen wächst, nicht geschädigt werden.

Oben: Viele Orchideen, wie diese Lycaste, *brauchen während des Wachstums viel Wasser und während der Ruhezeit weniger. Nur eine Bewässerung von Hand kann das gewährleisten.*

Rechts: Zygopetalum crinitum *reagiert wie die anderen Arten der Gattung positiv auf Wasser- und Düngergaben während der Wachstumsperiode.*

Sprüh- oder Nebelsysteme im Gewächshaus kann man aus Stecksystemen selbst zusammenbauen. Sie lassen sich durch einfache Bewässerungscomputer nach der Tageszeit oder Luftfeuchtigkeit steuern. Mit Nebelanlagen wird die Luftfeuchtigkeit erhöht und durch die Verdunstungskälte die Temperatur im Gewächshaus gesenkt. Gleichzeitig zugeschaltete Ventilatoren sorgen für eine gleichmäßige Luftverteilung im Haus. Je nach Größe der Anlage ist es empfehlenswert, mehrere Kreisläufe, die separat oder gleichzeitig betrieben werden können, zu installieren. Eine Bewässerung nur mit einer Sprühanlage ist insofern problematisch, da es immer feuchtere oder trockene Stellen gibt, Düsen verstopfen oder andere tropfen können. Auch Blätter größerer Pflanzen können verhindern, dass kleine Pflanzen darunter nass werden. Für eine Bewässerung von Hand, bei der man jede einzelne Pflanze beobachten und kontrollieren kann, gibt es keine Alternative. Zur Überbrückung einiger Urlaubstage oder eines verlängerten Wochenendes ist eine Sprühanlage aber ideal. Eine Sprühlanze mit einer verstellbaren Brause, mit der man auch an weiter entfernt stehende oder hängende Pflanzen gelangt, ist ideal. Feine Nebeldüsen erlauben eine Benetzung der Blätter ohne die Pflanze zu durchtränken.

Das richtige Düngen

Es gibt zwei unterschiedliche Düngerformen: mineralisch und organisch. Organische Düngemittel variieren in ihrem Nährstoffgehalt meist etwas, da sie aus natürlichen Rohstoffen gewonnen werden. Mineralische Dünger sind in ihrer Zusammensetzung exakt definiert und genauer dosierbar.

Die drei wichtigsten Nährstoffe, die die Pflanze braucht, sind Stickstoff (N), Phosphor (P) und Kalium (K). Sekundäre Pflanzennährstoffe wie Kalzium (Ca), Magnesium (Mg) oder Schwefel (S) sind ebenso wichtig für ein gesundes Wachstum. Die so genannten Spurenelemente Bor (B), Mangan (Mn), Zink (Zn), Kupfer (Cu) und Eisen (Fe) sind nur in winzigen Mengen nötig. Jeder Volldünger enthält eine N-P-K-Angabe auf der Verpackung, die besagt, wieviel des jeweiligen Nährelements in der Düngermischung enthalten ist. Während der Hauptwachstumszeit benötigt die Pflanze mehr Stickstoff, zur Blütenausbildung mehr Phosphor und während der kühleren Wintermonate mehr Kalium. In einer gemischten Sammlung ist ein Dünger mit einem NPK-Verhälnis von 22:8:12 ideal. Im Herbst, zur Hauptblütezeit und im Frühjahr vor der neuen Wachstumsperiode ist dann eine Phosphor-Kali-betonte Düngung mit einem Verhältnis von etwa 12:12:20 besser. Die angegebenen Nährstoffverhältnisse sollen nur eine grobe Richtlinie sein, nur durch ständiges Beobachten seiner Pflanzen bekommt man ein Gefühl, wann, wieviel und mit welchen Nährstoffen gedüngt werden muss. Dabei muss man sich genau an die Gebrauchsanweisung des Herstellers halten – eine zu hohe Konzentration der Nährsalze in der Düngerlösung führt nicht zu stärkerem Wachstum, sondern zu verbrannten Wurzeln oder Blättern. Es ist besser, mit einer geringeren als angegebenen Konzentration, aber dafür häufiger zu düngen.

Beim Ansetzen der Düngerlösung mit kristallinen Nährsalzen muss man darauf achten, dass sich alle Salze völlig im Wasser aufgelöst haben. Das geschieht in warmen Wasser besser und schneller. Wenn man Flüssigdünger verwendet, hat man dieses Problem nicht.

Dort steht, stumm wie
ein Wurm, die weiße Orchidee;
Kein Ton von der Tochter' Lachen,
wo bist du nur?

EDNA ST. VINCENT MILLAY (1892–1950), »Ode to Silence«

Da Orchideen nicht so schnell wie Stauden oder Sommerblumen wachsen, brauchen sie auch eine geringere Menge an Nährstoffen. Die Halbierung der auf der Verpackung von normalen Blumendüngern angegebenen Konzentration ist empfehlenswert.

Es ist auf jeden Fall sicherer, etwas weniger zu düngen, als die Wurzeln aller Pflanzen in einer Sammlung durch zu hohe Nährsalzkonzentrationen irreparabel zu schädigen. Orchideen, die durchaus höhere Düngergaben vertragen und ein starkes Wachstum zeigen sind Cymbidien, *Dendrobium-Nobile*-Hybriden, *Phalaenopsis* und Thunien. Man kann sie auch mit Langzeitdüngern, die die Nährstoffe bei Feuchtigkeit und Wärme nach und nach freigeben, versorgen. Das hat den Vorteil, dass die Pflanze immer Nährstoffe in geringer Konzentration zur Verfügung hat und nicht nur alle paar Wochen eine große Portion.

Bei organischen Düngemitteln wie Hornspänen oder Rhizinusschrot muss man beachten, dass bei Wärme und hoher Luftfeuchtigkeit die Nährstoffe sehr schnell freigesetzt werden, und zu Wurzelverbrennungen führen können.

Unten: Die Düngung von Orchideen wie dieser Ascocenda *Carolaine 'Kathleen'* während der Wachstumsperiode stärkt nicht nur das Wachstum, sondern führt auch zu üppiger Blütenpracht.

Rechts: Dendrobium *Stardust* braucht wie viele wüchsige Dendrobien während der Wachstumsperiode ausreichend Dünger.

Orchideenvermehrung

Oben: Egal wie man seine Orchideen vermehrt, eine genaue Etikettierung der Pflanzen mit Namen, Zeitpunkt des Umtopfens, der Blüte oder bei Kreuzungen dem beteiligten Elternteil ist immer wichtig.

Es gibt mehrere Methoden, Orchideen zu vermehren. Einige sind einfach, andere sehr kompliziert und aufwändig. Manche eignen sich nicht für alle Arten, sodass im Porträtteil ab Seite 58 für jede Gattung die einfachste Methode angegeben wird.

Teilung

Die einfachste und am häufigsten angewandte Methode zur Vermehrung von sympodialen Orchideen ist die Teilung. Man sollte nur große und gesunde Pflanzen teilen. Der richtige Zeitpunkt ist meist im zeitigen Frühjahr, wenn das Triebwachstum einsetzt.

Die einzelnen Teilstücke bei der Teilung sollten jeweils mindestens drei, besser vier Pseudobulben haben, da sonst die Etablierung sehr lange dauern kann und die Pflanzen in der nächsten Saison nicht blühen. Manche Arten wie Paphiopedilen oder Phragmipedien blühen erst, wenn sie eine gewisse Größe erreicht haben und setzen bei häufiger Teilung keine Blüten an. Man teilt sie nur, wenn sie beim Umtopfen von alleine auseinanderfallen.

Man nimmt die Pflanze, die geteilt werden soll, aus dem Topf und entfernt alle alten, abgestorbenen und beschädigten Wurzeln. Durch genaues Betrachten findet man die richtige Stelle, an der das Rhizom durchtrennt werden kann. Ist man sich unsicher, ist es wahrscheinlich besser, die Pflanze einfach in einen größeren Topf mit frischem Pflanzstoff zu setzen und noch ein oder zwei Jahre zu warten. Wenn man sich entschieden hat, wo man die Pflanze teilen kann, schneidet man das Rhizom zwischen zwei Pseudobulben mit einer scharfen Schere durch. Die Schnittstelle kann man mit Schwefel- oder Holzkohlenpuder bestäuben oder für eine Stunde abtrocknen lassen, bevor man die Teilstücke neu eintopft.

Es ist ganz wichtig, dass das Schneidwerkzeug vorher in einer Bleiche- oder Spirituslösung desinfiziert worden ist oder über einer Flamme erhitzt wurde. Nur so kann die Übertragung von Krankheiten, vor allem Viren, verhindert werden. Man darf nicht vergessen, bei jeder neuen Pflanze die Geräte neu zu desinfizieren. Zum Schluss ist es ganz wichtig, die

TEILUNG *Diese Coelogyne ist über den Topf, in dem sie wuchs, hinausgewachsen, und soll geteilt werden. Zwischen zwei Pseudobulben wird das Rhizom senkrecht durchtrennt und die beiden Teilstücke vorsichtig auseinander gezogen. Nachdem beschädigte oder alte Wurzeln entfernt wurden, wird jede Pflanze in einen eigenen Topf gesetzt. Zum Schluss werden die Pflanzen durchdringend gewässert, um Feinpartikel des Substrats von den Wurzeln zu spülen und mit neuen Etiketten, die Name und Umtopfdatum enthalten, versehen.*

TEILUNG UND RÜCKBULBEN *Diese* Laelia anceps *ist schon seit einigen Jahren über den Topfrand hinausgewachsen. Man schneidet das Rhizom dort, wo die Pflanze den Topfrand überwächst, mit einer Schere durch. Der hintere Teil kann im Topf bleiben, wenn das Substrat in Ordnung ist, und wird aus einem ruhenden Auge neu austreiben. Der vordere Teil ist so groß, dass er in zwei weitere Teilstücke getrennt werden kann.*

Teilstücke mit neuen Namensetiketten zu versehen. Es ist hilfreich, das Datum der Teilung mit auf dem Etikett zu vermerken, zusammen mit Informationen über die Herkunft der Pflanze, das Kaufdatum usw. Bei der Beschriftung muss man beachten, dass die Farbe vieler Etikettenstifte nach einiger Zeit durch Sonne und Gießwasser verblasst. Der gute alte Bleistift leistet hier die besten Dienste.

Rhizomschnitt

Durch einen Rhizomschnitt bekommt man bei sympodial wachsenden Orchideen sehr schnell große, vieltriebige Schaupflanzen. Man schneidet einfach das Rhizom zwischen den Pseudobulben senkrecht durch, sodass Abschnitte mit jeweils drei bis vier Trieben entstehen. Die schlafenden Augen an der Basis der alten Pseudobulben treiben nun aus, sodass man eine vieltriebige Pflanze erhält. Diese Technik wird am besten im Spätwinter oder zeitigen Frühjahr angewandt und eignet sich besonders für Arten der *Cattleya*-Verwandtschaft, *Coelogyne*, *Dendrobium*, *Encyclia* und *Miltonia*.

Rückbulben

Große Exemplare von Cymbidien mit vielen blattlosen, von trockenen Hüllblättern umgebenen Rückbulben sind nicht mehr besonders attraktiv. Diese Rückbulben sind quasi eine »Risikoversicherung« der Pflanze, falls der Haupttrieb beschädigt wird. Bei der Teilung von Cymbidien kann man, nachdem man die Pflanze in mindestens dreibulbige Teilstücke getrennt hat, die übrigen alten Rückbulben einzeln in separate Töpfe setzen oder in durchsichtigen Tüten mit etwas Sphagnum stecken. Die Bulben sollten mit dem unteren Drittel im Substrat, das nicht zu nass sein darf, stecken. Die alten Hüllblätter und abgestorbene, alte Wurzeln entfernt man vorher komplett. Jede der Rückbulben sollte ein schlafendes Auge besitzen, das nach drei bis sechs Monaten austreibt. Bulben, die faulen oder schwarze Flecken bekommen, wirft man weg. Es dauert zwar drei oder vier Jahre, bis die neuen Pflanzen blühen, bei selektierten Cultivaren lohnt sich die Mühe aber. Auch andere Orchideen können so vermehrt werden, vorrausgesetzt, dass die Rückbulben ein schlafendes Auge besitzen. Mit einzelnen Rückbulben können Pflanzen aus folgende Gattungen vermehrt werden: *Calanthe*, *Catasetum*, *Coelia*, *Phaius* und *Zygopetalum*. Mindestens zwei, besser drei Rückbulben brauchen Arten und Hybriden aus den Gattungen *Ada*, *Anguloa*, *Ansellia*, *Brassia*, *Bulbophyllum*, *Cattleya*, *Coelogyne*, *Coryanthes*, *Cuitlauzina*, *Dendrobium*, *Dendrochilum*, *Encyclia*, *Laelia*, *Lycaste*, *Maxillaria*, *Miltonia*, *Odontoglossum*, *Oncidium*, *Osmoglossum*, *Pholidota* und *Stanhopea* und deren intergenerische Hybriden.

Unten: Dendrochilum cobbianum *kann durch Rückbulben vermehrt werden. Dazu setzt man von der Mutterpflanze abgetrennte Rückstücke, die mindestens zwei, besser drei Pseudobulben besitzen, in einen neuen Topf und stellt sie schattig auf, bis sich neue Triebe zeigen. Einzelne Rückbulben treiben bei dieser Gattung nicht mehr aus.*

KEIKIS *Einige Orchideen, wie* Dendrobium fimbriatum, *bilden an den langen Trieben seitlich so genannte Keikis. Wenn sie die ersten eigenen Wurzeln gebildet haben, kann man sie von der Mutterpflanze abtrennen oder abschneiden. Man setzt sie in frischen Pflanzstoff, aber nur so tief, dass die Basis noch sichtbar ist.*

Unten rechts: Epidendrum ibaguense *gehört zu den Arten, die leicht durch Teilung oder Seitentriebe (Keikis) vermehrt werden können.*

Unten: Bei vielen Arten der Gattung Restrepia, *wie* R. antennifera, *kann man kleine Pflanzen, die in den Achseln älterer Blätter entstehen, zur Vermehrung heranziehen.*

Keikis, Kindel oder Seitentriebe

Viele Orchideen bilden an den älteren, blattlosen Pseudobulben oder Trieben kleine Kindel oder Seitentriebe, so genannte Keikis, die oft schon an der Mutterpflanze Wurzeln bilden. Man belässt sie ungefähr ein Jahr an der Mutterpflanze, bis die Blätter ihren frischen Glanz verloren, sich mehrere Wurzeln gebildet und vielleicht sogar schon einen Neutrieb haben. Dann kann man sie einfach mit der Hand vorsichtig abdrehen, ein Abschneiden führt oft zu Verletzungen, die sich mit Krankheitserregern infizieren können. Diese Jungpflanzen etablieren sich sehr schnell, wenn sie neu getopft oder aufgebunden werden. Diese Keikis findet man besonders oft bei verschiedenen Arten aus den Gattungen *Dendrobium*, *Epidendrum*, *Grastidium* und *Neobenthamia*. Viele *Restrepia*- und *Pleurothallis*-Arten bilden Kindel in den Achseln älterer Blätter und einige *Phalaenopsis*-Arten an den Blütenstielen.

Triebstecklinge

Mit dieser Methode lassen sich Pflanzen aus der terrestrisch wachsenden Gattung *Thunia* vermehren. Dazu schneidet man die vorjährigen Triebe etwa 5–6 cm über der Basis ab. Der Neutrieb bleibt unangetastet. Wenn die Schnittstelle einige Tage abgetrocknet ist, steckt man den Trieb in einen Topf mit Sphagnum. In den folgenden Monaten bilden sich an den Seiten neue Triebe. Eine abgewandelte Variante dieser Methode besteht darin, den Trieb in mehrere Teilstücke zu schneiden oder flach auf eine Lage Sphagnum zu legen.

Eine ähnliche Methode funktioniert bei *Dendrobium nobile* und verwandten Arten sowie den Hybriden dieser Gruppe. An den Knospen der Triebe entstehen normalerweise Blüten, wenn die Pflanzen aber schattig stehen, zuviel Stickstoff erhalten und die Wurzeln beschädigt sind, bildet die Pflanze an diesen Stellen statt Blüten neue kleine Kindel. Man kann sich diese Fähigkeit zu Nutze machen. Im Frühling, wenn die Pflanze blüht, wählt man die Triebe, die mindestens drei Jahre alt sind aus. An der Mutterpflan-

ze belässt man mindestens drei Triebe: den Neutrieb, den blühenden Trieb und den abgeblühten Trieb des Jahres davor. Die alten Pseudobulben, die drei Jahre und älter sind, schneidet man an der Basis vom Rhizom ab. Nun muss man die Stellen an den Trieben finden, die *nicht* geblüht haben und leicht angeschwollen sind. Die Methode funktioniert nur mit Triebabschnitten, die keine Blüten hatten. Die ausgewählten Triebe schneidet man in der Mitte zwischen zwei Augen durch, mit zwei bis drei Augen pro Stück. Alle Teile, die geblüht haben, kann man wegwerfen, sie treiben nicht mehr aus. Die »Stecklinge« setzt man in Sphagnum oder feines Rindensubstrat und stellt sie schattig an einem Ort mit hoher Luftfeuchtigkeit auf. Innerhalb von drei bis sechs Monaten bilden sich neue Pflänzchen, die nach etwa drei bis vier Jahren Blühstärke erreichen. Wenn man will, kann man auch einen Neutrieb opfern, der noch nicht geblüht hat. Man entfernt dann die grünen Blätter und verfährt genauso wie oben beschrieben.

Aussaat

Orchideen produzieren sehr feine Samen in großer Anzahl, die bestimmte Pilze (Mykorrhizapilze) oder Nährstoffe benötigen, um zu keimen. Speziallabore übernehmen für kommerzielle Gärtner die Aussaat auf sterilen Nährböden mit einer Vielzahl an Nährstoffen und anderen wachstumsfördernden Substanzen. Nach der Keimung müssen die Sämlinge noch mehrfach auf frische Nährboden umgebettet werden, bevor sie im Alter von 12–36 Monaten groß genug sind, selbstständig zu überleben.

Eine Orchideennuss ist wohl für ein Murmeltier wie Speck und Bohnen für den verwöhnten Gaumen …

ROBERT FROST (1874–1963), »The Self-Seeker«

Für den Hobby-Orchideenliebhaber ist diese Methode zu aufwändig. Manchmal gelingt es, einige wenige Jungpflanzen zu erhalten, wenn man die Samen auf die Wurzeln der Muterpflanze streut. Bei den Hybriden von *Epidendrum radicans* und einigen temperiert wachsenden australischen Dendrobien wie *Dendrobium speciosum* und *D. kingianum* funktioniert diese Methode recht gut. In vielen lokalen Orchideenvereinen gibt es aber immer einige engagierte Liebhaber, die sich ein eigenes kleines Labor eingerichtet haben und Orchideen aussäen.

Gewebekultur

Pflanzen aus Gewebekultur oder Meristemvermehrung sind genetisch mit der Mutterpflanze identisch. Diese Methode ist kompliziert und wird von Speziallaboren durchgeführt. Kleine Gewebstücken mit teilungsfähigen Zellen werden immer wieder geteilt, bis man genug Zellmaterial beisammen hat. Dann werden die Zellklumpen (Protocorme) wie Sämlinge auf spezielle Nährböden gelegt und wachsen zu neuen Pflanzen heran. Mit dieser Methode können Pflanzen in großen Stückzahlen vermehrt und vielen Liebhabern zugänglich gemacht werden. Viele Cymbidien, Cattleyen, Oncidien und Phalaenopsen werden so für die Topfpflanzenproduktion und viele *Dendrobium*-Hybriden und manche Vandeen für Schnittblumenbetriebe vermehrt. Arten und Hybriden der Gattungen *Paphiopedilum* und *Phragmipedium* lassen sich schwer meristemieren, wie man an den hohen Preisen einzelner Cultivare sieht.

Oben: Die einfachste Möglichkeit, schnell zu einer großen Orchideensammlung zu gelangen, ist Sämlinge und Jungpflanzen zu kaufen.

Ganz oben: Trockene, aufgeplatze Samenkapseln werden bei der Routinepflege der Orchideen entfernt. Orchideensamen sind so fein, dass sie nur schwer aufzufangen sind und keimen nur unter ganz besonderen Bedingungen.

TRIEBSTECKLINGE Papilionanthe *Mundyi lässt sich besonders gut durch Stecklinge vermehren. Durch frühere Stecklingsentnahmen hat sich die abgebildete Pflanze verzweigt, sodass mit einer desinfizierten Schere die Seitentriebe mit Wurzeln abgetrennt und separat eingetopft werden können.*

Krankheiten und Schädlinge

Unten: Der faulige Geruch der Blüten von Bulbophyllum echinolabium *mag für die menschliche Nase unangenehm sein, er lockt aber Fliegen, die die Blüte bestäuben, an.*

Bei guter Pflege und sorgfältiger Hygiene bei der Kultur werden Orchideen kaum von Krankheiten oder Schädlingen befallen. Es sind auch nicht alle Insekten in einem Gewächshaus schädlich. Marienkäfer, Florfliegen, Gottesanbeterinnen und Spinnen helfen als natürliche Insektenfresser, unerwünschte Besucher in Schach zu halten. Manche Schädlinge stellen den Orchideenliebhaber aber auf eine harte Geduldsprobe. Raupen und Schnecken lieben Blüten, Knospen und junge Triebe, Heuschrecken und Grillen können in kurzer Zeit großen Schaden anrichten, Schaben und Asseln fressen an zarten grünen Wurzelspitzen, *Dendrobium*-Käfer machen sich über Blüten und neue Triebe her, Cattleyenfliegen legen ihre Eier in Triebknospen, die dann von innen zerfressen werden und Blatt-, Schild- oder Wollläuse fallen über zarte Pflanzenteile her. Gerade vernachlässigte Pflanzen, die gestresst sind, locken viele Schädlinge an. Bei zu trockener Luft werden Spinnmilben, auch Rote Spinne genannt, zum Problem; vor allem Cymbidien sind anfällig. Regelmäßiges Nebeln und Sprühen wirkt vorbeugend. Blattläuse sind lästig, wenn sie an Blüten und Knospen für Missbildungen und Wachstumsstörungen sorgen und werden zur Gefahr für die ganze Sammlung, wenn sie durch ihre saugende Tätigkeit Viren von einer Pflanze auf die

Links: Adulte Dendrobium-*Käfer* (Stethopachys formosa) *werden etwa 12 mm groß. Man kann sie zwar mit Insektiziden bekämpfen, umweltfreundlicher ist es in jedem Fall, die Käfer, wenn man sie an den Orchideen entdeckt, abzusammeln und von Hand zu vernichten.*

Links: Dendrobium-*Käfer legen ihre weißlichen Eier in frische Neutriebe oder Knospen. Nach dem Schlüpfen bohren sich die Larven in die benachbarten fleischigen Triebe und höhlen sie von innen aus. Dies schädigt zwar die Pseudobulben, bringt die Pflanzen aber selten um.*

Links: Es gibt über 20 Arten von Schildläusen. Man entdeckt sie meist zuerst an der Unterseite der Blätter, wo sie Pflanzensaft saugen. Man kann sie durch Betupfen mit Spiritus, systemischen Insektiziden, verdünnten Spülmittellösungen oder Rapsölpräparaten bekämpfen.

Links: Die Blüten dieser Laelia *Canariensis sind mit feinen dunklen Punkten übersät, die von Grauschimmel* (Botrytis) *verursacht werden. Sie entstehen, wenn Wassertropfen nach dem Gießen auf der Blüte stehenbleiben. Befallene Blüten entfernen und für eine gute Luftumwälzung sorgen.*

nächste übertragen. Gegen Schnecken helfen Schneckenkorn oder Metaldehyd-Staub, die aber von kleinen Kindern und Haustieren ferngehalten werden müssen. Gegen Schaben helfen Klebefallen oder Fraßköder und auch Mäuse oder Ratten sollten bekämpft werden.

Die meisten Menschen möchten heutzutage keine Insekitzide mehr einsetzen – aus Gesundheitsgründen und weil dadurch auch Nützlinge gefährdet werden. Statt alle Pflanzen einer Sammlung prophylaktisch zu behandeln, reicht es oft, bei Problemen einzelne Pflanzen mit einer punktgenauen Behandlung von den Plagegeistern zu befreien. Eine kleine Sprühflasche mit einem haltbaren Insektizid leistet gute Dienste. Durch eine Beratung in einem Gartencenter vor Ort oder besser noch bei einem Orchideengärtner erfährt man, welche Mittel geeignet sind und auch von den Orchideen vertragen werden. Viele Arten reagieren nämlich auf Pflanzenschutzmittel sehr empfindlich. Jeder Liebhaber, der seine Sammlung von *Dendrobium cuthbertsonii* durch eine einmalige Behandlung mit einem »natürlichen, biologischen« Pyrethrum-Präparat in den Orchideenhimmel geschickt hat, weiß davon zu berichten.

Immer häufiger sieht man zwischen Orchideen einige südostasiatische Kannenpflanzen (*Nepenthes* sp.) zur Kontrolle von Schädlingen. Viele Arten wachsen auch in der Natur zusammen mit Orchideen und haben die gleichen Kulturansprüche. Um Kannenfallen auszubilden, brauchen sie eine hohe Luftfeuchtigkeit. Ein feucht-warmes Klima mögen *N. ampullaria*, *N. mirabilis*, *N. rafflesiana* und *N. truncata*; kühler mögen es *N. alata*, *N. maxima*, *N. sanguinea*, *N. tobaica* und *N. ventricosa*.

… Diademe aus braunen Orchideenblüten, für Cytheraeas Stirn gedacht, sind hier versteckt, nichts ahnt sie davon, noch hat sie der Weidestier entdeckt.

OSCAR WILDE (1854–1900), »The Burden Of Itys«

Fungizide werden eingesetzt, um Fäulnis- und Pilzkrankheiten zu verhindern. Die beste Prophylaxe ist Platz zwischen den Pflanzen und eine gute Luftbewegung. Abgestorbene Blätter, Blütentriebe und trockene Hüllblätter alter Pseudobulben sollten entfernt werden. Feucht-warme, stehende Luft muss unbedingt vermieden werden.

Bei der Anwendung von Pflanzenschutzmittel muss man sich genau an die Gebrauchsanweisung halten, Schutzkleidung, Handschuhe, eine Schutzmaske und am besten auch einen Augenschutz tragen. Nach dem Sprühen sollte man duschen. Bei Wind und in den heißen Mittagsstunden sollte keine Behandlung erfolgen, da ein Teil des Päparats abdriften und gar nicht an den Wirkungsort gelangen kann. Die Pflanzen können auch durch Wärme in Verbindung mit dem Spritzmittel geschädigt werden.

Viren sind wohl die größte Gefahr für jede Orchideensammlung. Sie schwächen die Pflanze, sodass sie missgebildete Blüten und Triebe, oft mit Flecken oder Streifen ausbilden. Es gibt keine Behandlung und befallene Pflanzen müssen vernichtet werden. Es gibt verschiedene Virusstämme, die über den Pflanzensaft von saugenden Insekten übertragen werden. Die größte Gefahr ist aber der Kultivateur selbst, wenn nicht desinfizierte Geräte oder Schnittwerkzeuge verwendet werden.

So können sich Viren wie das *Cymbidium*-Mosaikvirus oder das *Odontoglossum*-Ringfleckvirus rasend schnell ausbreiten. Schon das Schneiden einer Blüte oder Entfernen eines welken Blattes mit einem nicht desinfizierten Messer reicht aus. Nur durch Desinfizieren mit Bleiche, Spiritus oder Abflammen lassen sich Viren auf Geräten und Bänken abtöten.

Oben: Nepenthes alata *ist eine ideale Begleitpflanze für Orchideen. Die Fallen locken mit süßem Nektar Insekten an, die am Rand an der wachsartigen Oberfläche abgleiten und in die Kannen fallen. Dort werden sie von der Pflanze verdaut.*

Ganz oben: Cattleyen sind anfällig für das Cymbidium-*Mosaikvirus. Die abgebildete* Cattleya intermedia *'Do Heitor', zeigt aber keine Streifen und Flecken, die typisch für den Befall mit einem Virus sind.*

Orchideen und Naturschutz

Kaum ein anderes Thema wird so intensiv und mit so wenig wirklich fundierten Fakten diskutiert, wie der Schutz von Orchideen, besonders der Schutz von Orchideen in der Natur. Tatsache ist, dass es bislang kaum fundierte Forschungsergebnisse darüber gibt, wie ein »idealer« Orchideenlebensraum aussieht, wie der exakte Status gleich welcher Art in der Natur ist, und welche Faktoren wirklich für eine Gefährdung verantwortlich sind. Keine einzige Orchideenart ist bisher belegbar durch das Sammeln für den Handel ausgerottet worden. Das bedeutet nicht, dass das unkontrollierte Sammeln von Wildpflanzen keine Gefahr für lokale Populationen darstellt. Selbst Arten, die häufig in Kultur sind und durch Aussaat in großer Stückzahl vermehrt werden, werden noch in der Natur gesammelt, oft ohne Rücksicht auf Konsequenzen für die zukünftige Populationsentwicklung der ganzen Art.

Die größte Gefahr für Orchideen in der Natur sind aber Menschen – zu viele Menschen. Die Bevölkerung in den Entwicklungsländern der Erde braucht Land für die Gewinnung von Lebensmitteln und Rohstoffen, um überleben zu können und zerstört dabei den Lebensraum vieler Orchideen. Aber auch die Industrieländer tragen ihren Teil zur Vernichtung der Orchideenhabitate in den Ländern der Tropen bei. Wälder werden zur Zellstoffgewinnung für die Papierindustrie oder als Weideland für Rinder, die in Fastfood-Restaurants als Hamburger enden, gerodet.

Viele begehrten Arten sind heute in der Kultur häufiger anzutreffen, als in der Natur. *Laelia purpurata,* die Nationalblume Brasiliens ist durch die Zerstörung des Lebensraumes und unverantwortliches Sammeln aus der Natur fast verschwunden, wird aber auf der ganzen Welt bei Liebhabern und Orchideengärtnern in unzähligen Farbvarietäten jährlich zu Tausenden nachgezogen. Und die nah

Links: Bulbophyllum fletcherianum *kommt in der Natur an steilen Felshängen in Wäldern entlang von Flüssen in Neuguinea vor. Die Entnahme der Pflanzen ist ein Eingriff in das empfindliche Ökosystem.*

Rechts: Nidema ottonis *im Jardin Botánico Lankester in Costa Rica. Botanische Gärten spielen eine wichtige Rolle bei der Erforschung von Orchideen, ihrer Systematik, Taxonomie, Verbreitung und Habitatansprüche.*

verwandte, besonders geschützte *Laelia lobata* hat ausgerechnet in der Millionenmetropole Rio de Janeiro an den steilen Felsen des berühmten Zuckerhuts ein Refugium zum Überleben gefunden.

Aber auch in solchen Städten sind verbliebene Waldreste, in denen Orchideen wachsen, durch wilde Müllkippen oder unkontrolliertes Sammeln der Pflanzen als Zimmerschmuck gefährdet. Wilde Orchideen sehen nirgends besser aus, als in ihrem natürlichen Lebensraum. Und nicht jede Population kann sich von einer Dezimierung durch Übersammlung oder Lebensraumzerstörungen, wie Brandrodungen, erholen. Das soll nicht bedeuten, dass ein kontrolliertes Sammeln für die Orchideenkultur unverantwortlich wäre – im Gegenteil, eine Reserve in der Obhut engagierter Orchideenliebhaber als Grundstock zur Samenvermehrung ist viel wert. Auch werden bei einem generellen Sammel- oder Exportverbot viele Familien und kleinerer Betriebe vor Ort ihrer Lebensgrundlage beraubt. Das Sammeln und die Kultur von Orchideen sowie ihre Vermehrung durch Samen und Teilung für den Export ist für viele Menschen in den Ländern der Dritten Welt die einzige Einnahmequelle, um das tägliche Überleben zu sichern.

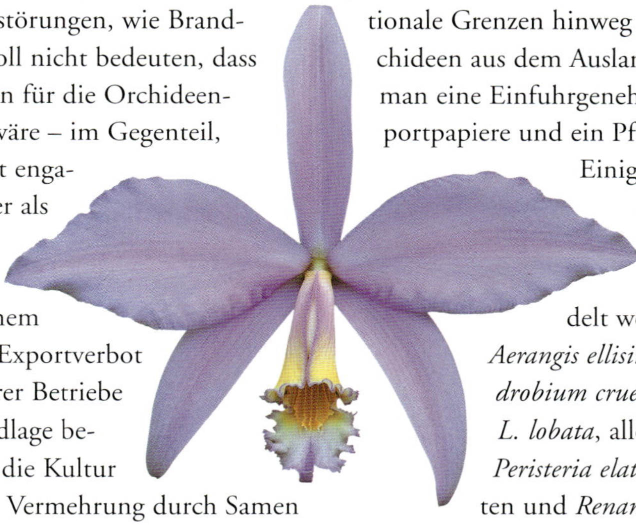

Ähnliches gilt auch für kleine, spezialisierte Orchideenbetriebe bei uns, die nur überleben können, wenn Liebhaber nicht auf billige Massen- oder Importware zurückgreifen, sondern gut gepflegte, qualitativ hochwertige, etablierte Pflanzen zu angemessenen Preisen erwerben. Nur so können Spezialbetriebe bestehen, die dem Liebhaber die Vielfalt bieten, die dem Artenreichtum der Familie entspricht.

Es gibt also keine einfachen Lösungen, wie Orchideen in der Natur geschützt werden können. Jeder Orchideenfreund muss sich seine eigene Meinung bilden. Die Informationen sind vorhanden, man muss sie nur nutzen.

CITES

CITES steht für **C**onvention on **I**nternational **T**rade in **E**ndangered **S**pecies. Es ist eine freiwillige Vereinbarung der Mitgliedsstaaten, um den Handel mit bedrohten Tier- und Pflanzenarten zu regeln. Alle Orchideenarten werden im so genannten Anhang 2 geführt, das bedeutet, dass der Handel über internationale Grenzen hinweg eingeschränkt ist. Um Orchideen aus dem Ausland zu importieren, braucht man eine Einfuhrgenehmigung, die nötigen Exportpapiere und ein Pflanzengesundheitszeugnis. Einige Arten sind im Anhang 1 gelistet und dürfen nur mit einer Ausnahmegenehmigung gehandelt werden. Das sind zur Zeit *Aerangis ellisii*, *Cattleya trianaei*, *Dendrobium cruentum*, *Laelia jongheana*, *L. lobata*, alle *Paphiopedilum*-Arten, *Peristeria elata*, alle *Phragmipedium*-Arten und *Renanthera imschootiana*. Um die legale Herkunft seiner Pflanzen jederzeit belegen zu können, sollte man die Kaufbelege aufbewahren.

Oben: Cyrtopodium punctatum *kommt von Florida in den USA bis nach Französisch Guyana vor. In Florida ist die Art in ihrem Lebensraum gefährdet.*

Oben links: Laelia jongheana *ist in ihrem natürlichen Lebensraum, den Bergwäldern Südostbrasiliens sehr selten und der Handel durch CITES eingeschränkt.*

Links: Habitatzerstörung ist der Grund, warum Renanthera imschootiana *gefährdet ist. Seit 1979 ist sie geschützt.*

Orchideen von A–Z

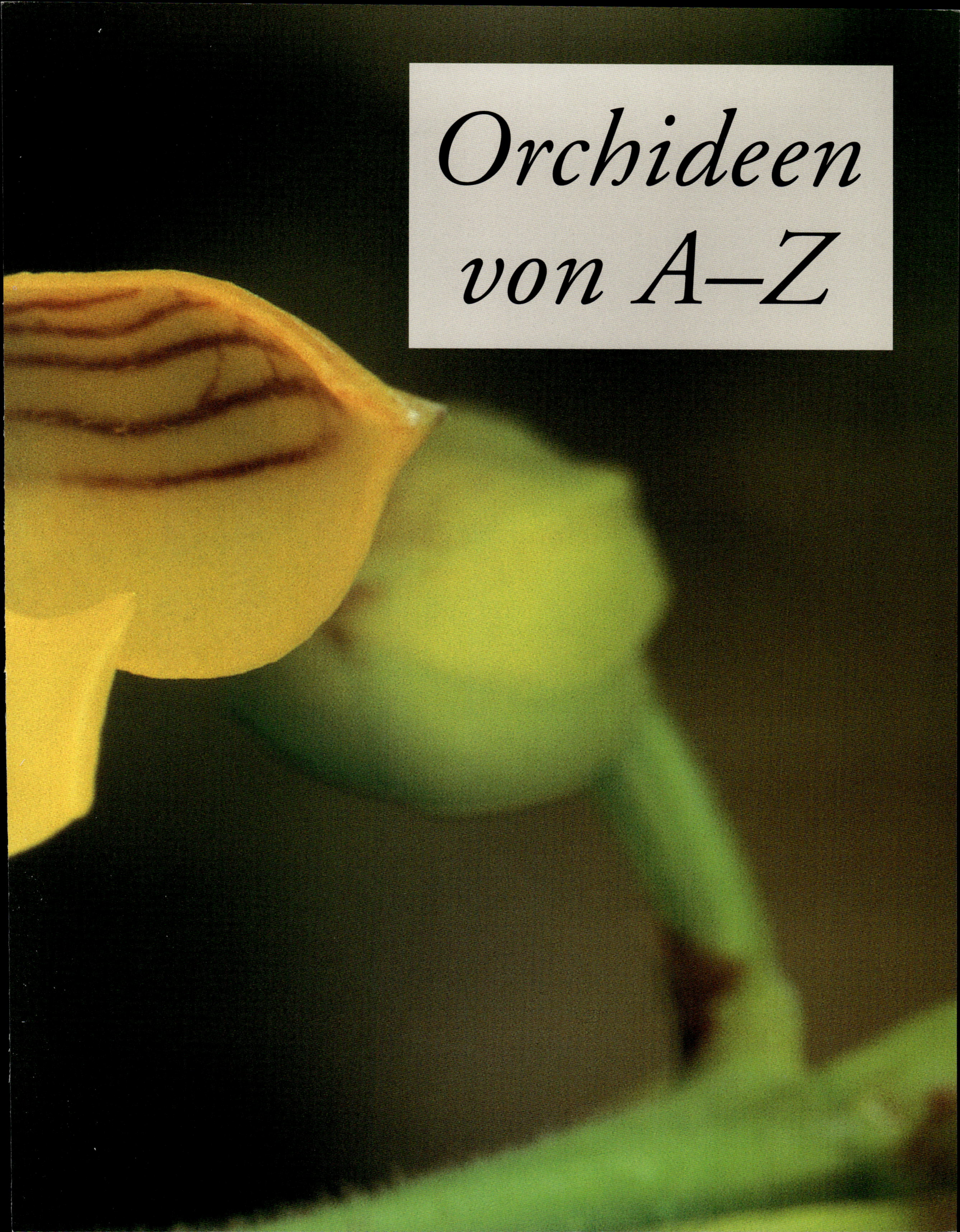

Acacallis

Diese Gattung enthält 2–4 Arten, von denen eine häufiger in Kultur ist. Sie wachsen als Epiphyten in Tieflandwäldern oder zeitweise überfluteten Wäldern in Kolumbien, Französisch Guyana, Guyana, Venezuela, und dem Amazonasbecken von Brasilien. Die schlanken, eiförmigen Pseudobulben tragen1–3 Blätter. Das Rhizom ist kletternd oder kriechend und die überhängende Infloreszenz entspringt der Basis der Bulben und trägt wenige, auffällige Blüten.

Kultur: *Acacallis* gedeiht am besten bei ganzjährig feucht-warmen Bedingungen. Tagsüber können die Temperaturen auf über 30 °C ansteigen und sollten nachts nicht unter 18 °C fallen. Direktes Sonnenlicht sollte vermieden werden, um Verbrennungen zu vermeiden. Ohne Luftbewegung sind die Pflanzen anfällig für Pilzkrankheiten. Die relative Luftfeuchtigkeit sollte etwa 80 % betragen, im Winter kann sie etwas niedriger sein; eine Ruhezeit ist nicht nötig. Durch das kletternde Rhizom wachsen die Pflanzen am besten an langen Kork- oder Baumfarnstücken mit einer Moosunterlage. Bei der Topfkultur sollte das grobe Substrat zwischen den Wassergaben austrocknen können. Vermehrt wird durch Teilung mit mindestens 4–5 Pseudobulben pro Teilstück.

Acacallis cyanea

Acacallis cyanea

syn. ***Acacallis coerulea, A. fimbriata, A. hoehnei, A. oliveriana***

↔ 20–30 cm ↑ 15–30 cm ◆

Aus Kolumbien, Venezuela, und Brasilien. Blätter bis 20 cm lang. Die überhängende Infloreszenz erscheint an der Bulbenbasis und trägt 5–10 Blüten von Frühjahr bis Sommer. Blüten hell lavendelblau mit dunkelrotbrauner oder purpurner Lippe. Es gibt auch eine seltene weiße Varietät.

Acampe rigida

Acampe

Eine kleine Gattung mit etwa 10 monopodial wachsenden Epiphyten oder Lithophyten, weit verbreitet von Ostafrika über Südostasien bis nach Indonesien. Die meisten Arten wachsen im tropischen Tiefland in voller Sonne. Die gekielten Blätter sind dick, steif und sukkulent. Die Wurzeln sind ebenfalls dick und bei alten Exemplaren verzweigt. Die Blüten der meisten Arten sind im Vergleich zur Pflanzengröße recht klein. Der Blütentrieb ist mehrfach verzweigt und die Blüten stehen in dichten Büscheln.

Kultur: Ganzjährig warm und sehr hell. Sämlinge wachsen recht langsam und blühen erst nach einigen Jahren, dann aber regelmäßig. Sie gedeihen aufgebunden auf Korkrinde oder Baumfarn oder in Körbchen mit grobem Substrat.

Acanthephippium mantinianum

Acampe ochracea

syn. ***Acampe dentata***

↔ 40–60 cm ↑ 40–60 cm ◆/◇

Aus Indien; kräftige Pflanze mit dicken Wurzeln. Triebe holzig, bis 60 cm lang. Blätter dick, gebogen. Blütentrieb bis 30 cm lang, verzweigt, mit vielen Blüten, im Sommer. Blüten duftend, hellgelb mit braunen Flecken, Lippe weiß mit purpurvioletter Zeichnung.

Acampe papillosa

↔ 30–60 cm ↑ 60–90 cm ◆/◇

Verbreitet von Nepal bis Thailand. Triebe lang, verzweigt und kletternd. Blätter 8–15 cm lang, länglich oval. Die kurze Infloreszenz mit wenigen Blüten erscheint im Sommer. Blüten duftend, 12 mm im Durchmesser, Sepalen und Petalen gelb mit braunen Punkten, Lippe weiß mit purpurvioletten Punkten an der Basis.

Acampe rigida

syn. ***Acampe multiflora***

↔ 30–60 cm ↑ 20–150 cm ◆/◇

Vom afrikanischen Festland und Madagaskar bis Südostasien, China und Malaysia verbreitet. Trotz des großen Verbreitungsgebiets auffallend wenig Variation. Bildet oft große Einzelpflanzen. Die steifen, bandförmigen Blätter erreichen eine Länge von 15–45 cm. Infloreszenz 5–20 lang, vielblütig, im Sommer. Blüten flei-schig, duftend, 12 mm im Durch-messer,

Sepalen und Petalen gelb, rotbraun gebändert, Lippe weiß, mit roten Punkten.

Acanthephippium

Diese Gattung aus 15 terrestrischen Arten kommt vom tropischen Asien bis nach Fidschi vor. Die Pflanzen haben lange, ovale Pseudobulben, meist mit 3 plikaten Blättern an der Spitze. Die unverzweigte Infloreszenz trägt wenige, dafür auffällige Blüten von wachsartiger Textur. Die Sepalen formen eine Röhre, die die Petalen und die Lippe umschließt. Die Petalen sind frei und die Lippe ist dreilappig. Der Name ist vom griechischen *akantha,* Dorne und *ephippion,* Sattel, abgeleitet, und bezieht sich auf die sattelförmige Lippe.

Kultur: Die Pflanzen gedeihen am besten im Topf in einem Substrat für terrestrische Orchideen mit ausreichend Wasser und Dünger während der Wachstumsperiode. In der Ruhezeit kühler und trockener halten. Umtopfen sollte man nur, wenn es absolut notwendig wird, da die Pflanzen keine Störungen mögen. Vermehrt wird durch Teilung.

Acanthephippium mantinianum

↔ 30–60 cm ↑ 60–75 cm

Von den Philippinen. Pseudobulben konisch, bis 15 cm hoch. Blätter lang, von dünner Textur und bis 60 cm lang. Die Infloreszenz selbst wird bis 15 cm hoch, mit bis zu 6 gelben, rotgestreiften Blüten, von denen jede einen Durchmesser von 25 mm erreicht.

Aceras anthropophorum

Acianthus confusus

Aceras

Ohnsporn

Diese monotypische Gattung ist von Mittelengland bis West- und Mitteleuropa und in Nordafrika verbreitet. Die einzige Art ist eine terrestrische Orchidee, nahe mit *Orchis* verwandt und bevorzugt kalkhaltige Böden. Sie gedeihen in voller Sonne im Grasland und überwintern mit einer fleischigen Knolle, in vielen Gegenden auch unter einer Schneedecke.

Kultur: Diese Orchideen sind auf Grund der schwierigen Kultur nur selten in Sammlungen oder bei Liebhabern anzutreffen. Sie gedeihen nur in gemäßigten Gegenden. Spezialisierte Kultivateure konnten mit einem gut dränierenden Substrat unter Beigabe von Dolomitkalk gute Erfolge erzielen. Die Knollen müssen im Winter trocken und kühl gehalten werden, insgesamt sollte die Temperatur nicht über 28 °C steigen. Blütezeit ist von Spätfrühling bis in den Sommer. Eine Vermehrung erfolgt nur durch symbiotische Aussaat.

Aceras anthropophorum

Menschenähnlicher Ohnsporn

↔ 10–30 cm ↑ 10–60 cm

Bildet eine grundständige Blattrosette aus etwa 10 lanzettlichen Blättern. Die aufrechte Infloreszenz bringt an ausgewachsenen Pflanzen bis zu 40 Blüten hervor. Blüten 30 mm lang, hellgelb bis bräunlich grün.

Der Artname bezieht sich auf die Blütenform, die durch die viergeteilte Lippe an den Körper kleiner Menschen erinnert.

Acianthus exsertus

Acianthus

Eine Gattung mit etwa 30 Arten; in Australien, Neukaledonien, Neuguinea, Neuseeland sowie auf den Salomoneninseln verbreitet. Die laubabwerfenden Pflanzen wachsen mit einem knolligen Rhizom einzeln oder in Gruppen im feuchten Unterholz lichter Wälder. Das einzige Blatt ist herzförmig und sitzt manchmal auf halber Höhe des Stängels. Darüber befindet sich eine schlanke, mehrblütige Infloreszenz. Die Blütezeit ist, je nach Art, von Herbst bis ins zeitige Frühjahr. Nach der Blüte sterben die oberirdischen Teile ab und die Pflanze überdauert etwa 4 Monate mit der unterirdischen Knolle, bevor das Wachstum wieder einsetzt.

Kultur: Während einige Arten einfach zu kultivieren sind, lassen sich andere nur schwer halten und über Jahre erfolgreich pflegen. Man pflanzt die ruhenden Knollen in eine Mischung aus grobem Sand und Laubhumus, mit trockenen Kiefernnadeln abdecken. Sobald sich die Triebspitzen zeigen, stellt man die Pflanzen an einem schattigen Ort mit guter Luftbewegung und hoher Luftfeuchtigkeit auf. Nach der Blüte trockener halten. Vermehrung durch Seitenknollen oder Aussaat.

Acianthus confusus

syn. ***Acianthella confusa***

↔ 25 mm ↑ 6–10 cm

Kommt nur in Neukaledonien an geschützten Stellen in feuchten, lichten Wäldern vor. Blatt herzfömig, bis 25 mm im Durchmesser, unterseits rötlich. Im Winter erscheinen die rosa-grünlichen Blüten. Diese Art ist heikel in der Kultur.

Acianthus exsertus

↔ 12–35 mm ↑ 5–10 cm

Kommt in Ostaustralien in einer Reihe verschiedener Habitate vor. Bevorzugt trockene bis feuchte Wälder oder offenere Gebiete in der Nähe von Bächen. Blatt 12–35 mm lang, rötlich grün, unterseits rot, herzförmig. Blüten variabel, grünlich rosa bis rötlich purpurn. Dorsales Sepalum grün, Lippe dunkelrot oder purpurn. Blütezeit Herbst bis Winter. Einfach zu kultivieren. Wird oft mit der kleineren *A. pusillus* verwechselt.

A

Ada keiliana

Ada aurantiaca

Ada glumacea

Ada

Diese Gattung mit 13 oder 14 Arten beinhaltet nun auch einige Arten, die früher *Brassia* zugeordnet waren. Sie wachsen meist epiphytisch auf bemoosten Ästen, seltener auch lithopytisch an steilen Hängen. Sie sind Bewohner der Bergnebelwälder der Anden Kolumbiens, Perus, Ekuadors, Venezuelas und Mittelamerikas in Höhenlagen von 400–2500 m. Die eiförmigen Pseudobulben wachsen sympodial und stehen dicht gedrängt, sodass die Pflanzen große Klumpen formen. Die Blütenfarbe variiert je nach Art von Rot über Gelb bis Braun. *Ada aurantiaca* wurde sowohl mit *Odontoglossum* als auch *Oncidium* gekreuzt, um Hybriden mit leuchtend orangeroten Blüten zu züchten.

Kultur: Die Arten dieser Gattung gehören zu den einfach zu kultivierenden Orchideen des kühltemperierten Bereichs. Eine Nachtabsenkung der Temperatur ist wichtig zur Blüteninduktion. Sie gedeihen am besten in einem Standardsubstrat für Epiphyten. Der Topf sollte so gewählt werden, dass die Pflanze gerade noch hineinpasst. Hohe Luftfeuchtigkeit bei gleichzeitiger Luftbewegung ist genauso wichtig wie ein Schutz der Blätter vor direkter Sonneneinstrahlung, um Verbrennungen zu vermeiden. Eine Ruhezeit im Winter mit minimalen Wassergaben muss eingehalten werden, sonst blühen die Pflanzen nicht. Vermehrt wird durch Teilung, wenn die Pflanzen über den Topfrand wachsen.

Ada aurantiaca

syn. *Ada lehmanni*

↔ 20–40 cm ↑ 25–40 cm

◇

Wächst in den Zentralanden in Kolumbien und Venezuela in Höhenlagen zwischen 2300–3500 m. Abgeflachte Pseudobulben mit einem einzelnen, bis 35 cm langen, Blatt an der Spitze. Die Basis der Pseudobulben wird von kleineren Blättern bedeckt. Blütenstand überhängend, bis 35 cm lang und mit 7–12 leuchtend orangeroten Blüten, die etwa 30 mm lang werden und sich nur an der Spitze öffnen. Die Lippe zeigt nach oben.

Ada glumacea

syn. *Brassia glumacea*

↔ 20–40 cm ↑ 20–30 cm ◇

Kühl wachsende Art aus Venezuela und Kolumbien. Blüht im Winter oft mit 2 Infloreszenzen pro Pseudobulbe. Die glänzenden Blüten werden bis 12 cm groß. Sepalen und Petalen grünlich mit brauner Zeichnung. Lippe zitronengelb.

Ada keiliana

syn. *Brassia keiliana*

↔ 20–40 cm ↑ 15–30 cm

◇

Aus Ekuador, Venezuela und Kolumbien. Die einblättrigen Pseudobulben sind birnenförmig. Bis zu 14 duftende Blüten erscheinen im Frühjahr an kurzen Stielen. Sie erreichen 10–15 cm im Durchmesser, die Sepalen und Petalen sind orange bis rot oder braun, die Lippe ist weiß bis pergamentfarben.

Aerangis

Diese Gattung beinhaltet ungefähr 60 kleinwüchsige, epiphytisch oder lithophytische Arten aus Madagaskar und dem tropischen Afrika. Die monopodialen Pflanzen besitzen flache, gefaltete Blätter, die in 2 Reihen angeordnet sind, und überproportional große weiße oder cremefarbene Blüten.
Sie sind eng mit *Angraecum* verwandt. Viele Arten blühen das ganze Jahr über, mit einer Konzentration in den wärmeren Monaten. Die Blüten tragen einen langen, nektargefüllten Sporn und duften abends stark. Sie werden von Nachtfaltern bestäubt.

Kultur: *Aerangis*-Arten wachsen am besten aufgebunden auf Korkrinde oder Baumfarnbrettern (waagrecht oder senkrecht), da ihre Wurzeln nicht gerne von Substrat bedeckt sind. Sie brauchen das ganze Jahr gleichmäßige Feuchtigkeit. Größere Exemplare können auch in Lattenkörbchen gepflanzt werden. Sie gedeihen am besten bei hellem bis halbschattigem Standort im Gewächshaus bei Temperaturen nicht unter 10 °C. Vermehrung durch Teilstücke.

Aerangis citrata

A

Aerangis biloba

↔ 10–40 cm ↑ 12–20 cm

Westafrika. Blätter bis 18 cm lang, Spitze zweifach gerundet, dunkelgrün mit schwarzen Flecken. Blütenstand 10–40 cm lang mit bis zu 10 weißen Blüten, die im Herbst und Winter erscheinen. Blüten 3,5–5 cm groß mit einem rosafarbenen Sporn, der 5 cm Länge erreicht.

Aerangis citrata

↔ 12–30 cm ↑ 6–12 cm

Madagaskar. Blätter glänzend grün, bis 12 cm lang. Im Winter erscheinen bis zu 30 Blüten, die zweizeilig an einem 25 cm langen Blütenstiel angeordnet sind. Blüten hellgelb bis cremefarben, 18 mm im Durchmesser.

Aerangis cryptodon

↔ 15–38 cm ↑ 15–38 cm

Madagaskar. Blätter dunkelgrün, bis 15 cm lang. Blüten erinnern an fliegende Vögel. Aufrechte Infloreszenz im Herbst mit bis zu 16 weißen Blüten, jede 5 cm groß, in einer Zweierreihe angeordnet.

Aerangis distincta

↔ 12–25 cm ↑ 15–20 cm

Malawi; in Wäldern entlang von Flüssen. Blätter an der Spitze tief eingebuchtet. Blütenstand 25 cm lang, überhängend, mit 2–5 weißen, rosa überhauchten, 5–6 cm großen Blüten. Sporn rosa, gerade, 15–25 cm lang. Blütezeit Sommer und Herbst.

Aerangis ellisii

syn. *Aerangis alata, A. caulescens, A. platyphylla*

↔ 20–40 cm ↑ 40–80 cm

Madagaskar. Bildet verholzte Stämme, die bis zu 80 cm hoch werden können. Im Alter überhängend, Blätter hellgrün, etwas fleischig, bis 15 cm lang, zweizeilig angeordnet. Blütenstand bis 40 cm lang mit 12–18 weißen, manchmal rosa getönten Blüten. Sepalen und Petalen zurückgebogen, Sporn bis 15 cm lang. Blütezeit im Herbst. CITES Anhang 1.

Aerangis kotschyana

↔ 15–45 cm ↑ 10–20 cm

Savannenwälder des tropischen Afrika. Blätter bis 20 m lang, oft mit gewellten Rändern. Spitze ungleichmäßig eingebuchtet. Blütenstand hängend oder übergeneigt, bis 45 cm lang und mit bis zu 20 weißen, 5 cm großen Blüten mit rosafarbener Mitte. Lippe geigenförmig, Sporn rosa, 12–25 cm lang, spiralig gedreht. Blütezeit Herbst bis Winter.

Aerangis rhodosticta

syn. *Aerangis luteoalba* var. *rhodosticta*

↔ 10–25 cm ↑ 6–18 cm

Zentralafrika. Eine der attraktivsten Arten der Gattung. Die überhängende Infloreszenz trägt bis zu 20 zweizeilig angeordnete weiße oder cremefarbene Blüten mit roter Säule. Blüten bis 30 mm im Durchmesser. Blütezeit Frühjahr bis Herbst. Nicht ganz einfach in der Kultur.

Aeranthes

syn. *Aeranthus*

Etwa 30 Arten aus Madagaskar, den Komoren- und Maskarenen-Inseln und dem afrikanischen Festland. Die meisten wachsen epiphytisch oder lithophytisch in heißen Tiefland- und Bergregenwäldern in Höhenlagen zwischen 1000–1500 m. 2 Arten kommen bis in Höhenlagen von 2000 m vor. Die monopodialen Pflanzen bilden einen kurzen Stamm mit zweizeilig angeordneten Blättern. Die hängende Infloreszenz trägt eine oder mehrere, etwas transparente Blüten.

Aeranthes grandiflora

Kultur: Trotz ihrer Herkunft gedeihen die meisten *Aeranthes*-Arten besser in der warmen Abteilung im Gewächshaus. Eine gleichmäßige Wasserversorgung das ganze Jahr über ist wichtig, die Pflanzen sollten nicht austrocknen. Aufgrund der dicken, fleischigen Wurzeln bevorzugen sie ein grobes, durchlässiges Substrat in Lattenkörbchen oder wachsen aufgebunden besser. Der Blütenstand entwickelt sich ausgesprochen langsam und bildet oft in der Folgesaison an der Spitze neue Blüten. Deshalb nicht nach der Blüte abschneiden.

Aeranthes caudata

syn. *Aeranthes imerinensis*

↔ 30–40 cm ↑ 80–120 cm

Aus Madagaskar und den Komoren. Stamm kurz, bis 15 cm lang, von alten Blattbasen bedeckt. Die bandförmigen Blätter erreichen 25–30 cm und haben leicht gewellte Ränder. Die Infloreszenz wird 50–100 cm lang und trägt im Sommer bis Herbst 3–8 grüne Blüten von 8–10 cm Durchmesser. Sepalen 10–12 cm lang, Petalen ähnlich, aber kleiner, Lippe 5 cm lang mit einem kurzen, schlanken Sporn.

Aeranthes grandiflora

syn. *Aeranthes brachycentron, Angraecum grandiflorum*

↔ 30–40 cm ↑ 15–30 cm

Kommt in Madagaskar in feucht-heißen Regenwäldern des Zentralplateaus in Höhenlagen bis 1200 m vor. Die Blätter erreichen eine Länge von bis zu 20 cm; Infloreszenz hängend, dünn, beinahe bindfadenartig, bis 50 cm lang mit 1–2 duftenden, grünlich weißen, lange haltbaren Blüten. Die Spitzen der Sepalen und Petalen sind fädig ausgezogen. Blüht zu jeder Jahreszeit, meist jedoch im Sommer.

Aerangis rhodosticta

Aerangis cryptodon

A

Aerides

Aerides bedeutet wörtlich Luftpflanze und passt zu diesen monopodialen Epiphyten, die sich nur mit einigen Wurzeln an ihrem Wirtsbaum klammern. Einige Arten wachsen auch lithophytisch. Die meisten der etwa 20 anerkannten Arten sind kompakte Pflanzen des warmen Tieflands Südostasiens, einige kommen aber auch in Bergregionen Nordindiens, Indochinas und Chinas vor. Viele Arten haben ähnliche Blüten, die sich in der Struktur der Lippe unterscheiden. Alle besitzen bandförmige Blätter und hängende oder gebogene, vielblütige Infloreszenzen. Die Hauptblütezeit liegt im Frühling und Sommer.
Es gibt viele Hybriden mit *Aerides* und anderen Gattungen vandeenartiger Orchideen, wie zum Beispiel *Aeridocentrum* (× *Ascocentrum*), *Aeridopsis* (× *Phalaenopsis*), *Rhynchorides* (× *Rhynchostylis*) und *Aeridovanda* (× *Vanda*), die durch die genetische Vielfalt der Eltern mit einer Vielzahl an verschiedenen Blütenfarben und Wuchsformen aufwarten.

Kultur: *Aerides*-Arten sind einfach in der Kultur und bei Liebhabern wegen der lange haltbaren und duftenden Blüten beliebt. Sie gedeihen am besten in Lattenkörbchen mit einigen wenigen Brocken grober Pinienrinde. In den Tropen werden sie oft direkt auf geeigneten Bäumen, die keine abblätternde Rinde besitzen, im Garten kultiviert. Bei optimalen Bedingungen bilden sich viele dicke, weiße Wurzeln, die sich kreuz und quer über die Substratunterlage ziehen. Die meisten *Aerides*-Arten bevorzugen ganzjährig temperiert-warme bis warme Bedingungen und einen hellen Standort.

Aerides crassifolia

↔ 20–40 cm ↕ 20–50 cm

Thailand und Myanmar. Sehr sukkulente und harte Blätter. Die Infloreszenz ist überhängend mit großen (35 mm Durchmesser), duftenden leuchtend rosa Blüten im Frühjahr und Sommer. Gedeiht am besten aufgebunden auf Kork oder im Lattenkorb mit guter Dränage.

Aerides crassifolia

Aerides falcata

↔ 20–50 cm ↕ 20–100 cm

Nördliches Indien bis Indochina. Etwa 20 lilarosa, stark duftende Blüten von 35 mm Durchmesser erscheinen im Sommer. Die Blüten halten lange, wenn die Pflanze trockener steht.

Aerides houlletiana

↔ 20–50 cm ↕ 20–60 cm

Thailand und Vietnam. Ähnlich *A. falcata,* hat aber gelbe, weiße und purpurne Blüten. Wird von einigen Taxonomen als Farbform von *A. falcata* angesehen.

Aerides krabiensis

↔ 16–25 cm ↕ 20–60 cm

Malaysische Halbinsel und Thailand; bildet große Kolonien an senkrechten Felswänden in praller Sonne im Tiefland. Die Infloreszenz trägt im Frühjahr und Sommer bis zu 16 Blüten von 18 mm Durchmesser.

Aerides lawrenciae

↔ 30–70 cm ↕ 30–120 cm

Endemisch auf der Insel Mindanao auf den Philippinen. Wohl die auffälligste Art der Gattung und zeitweise als großwüchsige Form der nahe verwandten *A. odorata* angesehen. Die stark gebogene Infloreszenz trägt im Frühjahr und Sommer bis zu 36 große (35 mm) stark duftende, weiße Blüten mit amethyst- oder purpurvioletter Zeichnung. Es gibt auch eine reinweiß blühende Form.

Aerides leeana

↔ 30–50 cm ↕ 20–40 cm

Philippinen. Blätter ledrig. Infloreszenz kurz, erscheint im Winter mit vielen, dicht stehenden, duftenden, kleinen, purpurrosa Blüten.

Aerides multiflora

↔ 20–60 cm ↕ 20–90 cm

Von Nordindien bis Indochina. Bildet viele bandförmige Blätter. Infloreszenz dicht mit vielen wachsartigen, duftenden, rosa Blüten (35 mm im Durchmesser) besetzt. Blütezeit Frühjahr und Sommer. Toleriert kühlere Temperaturen als die meisten anderen *Aerides*-Arten.

Aerides odorata

↔ 20–100 cm ↕ 20–180 cm

In ganz Südostasien weitverbreitet. Von allen Arten der Gattung am häufigsten in Kultur anzutreffen. Blätter bandfömig und sukkulent, bis 30 cm lang. Infloreszenz überhängend, mit bis zu 40 Blüten, die im Frühling und Sommer erscheinen. Blüten 25 mm groß, variabel in der Farbe, von dunkelrosa bis reinweiß, süß duftend. Weiß blühende Formen sind bei Sammlern sehr begehrt. Wird in den Tropen oft im Freien als Gartenpflanze kultiviert.

Aerides lawrenciae

Aerides houlletiana

Aerides krabiensis

Aerides leeana

Aerides odorata

Aerides quinquevulnera

↔ 20–40 cm ↑ 20–100 cm
☂ ☼/◐ ◆/⬙ ✿ ▽/⋒

Philippinen und Neuguinea. Blätter schmal, bandförmig, bis 20 cm lang. Blütenstand überhängend, mit bis zu 40 wachsartigen, lange haltbaren, rosa Blüten (25 mm groß) mit dunkleren Punkten. Blütezeit vom Frühling bis in den Sommer.

Aerides rosea

syn. *Aerides fieldingii*

↔ 20–60 cm ↑ 20–90 cm
☂ ☼/◐ ⬙ ✿ ▽/⋒

Von Indien bis Indochina. Blütentriebe lang, hängend, mit zahlreichen 25 mm großen leuchtend rosa Blüten. Petalen etwas dunkler gepunktet. Blütezeit vom Frühling bis zum Sommer.

Amesiella

Diese Gattung ist auf den Philippinen endemisch. Die zwergigen monopodialen Epiphyten kommen in feuchten Bergwäldern in Höhenlagen um 1000 m vor. Die für die Pflanze ungewöhnlich großen Blüten bei kleinem Habitus sind der Grund für die Beliebtheit dieser Orchideen bei Liebhabern. Die Gattung wurde früher zu *Angraecum* gestellt und bis vor kurzen als monotypisch angesehen. Erst in den Jahren 1998 und 1999 wurden 2 weitere Arten, ebenfalls von den Philippinen, neu beschrieben.

Kultur: Gedeihen am besten in kleinen Töpfen oder aufgebunden bei temperiert-warmen Bedingungen. Die Temperaturen sollten nie unter 15 °C fallen. Im Sommer werden Temperaturen bis zu 28 °C problemlos toleriert. Die Luftfeuchtigkeit sollte nicht unter 60 % fallen. Keine Ruhezeit. Pralle Sonne wird nicht vertragen. Umgepflanzt wird nur, wenn die Wurzeln wachsen, am besten im Frühjahr. Vermehrung durch Aussaat.

Amesiella monticola

↔ 10–15 cm ↑ 5–10 cm
☂ ◐/☀ ⬙ ✿ ▽/⋒

Wurde erst 1995 in den Regenwäldern der Philippinen entdeckt und 1998 beschrieben. Blätter schmal, ledrig, bis 10 cm lang. Die kurze Infloreszenz trägt bis zu 5 große, reinweiße Blüten von 6 cm Durchmesser. Blütezeit vom Winter bis ins Frühjahr. Bevorzugt kühle Temperaturen und verträgt keine Sommerhitze.

Amesiella philippinensis

syn. *Angraecum philippinensis*

↔ 5–10 cm ↑ 3–5 cm
☂ ◐/☀ ◆ ✿ ▽/⋒

Endemisch auf den Philippinen. Wächst in niedrigeren Höhenlagen als *A. monticola*. Blätter dickfleischig, dunkelgrün, bis 10 cm lang. Blüten weiß, duftend und mit 5 cm Breite auffällig groß für die Größe der Pflanze. Langer, schlanker Sporn. Blüht meist im Winter.

Amesiella monticola

A

Anacamptis pyramidalis

Anacamptis

Bis vor kurzem wurde diese Gattung als monotypisch angesehen. Mittlerweile werden einige Arten, die vorher in der Gattung *Orchis* geführt wurden, dieser Gattung zugeordnet. Sie kommen von Europa über Nordafrika bis in die Türkei, Syrien und den Kaukasus vor. Sie wachsen terrestrisch in Gras- oder Buschland und auf Wiesen in Höhenlagen bis 2400 m. Die Pflanzen entwickeln beblätterte Triebe mit einer endständigen Infloreszenz aus einem unterirdischen Rhizom.
Kultur: Die meisten Arten benötigen zum Wachstum symbiotische Mykorrhizapilze und sind nur schwer zu kultivieren. Man sollte ein gut dränierendes Substrat oder eine Kultur frei ausgepflanzt im Garten in kalkhaltiger, nährstoffarmer Erde versuchen.

Anacamptis pyramidalis

syn. *Anacamptis urvilleana*
Pyramiden-Orchis
↔ 10–25 cm ↑ 20–80 cm

Eine Erdorchidee aus Europa und Nordafrika. Wächst auf kalkhaltigen Böden im Grasland, wo sie Büschel aus 4–10 Blättern, jedes 8–25 cm lang, bildet. Blütenstängel bis zu 80 cm hoch, mit vielen kleinen hellrosa bis violettlilafarbenen Blüten an einem pyramidenförmigen Blütenstand. Blütezeit von Frühling bis Hochsommer. Durch die Symbiose mit bestimmten Pilzen schwierig zu vermehren.

Ancistrochilus rothschildianus

Ancistrochilus

Eine Gattung mit 2 Arten aus Afrika; semi-terrestrisch oder epiphytisch in den Wäldern Nigerias und Kameruns bis Uganda und Tansania zwischen 500–1400 m anzutreffen. Die kleinen, zwiebelförmigen Pseudobulben erinnern an *Pleione* und sind durch ein dünnes Rhizom verbunden. Sie tragen 2 Blätter. Die auffälligen Blüten erscheinen im Herbst, vor der Ruhezeit im Winter.
Kultur: Temperierte Bedingungen, nicht unter 15 °C. Nach der Blütezeit werden die Wassergaben reduziert, bis die neuen Triebe erscheinen. Die Pflanzen reagieren empfindlich auf zu häufiges Gießen. Die Luftfeuchtigkeit sollte vor allem in der Wachstumsperiode so hoch wie möglich sein. Wächst am besten aufgebunden oder in Lattenkörbchen mit einem gut dränierenden Substrat. Umpflanzen nur, wenn der neue Trieb erscheint. Vermehrung durch Teilung.

Ancistrochilus rothschildianus

syn. *Ancistrochilus hirsutissimus*
↔ 15–25 cm ↑ 10–35 cm

Aus den tropischen Regionen Westafrikas. Blätter bis 30 cm lang, zu zweit, auf kleinen, zwiebelförmigen Pseudobulben sitzend, meist 1, seltener 2 Infloreszenzen pro Trieb mit 2–5 etwa 8 cm großen Blüten. Sepalen und Petalen rosafarben, Lippe dunkler, Blütezeit Spätherbst bis Frühjahr.

Angraecum

Eine artenreiche Gattung mit über 140 Arten, mit warm bis kalt wachsenden, großen und zwergigen Vertretern und kompakt oder kletternd wachsenden Arten. In der Natur wachsen viele Arten auf Felsen, der prallen Sonne ausgesetzt. Die monopodialen Orchideen haben ledrige, gefaltete, dunkelgrüne Blätter, die zweizeilig angeordnet sind und kurze oder lange Infloreszenzen. Die meisten Arten besitzen lange, nektargefüllte Sporne und duften nachts intensiv, um Nachtfalter anzulocken. Der Naturforscher Charles Darwin schloss aus der Länge des Sporns von *A. sesquipedale*, dass es einen Bestäuber mit einem langen Rüssel geben müsste. 50 Jahre nach Darwins Tod wurde dieser Nachtfalter entdeckt.
Kultur: Diese Epiphyten gedeihen nur im Gewächshaus bei Temperaturen zwischen 18–30 °C. Die größeren Arten brauchen sehr viel Licht zum Wachsen und bevorzugen ein grobes Substrat auf Rindenbasis mit gutem Wasserabzug. Die Vermehrung erfolgt durch Abtrennung von Seitentrieben.

Angraecum calceolus

↔ 30–38 cm ↑ 25–30 cm

Horstbildenden Pflanzen mit kurzen Stämmen aus Madagaskar, den Maskarenen-Inseln und Mosambik. Blätter zahlreich, bandförmig, bis 20 cm lang. Infloreszenz mit mehreren Blüten, bei älteren Pflanzen auch verzweigt, 15–20 cm lang. Blüht im Sommer bis Winter. Blüten sternförmig, hell gelblich grün, 12–18 mm groß mit einem 12 mm langen Sporn.

Angraecum didieri

↔ 10–15 cm ↑ 10–15 cm

Madagaskar. Wurzeln dick, warzig und silbrig weiß. Die weißen, 6 cm großen Blüten sind durch die sehr kurze Infloreszenz oft verborgen. Blütezeit ist hauptsächlich im Sommer. Im Winter kühler und trockener halten.

Angraecum distichum

↔ 15–20 cm ↑ 15–25 cm

Regenwälder West- und Zentralafrikas. Die verzweigten, kriechenden Stämme werden etwa 15–25 cm lang und sind auf der ganzen Länge beblättert. Die sukkulenten Blätter erreichen nur 12 mm und sind längs gefaltet. Die Infloreszenz trägt eine einzige weiße Blüte mit ausgebreiteten Sepalen und Petalen, der Sporn ist gerade. Blütezeit ganzjährig.

Angraecum eburneum

↔ 50–100 cm ↑ 30–75 cm

Kräftige, große Pflanzen aus Ostafrika, Madagaskar und auf den Komoren-, Maskarenen und Seychellen-

Inseln anzutreffen. Bilden große Horste. Die zahlreichen, bandförmigen steifen Blätter erreichen eine Länge von bis zu 50 cm und sind zweizeilig angeordnet. Die aufrechte Infloreszenz wird 30–75 cm lang und trägt im Winter bis zu 20 grünlich weiße Blüten, die 8 cm breit sind. Die Lippe ist weiß, muschelförmig, zeigt nach oben, der Sporn erreicht eine Länge von 5–8 cm. 4 Unterarten unterscheiden sich durch die Blütenproportionen: ***A. e.* subsp. *eburneum*** aus Madagaskar, den Maskaren-, Komoren- und Seychellen-Inseln; ***A. e.* subsp. *giryamae*** aus Ostafrika; ***A. e.* subsp. *superbum*** aus Madagaskar mit der Varietät ***A. e.* subsp. *superbum* var. *longicalcar***, mit einem 35–40 cm langen Sporn, sowie ***A. e.* subsp. *xerophilum***, ebenfalls aus Madagaskar.

Angraecum firthii

↔ 10–15 cm ↑ 90–120 cm

Aus Kamerun, Uganda und Kenia. Stamm kletternd, mit auffälligen weißen Luftwurzeln, die gegenüber den kurzen, ledrigen, leuchtend grünen Blättern entspringen. Die kleinen gelblichen Blüten stehen einzeln auf kurzen Infloreszenzen. Blütezeit ist im Herbst.

Angraecum infundibulare

↔ 15–20 cm ↑ 90–300 cm

Breit wachsende Pflanze aus West- und Zentralafrika. Lange, beblätterte Stämme mit 10–15 cm langen, elliptischen Blättern. Die Infloreszenz wird 15–20 cm lang und trägt im Herbst bis winter eine einzelne, 12 cm große grünlich weiße Blüte duftende Blüte mit weißer Lippe und einem 23 cm langen Sporn.

Angraecum Lemförde White Beauty

↔ 20–30 cm ↑ 20–30 cm

Hybride aus *A. magdalenae* und *A. sesquipedale*, die 1984 registriert wurde. Blätter schmal, bis 30 cm lang. Die reinweißen Blüten sind mit 10 cm groß für die Gattung und duften besonders nachts stark.

Angraecum scottianum

↔ 8–15 cm ↑ 8–30 cm

Madagaskar. Die dünnen Stämme tragen halbzylindrische Blätter, die weißen Blüten (5 cm Durchmesser) erscheinen von Frühjahr bis Herbst. Sämlinge erreichen verhältnismäßig schnell Blühstärke und tolerieren schattig-feuchte Kulturbedingungen.

Angraecum sesquipedale

↔ 30–60 cm ↑ 20–90 cm

Diese Art aus Madagaskar trägt die größten und auffälligsten Blüten der Gattung. Die dunkelgrünen Blätter werden bis zu 30 cm lang. Im Winter erscheinen pro Blütentrieb bis zu 4 große (20 cm) Blüten, die erst grünlich sind und nach einigen Tagen reinweiß werden. Der Sporn wird bis zu 30 cm lang. Die Pflanzen lieben hohe Temperaturen und viel Licht.

Angraecum Veitchii

↔ 30–60 cm ↑ 20–100 cm

Eine Primärhybride zwischen *A. sesquipedale* und *A. eburneum*. Durch die Robustheit in der Kultur beliebt. Blätter gefaltet, bis 30 cm lang. Infloreszenz mit bis zu 8 Blüten im Winter. Die Blüten sind etwa 10 cm groß, erst grünlich, später reinweiß.

Anguloa

Die 10 Arten dieser Gattung wachsen epiphytisch oder lithophytisch in den Bergregionen Kolumbiens, Ekuadors, Perus, Boliviens und Venezuelas. Sie sind eng mit *Lycaste* verwandt, haben dicke Pseudobulben und große, dünne, plikate Blätter. Die tulpenähnlichen Blüten öffnen sich nicht ganz und haben eine wachsartige Textur. Sie erscheinen einzeln an der Basis der Pseudobulben mit den Neutrieben. **Kultur:** Diese Orchideen benötigen kühle bis temperierte Bedingungen. Da ihre Wurzeln während der Wachstumszeit nicht austrocknen dürfen, ist eine Kultur im Topf empfehlenswert. Vermehrt wird durch Teilung.

Anguloa clowesii

↔ 30–60 cm ↑ 40–60 cm

Diese Art ist wohl die attraktivste und beliebteste der Gattung und kommt in Kolumbien und Venezuela vor. Blätter schwertförmig, plikat; Blüten leuchtend zitronen- bis goldgelb, stark duftend. Blütezeit ist im Frühjahr und Sommer.

Anguloa uniflora

Anguloa hohenlohii

↔ 30–60 cm ↑ 40–60 cm

Diese Art ist wohl die attraktivste und beliebteste der Gattung und kommt in Kolumbien und Venezuela vor. Blätter schwertförmig, plikat; Blüten leuchtend zitronen- bis goldgelb, stark duftend. Blütezeit Frühjahr und Sommer. Oft als *A. ruckeri* im Handel.

Anguloa uniflora

↔ 30–60 cm ↑ 40–60 cm

Venezuela, Kolumbien, Ekuador, Peru und Bolivien. Blütenfarbe variabel, weiß bis cremefarben, an der Basis mit rosafarbenen Punkten. Manche Klone sind fast ganz dunkelrosa. Blütezeit Sommer bis Herbst. Oft mit *A. virginalis* verwechselt.

Angraecum Veitchii

Angraecum didieri

Angraecum firthii

Angraecum scottianum

A

Angulocaste

Diese Hybridgattung ist durch Kreuzung der beiden sympodialen Gattungen *Anguloa* und *Lycaste* entstanden. Sie haben dicke Pseudobulben mit großen, dünnen, plikaten Blättern. Die Blüten erscheinen einzeln im Frühjahr und Sommer mit den Neutrieben an aufrechten Trieben aus der Basis der Pseudobulben und haben eine wachsartige Textur. Je nach Elternteil variieren die Blüten stark in Farbe und Form.

Kultur: Diese Hybriden wachsen im kühlen und temperierten Bereich als Epiphyten oder semiterrestrisch. Sie gedeihen am besten im Topf und dürfen während der Wachstumsphase nicht austrocknen. Sie brauchen während dieser Zeit viel Wasser und Nährstoffe. Die Vermehrung erfolgt durch Teilung.

Anoectochilus sp.

Angulocaste Jupiter × *Anguloa hohenlohii*

↔ 60–90 cm ↑ 40–60 cm

Unregistrierte Hybride mit starken *Anguloa*-Einfluss mit noch oben zeigenden tulpenähnlichen Blüten.

Angulocaste Rosemary

↔ 60–90 cm ↑ 40–60 cm

Kreuzung zwischen *A.* Sanderae und *Lycaste* Balliae. Starker Einfluss von *L. skinneri*. *L. macrophylla* und *Anguloa clowesii* gehören auch zu den Eltern.

Anoectochilus

Diese Gattung beinhaltet etwa 25 Arten kleiner, meist terrestrischer Arten mit kriechenden Rhizomen. Sie kommen in subtropischen und tropischen Regionen Asiens und des westlichen Pazifikraums vor. Einige bilden kleine Rosetten, andere haben aufsteigende Stämmchen mit gegenständigen Blättern. Sie sind auch unter der Bezeichnung Juwelenorchideen bekannt und werden hauptsächlich wegen ihrer attraktiven Blätter kultiviert. Die Blätter sind von samtartiger Struktur, oft dunkel gefärbt mit auffälliger Aderung. Die Blüten sind klein, meist weiß und stehen an aufrechten oder leicht übergeneigten Infloreszenzen. Einige Arten enthalten pharmazeutisch wirksame Inhaltsstoffe.

Kultur: Diese Orchideen werden oft als Zimmerpflanzen angeboten und benötigen keine besondere Pflege außer einem durchlässigen Substrat. Auch zur Bepflanzung von Terrarien geeignet, die dort herrschende hohe Luftfeuchtigkeit ist ideal. Damit die Blattfarbe nicht verblasst, brauchen die Pflanzen recht viel Licht, direkte Sonneneinstrahlung führt jedoch zu Verbrennungen. Große Horste können durch Teilung vermehrt werden.

Anoectochilus koshunensis

↔ 20–30 cm ↑ 5–15 cm

Taiwan. Blätter dunkelgrün, samtig, bis über 8 cm lang, mit goldfarbener Aderung. Die aufrechten Blütenstiele tragen kleine weiße, nach unten geneigte Blüten in größeren Abständen. Das dorsale Sepalum ist rosarot und bildet mit den Petalen eine kleine Kappe, die Lippe hat einen ausgefransten Rand. Starke Pflanzen blühen meist das ganze Jahr über. Die Art ist in der medizinischen Forschung sehr begehrt.

Angulocaste Rosemary

Angulocaste Jupiter × *Anguloa hohenlohii*

Ansellia

Die einzige Art der Gattung kommt in den tropischen und subtropischen Regionen Afrikas vor. Das Verbreitungsgebiet reicht im Süden bis nach Namibia, Botswana und Südafrika, bevorzug in heißen, trockenen Flusstälern. Die Wurzelspitzen wachsen nach oben und formen so einen Korb, der Blätter und anderes organisches Material auffängt. Die Pflanzen können zu riesigen Horsten wachsen, die Masse einzelner Exemplare kann bis zu 1 Tonne betragen. Die gebogene Infloreszenz erscheint im Frühjahr oder Sommer. Durch die Variabilität des Wuchses und der Blütenfarbe sind viele Formen und Varietäten beschrieben worden, die aber alle einer Art zugerechnet werden.

Kultur: Gedeiht am besten aufgebunden auf Korkrinde oder in flachen Schalen in einem groben Substrat. Die Pflanzen mögen keine Störungen, das Umtopfen sollte also auf ein Minimum reduziert werden und erst nach einigen Jahren erfolgen. Die Pflanzen ergeben beeindruckende Schaupflanzen. Im Winter zur Blüteninduktion etwas trockener halten. Die Vermehrung erfolgt durch Teilung.

Ansellia africana

syn. ***Ansellia confusa*, *A. congoensis*, *A. gigantea*, *A. humilis*, *A. nilotica***

↔ 40–150 cm ↑ 40–100 cm

Die großen, schlanken Pseudobulben bilden dichte Horste und haben an der Spitze ein Büschel an Blättern. Die verzweigte Infloreszenz entspringt

Brassolaeliocattleya Hawaiian Satisfaction 'Romantic'

Brassolaeliocattleya Gold Bug

Brassolaeliocattleya Ann Cleo 'Hallona'

Brassolaeliocattleya Sunstate's Easter Parade

Brassolaeliocattleya Memoria Julia Piferrer

Brassolaeliocattleya Toshi Aoki 'Pokai'

Brassolaeliocattleya Bingham Vick

B

Brassolaeliocattleya Dundas 'Olga'

Brassolaeliocattleya (Memoria Benigno Aquino × Golden Embers)

Brassolaeliocattleya Mem. Helen Brown × *Laeliocattleya* Tokyo Magic

Brassolaeliocattleya Rosemary Hayden 'Paradise'

Brassolaeliocattleya Lucky 'Golden Ring'

Brassolaeliocattleya George King × *Laeliocattleya* Janet

Brassolaeliocattleya Golden Tang

Brassolaeliocattleya Toshi Aoki 'Blumeninsel'

Brassolaeliocattleya Waianae Leopard

Brassolaeliocattleya Williette Wong

Broughtonia

Die beiden Arten dieser Gattung kommen auf Jamaika vor. Sie wachsen als Epiphyten in den heißen Wäldern des Tieflands, oft relativ nah am Erdboden. Sie haben kugelige, leicht abgeflachte, dicht stehende Pseudobulben, die etwa 50 mm Höhe und 35 mm Breite erreichen und 1–4 ganzrandige Blätter tragen. Die Infloreszenz wird 20–30 cm lang und trägt mehrere auffällige Blüten.

Broughtonia sanguinea wird häufig zur Verbesserung der Blütenfarbe, -form und -textur von Züchtern verwendet. **Kultur:** Sehr hell und warm bei hoher Luftfeuchtigkeit in kleinen Töpfen oder Körbchen oder auf Kork aufgebunden. Während der Wachstumsperiode reichlich gießen, nach dem Ausreifen der Triebe weniger. An älteren Infloreszenzen bilden sich oft neue Blüten, diese nicht abschneiden. Vermehrung durch Teilung.

Broughtonia negrilensis

↔ 20–40 cm ↕ 20–70 cm

Kompakt wachsende Art aus Jamaika. Pseudobulben oval, dicht gedrängt mit bis zu 3 ledrigen Blättern. Infloreszenzen bis 70 cm lang und im Frühling oder Sommer mit bis zu 14 Blüten besetzt. Blüten rosa bis lavendelfarben, 5 cm breit, nicht ganz öffnend. Lippe röhrig mit feiner Aderung auf dem Mittellappen.

Brassolaeliocattleya (Shades of Jade × Waikiki Gold)

Broughtonia negrilensis

B

Broughtonia sanguinea

Broughtonia sanguinea

↔ 15–20 cm ↑ 20–60 cm

Attraktive Art aus Jamaika. Pseudobulben dicht stehend; Blätter ledrig, bis 18 cm lang. Infloreszenz einfach oder verzweigt, aufrecht oder hängend mit 5–12 dunkelrosaroten bis rötlich purpurnen 5 cm großen Blüten im Spätfrühling oder Frühsommer. Gelbe, weiße und zweifarbige Varietäten sind auch bekannt.

Brownleea

Diese Gattung laubabwerfender Erdorchideen ist hauptsächlich in Südafrika verbreitet, mit einzelnen Arten in Kenia, Kamerun und Madagaskar. Insgesamt sind 7 Arten beschrieben. Die meisten haben aufrechte Infloreszenzen mit weißen Blüten, die eine mehr oder weniger intensive hellrosa bis purpurviolette Zeichnung auf der Lippe haben. Die Blütezeit liegt im Spätsommer und Herbst, bevor die Pflanzen einziehen und die unterirdischen Knollen eine Ruhezeit durchmachen.

Kultur: *Brownleea*-Arten sind selten in Kultur anzutreffen. Sie gedeihen am besten in einem gut dränierenden Substrat mit einer Beimischung aus grobem Sand und Sphagnum. Die Vermehrung erfolgt durch Aussaat.

Brownleea parviflora

Brownleea parviflora

↔ 20–40 cm ↑ 20–60 cm

Typus der Gattung aus Südafrika; wächst im feuchten Grasland und hügeligen Heideflächen von Meereshöhe bis 3000 m. Die schlanke, aufrechte Infloreszenz trägt im Spätsommer oder Herbst 20–60 weiße Blüten, die einen Durchmesser von 12 mm erreichen.

Bulbophyllum

Eine riesige Gattung mit über 1500 Arten, zu denen ständig Neuentdeckungen hinzukommen. Sie sind weltweit verbreitet und haben Blüten in allen Farben, Formen und Größen. Die Wuchsform dieser Epiphyten und Lithophyten ist sympodial und die meisten Arten haben einblättrige, zylindrische Pseudobulben auf einem kriechenden Rhizom. Es gibt aber auch zahlreiche Arten, besonders aus Afrika und Madagaskar, die 2 Blätter pro Pseudobulbe tragen. Die Gattung *Bulbophyllum* beherbergt einige der kleinsten Orchideenarten überhaupt, aber auch etliche Riesen. Die bizarren Blüten sind oft recht untypisch für Orchideen und hochspezialisiert für bestimmte Bestäuber. Viele Arten haben sehr bewegliche Lippen.

Kultur: Die meisten Arten haben einen kriechenden Habitus und bilden nur kurze Wurzeln aus. Sie wachsen am besten aufgebunden auf langen Baumfarnstäben oder anderen Unterlagen. Die größeren Arten gedeihen auch in Töpfen, Lattenkörben oder flachen Schalen. Im Allgemeinen bevorzugen sie schattige Standorte und eine konstant hohe Luftfeuchtigkeit. Manche Arten unterliegen einem deutlichen Wechsel von Wachstums- und Ruheperioden, andere blühen das ganze Jahr. Vermehrung durch Teilung.

Bulbophyllum absconditum

syn. ***Bulbophyllum neocaledonicum***

↔ 10–15 cm ↑ 2.5–5 cm

Java, Bali und Sumatra in Indonesien. Rhizome hängend, Pseudobulben

Bulbophyllum sp.

Bulbophyllum ambrosia

Bulbophyllum absconditum

B

Bulbophyllum appendiculatum

Bulbophyllum carunculatum

Bulbophyllum corolliferum

schmal, etwa 12 mm lang mit einem kurzen, 25 mm langen Blatt. Die kurze Infloreszenz trägt eine winzige, durchscheinend weiße oder grünliche Blüte, die zwischen den Hüllblättern des Rhizoms fast verborgen bleibt.

Bulbophyllum ambrosia

↔ 10–15 cm ↑ 15–20 cm
⚘ ◐/☀ ◆/⬙ ✿ ⛉/⚑

Südchina. Pseudobulben orangegelb, elliptisch mit einem ledrigen Blatt. Blüten duftend, bis 30 mm groß, einzeln mit zurückgebildeten Petalen und hellrosa oder grünen, rötlich längs gestreiften Sepalen; Lippe ähnlich gefärbt, aber eher gepunktet als gestreift. Blütezeit im Winter. Aufgebunden oder in kleinen Töpfen kultivieren und regelmäßig umtopfen.

Bulbophyllum appendiculatum

syn. *Bulbophyllum putidum*

↔ 20–35 cm ↑ 5–10 cm
⚘ ◐/☀ ◆/⬙ ✿ ⛉/⚑

Myanmar, Thailand, Vietnam und Laos. Pseudobulben dicht gedrängt, mit einem kurzen, ledrigen Blatt. Blütenstand bis 10 cm hoch, meist im Spätsommer oder ganzjährig bei guten Kulturbedingungen, mit einer hängenden, grün und purpurvioletten Blüte, laterale Sepalen verwachsen, Petalen und dorsales Sepalum mit langen Filamenten.

Bulbophyllum carunculatum

↔ 25 cm ↑ 60 cm ⚘ ◐ ◆ ⚑

Insel Sulawesi in Indonesien und auf den Philippinen. Infloreszenz aufrecht, mit bis zu 5 attraktiven Blüten, die eine Länge von 12 cm erreichen und gelblich grün gefärbt sind. Blüht im Sommer und wird vermutlich von Fliegen, die durch den strengen Geruch angelockt werden, bestäubt.

Bulbophyllum contortisepalum

↔ 15–20 cm ↑ 15–20 cm ⚘ ◐/☀ ◆ ⚑

Neuguinea. Die schlanke Infloreszenz trägt nur 1 Blüte, die zu jeder Jahreszeit erscheinen kann. Blüte bis 5 cm lang, tief purpurrot, Sepalen verwachsen, manchmal weiß gepunktet; die ganze Blüte ist so herzförmig mit einem langen, gedrehten Anhängsel.

Bulbophyllum corolliferum

↔ 15–20 cm ↑ 10–15 cm
◐/☀ ◆/⬙ ✿ ⛉/⚑

Thailand, Borneo bis nach Sumatra in Indonesien; gehört in die Sektion *Cirrhopetalum* der Gattung *Bulbophyllum,* die oft auch als eigenständige Gattung angesehen wird. Pseudobulben oval. Blüten kranzförmig angeordnet, tief purpurrot, etwa 25 mm lang. Die laterale Sepalen sondern eine zuckerhaltige Substanz ab, um Bestäuber anzulocken. Die Blütezeit ist im Winter.

Bulbophyllum Daisy Chain

syn. *Cirrhopetalum* Daisy Chain

↔ 20–30 cm ↑ 10–12 cm
⚘ ◐ ◆ ✿ ⛉/⚑

Primärhybride zwischen *B. makoyanum* und *B. amesianum.* Blüten radförmig angeordnet, weiß mit feinen roten Punkten. Blütezeit im Herbst und Winter.

Bulbophyllum dearei

↔ 12–15 cm ↑ 15–20 cm
⚘ ☀ ⬙ ✿ ⛉/⚑

Von den Philippinen, Borneo und aus Malaysia. Pseudobulben konisch, bis 35 mm hoch. Das einzelne Blatt wird bis 18 cm lang, die Infloreszenz erreicht 8–15 cm, mit einer 8 cm großen, manchmal duftenden gelben, orange und purpurn geaderten Blüte. Die Blütezeit reicht vom Sommer bis in den Herbst.

Bulbophyllum exiguum

syn. *Dendrobium exiguum*

↔ 20–40 cm ↑ 1,8–5 cm
⚘/⋀ ◐/☀ ⬙/◇ ⚑

Vom südöstlichen Queensland bis zum südöstlichen New South Wales, Australien; in feuchten und trockeneren Wäldern. Blatt elliptisch bis lanzettlich, schmal oval. Blütenstand mit gelben oder weißen, etwa 12 mm großen Blüten. Blütezeit im Herbst.

Bulbophyllum Daisy Chain

Bulbophyllum fletcherianum

Bulbophyllum falcatum

Bulbophyllum falcatum

syn. *Megaclinium falcatum*

↔ 20–60 cm ↑ 12–30 cm

Westafrika. Eine der zweiblättrigen Bulbophyllen. Infloreszenz bizarr, abgeflacht, Blüten seitlich angeordnet. Blütezeit im Sommer. Variable Art mit mehreren Formen, die sich in der Farbe der Büten und des Blütenstands unterscheiden. Blüten klein, kaum 12 mm groß.

Bulbophyllum fletcherianum

↔ 25–60 cm ↑ 30–100 cm

Neuguinea. Eine der größten Arten der Gattung mit tennisballgroßen Pseudobulben und enormen, hängenden Blättern, die purpurrot gefärbt sind und eine Länge von bis zu 90 cm erreichen können. Die etwa 20 fleischigen weinroten Blüten pro Infloreszenz öffnen sich nicht ganz und haben einen äußerst unangenehmen Geruch. Blüht von Sommer bis Herbst.

Bulbophyllum globuliforme

↔ 3–10 cm ↑ 12–18 mm

Australische Art; aus den Bergregionen in New South Wales bis zur Grenze von Queensland, wo sie auf den oberen Ästen von Araukarien *(Araucaria cunninghamii)* wächst. Hielt lange den Rekord als kleinste Orchidee der Welt, mittlerweile auf Platz 2 oder 3 verdrängt. Pseudobulben nur 3 mm breit, mit durchscheinenden gelblich grünen Blüten, die kaum größer als die Pseudobulben werden. Blüht im Frühjahr. Die neuere Klassifizierung als *Oncophyllum globuliforme* wird noch nicht überall anerkannt.

Bulbophyllum graveolens

↔ 60 cm ↑ 50 cm

Neuguinea. Bis zu 12 unangenehm nach Aas riechende Blüten in einem lockeren Kranz, jede 8 cm groß, mit hellgrünen bis gelben, manchmal rot getupften Sepalen und Petalen, Lippe leuchtend rot, beweglich. Blüht im Herbst bis Frühling.

Bulbophyllum graveolens

Bulbophyllum lingulatum (Samenkapsel)

Bulbophyllum guttulatum

↔ 25 cm ↑ 25 cm

Indien und angrenzendes Nepal. Die aufrechte Infloreszenz trägt im Spätwinter bis zu 8 cremefarbene, manchmal auch gelbliche oder grünliche Blüten mit feiner purpurvioletter Punktierung und einer weißen, dunkelrosa getupften Lippe. Säulenkappe gelb.

Bulbophyllum levatii

↔ 15–20 cm ↑ 15–20 cm

Neuguinea und auf der Insel Vanuatu. Blüten cremefarben mit zarter, purpurroter Zeichnung. Sepalen fädig ausgezogen. Blüht im Frühjahr. Selten in Kultur, aber nicht allzu schwierig zu halten.

Bulbophyllum lingulatum

↔ 8–10 cm ↑ 3.5–5 cm

Kleine Art aus Neukaledonien. Pseudobulben sehr klein, nur knapp 12 mm hoch, auf einem kriechenden Rhizom sitzend, mit jeweils einem einzelnen, 35 mm großen Blatt. Infloreszenz etwa 35 mm hoch, mit 2 winzigen, weißen oder hellgelben Blüten, die von Herbst bis Frühjahr erscheinen.

Bulbophyllum longissimum

↔ 15–30 cm ↑ 15–30 cm

Sehr auffällige Art aus Borneo und Malaysia. Pseudobulben oval mit einem einzelnen, ledrigen Blatt. Im Herbst oder Winter erscheinen an der hängenden Infloreszenz bis zu 4 weiße, bis 30 cm lange Blüten.

Bulbophyllum Louis Sander

↔ 20–30 cm ↑ 15–20 cm

Auffällige und besonders wüchsige Kreuzung zwischen *B. longissimum* und *B. appendiculatum*. Blätter dick, ledrig, fast waagrecht abstehend. Die drahtige Infloreszenz trägt in einem Halbkreis angeordnete, fleischige Blütenköpfe, bei denen alle Blütensegmente zu einer blütenblattartigen Struktur verwachsen sind.

Bulbophyllum guttulatum

Bulbophyllum levatii

Bulbophyllum macrobulbum

↔ 25–60 cm ↑ 30–100 cm

Neuguinea. Blätter lang, hängend. Die großen Blüten erscheinen im Sommer und Herbst in Gruppen.

Bulbophyllum longissimum

Bulbophyllum macrobulbum

B

Bulbophyllum ngoyense

Bulbophyllum morphologorum

↔ 15–20 cm ↑ 15–20 cm ◆
Thailand und Vietnam. Pseudobulben groß, oval, leuchtend grün mit einem dicken, fleischigen Blatt. Infloreszenz ungewöhnlich, an der Basis der Pseudobulben mit Massen von winzigen Blüten auf kurzen Stielen. Blüten purpurbraun und gelb mit beutelförmig verwachsenen Sepalen. Blüht im Herbst.

Bulbophyllum ngoyense

↔ 10–30 cm ↑ 2.5–5 cm ◆/◈
Neukaledonien; in schattigen Wäldern. Mattenförmiger Wuchs, besiedelt bei guten Bedingungen große Flächen. Die einblütige Infloreszenz trägt im Frühling eine winzige, von Gelb bis Rot und Purpurn variierende Blüte. Immer feucht halten und direkte Sonne vermeiden.

Bulbophyllum nymphopolitanum

syn. *Bulbophyllum levanae*
↔ 20–25 cm ↑ 10–20 cm ◆
Philippinen. Pseudobulben oval mit einem ledrigen, dunkelgrünen Blatt. Blüten mit roten, verlängerten lateralen Sepalen; die Petalen und das dorsale Sepalum sind goldgelb bis orange, rot überhaucht. Blüht im Winter.

Bulbophyllum patella

↔ 6–10 cm ↑ 5–6 cm
◈/◇
Erst vor kurzem beschriebene Art, endemisch in den Bergwäldern Neuguineas, wo sie an moosbewachsenen Ästen und Stämmen gedeiht. Pseudobulben konisch, mit einem löffelförmigen Blatt. Infloreszenz mit einer Blüte, die etwa 12 mm breit wird und leuchtend gelb mit rotem Streifen in der Lippe ist. Nachts schließen sich die Blüten etwas. Blüht zu jeder Jahreszeit.

Bulbophyllum pectenveneris

syn. *Bulbophyllum flaviflorum*
↔ 40 cm ↑ 8–15 cm ◆
China, Vietnam, Laos und Thailand. Bis zu 10 Blüten pro Infloreszenz, jede bis 30 mm lang, mit leuchtend gelben, verwachsenen lateralen Sepalen und winzigen, purpurvioletten Petalen, Lippe wie die Petalen gefärbt.

Bulbophyllum picturatum

↔ 15–30 cm ↑ 20–30 cm
◆
Am Fuß des Himalaja, in Vietnam und Thailand. Pseudobulben oval; Blätter linear, bis zu 15 cm lang. Infloreszenz aufrecht mit etlichen, gelblichen, rot oder braun gefleckten Blüten, die halbkreisförmig angeordnet sind. Blütezeit von Herbst bis zum Frühjahr.

Bulbophyllum nymphopolitanum

Bulbophyllum pulchellum

↔ 10–20 cm ↑ 15–25 cm
◆
Malaysia. Pseudobulben dicht gedrängt, jeweils mit einem doldenförmigen Blütenstand, der einen drahtigen Stiel hat. Bis zu 12 winzige Blüten erscheinen im Spätsommer. Die sackartig geformten Blüten sind fleischfarben und an der Basis dunkler rot.

Bulbophyllum rothschildianum

syn. *Bulbophyllum ornatissimum*
↔ 60 cm ↑ 25 cm ◆/◈/◇
Indien. Art aus der Sektion *Cirrhopetalum* der Gattung *Bulbophyllum*, bei denen die Blüten in einer halbkreisförmigen Dolde stehen, die lateralen Sepalen zusammengewachsen sind und an den Petalen und dem dorsalen Sepalum filamentartige Anhängsel sitzen. Diese »Wimpel« bewegen sich beim kleinsten Lufthauch und helfen dabei, mögliche Bestäuber anzulocken. Das einzelne Blatt wird bis 15 cm lang; die Infloreszenz aus der Basis reifer Pseudobulben erreicht dieselbe Höhe und trägt im Herbst bis zu 3 unangenehm riechende, grün-rote, 10 cm große Blüten.

Bulbophyllum patella

Bulbophyllum rothschildianum

Bulbophyllum rufinum

↔ 30–50 cm ↑ 10–20 cm
◆/◈
Aus Indien und den niedriger gelegenen Hängen des Himalaja. Pseudobulben verlängert, mit einem einzelnen Blatt, das 25 cm lang wird. Blütenstand nach unten geneigt, 15–40 cm lang mit vielen, kleinen Blüten, die kaum 12 mm groß werden. Blüten gelbgrün mit feiner purpurroter Aderung. Die Hauptblütezeit liegt im Spätsommer und Herbst, kann aber bei guten Bedingungen zu jeder Jahreszeit bühen.

Bulbophyllum pectenveneris

Bulbophyllum picturatum

B

Bulbophyllum rufinum

B

Bulbophyllum schillerianum

Bulbophyllum speciosum

Bulbophyllum sulawesii

Bulbophyllum tridentatum

Bulbophyllum unitubum

Bulbophyllum wendlandianum

Bulbophyllum schillerianum

↔ 8–15 cm ↑ 6–20 cm ◆/◇

Hängend wachsende Miniatur-Orchidee aus Australien. Blätter sukkulent. Die kleinen, orangefarbenen Blüten erscheinen entlang des Rhizoms in Massen sind kaum 6 mm groß. Eine üppig blühende Pflanze ist ein beeindruckender Anblick. Blütezeit von Frühling bis Sommer.

Bulbophyllum speciosum

syn. *Hapalochilus speciosus*

↔ 10–25 cm ↑ 8–20 cm

◆/◇

Neuguinea. Kompakt wachsend. Blüten relativ groß, im Frühjahr und Sommer; ungewöhnlich für Bulbophyllen ist die feste, unbewegliche Lippe. Wächst gut bei gleichmäßiger Feuchtigkeit in Sphagnum in kleinen Töpfen.

Bulbophyllum sulawesii

↔ 40–50 cm ↑ 25–40 cm

◆

Sulawesi, Indonesien. Blütenstand drahtig, bis 60 cm lang und mit bis zu 5 unangenehm riechenden Blüten, die sich im Frühling bis Sommer nacheinander öffnen. Blüten bis 20 lang, goldbraun bis orange, das dorsale Sepalum hellgrün bis hell goldgelb. Laterale Sepalen verlängert und gedreht, Petalen stark reduziert.

Bulbophyllum tridentatum

↔ 30 cm ↑ 25 cm ◆

Thailand. Kriechende oder kletternder Wuchs. Pseudobulben rundlich, das einzelne Blatt ist ledrig und mit papierartigen Hüllblättern an der Basis. Blüten klein mit unangenehmem Geruch.

Bulbophyllum unitubum

↔ 20 cm ↑ 12–20 cm ◆

Neuguinea; erst seit kurzem in Kultur. Blüten groß, gelb bis orange, kurzlebig. Blüht mehrmals im Jahr.

Bulbophyllum wendlandianum

syn. *Bulbophyllum collettii*

↔ 10–30 cm ↑ 20–30 cm

◆/◆/◇

Thailand und Myanmar. Rhizom kriechend, mit kurzen, ledrigen Blättern. Die Infloreszenzen erscheinen aus den Neutrieben im Spätfrühling oder Frühsommer und tragen bis zu 6 gelbgrüne bis orangefarbene, rot, braun oder purpurn überhauchte und gestreifte Blüten, die von weitem wie eine einzige große Blüte aussehen. Seitliche Sepalen verlängert und eingerollt, dorsales Sepalum mit roten Filamenten besetzt.

Cadetia taylori

Cadetia

Gattung mit etwa 60 kleinen, epiphytischen Arten, deren Hauptverbreitungsgebiet in Neuguinea liegt. Einige Arten kommen in benachbarten Regionen vor, darunter 4 in Australien. Sie sind mit *Dendrobium* verwandt und haben schlanke, einblättrige Pseudobulben. Die Blüten erscheinen einzeln aus einer Scheide an der Spitze der Pseudobulben, aus der sie mehrfach hintereinander blühen können. Sie sind meist weiß, es gibt aber auch Arten mit rosafarbenen Blüten. Sie blühen während der wärmeren Monate.
Kultur: Diese Miniatur-Orchideen bilden dichte Kolonien und sollten möglichst wenig geteilt werden. Die meisten gedeihen gut auf Kork oder Baumfarnstücken bei gleichmäßiger Feuchtigkeit das ganze Jahr über. Die etwas größeren Arten wachsen auch im Topf in Sphagnum oder einem feinen Rindensubstrat Die Vermehrung erfolgt am besten durch Teilung.

Cadetia taylori

↔ 10–20 cm ↑10–15 cm

Aus dem nordöstlichen Queensland; wächst auf Felsen und auf Bäumen in Wäldern und Mangroven. Die einzelne weiße Blüte wird bis 12 mm groß, die Lippe variiert von Zartgelb über Orange bis Purpurviolett. Blüht sporadisch im Sommer und Herbst.

Caladenia

In dieser großen Gattung werden etwa 200 Erdorchideen zusammengefasst, die hauptsächlich in Australien vorkommen; einige Arten findet man auch in Neuseeland oder Neukaledonien. Sie haben manchmal behaarte Blätter und tragen eine ein- oder mehrblütige Infloreszenz, die im Winter oder Spätfrühling blüht.
Die trockenen australischen Sommer überstehen die Pflanzen mit einer Ruhezeit, in der sie sich in unterirdische Knollen zurückziehen. Die ungewöhnlichen Blüten werden von Bienen und Wespen bestäubt. Die Gattung wird von einigen Taxonomen in mehrere kleinere Gruppen unterteilt, eine Ansicht, die sich noch nicht überall durchgesetzt hat.
Kultur: Diese Erdorchideen mit ihren spinnenförmigen Blüten brauchen zum Überleben spezielle Mykorrhizapilze und haben sich als sehr schwierig zu kultivieren erwiesen. Meist gehen sie immer weiter zurück, bis sie eingehen. Einige spezialisierte Liebhaber hatten mit einem durchlässigen, sandigen Substrat mit geringem organischen Anteil Erfolg. Vermehrung durch Teilung der Knollen während der Ruhezeit.

Caladenia arenicola

↔ 15–25 cm ↑30–60 cm

Aus Südwestaustralien; nur aus einem begrenzten Gebiet nördlich der Stadt Perth bekannt. Wächst in Heidegebieten in voller Sonne. Blatt behaart, einzeln mit einer aufrechten Infloreszenz, die bis zu 3, rosa bis purpurviolette Blüten trägt, die eine Größe von 10 cm erreichen und sehr schmale Blütensegmente aufweisen. Blütezeit im Spätfrühling. Die Neuklassifizierung als *Arachnorchis arenicola* hat bisher wenig Akzeptanz unter Orchideenspezialisten gefunden.

Caladenia chapmanii

↔ 10–20 cm ↑15–45 cm

Nur aus dem südwestlichen Westaustralien bekannt. Blüten ungewöhnlich dunkelrosa, im Frühjahr. Wird seit neuestem zu *Arachnorchis* gestellt, was nicht überall anerkannt wird.

Caladenia flava

↔ 10–25 cm ↑20–30 cm

Westaustralien; in Waldgebieten und älteren Kiefernplantagen auf sandigen Böden. Blatt einzeln, behaart, ziemlich breit und bis 25 cm lang. Infloreszenz behaart, 30 cm lang mit bis zu 4 variablen, sternförmigen, goldgelben, auf Petalen und dorsalem Sepalum oft rot gepunkteten oder gestreiften Blüten, die im Frühjahr erscheinen. Bildet mit *C. latifolia* häufig Naturhybriden im Habitat.

Caladenia arenicola

Caladenia chapmanii

Caladenia flava

Caladenia langicauda

Caladenia latifolia

↔ 10–25 cm ↑ 20–45cm

West- und Südaustralien sowie Tasmanien; auf durchlässigen Böden an offenen Stellen, Dünen und küstennahen Gebieten. Blatt haarig, bis 25 cm lang. Bis zu 4 leuchtend rosafarbene bis weiße Blüten mit weißer, behaarter Lippe im Frühjahr, etwas zeitiger als *C. flava*.

Caladenia langicauda

↔ 18–25 cm ↑ 35–60 cm

Großblütige Art aus Südwestaustralien, die im äußesten Zipfel Westaustraliens recht häufig ist. Eng verwandt mit *C. patersonii*. Blüten im Spätfrühling, weiß, bis 15 cm groß. Die Neuklassifizierung als *Arachnorchis langicauda* ist umstritten.

Caladenia nana

↔ 2–4 in (5–10 cm) ↑ 2–6 in (5–15 cm)

Aus Südwestaustralien. Blüht überreich in bewaldeten Gebieten, die im Vorjahr gebrannt haben. Bildet große Kolonien, die aus über einem Dutzend ausgewachsener Pflanzen bestehen können. Blüten im Frühjahr, rosa und recht klein (18 mm).

Calanthe

Die meisten der 120 bis 150 Arten der Gattung wachsen terrestrisch, einige auch epiphytisch, und sind im gesamten tropischen Raum verbreitet. Die meisten Arten findet man in Asien. Die Pseudobulben sind groß bis klein und tragen 2 bis mehrere, plikate Blätter, die immergrün sind oder während der Trockenzeit abgeworfen werden. Die Blüten sind auffällig, weiß, rosa, lila purpurviolett oder gelb mit ähnlichen Sepalen und Petalen und einer ausgebreiteten, dreilappigen gespornten Lippe. *Calanthe* Dominyi war die erste künstliche Orchideenhybride überhaupt und blühte 1856 zum ersten Mal. Die Hybriden, die schon im letzten Jahrhundert beliebt waren, kommen wieder in Mode.

Caladenia nana

Caladenia harringtoniae

↔ 15–25 cm ↑ 20–40 cm

Aus Südwestaustralien. Die Blütenbildung wird durch Buschfeuer im Vorjahr angeregt. Eine der kleinstblütigen Arten der Gattung mit bis zu 3 rosabraunen Blüten, jede ewa 8 cm groß. Blütezeit im Spätfrühling. Die Reklassifizierung als *Arachnorchis harringtoniae* ist nicht unbedingt überall auf Akzeptanz gestoßen.

Caladenia harringtoniae

Caladenia latifolia

Kultur: Die Pseudobulben der laubabwerfenden Arten und Hybriden müssen nach dem Absterben der Blätter kühl (mindestens 10 °C), trocken und sehr hell stehen. Im Frühjahr werden die Pseudobulben gesäubert und einzeln in ein nährstoffreiches Erdorchideensubstrat gepflanzt. Sobald der Neutrieb erscheint, wird großzügig gegossen und später auch gedüngt. Mit dem Erscheinen des Blütentriebs im Herbst beginnen die Blätter zu welken und nach der Blüte, wenn die Blätter ganz abgefallen sind, wird die Pflanze wieder trocken und kühl aufgestellt. Immergrüne Arten dürfen nicht ganz austrocknen, obwohl man sie auch etwas weniger gießen sollte. Die Vermehrung erfolgt durch Teilung.

Calanthe discolor

↔ 20–30 cm ↑ 40–50 cm ◇

Immergrüne Orchideen aus den Wäldern Japans und den vorgelagerten Ryukyu-Inseln. Pseudobulben klein, mit bis zu 25 cm langen Blättern. Die Infloreszenz erreicht eine Höhe von 50 cm und trägt im Frühling 10–15 Blüten, die eine Breite von 3,5–5 cm erreichen. Die Sepalen und Petalen sind purpur- oder bronzefarben; die hellrosa Lippe ist dreilappig, der Endlappen an der Spitze eingebuchtet.

Calanthe Rose Georgene

↔ 20–50 cm ↑ 30–60 cm

◆/◇

Hybride mit leuchtenden Blüten, die die dunkle Farbe von *C. rosea* geerbt hat. Wie die meisten laubabwerfenden Calanthen blüht sie im Herbst. Die Blütezeit wird verlängert, wenn man die Blüten vor Nässe schützt.

Calanthe rosea

↔ 25–50 cm ↑ 30–50 cm

◆/◇

Laubabwerfende Art aus Myanmar. Pseudobulben wie eine Sanduhr geformt. Blätter dünn, plikat und lanzettlich. Blüten hellrosa, Lippe noch zarter gefärbt, im Verblühen weiß. Blütezeit im Herbst und im Winter.

Calanthe striata

syn. *Calanthe discolor* var. *flava*, *C. sieboldii*

↔ 40–45 cm ↑ 30–50 cm ◇

Immergrüne Art aus Japan. Blätter 30–45 cm lang, länglich-oval, plikat. Blütentrieb aufrecht, bis 50 cm hoch mit bis zu 20 gelben oder gelbbraunen Blüten im Frühling. Die Sepalen und Petalen sind ausgebreitet und die dreilappige Lippe trägt einen kleinen, schlanken Sporn.

Calanthe Rose Georgene

Calanthe sylvatica

syn. *Calanthe masuca, C. natalensis, C. volkensii*

↔ 30–50 cm ↑ 50–75 cm ◇

Aus Afrika, Madagaskar und den Maskarenen-Inseln. Immergrüne Art mit 35 cm langen Blättern, die in grundständigen Büscheln stehen. Blütentrieb 50–75 cm hoch, im Sommer dicht besetzt mit 2,5–5 cm großen, weißen oder purpurfarbenen Blüten, die im Schlund orange sind.

Calanthe triplicata

syn. *Calanthe veratrifolia*

↔ 50–100 cm ↑ 80–100 cm

◇

Robuste, immergrüne Art aus Indien, Südostasien und Australien. Blätter dunkelgrün. Infloreszenz sehr hoch, bis 100 cm lang und im Sommer dicht mit weißen Blüten, die an den Spitzen hellgrün gefärbt sind und einen gelben oder orangefarbenen Fleck auf der Lippe haben.

Calanthe vestita

↔ 40–75 cm) ↑ 60–90 cm

◆/◇

Laubabwerfende Art aus Südostasien bis nach Sulawesi, Indonesien. Pseudobulben länglich, groß, 8–12 cm lang; die Blätter erreichen 45–60 cm. Der gebogenen Blütentrieb wird bis 90 cm lang und trägt im Winter viele weiße bis rosa Blüten, die 5–8 cm groß werden und einen gelben Fleck auf der Lippe haben.

Calanthe striata

Calanthe sylvatica

Calochilus paludosus

Calopogon tuberosus

Calypso bulbosa

Calochilus

Etwa 12 Arten sind in dieser Gattung bekannt, die in Asien, Australien und Neuseeland vorkommen. Sie wachsen terrestrisch und bilden unterirdische Knollen aus. Sie wachsen in lichten Wäldern, an Hängen und im Grasland. Das Verbreitungsbgebiet reicht von der tropischen Zone bis in gemäßigte Breiten im Süden. Sie bilden ein einzelnes, aufrechtes Blatt und eine hohe, schlanke Infloreszenz, die je nach Art 30–100 cm hoch wird. Diese trägt zwischen 2 und 20 Blüten. Die oberirdischen Pflanzenteile sterben nach der Blüte bzw. Samenreife ab. Ein charakteristisches Merkmal der Gattung ist die bärtige, mit dichten »Haaren« besetzte Lippe.
Kultur: Die Pflanzen sind durch die Symbiose mit speziellen Mykorrhizapilzen kaum in der Kultur am Leben zu halten und sollten in ihrem natürlichen Habitat belassen werden.

Calochilus campestris

↔ 5–10 cm ↑ 40–60 cm

Von Ostaustralien bis nach Neuseeland. Die Infloreszenz erreicht eine Höhe von bis zu 60 cm und trägt 5–15 Blüten, die im Spätsommer oder Winter erscheinen und bis zu 25 mm groß werden.

Calochilus paludosus

↔ 5–8 cm ↑ 25–35 cm

Australien und Neusseland, dort als gefährdet eingestuft. Wuchs schlank, mit einem bis 18 cm langen, gerippten Blatt, das im Querschnitt dreieckig ist. Die 35 cm hohe Infloreszenz trägt im Herbst oder Winter 2–9 duftende Blüten, die sich nicht ganz öffnen und grüne bis bronzerote Sepalen und Petalen haben; die Lippe ist mit dunkelpurpurvioletten bis roten, glänzenden Haaren besetzt.

Calopogon

Diese Gattung beherbergt 4 terrstrische Orchideen, die von Südkanada bis in den Südwesten der USA verbreitet sind und hauptsächlich in Mooren und Sümpfen mit sehr saurem Boden vorkommen. Die grasartigen, langen Blätter wachsen aus einer unterirdischen Knolle. Die Blüten sind auffällig, haben eine bewegliche Lippe, die landenden Insekten die Pollinien wie mit einem Stempel auf den Rücken klebt.
Kultur: Recht einfach in saurem Torf oder Sphagnum mit Kiesbeimischung. Im Winter kühl halten. Vermehrung durch Teilung großer Kolonien oder Aussaat.

Calopogon tuberosus

syn. *Calopogon pulchellus*

↔ 5–10 cm ↑ 30–40 cm

Weit verbreitet, von Kanada bis in den Südosten der USA. Blätter grasartig, gerippt, im Querschnitt dreieckig. Infloreszenz lang, mit bis zu 2 rosa Blüten, die einen Durchmesser von 25 mm erreichen und eine auffällige Lippe haben. Blütezeit im Süden im Frühjahr, im Norden im Sommer.

Calypso

Calypso, Norne

Diese monotypische Gattung ist über die gesamte nördliche Hemisphäre verbreitet. Die einzige Art ist eine zwergige Erdorchidee, die von Meereshöhe bis auf 3000 m wächst in Sumpfgebieten, Mooren und Nadelwäldern der gemäßigten Zone. Der Name kommt aus der griechischen Mythologie, nach einer der Wassernymphen aus Homers *Odyssee*.
Kultur: Sehr schwierig über längere Zeit zu kultivieren. Ein saures Substrat aus Laubhumus, Torf und Sphagnum, kühle Temperaturen und zurückhaltende Bewässerung im Frühjahr und Sommer sind wichtig. Ruhezeit im Winter. Sehr anfällig für Schneckenfraß. Vermehrung durch Teilung größerer Kolonien.

Calypso bulbosa

syn. *Calypso borealis, C. japonica, C. occidentalis*

Knollige Calypso, Norne

↔ 2,5–5 cm ↑ 15–20 cm

Unterirdische Knolle mit einem länglich-ovalen, dunkelgrünen Blatt. Infloreszenz rosafarben mit einer 35 mm großen, nickenden, duftenden Blüte im Frühling oder Sommer. Sepalen und Petalen dunkelrosa, Lippe mit gelben oder weißen »Haaren« in der Mitte. Es gibt drei unterschiedliche Populationen: ***C. b.* var. *americana*** aus Nordamerika mit gelbem Haarbüschel; ***C. b.* var. *bulbosa*** aus Asien und Skandinavien mit weißem Haarbüschel und ***C. b.* var. *occidentalis*** aus Japan, auch mit weißem Haarbüschel auf der Lippe.

Cannaeorchis

Diese erst 1997 beschriebene Gattung enthält etwa 12 Arten, die vormals in der Gattung *Dendrobium* geführt wurden. Alle Arten kommen nur in Neukaledonien und einigen vorgelagerten Inseln am Rande niedriger Regenwälder vor. Der Name *Cannaeorchis* bedeutet »schilfartige Orchidee« und passt zu den bizarren Pflanzen, die mit den verzweigten oder einfachen Trieben im Wuchs an Bambus erinnern. Die Blüten enstehen aus Knospen, die den Blättern am Trieb gegenüberliegen und stehen einzeln, zu zweit oder in kleinen Büscheln. Es gibt keine Hauptblütezeit und große Exemplare haben meist immer einige Blüten. Die Gattung ist eher von botanischen Interesse.
Kultur: Diese Orchideen sind insgesamt selten in Kultur, und wenn dann nur bei spezialisierten Liebhabern oder in botanischen Gärten anzutreffen. Sie wachsen am besten im Topf in einer sehr alkalischen Substratmischung, der etwas Schotter beigemischt wurde. Sie mögen keine Störung durch Umtopfen oder häufiges Teilen. Die Vermehrung kann durch Teilung sehr großer Pfanzen oder Aussaat erfolgen.

Cannaeorchis verruciferum

syn. *Dendrobium verruciferum*

↔ 20–50 cm ↑ 40–120 cm

Aus Neukaledonien und wohl die häufigste Art, die besonders zahlreich im Süden der Insel anzutreffen ist. Die Blüten erreichen eine Größe von 5 cm und stehen meist einzeln, nur selten zu zweit. Ihre Färbung variiert von rostbraunen Tönen von gelblich Grün bis Grün.

Cannaeorchis verruciferum

Catasetum

Diese Gattung beherbergt etwa 50 Arten, die im tropischen Mittel- und Südamerika und in der Karibik verbreitet sind. Die meisten Arten wachsen epiphytisch, manche aber auch lithophytisch oder terrestrisch. Die Pflanzen besitzen sukkulente, angeschwollene, ovale, konische oder spindelförmige Pseudobulben, die anfangs mit Hüllblättern bedeckt sind. Die großen, relativ dünnen, plikaten Blätter werden in der Trockenzeit abgeworfen. Der Blütenstand erscheint an der Basis der Pseudobulben und kann aufrecht, gebogen oder hängend sein. Die Blüten sind auffällig und eingeschlechtlich. Männliche und weibliche Blüten sind sehr unterschiedlich im Aussehen und können an derselben oder unterschiedlichen Infloreszenzen stehen. Bei beiden Blütenformen sind die Sepalen und Petalen frei und ausgebreitet, die Lippe ist sackförmig. **Kultur:** Die Pflanzen gedeihen zwar auch im Topf, werden aber meist in Körben mit grobem Rindensubstrat gepflegt. Sie mögen einen hellen, feuchten und luftigen Standort, aber kein pralle Sonne. Weibliche Blüten werden eher bei Stress, bei zuviel Licht oder Trockenheit gebildet. Nachdem die Blätter abgeworfen wurden, müssen die Pflanzen kühler und heller stehen. Die Vermehrung erfolgt durch Teilung.

Catasetum saccatum

↔ 30–40 cm ↑ 30–60 cm

Brasilien, Guyana und Peru. Pflanzen groß, mit 8–20 cm hohen Pseudobulben und 20–40 cm langen Blättern. Infloreszenz aufrecht oder gebogen, bis 40 cm lang, vielblütig. Männliche Blüten bis 10 cm groß, grünlich mit purpurbrauner Zeichnung, weibliche kleiner, gelbgrün mit rotbraunen Punkten. Blütezeit im Sommer bis Winter.

Catasetum tenebrosum

↔ 30–40 cm ↑ 30–45 cm

Ekuador und Peru. Kräftige Pflanze mit 15 cm langen Pseudobulben und 25–30 cm langen Blättern. Blütenstand 25 cm lang, dicht mit wenigen bis vielen Blüten besetzt, die im Frühjahr und Sommer erscheinen. Männliche Blüten 5 cm breit, auffällig kastanien- oder rotbraun, Lippe gelb. Weibliche Blüten gelblich grün.

Cattleya

Diese Gattung aus dem tropischen Mittel- und Südamerika gehört zu den beliebtesten Orchideen überhaupt und hat etwa 50 Arten und buchstäblich Tausende von Hybriden. Die sympodial wachsenden Epiphyten oder Lithophyten haben auffällige Blüten, die relativ lange haltbar sind und oft sehr angenehm duften. Die kräftigen Pflanzen haben keulenförmige oder zylindrische Pseudobulben die ein (unifoliate Arten) oder zwei bis drei (bifoliate Arten) Blätter an der Spitze haben. Der Blütenstand erscheint aus einer Scheide an der Basis der Blätter am Ende der Pseudobulben, bei 2 Arten auch auf separaten Trieben aus dem Rhizom. Cattleyen sind mit vielen verwandten Gattungen, darunter *Laelia*, *Rhyncholaelia* (meist als *Brassavola* bezeichnet) und *Sophronitis* gekreuzt worden. **Kultur:** Cattleyen bevorzugen einen hellen Standort und temperierte bis warme Bedingungen. Manche Arten, wie die bifoliaten brasilianischen Arten, vertragen im Winter auch etwas kühlere Temperaturen, wenn sie trocken stehen. Sie brauchen ein gut dränierendes Substrat, zum Beispiel aus grober Pinienrinde. Zwischen den Wassergaben sollten die Wurzeln abtrocken. Gesunde Pflanzen haben einen ausgeprägten Wurzelballen mit vielen weißen, langen, verzweigten Wurzeln. Vermehrung durch Teilung.

Cattleya aclandiae

↔ 10–30 cm ↑ 8–15 cm

Kleinwüchsige, bifoliate Art, die endemisch in Brasilien vorkommt. Blätter ledrig, bis 10 cm lang, Blüten meist einzeln, seltener zu zweit, 8 cm im Durchmesser, olivgrün mit auffälliger braunroter Zeichnung. Lippe ausgebreitet, cremefarben an der Basis, Endlappen dunkelrosa. Säule ebenfalls dunkelrosa. Blüht im Herbst und Winter und wächst am besten auf Korkrinde aufgebunden.

Cattleya amethystoglossa

↔ 30–50 cm ↑ 75–130 cm

Brasilien. Pseudobulben zylindrisch, 50–100 cm hoch, mit 2–3 Blättern an der Spitze, die 15–25 cm lang werden. Blütentrieb 15–25 cm lang, mit 5–10 Blüten, die einen Durchmesser von 5–10 cm erreichen. Sepalen und Petalen weiß bis hellrosa mit dunkleren Punkten. Lippe mit weißen Seitenlappen und dunkelviolettem Endlappen. Blüht im Sommer. ***C. a.* var. *coerulea*** hat weißliche Blütenblätter und eine lavendelblaue Lippe.

Cattleya amethystoglossa var. *coerulea*

Cattleya aclandiae

Cattleya aurantiaca 'Golden Dew'

Cattleya aurantiaca 'Marigold'

Cattleya aurantiaca 'Red'

Cattleya bicolor 'Golden Gate'

Cattleya aurantiaca

↔ 15–60 cm ↑ 12–60 cm

Mittelamerikanische Art, die mit 5 cm Größe die kleinsten Blüten der Gattung besitzt. Die Blütenfarbe variiert von Gelb über Orange bis Dunkelrot, selten auch Weiß. Bis zu 12 Blüten erscheinen pro Trieb im Sommer.
Bei manchen Klonen öffnen sich die Blüten nicht ganz und einige sind sogar cleistogam (selbstbestäubend) und öffen sich überhaupt nicht. **'Golden Dew'** hat goldgelbe Blüten mit rotem Schlund; **'Marigold'** leuchtend orange Blüten mit dunkelrotem Schlund und **'Red'** zinnoberrote Blüten.

Cattleya bicolor

↔ 20–60 cm ↑ 20–120 cm

Bifoliate Art aus Brasilien. Pseudobulben zylindrisch mit 2–3 Blättern, die etwa 10 cm lang werden. Bis zu 8 Blüten (8 cm Durchmesser) mit apfel- bis olivgrünen Sepalen und Petalen, manchmal rötlich überhaucht, und einer samtig purpurnen Lippe. Die Varietät ***C. b.* var. *brasiliensis*** wird größer, hat aber weniger, dafür intensiver gefärbte Blüten. ***C. b.* 'Golden Gate'** hat gelbgrüne Blüten mit kontrastierender, purpurvioletter Lippe. Blüht im Herbst.

Cattleya bowringiana

↔ 10–60 cm ↑ 15–90 cm

Wüchsige, leicht zu kultivierende Art aus Guatemala und Belize, die in der Natur auf felsigen Klippen an hellen, feuchten Standorten wächst. Im Herbst erscheinen große Büschel mit bis zu 20 lavendelfarbenenen Blüten.

Cattleya gaskelliana

↔ 20–50 cm ↑ 20–40 cm

Venezuela. Im Sommer erscheinen bis zu 5 lavendelfarbene Blüten, die mit 18 cm Breite zu den größten der Gattung gehören. ***C. g.* var. *alba*** ist eine weiß blühende Albino-Form.

Cattleya × guatemalensis

↔ 30–40 cm ↑ 30–35 cm

Naturhybride zwischen *C. skinneri* und *C. aurantiaca* aus Guatemala. Infloreszenz bis 15 cm lang mit wenigen bis vielen 5 cm großen Blüten, die im Frühling erscheinen und von Weiß über Rosa und Purpurviollett bis Rot variieren.

Cattleya intermedia

↔ 10–30 cm ↑ 15–40 cm

Variable Art aus Brasilien, die in einer Vielzahl an Farbformen kultiviert wird. Auch die Pflanzengröße und

Cattleya gaskelliana

Cattleya × guatemalensis

Cattleya intermedia var. *alba*

Cattleya intermedia var. *amethystina*

Blütenform ist variabel. Bis zu 5 etwa 9 cm große Blüten erscheinen im Frühjahr, die von Weiß über Rosa bis Dunkelviolett variieren. ***C. i.* var. *alba*** hat duftende, weiße Blüten; **'Breckinridge Snow'** büht ebenfalls weiß. ***C. i.* var. *amethystina*** hat weiße Blüten; Lippe amethystfarbenen; ***C. i.* var. *aquinii*** hat attraktive geflammte Petalen; ***C. i.* 'Do Heitor'** hat rosaviolette Sepalen und Petalen mit dunklerer Lippe; **'Irrorata'** hat elfenbeinfarbene Blüten, nur der äußerste Lippenrand ist zart violett.

Cattleya intermedia 'Irrorata'

Cattleya intermedia var. *aquinii*

Cattleya intermedia

Cattleya intermedia 'Do Heitor'

C

Cattleya loddigesii

Cattleya loddigesii 'Bella Vista'

Cattleya loddigesii 'Blue Sky'

Cattleya loddigesii

↔ 10–30 cm ↑ 15–60 cm

Bifoliate Art aus Brasilien und Argentinien. Pseudobulben zylindrisch; Blätter ledrig. Bis zu 8 etwa 10 cm große Blüten, meist im Herbst. Die Blütenfarbe reicht von Hell- bis Dunkelrosa, selten auch Weiß. Die Sepalen und Petalen haben manchmal kleine, dunkle Tupfen. Lippe weiß mit gelbem Schlund und dunkelrosa Endlappen. Die Intensität der Blütenfarbe kann durch einen sehr hellen Standort während der Knospenbildung gesteigert werden. Die nah verwandte Art *C. harrisoniana* ist ähnlich, hat aber meist schmalere und dunklere Blütensegmente. **'Bella Vista'** hat sehr dunkle Blüten; **'Blue Sky'** blass amethystfarbene Blüten. Viele selektierte Klone wurden untereinander gekreuzt, die Nachkommen übertreffen ihre Eltern oft noch in der Blütenqualität, wie die abgebildeten Beispiele zeigen.

C. loddigesii ('Pink Spots' × 'Dark Pink')

Cattleya loddigesii ('Pink Spots' × 'Monty')

Cattleya loddigesii ('Shorty' × 'Sweetheart')

Cattleya lueddemanniana

syn. *Cattleya speciosissima*

↔ 10–30 cm ↑ 15–50 cm

Unifoliate Art aus Venezuela, die in der Natur oft auf Felsen an extremen Standorten wächst. Blüten weiß bis lavendelfarben, Lippe dunkler, mit 2 typischen gelben »Augen«. Bis zu 4 Blüten von 20 cm Durchmesser erscheinen im Winter pro Trieb.

Cattleya mendelii

syn. *Cattleya labiata* **var.** *mendelii*

↔ 40–45 cm ↑ 40–45 cm

Unifoliate Art aus Kolumbien mit hohen Pseudobulben und einem großen Blatt. 2–5 duftende rosafarbene Blüten erscheinen im Frühling und Frühsommer. Die Lippe hat einen deutlich abgegrenzten dunklen Endlappen.

Cattleya nobilior

↔ 18–30 cm ↑ 12–20 cm

Brasilien, aus dem heißen Nordosten. Übersteht in der Natur oft lange Dürreperioden. Ähnelt *C. walkeriana* durch den seitlichen Blütentrieb, hat aber 2 Blätter pro Trieb. Meist 1–2 Blüten im Frühling, die etwa 10 cm Durchmesser erreichen, duftend, hellrosa mit gelbem Fleck auf der Lippe und sehr dunklen Adern im Schlund. *C. n.* **var.** *amaliae* hat rundere Blüten von exzellenter Form und Haltung.

Cattleya schilleriana

↔ 10–30 cm ↑ 10–15 cm

Bifoliate Art, die nur in Brasilien vorkommt. Nah mit *C. aclandiae* verwandt. Pseudobulben zylindrisch, Blätter ledrig. 1–5, 8 cm große olivgrüne bis bronzefarbene Blüten mit dunkel weinroter Zeichnung und einer violettroten Lippe. Petalen mit welligem Rand. Blütezeit im Frühjahr.

Cattleya schofieldiana

↔ 20–50 cm ↑ 30–100 cm

Brasilien; mit *C. granulosa* verwandt, aber in allen Teilen größer und viel höher. 2–5 Blüten (10 cm groß) pro Trieb, senfgelb, dicht mit feinen roten Tupfen übersät. Lippe weiß und purpurrot. Blüht im Sommer.

Cattleya schroderae

↔ 40–45 cm ↑ 40–45 cm

Kolumbianische Art, die meist auf alten Bäumen in der Nähe von fließendem Wasser wächst. Nur ein großes, ledriges Blatt pro Pseudobulbe. Die stark duftenden Blüten erscheinen im Herbst und Winter und ähneln denen der nah verwandten *C. trianaei.* Ihre Farbe reicht von Zartrosa bis Weiß und die Lippe hat einen großen orangelben Fleck in der Mitte. Sie ist, wie die Petalen, stark gekräusel; die Blütenblätter öffnen sich nicht ganz.

Cattleya mendelii

Cattleya schilleriana

Cattleya lueddemanniana

Cattleya sp.

Cattleya schofieldiana

Cattleya skinneri var. *alba* 'Rebemic'

Cattleya skinneri

↔ 30–40 cm ↑ 30–35 cm

Von Guatemala bis nach Costa Rica; in feuchten Wäldern. Pseudobulben an der Basis sehr dünn, zur Spitze dicker, mit 2–3 Blättern. Pro Trieb erscheinen im Frühling 5–14 Blüten, die meist rosalila sind und einen weißlichgelben Schlund haben. Verschiedene Farbformen sind in der Natur bekannt. *C. s.* var. ***alba*** **'Rebemic'** ist eine Albino-Form mit weißen Blüten; *C. s.* var. ***coerulescens*** hat durch den Verlust der roten Pigmente zart bläuliche Blüten; der bekannte Cultivar **'Casa Luna'** hat besonders gut geformte und dunkle Blüten.

Cattleya walkeriana

↔ 0–25 cm ↑ 8–15 cm

Brasilien. Die Blüten erscheinen nicht an der Spitze des Triebs sondern auf separaten Seitentrieben. Sie erreichen einen Durchmesser von 10 cm und stehen sehr flach. Die Blütenfarbe ist meist rosa bis dunkelrosa. Es gibt viele Farbvarietäten, wie die reinweiße ***C. w.*** **var.** ***alba***, ***C. w.*** **var.** ***semi-alba*** mit weißen Blüten und rosa Lippe oder ***C. w.*** **var.** ***coerulea*** mit zart bläulichen Blüten. Viele der prämierten Cultivare, wie ***C. w.*** **var.** ***alba*** **'Pendentive'** aus Selektionszuchten, blühen aus der Bulbenspitze und lassen die Einkreuzung von *C. loddigesii* vermuten.

Cattleya skinneri var. *coerulescens*

Cattleya skinneri 'Casa Luna'

Cattleya skinneri

Cattleya-Hybriden

↔ 20–60 cm ↑ 20–80 cm

Eine Auswahl einiger beliebter Cultivare und neuerer Kreuzungen soll einen kleinen Überblick über die Farb- und Formenvielfalt der Cattleyenhybriden geben. Die meisten blühen im Frühjahr oder Herbst. Abgebildet sind *C.* **Bow Bells 'July'**, weiße Blüten mit gelbem Schlund;
Bowgata, Blüten Magentarot;
(**Browniae** × ***loddigesii***) mit typischem *loddigesii*-Einfluss;
Earl 'Imperialis', aus den Alba-Formen von *C. trianaei*, *C. gaskelliana* und *C. mossiae*;
Eclipse, eine Primärhybride zwischen *C. maxima* und *C. skinneri*;
Frasquita, eine Primärhybride zwischen *C. bicolor* und *C. velutina*, die auch in der Natur vorkommt;
Hawaiian Comfort, die sehr kompakt wächst und deren weiße bis cremefarbene Blüten sich ideal als Schnittblumen eignen;
Humming Bird Hybrids, mit bis zu 8 Blüten pro Trieb;
Luteous Forb, eine Primärhybride zwischen *C. luteola* und *C. forbesii*, die apfelgrüne und gelbe Blüten hat;
Miyuki 'Abe', die schnell zu einer imposanten Schaupflanze heranwächst und leuchtend rosa Blüten mit einer gekräuselten gelben Lippe hat;
Penny Kuroda 'Spots', eine beliebte Hybride, die rosa Blüten mit dunklerer Lippe hat und durch den Einfluss *C. guttata* viele Tupfen in den Blütensegmenten aufweist.

Cattleya Bow Bells 'July'

Cattleya Bowgata

Cattleya (Browniae × *loddigesii*)

Cattleya walkeriana var. *alba*

Cattleya walkeriana var. *alba* 'Pendentive'

Cattleya walkeriana

C

Cattleya Earl 'Imperialis'

Cattleya Miyuki 'Abe'

Cattleya Eclipse

Cattleya Hawaiian Comfort

Cattleya Penny Kuroda 'Spots'

Cattleya Humming Bird

Cattleya Frasquita

Cattleya Luteous Forb

Chiloschista lunifera

Chiloschista parishii

Chiloschista parishii

↔ 5–8 cm ↑ 5–10 cm

Himalaja, Nepal, Myanmar, Thailand und China (Yunnan); in Tieflandwäldern. Blüten bis 12 mm groß, Sepalen und Petalen hellgelb, cemefarben, auch gelb oder grün mit brauner Zeichnung. Lippe weiß mit braunen Streifen. Manche Blüten sind einfarbig. Blüht meist im Frühsommer.

Chysis

Die feucht-kühlen Nebelwälder von Mexiko bis Peru sind die Heimat der 5 oder 6 Arten dieser Gattung. Sie wachsen epiphytisch auf bemoosten Ästen in Höhenlagen von 1100–1500 m. Die schlanken Pseudobulben haben an der Spitze 3–5 Blätter und hängen oft von den Ästen herab.
Die Blüten erscheinen an hängenden Rispen und sind oft selbstbestäubend. In diesem Fall öffnen sie sich nicht.
Kultur: Temperiert oder besser kühltemperiert aufgebunden auf bemoosten Rindenstücken oder in kleinen Körbchen mit faserigem Substrat. Die Bulben erreichen ein beachtliches Gewicht, deshalb muss die Pflanze vor dem Umfallen geschützt werden. Nachdem die Blätter abgeworfen wurden, machen die Pflanzen eine deutliche Ruhezeit durch. In dieser Zeit muss sie trockener und kühl (nachts maximal 15 °C) stehen. Die Luftfeuchtigkeit sollte immer zwischen 75–80 % liegen. Die Vermehrung erfolgt durch Teilung.

Chysis aurea

syn. *Chysis limminghei, C. maculata*

↔ 20–25 cm ↑ 20–60 cm

Von Mexiko bis Venezuela. Pseudobulben schlank, 20–60 cm hoch, mit 3–5 Blättern, jedes 15 cm lang. Die größte gefundene Pflanze aus Costa Rica hatte 1,20 m lange Pseudobulben. Nach dem Ausreifen der Pseudobulben werden die Blätter abgeworfen. Die gebogene Infloreszenz trägt im Spätfrühling bis Frühsommer 8–15 leuchtend gelbe Blüten, die 5–6 cm breit werden und eine hellere, an der Basis fast weiße Lippe mit roter Aderung haben.

Chysis bractescens

↔ 15–20 cm ↑ 15–25 cm

Mexiko. Ähnelt *C. aurea*, hat aber kürzere, kompaktere Pseudobulben. Infloreszenz hängend, Blüten bis 8 cm breit, elfenbeinfarben mit hellgelber Lippe. Blüht im Sommer.

Cirrhaea

syn. *Sarcoglossum, Scleropteris*

Eine Gattung mit etwa 4 Arten, die in den Küstenwäldern Südostbrasiliens vorkommen. Die epiphytisch wachsende Pflanzen haben dicht stehende, eiförmige Pseudobulben, die ein einzelnes, gestieltes, schmales und gefaltetes Blatt tragen. Sie ähneln im Habitus der Gattung *Gongora*. Die hängende, vielblütige Infloreszenz erscheint an der Basis der Pseudobulben. Diese Orchideen sind sehr variabel, was zur Beschreibung von mindestens 17 Arten (und einer langen Liste an Synonymen) geführt hat, die aber alle zu 3–4 Arten gruppiert werden können.
Kultur: Die Pflanzen wachsen wie *Gongora*-Arten im Halbschatten bei temperierten Bedingungen. Die Luftfeuchtigkeit sollte das ganze Jahr über hoch sein. Im Winter, während der Ruhezeit, vorsichtiger gießen. Aufgrund der hängenden Blütentriebe wachsen die Pflanzen am besten im Korb in einem faserigen Substrat oder aufgebunden mit Moosunterlage. Vermehrung durch Teilung.

Cirrhaea dependens

syn. *Cirrhaea hoffmanseggii, C. nasuta, C. tristis, C. viridipurpurea, C. warreana*

↔ 20–30 cm ↑ 25–35 cm

Südostbrasilien, in den Bundesstaaten Rio de Janeiro, Sao Paulo, Paraná und Santa Catarina. Pseudobulben oval, mit einem einzelnen, plikaten Blatt. Bis zu 20 bizarr geformte Blüten mit einer wachsartigen Textur und 5 cm Durchmesser erscheinen an einer hängenden Infloreszenz im Sommer.
Die Blütenfarbe variiert von Grün mit braunen Bändern bis tief Weinrot. Auch die Blütenform ist variabel, sogar die Büten einer Infloreszenz können unterschiedlich geformt sein.

Cleisostoma

Etwa 90 monopodial wachsende Arten, die in ganz Südostasien verbreitet sind. Sie wachsen meist epiphytisch, manche auch lithophytisch. Die meisten sind klein und nur von botanischem Interesse. Viele haben fleischige Blätter, die in 2 Reihen entlang eines aufrechten oder hängenden Triebs angeordnet sind. Die Blüten sind klein, aber oft zahlreich und stehen an einfachen oder verzweigten Blütentrieben.
Kultur: *Cleisostoma*-Arten wachsen in kleinen Töpfen, Körbchen oder aufgebunden. Sie bevorzugen hohe Luftfeuchtigkeit und einen hellen, temperiert-warmen Standort bei ganzjährig gleichmäßiger Wasserversorgung. Vermehrung durch Teilung oder Ausssaat.

Cleisostoma racemiferum

↔ 50–70 cm ↑ 25–50 cm

Aus India und Nepal bis Südostasien. Wurzeln kräftig, Blätter bandförmig, bis 35 m lang, ledrig. Infloreszenz mehrfach verzweigt, mit vielen kleinen gelben und kastanienbraunen Blüten besetzt. Die Blütezeit liegt im Frühjahr.

Cleisostoma recurvum

syn. *Cleisostoma rostratum*

↔ 20–45 cm ↑ 20–45 cm

Von China, Laos, Vietnam bis nach Thailand verbreitet. Triebe dicht beblättert, 20–45 cm lang, häufig verzweigt. Blätter 10–15 cm lang, Blütentrieb locker vielblütig, im Sommer mit kleinen Blüten besetzt. Sepalen und Petalen gelblich mit 2 braunen Streifen. Lippe purpurrosa, dreilappig.

Cleisostoma weberi

↔ 10–20 cm ↑ 15–45 cm

Endemisch auf den Philippinen. Kleinwüchsige Art mit aufrechtem Habitus. Blätter im Querschnitt rundlich. Die kurze Infloreszenz trägt im Sommer bis zu 12 kleine, braune weiße und purpurrosa Blüten.

Chysis bractescens

Cirrhaea dependens

Cleisostoma recurvum

Cleisostoma racemiferum

Cleisostoma weberi

Clowesia

In dieser Gattung werden 6 Arten, die von Mexiko bis Venezuela, Surinam, im Amazonasbecken Brasiliens und Ekuador verbreitet sind, zusammengefasst. Sie wachsen epiphytisch in Tieflandwäldern und haben birnenförmige Pseudobulben mit weichen, zweizeilig angeordneten Blättern, die nach dem Ausreifen der Pseudobulben abgeworfen werden. Die hängende Infloreszenz erscheint im unteren Teil der Pseudobulbe und trägt große Blüten, deren Lippe nach oben zeigt. Die Arten wurden von der nah verwandten Gattung *Catasetum* abgetrennt, da ihre Blüten eingeschlechtlich sind. Eine Art, *Clowesia warscewiczii*, ist einzigartig unter allen Orchideen durch ihre »Bienen-Knie-Bestäubung.« Männliche *Eulaema*-Bienen legen ihre Beine in eine spezielle Vertiefung der Lippe, reiben sie aneinander und lösen die Pollinien. Diese werden dann an das »Knie« am Bein der Biene geklebt.
Kultur: Warm-temperiert bei viel Licht und leichter Schattierung in den heißen Mittagsstunden. Während des Wachstums reichlich gießen, nach dem Ausreifen der Pseudobulben trockener halten. Vermehrung durch Teilung.

Clowesia rosea

syn. ***Catasetum roseum***
↔ 20–30 cm) ↑ 30–50 cm
Mexiko, in den Bundesstaaten Oaxaca und Michoacan; wächst häufig auf Eichen und sehr sonnig. Typus der Gattung. Pseudobulben bis 10 cm hoch, mit 6 oder mehr Blättern, die 15– 40 cm lang werden. Im Frühling erscheinen an einer hängenden Infloreszenz 6–7 nach Zimt duftende Blüten, die hellrosa gefärbt sind. Die Petalen haben einen fein gefransten Rand, die Lippe hat längere Fransen.

Cochlioda rosea

Cochlioda vulcanica

Clowesia warscewiczii

Cochleanthes amazonica

Clowesia warscewiczii

↔ 15–25 cm ↑ 20–50 cm
Von Costa Rica über Panama bis nach Kolumbien und Venezuela verbreitet. Die reichblühenden Infloreszenzen erscheinen im Sommer bis in den Herbst grün überhauchte Blüten, die duften und bis zu 35 mm groß werden.

Cochleanthes

16 Arten aus Mittel- und Südamerika. Die sympodial wachsenden Epiphyten haben keine Pseudobulben; die Blätter sind fächerartig angeordnet. Die Blüten erscheinen einzeln an kurzen Infloreszenzen aus den Blattachseln und variieren von Weiß bis Rosa.
Kultur: Temperiert-warm und schattig bei sehr hoher Luftfeuchtigkeit und guter Luftumwälzung, sonst anfällig für Pilzkrankheiten. Am besten im Topf in Sphagnum oder einem ähnlich feuchtigkeitsspeichernden Substrat. Keine direkte Sonne. Vermehrung durch Aussaat oder Teilung.

Cochleanthes amazonica

↔ 10–25 cm ↑ 10–50 cm
Diese Art aus Brasilien und Kolumbien bildet bei guter Pflege schnell große Büschel. Die großen, weißen Blüten mit magentaroter Aderung auf der Lippe erscheinen an der Basis der Blätter. Sie sind empfindlich und sollten vor Spritzwasser geschützt werden, da sie sonst sehr schnell unschöne Flecken bekommen.

Cochleanthes discolor

↔ 15–20 cm ↑ 10–20 cm
Mittelamerika, in Kuba und Venezuela. Die Art bildet sehr kurze Triebe mit je 6–8 Blättern, die 15–20 cm lang werden. Die aufrechten Blütentriebe werden etwa 10 cm hoch und tragen eine einzelne, etwa 5 cm große Blüte mit grünen Sepalen und Petalen, letztere sind violett überhaucht. Lippe trichterförmig, dunkelviolett mit noch dunklerer Aderung, am Rand heller. Blüht zu unterschiedlichen Jahreszeiten.

Cochlioda

In den feuchtkühlen Nebelwäldern der Anden von Peru, Ekuador, Bolivien und dem Bundesstaat Amazonas in Brasilien kommen die etwa 6 Arten dieser Gattung vor. Sie wachsen in Höhenlagen zwischen 1700–3000 m, meist als Epiphyten, seltener auch auf Felsen oder in dicken Moospolstern auf dem Waldboden. Die dichtstehenden Pseudobulben sind flach eiförmig bis birnenförmig und haben 1 großes Blatt, das von 2 kleineren gestützt wird. Die aufrechte unverzweigte Infloreszenz erscheint in der Basis des obersten Hüllblatts und trägt wenige bis viele Blüten, die eine Größe von 2,5–5 cm erreichen. Die Blütenfarbe ist sehr intensiv und variiert von leuchtend Rosa bis dunkel Orangerot. Die rosa blühende *Cochlioda rosea* und die orangerote *C. noezliana* wurden zur Züchtung der farbenprächtigen Hybriden des *Odontoglossum-Oncidium-Miltonia*-Komplexes verwendet.
Die daraus entstandenen Kreuzungen sind unter anderen *Burrageara (Cochlioda × Miltonia × Odontoglossum × Oncidium), Odontioda (Odontoglossum × Cochlioda), Wilsonara (Odontoglossum × Oncidium × Cochlioda)* und die als Zimmerpflanze bekannte und beliebte *Vuylstekeara (Odontoglossum × Miltonia × Cochlioda).*
Kultur: Die Kulturansprüche sind ähnlich wie die der Gattung *Odontoglossum*, die Pflanzen vertragen aber etwas mehr Wärme, weniger feuchte Luft und höhere Lichtintensitäten. Während den heißen Mittagsstunden schattieren und während der Wachstumsperiode reichlich gießen. Sie wachsen gut im Topf in einem durchlässigen Substrat oder aufgebunden mit einer Moosunterlage. Vermehrung durch Teilung, aber nicht zu häufig stören.

Coelia bella

Cochlioda noezliana

↔ 15–20 cm ↑ 20–35 cm
Bolivien und Peru, eventuell auch in Ekuador. Typus der Gattung und wichtiger Elternteil vieler Hybriden. Pseudobulben bis 5 cm hoch; Blätter bis 25 cm lang. Infloreszenz bis 35 cm lang, mit zahlreichen, leuchtend orangeroten, 35 mm großen Blüten, im Sommer bis Herbst.

Cochlioda rosea

↔ 12–15 cm ↑ 30–45 cm

Aus Ekuador und Peru. Pseudobulben 5–8 cm hoch, oval, einblättrig. Blätter 15–20 cm lang, bandförmig. Infloreszenz bis 45 cm lang, überhängend. Blüten etwa 35 mm im Durchmesser, dunkelrosa bis schlarlachrot. Sepalen und Petalen ausgebreitet, Lippe dreilappig. Blüht im Spätfrühling bis Sommer.

Cochlioda vulcanica

↔ 12–15 cm ↑ 20–35 cm

Aus Peru und Bolivien. Blätter bis 20 cm lang. Die gebogene Infloreszenz wird 20–35 cm lang und trägt im Spätfrühling oder Herbst 6–12 dunkelrosafarbene Blüten. Sepalen und Petalen ausgebreitet, Lippe dreilappig.

Coelia

Diese Gattung wurde früher als monotypisch betrachtet, mittlerweile werden auch 4 Arten, die vormals in *Bothriochilus* eingeordnet waren, hierher gestellt. Sie wachsen epiphytisch, terrestrisch oder lithophytisch in Tiefland- und Nebelwäldern mit hohen Niederschlägen bis in eine Höhe von 3000 m in Mexiko, Mittelamerika, Kuba und Jamaica. Sie können an ihren kugelförmigen Pseudobulben, die einen Durchmesser von 5 cm erreichen und den 3–5 grasartigen Blättern, die bis zu 90 cm hoch werden, erkannt werden. Die Pseudobulben stehen in kurzen Abständen auf einem Rhizom, aus dem auch der Blütenstand entspringt. Sie sind meist sehr starkwüchsig.

Kultur: Die Pflanzen fühlen sich bei temperierten bis kühlen Bedingungen und hoher Luftfeuchtigkeit in Töpfen mit einem sehr durchlässigen Substrat wohl. Bei epiphytischer Kultur muss die Unterlage ausreichend groß sein, da die Pflanzen schnell heranwachsen. Sie sind einfach in der Kultur und bevorzugen einen halbschattigen bis sonnigen Standort. Sie mögen keine Störungen, deshalb sollte man sie nicht zu häufig umtopfen. Dabei kann man dann große Exemplare durch Teilung vermehren.

Coelia bella

syn. *Bothriochilus bellus*

↔ 15–50 cm ↑ 40–80 cm

Mexiko und Guatemala; attraktiv. Infloreszenz aufrecht mit bis zu 8 Blüten im Frühling. Blüten weiß, mit violetten Spitzen und einer gelben Lippe, 5 cm groß und duftend.

Coelogyne chloroptera

Coelogyne corymbosa

Coelogyne Burfordiense

Coelogyne

In dieser Gattung, die in Asien verbreitet ist, werden etwa 100 Arten zusammengefasst. Sie sind zum Teil sehr unterschiedlich im Erscheinungsbild. Die Pseudobulben sind durch ein holziges Rhizom verbunden. Je nach Art werden 1–3 Blätter an der Spitze der Pseudobulben gebildet. Die meisten wachsen epiphytisch oder lithophytisch und haben weiße oder grünliche Blüten mit einer kontrastierenden, bräunlich gezeichneten Lippe. Die Blüten erscheinen häufig mit dem neuen Trieb oder an bestimmten Stellen der vorjährigen Pseudobulben. Die Blüten vieler Arten duften intensiv.

Kultur: Etwa 80 % aller *Coelogyne*-Arten leben in der Natur in höher gelegenen Bergregionen und sind deshalb kühl bis temperiert zu kultivieren. Es gibt aber auch Arten aus den feucht-heißen Monsungebieten des tropischen Tieflands. Sie sind in der Regel einfach zu kultivieren und wachsen bei richtiger Pflege schnell zu beeindruckenden Schaupflanzen heran. Sie gedeihen im Topf in einem Rindensubstrat, die Arten mit hängenden Blütentrieben oder langen Rhizomen sind im Korb besser aufgehoben. Sie brauchen eine hohe Luftfeuchtigkeit und ganzjährige Wassergaben. Die Vermehrung erfolgt am besten durch Teilung.

Coelogyne Burfordiense

↔ 20–80 cm ↑ 25–90 cm

Wüchsige Kreuzung zwischen den tropischen Tieflandarten *C. asperata* und *C. pundurata*; wird mit letzterer oft verwechselt. Infloreszenz hängend, mit bis zu 12 großen (10 cm) grünen Blüten mit fast schwarzer Lippe. Blüht im Frühjahr und Sommer.

Coelogyne chloroptera

↔ 15–30 cm ↑ 15–30 cm

Endemisch auf den Philippinen; oft mit der verwandten, aber seltenen *C. confusa* verwechselt. Infloreszenz aufrecht bis übergeneigt, mit bis zu 14 durchscheinenden grünen Blüten, die 35 mm groß werden, im Frühjahr.

Coelogyne corymbosa

↔ 10–20 cm ↑ 12–25 cm

Himalaja. Infloreszenz überhängend, mit zahlreichen, weißen Blüten im Frühjahr. Braucht im Sommer kühlere Nachttemperaturen. Wächst am besten im Topf in reinem Sphagnum.

Coelogyne cristata

↔ 30–40 cm ↑ 20–30 cm

Himalaja. Pseudobulben länglich bis rundlich, 8 cm hoch mit 2 lanzettlichen Blättern, 15–20 cm lang. Infloreszenz gebogen oder hängend, 15–30 cm lang, mit 3–10 weißen, duftenden 8 cm großen Blüten im Frühjahr, Lippe mit gelbem Kallus.

Coelogyne flaccida

↔ 10–70 cm ↑ 12–38 cm

Von Nepal bis China; variable Art mit duftenden Blüten. Frühjahrsblüher. Blütentrieb meist hängend, mit bis zu 14 cremefarben bis bronzefarbenen Blüten. Wächst leicht und blüht sehr zuverlässig. Beliebt bei Liebhabern, es gibt zahlreiche Cultivare.

Coelogyne flaccida

Coelogyne flaccida 'Caramel'

Coelogyne flaccida 'Dark'

Coelogyne huettneriana

Coelogyne lawrenceana

Coelogyne Memoria W. Micholitz

Coelogyne speciosa

Coelogyne tomentosa

Coelogyne nitida

Coelogyne huettneriana

↔ 15–30 cm ↑ 10–20 cm

Myanmar und Thailand. Pseudobulben oval, mit 2 Blättern, die lanzettlich geformt und bis 30 cm lang werden. Infloreszenz gebogen, bis 15 cm lang, im Frühjahr bis Sommer mit bis zu 8 weiß bis cremefarbenen, 5 cm großen Blüten besetzt. Lippe braun und gelb gezeichnet.

Coelogyne lawrenceana

↔ 30–45 cm ↑ 25–30 cm

Vietnam. Pseudobulben oval, 5–12 cm hoch mit 2 lanzettlichen Blättern, die 20–40 cm lang werden. Infloreszenz erst aufrecht, später übergebogen, bis 30 cm lang, mit 1–3 Blüten im Sommer. Blüten 10–12 cm groß, grünlich gelb; die Lippe ist gelb und braun gezeichnet.

Coelogyne Memoria W. Micholitz

↔ 20–50 cm ↑ 20–70 cm

Primärhybride zwischen *C. lawrenceana* und der großblütigen weißen *C. mooreana*. Die Blüten erscheinen zu unterschiedlichen Zeiten im Jahr, meist im Sommer.

Coelogyne nitida

syn. *Coelogyne ochracea*

↔ 15–30 cm ↑ 15–25 cm

Von Indien bis Myanmar und Laos. Pseudobulbsen länglich, mit 2 lanzettlichen, bis 25 cm langen Blättern. Die aufrechten Infloreszenzen erscheinen mit dem Neutrieb und tragen im Frühling bis zu 9 duftende, weiße Blüten von 35 mm Durchmesser, die weiße Lippe hat einen leuchtend gelborangefarbenen Kallus.

Coelogyne ovalis

↔ 15–30 cm ↑ 8–10 cm

Kriechende Pflanzen, die von Indien und Nepal bis nach Thailand verbreitet sind. Pseudobulben 2,5–5 cm hoch, länglich, mit 2 10–15 cm langen elliptischen Blättern. Der aufrechte Blütentrieb wird 5–8 cm hoch und 2–3 Blüten, die 25 mm Durchmesser erreichen und cremegelb gefärbt sind; die Lippe ist am Rand gefranst und hat einen purpurbraunen Fleck in der Mitte. Bildet ganzjährig immer wieder neue Blüten.

Coelogyne pandurata

↔ 20–120 cm ↑ 20–60 cm

Borneo, Philippinen und Indonesien. Kräftige Pflanze mit länglichen Pseudobulben und einer langen, gebogenen Infloreszenz, die im Frühjahr und Sommer bis zu 12 große (10 cm), duftende, grüne Blüten mit einer fast schwarzen Lippe trägt.

Coelogyne speciosa

↔ 38–50 cm ↑ 25–70 cm

Kriechende Pflanze, die in Südostindonesien verbreitet ist. Pseudobulben oval, dicht stehend, bis 10 cm hoch; das einzige elliptische oder lanzettliche Blatt wird 20–40 cm lang. Infloreszenz aufrecht oder hängend, bis 70 cm lang. Blüten im Sommer, 5–8 cm groß, mit gelbgrünen oder grünen Sepalen und Petalen und einer cremefarbenen bis braunen Lippe.

Coelogyne tomentosa

syn. *Coelogyne massangeana*

↔ 25–30 cm ↑ 100–130 cm

Auf der malaysischen Halbinsel sowie Java und Sumatra in Indonesien. Pseudobulben oval, 5–15 cm hoch, ein- oder zweiblättrig. Blätter 12–70 cm lang mit einem ausgeprägten Stiel. Infloreszenz hängend, 30–50 cm lang, mit 10–30 Blüten, meist im Sommer blühend. Blüten etwa 5 cm groß, hellgelb oder bräunlich gelb mit brauner Aderung.

Colmanara Wildcat 'Exile'

Colmanara Wildcat 'Gemma Webb'

Colmanara Wildcat 'Carmela'

Colmanara

Colmanara ist eine Hybridgattung, bei der drei Gattungen vereint werden: *Miltonia*, *Odontoglossum* und *Oncidium*. Viele dieser Hybriden haben intensiv gefärbte Blüten mit auffälliger Musterung und lange, aufrechte Infloreszenzen. Sämlinge aus derselben Kreuzung oder Samenkapsel können sehr stark variieren. Die schönsten und wüchsigsten Cultivare werden durch Gewebekultur vermehrt, um den wachsenden Bedarf an einfach zu kultivierenden Orchideen zu decken. **Kultur:** Colmanaren mögen es nicht, wenn die Wurzeln austrocknen und wachsen am besten in Sphagnum oder einem feinen Rindensubstrat. Sie brauchen kühle Bedingungen und ganzjährig gleichmäßige Wassergaben bei einem halbschattigen Standort. Vermehrung durch Teilung.

Colmanara-Hybriden

↔ 20–30 cm ↕ 20–75 cm

Die Blütenfarbe variiert von gelben und braunen bis zu tiefkastanienbraunen Tönen. Die Lippe ist meist in kontrastierenden Farben gefärbt und die ganze Blüte mit dunklen Flecken und Zeichnungen übersät. Attraktiv sind: **Wildcat 'Carmela'**, sehr wüchsig in vielen Farben und Zeichnungen; **Wildcat 'Exile'** mit orangefarbenen Blüten und weißer Lippe, die ganze Blüte dunkel rotbraun gezeichnet; **Wildcat 'Gemma Webb'** mit dunkelblutroten Blüten; sowie **Wildcat 'Hildos'** mit goldgelben, kastanienbraun gezeichneten Blüten.

Colmanara Wildcat 'Hildos'

C

Comparettia

Gattung mit 7–9 Arten, die von Mexiko bis Peru und Bolivien verbreitet sind. Sie wachsen epiphytisch in tropischen und subtropischen Wälden in Höhenlagen von 700–1600 m. Die kleinen, dicht stehenden Pseudobulben sind seitlich abgeflacht und tragen ein einzelnes, etwa 10 cm langes Blatt. Die übergeneigte Infloreszenz trägt bis zu 10 attraktive, 2,5–5 cm große Blüten, die einen langen Sporn haben. Eng mit *Rodriguezia* verwandt. **Kultur:** Temperiert bei viel Licht. Ganzjährig hohe Luftfeuchtigkeit. Während der Wintermonate, wenn die Pflanzen nicht wachsen, vorsichtiger gießen, aber nicht völlig austrocknen lassen. Aufgrund des hängenden Wuchses und der gebogenen Blütentriebe wachsen diese Orchideen am besten in kleinen Körbchen oder aufgebunden. Die Vermehrung erfolgt durch Teilung starker Pflanzen.

Comparettia falcata

syn. *Comparettia rosea*

↔ 8–12 cm ↑ 10–15 cm

Von Mexiko bis nach Bolivien und in der Karibik. Wächst oft in Sekundärvegetation oder Zitrus- und Guavenplantagen in Höhenlagen zwischen 700–1500 m. Blüten bis 18 mm im Durchmesser, rosa mit dunklerer Aderung; Lippenendlappen tief eingebuchtet. Blüht im Herbst und Winter.

Comparettia speciosa

↔ 8–12 cm ↑ 10–15 cm

Ekuador, Bolivien und Peru; in Wäldern in Höhenlagen von 1400–1500 m. Blüten bis 35 mm groß, goldgelb bis orange, die Sepalen und Petalen mit 3–5 dunkleren Streifen; Lippe an der Spitze nur leicht eingebuchtet. Blüht im Herbst und Winter.

Comparettia speciosa

Comperia

Diese Gattung enthält nur eine Art, die auf den Inseln der Ägäis und im Mittleren Osten vorkommt. Sie wächst in trockenen, bewaldeten, höheren Lagen. Aus dem knolligen Wurzelstock erscheint ein wenigbeblätterter aufrechter Trieb. Die Sepalen und Petalen bilden eine Kappe, die Lippe ist der auffälligste Teil der Blüte. Die Gattung ist nach dem französischen Botaniker D. Compère, benannt, der das Typusexemplar sammelte. **Kultur:** In gut durchlässigem Erdorchideensubstrat mit Kalkzugabe. Während der Wachstumsphase vorsichtig gießen; in der Ruhezeit trocken halten. Vermehrung durch Aussaat.

Comperia comperiana

↔ 15–20 cm ↑ 25–60 cm

Von den Inseln der Ägäis und im Mittleren Osten; in lichten Wäldern. Knollen zweiteilig, oval. 2–4 Blätter pro Trieb, die bis 15 cm lang werden. Blütenstand zylindrisch, im Sommer, mit bis zu 30 grünlichen, lila überhauchten Blüten mit einer lilafarbenen Lippe oder Blüten bräunlich purpurn mit rosa Lippe. Sepalen und Petalen zu einr Kappe geformt, Lippe dreilappig, der Endlappen zweigeteilt, zu 2,5–8 cm langen Anhängseln ausgezogen. Sporn kurz, nach unten gebogen.

Condylago

Monotypische Gattung, die 1975 in Nordwestkolumbien an der Grenze zu Panama entdeckt wurde. Wächst zerstreut als Epiphyt in unberührten, nassen Wäldern und wurde erst 1982 beschrieben. Die Pflanzen besitzen keine Pseudobulben, die Blätter stehen auf dünnen Stielen (Ramicaulen). Die Blätter stehen dicht gedrängt auf einem verzweigten Rhizom. Die Blüten erscheinen an einem zick-zack-artigen Blütenstand an der Basis der Blätter und blühen nach und nach, über Monate verteilt, auf. Die Lippe ist beweglich an der Blütenbasis befestigt. **Kultur:** Diese Orchideen sind in der Regel bei kühlen Bedingungen einfach zu kultivieren. Sie bevorzugen lichten Schatten und eine hohe Luftfeuchtigkeit bei guter Luftbewegung. Man kann sie im Topf oder aufgebunden mit Moosunterlage kultivieren. Sie müssen das ganze Jahr gleichmäßig feucht gehalten werden und dürfen nur mit salzarmen Gießwasser gegossen werden. Die Temperaturen sollten zwischen 24–26 °C am Tag und 13–15 °C in der Nacht liegen. Vermehrung durch Aussaat oder Teilung, pro Teilstück mindestens 8–10 Blätter.

Condylago rodrigoi

Condylago rodrigoi

↔ 8 cm ↑ 25 cm

Kolumbien, in feuchten Bergwäldern. Blätter länglich, in Büscheln zusammenstehend. Keine Pseudobulben. Die Blüten erscheinen nacheinander an einer zick-zack-artigen, bis 25 cm langen Infloreszenz. Blüten klein, bis 12 mm, dunkelrot mit silbrigen Härchen an den Sepalen und einer beweglichen Lippe. Blüht ganzjährig.

Corallorrhiza

Korallenwurz

Die 14 terrestrisch wachsenden Arten dieser Gattung kommen in Mittelamerika, von Mexiko und dem äußersten Süden der USA bis nach Guatemala vor. Das Verbreitungszentrum liegt mit 7 Arten in Mexiko, eine weitere Art besiedelt die gesamte nördliche Hemisphäre. Die Infloreszenz, die aus dem korallenförmigen Rhizom entspringt, enthält kein Chlorophyll. **Kultur:** Die Pflanzen leben in Symbiose mit bestimmten Mykorrhizapilzen, die die Nährstoffe aus dem Laubhumus für die Pflanze aufschließen. Nicht zu kultivieren.

Corallorrhiza striata

↔ 8–10 cm ↑ 30–50 cm

Blattlose Art aus den USA und Kanada. Trieb rötlich lila mit röhrenförmigen Hüllblättern. Die Blüten erscheinen im Frühjahr und Sommer an einer vielblütigen Infloreszenz und sind gelblich rosa mit purpurner Aderung, glockenförmig und bis 12 mm groß.

Corallorrhiza trifida

syn. *Corallorrhiza innata*

Dreispaltige Korallenwurz

↔ 18–30 mm ↑ 12–20 cm

In feucht-kühlen Wäldern der gesamten nördlichen Hemisphäre bis in eine Höhe von 2000 m. Sie wachsen in Buchen und Nadelwäldern, oft in größeren Kolonien. Die blattlose Pflanze trägt bis zu 10 grünlich gelbe Blüten

Corallorrhiza striata

mit einer weißen Lippe, die an der Basis rot gepunktet ist. Blütezeit im Spätsommer.

Coryanthes

Etwa 40 Arten sind bekannt. Das Verbreitungsgebiet reicht von Mexiko bis nach Bolivien und Brasilien, wo die Pflanzen in warmen, feuchten Regenwäldern vom Tiefland bis auf 1200 m Höhe wachsen. *Coryanthes* sind außergewöhnliche Orchideen. Die dicht stehenden Pseudobulben tragen 2 große, dünne, plikate Blätter. Sie leben in Symbiose mit bestimmten Ameisen, die sie mit Nektar aus speziellen Drüsen versorgen und ihnen im Wurzelraum Platz zum Nestbau anbieten. Als Gegenleistung verteidigen die Ameisen die Pflanze gegen Schädlinge und Fraßfeinde und düngen die Wurzeln durch ihre Ausscheidungen.
So können die Pflanzen sehr schnell wachsen und erreichen in der Natur schon nach 2–3 Jahren ihre Blühreife. Andere Orchideen brauchen dafür 5–20 Jahre. Die Verbreitung wird durch die große Anzahl an Samen pro Kapsel gefördert, eine einzige kann bis zu 600 000 Samen enthalten. *C. bruchmuelleri* hat von allen Orchideen die schwersten Blüten, eine Einzelne wiegt bis zu 100 g. Die Blüten sind sehr kompliziert gebaut und werden von männlichen *Euglossa*-Bienen bestäubt. Die Bienen fallen beim Anflug der Blüten in einen flüssigkeitsgefüllten Behälter an der Lippe und können nur an der Narbe und den Pollinien vorbei entkommen. Die Biene erinnert sich eine Zeitlang an diese unangenehme Erfahrung und

wird eine Weile keine weiteren Blüten besuchen; so wird eine Selbstbestäubung verhindert. Jede Art besitzt einen eigenen Duft, der unterschiedliche Bestäuber anlockt und so eine Hybridisierung verhindert.
Kultur: Warm und feucht im Halbschatten oder Schatten, in Körben oder aufgebunden. Jährlich in frisches, durchlässiges Substrat umtopfen. Die Pflanzen wachsen schnell und sollten rechtzeitig durch Aussaat vermehrt werden. Die Blütenbildung ist sehr kraftzehrend, deshalb sollten einige entfernt werden, damit die Pflanze nicht eingeht. Vermehrung durch Teilung oder Samen.

Coryanthes macrantha

↔ 60–75 cm ↑ 75–100 cm

Guyana, Peru, Venezuela und Trinidad. Pseudobulben eiförmig, 10–12 cm hoch mit 2 großen, bis 45 cm langen Blättern. Infloreszenz hängend, 12–18 cm lang, mit 1–3 Blüten im Sommer. Blüten groß, variabel, von Cremegelb bis Orange oder Rot mit purpurvioletten Tupfen.

Coryanthes speciosa

↔ 60–75 cm ↑ 75–100 cm

Guatemala bis Peru. Blüten ziemlich groß, laterale Sepalen und Lippe bis 5 cm lang, Blütenfarbe variabel, meist hell bronzefarben mit braunen Punkten, Lippe cremefarben, kastanienbraun überhaucht, im Sommer.

Corybas

Etwa 100 Arten sind in den temperierten Gebieten Südostasiens bis nach Australien, Neuseeland und einigen Pazifischen Inseln verbreitet. Viele Arten werden von Pilzfliegen bestäubt und sind in Australien als Helm-Orchideen bekannt. Die meisten dieser laubabwerfenden, kleinblütigen, einblättrigen Orchideen wachsen im tiefen Schatten an feuchten Stellen in Bergwäldern, oft in Gesellschaft von Sphagnum-Moos. Die im Herbst und Winter erscheinenden Blüten reagieren sehr empfindlich auf Luftfeuchtigkeitsschwankungen und welken schnell, wenn die Luft zu trocken ist.
Kultur: Es gibt eine Reihe kolonienbildender *Corybas*-Arten, die relativ einfach zu kultivieren sind und bei guter Pflege üppig blühen und auch vermehrt werden können. Wichtig sind kühle Temperaturen und eine hohe Luftfeuchtigkeit. Sie gedeihen am besten in einem durchlässigen Substrat, das Sphagnum (für die Feuchtigkeit) und Sand (zur Dränage) enthält. Während der Sommermonate gehen sie eine Ruhezeit ein und ziehen sich in kleine weiße, erbsengroße Knollen zurück. Das Substrat sollte nun austrocknen. Man topft sie am besten alle ein bis zwei Jahre während der Ruhezeit in frischen Pflanzstoff, der die Knollen etwa 30 mm bedeckt, ein. Einige *Corybas*-Arten fühlen sich auch im Terrarium wohl. Die Vermehrung erfolgt durch Abtrennung von Seitentrieben oder Aussaat.

Corybas barbarae

↔ 18–35 mm ↑ 12–50 mm

Wächst in feuchten Tälern im östlichen Australien. Das einzelne Blatt liegt flach auf der Substratoberfläche auf. Blüten mützenförmig, hauptsächlich weiß, bis 12 mm groß; ähneln einem jungen Bovisten.

Corybas diemenicus

↔ 12–35 mm ↑ 25–100 mm

Östliches Australien; im tiefen Schatten in großen Kolonien. Das einzelne, rundliche Blatt wird bis 35 mm lang und ist unterseits heller. Blüten im Frühling, bis 12 mm groß, dunkelpurpurn geadert, mit helmförmigem, dorsalem Sepalum. Lippe purpurn mit weißer Mitte und gesägtem Rand.

Corybas montanus

↔ 18–35 mm ↑ 12–50 mm

Australien, in feuchten Tälern in den Bergregionen im Südosten von Queensland. Blatt rundlich, am Boden anliegend, Blüte helmförmig, dunkel rotbraun, etwa 18 mm groß.

Corybas pruinosus

↔ 25–30 mm ↑ 12–35 mm

Wächst in den Küstenregionen des Bundesstaats New South Wales in Australien. Die Blüten haben eine dunkelrote Zeichnung und erscheinen im Winter, wenige Wochen nachdem das auf dem Boden aufliegende Blatt nach der Ruhezeit an der Oberfläche erschienen ist.

Corybas diemenicus

Corybas barbarae

Corybas montanus

Corybas pruinosus

C

Cycnoches barthiorum

Cryptopus

Diese kleine Gattung monopodialer Orchideen beherbergt nur 3 Arten und kommt auf Madagaskar und den Maskarenen-Inseln vor. Sie bilden lange Triebe mit zweizeilig angeordneten Blättern. Die langen Wurzeln entspringen dem Stamm auf der einem Blatt gegenüberliegenden Stelle und sorgen für den Halt der Pflanze und Feuchtigkeitsaufnahme aus dem Nebel und Regen. Alle Arten haben weiße Blüten, die an die mancher *Angraecum*-Arten erinnern, mit denen sie auch verwandt sind.

Kultur: Diese Zweigepiphyten gedeihen am besten auf Korkrinde oder harte Baumfarnstäbe aufgebunden, die dem üppigen, weitverzweigten Wurzelsystem, das gesunde Pflanzen ausbilden, genug Platz bieten. Man kultiviert sie warm und feucht, bei zu geringer Luftfeuchtigkeit leiden die Pflanzen. Auch bei Temperaturen unter 12 °C kann es zu Schäden kommen. Sie brauchen das ganze Jahr über gleichmäßige Wassergaben und machen keine Ruhezeit durch. Die Vermehrung erfolgt durch Aussaat oder abgetrennte Teilstücke starker Pflanzen, die mindestens 4 aktive Wurzeln haben sollten.

Cryptopus elatus

↔ 15–30 cm ↕ 50–100 cm

Maskarenen-Inseln; von allen Arten am häufigsten in Kultur. Triebe aufrecht, 50–100 cm lang mit 2,5–8 cm langen Blättern. Infloreszenzen aufrecht oder abstehend, bis 60 cm lang, vielblütig, im Sommer. Blüten bis 5 cm groß, weiß bis gelblich grün, Lippe orange oder rot gezeichnet. Petalen vierlappig, Lippe dreilappig.

Cuitlauzina

syn. *Lichterfeldia*

Monotypische Gattung, deren einzige Art früher zu *Odontoglossum* gestellt wurde. Sie wächst epiphytisch in Eichenwäldern auf sonnigen Ästen entlang der Pazifikküste Mexikos von Najarit bis Oaxaca in Höhenlagen zwischen 1400–2300 m. Die Pseudobulben bilden große Büschel und stehen sehr dicht. *Cuitlauzina* wurde von *Odontoglossum* aufgrund des unterschiedlichen Habitus, der harten Pseudobulben und der hängenden Infloreszenz, die mit dem Neutrieb erscheint, abgetrennt.

Kultur: Kühl und hell, bei Temperaturen zwischen 29 °C (tagsüber) und 8 °C (nachts). Die Nachtabsenkung der Temperatur ist sehr wichtig, genau wie der helle Standort. Bei niedrigen Temperaturen wird sogar volle Sonne vertragen. Die Luftfeuchtigkeit muss hoch sein, die Wurzeln müssen aber zwischen den Wassergaben abtrocknen können. Sie reagieren sonst mit Wurzelfäulnis und werden deshalb am besten auf Korkrinde aufgebunden. Im Winter bis zum Frühling relativ trocken halten, bis sich im Frühsommer die Blüten öffnen. Nachdem die Blüten verwelkt sind, kann mit dem Wässern wieder begonnen werden. Das bedeutet, dass die Pflanzen für 6 Monate (!) nicht gegossen werden dürfen. Vermehrung durch Teilung.

Cuitlauzina pendula

syn. *Odontoglossum citrosmum, O. pendulum*

↔ 20–35 cm ↕ 15–30 cm

Mexiko. Pseudobulben oval, bis 6 cm hoch, im Alter runzelig. Blätter zu zweit, ledrig. Infloreszenz hängend, mit bis zu 15 weißen, 5 cm großen, duftenden Blüten im Sommer. Lippe an der Basis gelb. Der Cultivar '**Shin Soon**' hat rosa überhauchte Blüten.

Cycnoches

12 epiphytisch und lithophytisch wachsende Arten, die in Mittel- und Südamerika verbreitet sind. Die langen schlanken Pseudobulben tragen dünne, plikate Blätter und die aufrechten oder hängenden Infloreszenzen tragen eingeschlechtliche, unterschiedlich aussehende, große auffällige Blüten. Bei geringerem Lichtangebot werden meist männliche Blüten produziert, diese findet man häufiger in Kultur. Die Sepalen und Petalen sind zurückgeschlagen und die lange, dünne Säule gab ihnen auch den Namen »Schwanen-Orchidee«.

Kultur: Die Pflanzen können im Topf kultiviert werden, gedeihen aber besser in Körben, die an einem hellen, luftigen und luftfeuchten Standort aufgehängt werden. Während der Ruhezeit müssen die Pflanzen trocken gehalten werden und sollten soviel Licht wie möglich erhalten. Vermehrung durch Teilung.

Cycnoches barthiorum

↔ 35–50 cm ↕ 35–50 cm

Kolumbien. Pseudobulben bis 18 cm hoch, Blätter bis 20 cm lang und 5 cm breit. Infloreszenz hängend, bis 18 cm lang, mit bis zu 15 Blüten im Winter. Männliche Blüten bis 5 cm groß, hell olivgrün, rötlich überhaucht und gepunktet. Lippe weiß, vierlappig mit purpurroten Tupfen. Weibliche Blüten unbekannt.

Cycnoches ventricosum

↔ 30–70 cm ↕ 30–65 cm

Mittelamerika. Pseudobulben bis 12 cm hoch, zylindrisch und leicht zusammengedrückt mit mehreren, bis 35 cm langen Blättern. Die Infloreszenz erscheint aus der oberern Blattachsel und wird 15–30 cm lang. Blütezeit im Sommer und Herbst. Männliche Blüten 10–12 cm groß, grün, duftend, Lippe weiß mit schwarzem Kallus. Weibliche Blüten ähnlich, aber etwas kleiner.

Cymbidiella

syn. *Caloglossum*

3 Arten, die in Madagaskar endemisch sind. Sie wachsen epiphytisch oder terrestrisch in heißen, feuchten Wäldern. Sie sind sehr spezialisiert, was ihr Wuchsverhalten angeht. *Cymbidiella pardalina* wächst nur auf dem Geweihfarn *Platycerium madagascariensis,* der wiederum nur auf *Albizia fastigiata* gedeiht; *C. falcifera* wächst epiphytisch auf einer bestimmen Palmenart *(Raphia ruffia)* und *C. flabellata* wächst terrestrisch in Sphagnum-Moos. Die epiphytischen Arten haben schlanke Pseudobulben mit langen, grasartigen Blättern. *C. flabellata* hat dünne Pseudobulben, die in Abständen auf dem kriechenden Rhizom sitzen. Die aufrechte Infloreszenz erreicht eine Länge von 90 cm.

Kultur: *Cymbidiella pardalina* sollte man zusammen mit *Platycerium madagascariensis* im Korb kultivieren, *C. flabellata* kann wie *Phaius* gepflegt werden. Ganzjährg warm halten und reichlich wässern. Die Blätter sollten nicht der prallen Sonne ausgesetzt sein, da dies zu Verbrennungen führt. Die Vermehrung erfolgt durch Teilung.

Cryptopus elatus

Cymbidiella flabellata

↔ 30–80 cm ↕ 30–70 cm

Endemisch auf Madagaskar. Pseudobulben in Abständen auf dem Rhizom, Blätter lang, linear. Bis zu 12 Blüten von 6 cm Durchmesser pro Infloreszenz, Sepalen und Petalen gelbgrün mit roten Tupfen, Lippe sehr dunkel schwarzbraun. Blütezeit im Frühling und Sommer.

Cymbidiella pardalina

syn. *Cymbidiella rhodocheila, Grammangis pardalina*

↔ 40–150 cm ↕ 40–100 cm

Madagaskar, in Bergwäldern zwischen 600–800 m. Ähnelt *Cymbidium*; lange, aufrechte Infloreszenz mit bis zu 20 Blüten im Spätfrühling. Blüten 8–10 cm groß, Sepalen und Petalen grünlich, letztere mit feinen schwarzen Punkten. Mittellappen der Lippe dunkelrot und gekräuselt, Seitenlappen wie die Sepalen gefärbt.

Cuitlauzina pendula 'Shin Soon'

Cymbidiella flabellata

Cymbidiella pardalina

Cymbidium canaliculatum

Cymbidium canaliculatum var. *sparkesii*

Cymbidium

Die etwa 50 Arten dieser Gattung sind über Süd- und Ostasien bis nach Australien verbreitet. Die meisten dieser sympodialen Orchideen wachsen terrestrisch in Bergregionen und haben aufrechte bis übergeneigte, vielblütige Infloreszenzen. Die sukkulenten Pseudobulben tragen lange, robuste, grasartige Blätter. Die meisten Arten aus dem Tiefland wachsen epiphytisch an hellen Standorten. Viele dieser Arten haben hängende Blütentriebe und dicke, ledrige Blätter. Im letzten Jahrhundert wurden Zehntausende von Hybriden gezüchtet, die oft grob nach ihrer Blütengröße zusammengefasst werden. Miniatur-Cymbidien bis 6 cm, mittlere 6–9 cm, Standard-Cymbidien über 9 cm Blütengröße. Diese Kreuzungen sind der Grundstock einer immer noch wachsenden Topfpflanzen- und Schnittblumenindustrie. Die Hauptblütezeit lag früher in den Wintermonaten und im Frühling, durch selektive Zucht wurde diese Periode aber immer stärker ausgeweitet. Diese Orchideen werden schon seit Jahrhunderten in China und Japan kultiviert, wo sie nicht nur wegen ihres Zierwerts, sondern auch speziell für spirituelle und medizinische Zwecke angebaut werden. Formen mit panaschierten (weiß- oder gelb-grün gestreiften Blättern) oder ungewöhnlich geformten Blüten sind besonders begehrt.

Kultur: Die meisten Hybriden gedeihen gut in spezieller, durchlässiger, aber feuchtigkeitsspeichernder »Cymbidien-Erde«. Die epiphytischen Arten bevorzugen eine grobe Rindenmischung. Sie werden das ganze Jahr über gleichmäßig feucht gehalten, mit steigenden Wasser- und Düngegaben während der Wachstumsphase vom Frühjahr bis zum Herbst. Die meisten kühlwachsenden Arten und Hybriden brauchen im Sommer eine Nachtabsenkung von mindestens 10 °C zur Blüteninduktion. Bei der Kultur im Freien (Seite 38) ist das kein Problem, sonst kann man die Blätter abends auch mit einem feinen Wassernebel benetzen, um die Temperatur zu senken. Vermehrung durch Teilung oder Rückbulben.

Cymbidium lancifolium

Cymbidium erythrostylum

Cymbidium bicolor

↔ 45–60 cm ↕ 40–65 cm ◆

Weitverbreitet im tropischen Asien, von den Philippinen bis nach Indien und Sri Lanka; oft in saisonal trockenen Wäldern. 3 Unterarten. Blätter zu mehreren, steif, bandförmig, sukkulent. Infloreszenz hängend oder übergebogen, mit einigen bis vielen Blüten im Frühling bis Sommer. Blüten bis 5 cm groß, rotbraun mit weißlichem Rand, Lippe cremefarben mit rotbrauner Zeichnung, leicht duftend.

Cymbidium canaliculatum

↔ 45–60 cm ↕ 40–65 cm

◆/◆/◇

Australien, vom tropischen Queensland bis ins nördliche New South Wales. Sehr trockenresistent. Auf jeder Seite der länglichen Pseudobulben etliche steife, ledrige Blätter. Infloreszenz gebogen oder hängend, mit 20–50 kleinen Blüten im Frühjahr. Blüten grünlich oder gelblich mit dunkelroten Flecken oder völlig braunrot. ***C. c.* var. *sparkesii***, hat tiefkastanienbraune, fast schwarze Blüten.

Cymbidium erythrostylum

↔ 20–60 cm ↕ 30–70 cm ◇

Vietnam. Pseudobulben eiförmig. Infloreszenz aufrecht mit bis zu 10 Blüten im Herbst. Blüten weiß, bis 6 cm groß; Lippe gelb und weiß mit dicker, orangeroter Aderung. Die Petalen öffnen sich nicht ganz und umschließen die Säule und Lippe.

Cymbidium insigne

↔ 60–90 cm ↕ 70–80 cm ◇

Thailand, Vietnam und auf der Insel Hainan, China; wird häufig zur Hybridisierung verwendet. Pseudobulben rundlich, mit sehr langen, schmalen Blättern. Blütenstand aufrecht, hoch, mit mehreren bis vielen Blüten, die am Ende der Infloreszenz in einem

Cymbidium lowianum

Büschel stehen. Blüten weiß, 6–10 cm groß, Lippe variabel gezeichnet. Der bekannte Cultivar '**Mrs. Carl Holmes**' wird mittlerweile als Hybride von *C. insigne* betrachtet.

Cymbidium lancifolium

syn. *Cymbidium aspidistrifolium, C. bambusifolium*

↔ 10–45 cm ↑ 10–50 cm

Tropisches Asien; weit verbreitet und sehr variabel. Wächst meist in tiefem Schatten. Pseudobulben spindelförmig, mit dunkelgrünen, gestielten Blättern. Blütentrieb mit 2 oder mehr Blüten, die 3,5–8 cm groß werden. Sepalen und Petalen weiß, oft mit roter Mittellinie. Lippe weiß mit roten Punkten, Blüht im Frühjahr bis Sommer.

Cymbidium lowianum

↔ 20–90 cm ↑ 30–120 cm

Von Thailand bis China verbreitet. Die langen übergeneigten Infloreszenzen tragen mehrere, bis 8 cm große, olivgrüne Blüten mit kontrastierender, roter und cremefarbener Lippe. ***C. l.* var. *concolor*** hat grüne Sepalen und Petalen und eine goldgelbe Lippe.

Cymbidium lowianum var. *concolor*

Cymbidium madidum

Cymbidium madidum

syn. *Cymbidium leroyi*

↔ 60–90 cm ↑ 50–80 cm

Ostaustralien, in New South Wales und Queensland; bildet in der Natur große Kolonien. Pseudobulben groß, mit bandförmigen Blättern. Infloreszenzen lang, hängend, mit vielen 18–25 mm großen, gelb und braun-rot gezeichneten Blüten, im Frühling. Wird in der Hybridzucht zur Erhöhung der Blütenzahl und für hängende Blütentriebe eingesetzt.

Cymbidium suave

Cymbidium parishii

↔ 30–40 cm ↑ 30–40 cm

Myanmar. Pseudobulben etwa 12 cm hoch, spindelförmig mit bis zu 50 cm langen, in 2 Reihen angeordneten Blättern. Infloreszenz aufrecht, bis 25 cm lang, mit 2–3 Blüten im Sommer. Blüten duftend, öffnen sich nicht ganz, weiß, Lippe mit gelben Streifen auf dem Mittellappen und purpurner Aderung auf dem Seitenlappen.

Cymbidium sanderae

syn. *Cymbidium parishii* var. *sanderae*

↔ 50–70 cm ↑ 50–75 cm

Vietnam; in Bergwäldern. Bei vielen Hybriden beteiligt. Pseudobulben 8–10 cm hoch, mit mehreren schmalen Blättern. Infloreszenz gebogen, 50–60 cm lang, mit 3–15 rosa-weißen, 8 cm großen Blüten im Frühling. Lippe mit braunen Flecken und 2 gelben Kalli. Oft mit *C. parishii* verwechselt, aber Habitus anders.

Cymbidium sinense

syn. *Cymbidium hoosai*

↔ 50–60 cm ↑ 50–75 cm

Indien, Thailand, Myanmar, Südchina und Taiwan; in offenen bis dichten Bergwäldern. Pseudobulben rundlich, mit aufrechten, steifen, glänzend dunkelgrünen Blättern. Die aufrechte Infloreszenz trägt etliche, 35–50 mm breite Blüten, die meist dunkelrotbraune Sepalen und Petalen und eine cremfarbene Lippe mit roten Punkten haben. Blüht im Frühjahr. Wird seit Jahrhunderten in Asien wegen des Dufts und der Blüten kultiviert.

Cymbidium suave

↔ 20–80 cm ↑ 30–120 cm

Australien. Blätter grasartig, mit verdicktem Stiel. Die hängende Infloreszenz trägt bis zu 50 apfelgrüne bis hellgelbbraune, duftenden Blüten, die eine Größe von 25 mm erreichen. Blüht im späten Frühjahr bis in den Sommer. Verträgt hohe und niedrige Temperaturen, aber keinen Frost.

Cymbidium tracyanum

↔ 20–90 cm ↑ 30–120 cm

Von Thailand bis China. Blüten stark duftend, bis 15 cm groß, hellgrün mit auffälligen rotbraunen Streifen, die der ganzen Blüte von weitem ein bronzefarbenes Aussehen geben. Blüht im Herbst.

Cymbidium tracyanum

Cymbidium-Hybriden

↔ 20–90 cm ↑ 30–120 cm

Es gibt Tausende von *Cymbidium*-Hybriden in vielen Farben, Formen und Größen. Beispielhaft sind:
African Adventure 'Sahara Gold' mit rötlich gelben Tönen;
Anita 'Pymble' mit grünen Blüten auf hohen Trieben;
Astronaut 'Raja' mit gelben, rot überhauchten Blüten und einer rot getupften Lippe;
Bulbarrow 'Friar Tuck', die ihre interessante Farbe von *C. devonianum* hat;
Castle of Mey 'Pinkie' Mini-Cymbidie mit bis zu 25 hellrosa Blüten;
Dilly 'Del Mar' mit gelben Blüten;
Fanfare 'Spring' mit gelbgrünen bis apfelgrünen Blüten;
Ice Ranch hat dunkelrosa und cremefarbene Blüten mit einer gelb und braun gezeichneten Lippe;
John Woden hat große lachsrosa Blüten mit braun gezeichneter Lippe auf hohen Stielen;
Lady McAlpine 'Jersey' hat weiße Blüten und eine weiße, rotbraune und zitronengelbe Lippe;
Little Bighorn 'Prairie' bringt viele aufrechte Blütentriebe mit grünen Blüten, die eine weiße, rotbraun gefleckte Lippe haben;
Mavourneen 'Jester' mit Petalen, die wie die Lippe gefärbt sind;
Mini Verd 'Captain Cook' hat leuchtend gelbe und grüne Blüten mit einer braun-gelben Lippe;
Orchid Conference 'Green Light' mit bronzefarbenen Blüten und einer roten Lippe;
Pontac 'Trinity', dunkelrosa Blüten;
Sumatra 'Astrid' mit vielblütigen Trieben und dunkelrosa Blüten, Lippe gelb mit purpurner Zeichnung;
Sunshine Falls 'Green Fantasy' ist eine vielblütige, stark duftende Mini-Cymbidie mit *C. madidum*-Einfluss;
Sylvia Miller 'Gold Cup' ist eine Mini-Cymbidie mit goldfarbenen Blüten und Rosa-Tönen in der Lippe;
Tinsel 'Harriet' hat rosa Blüten auf schlanken Trieben;
Valley Legend 'Gee Wizz' hat cremefarbene Blüten und eine gelb-rot gezeichnete Lippe.

Cymbidium-Hybride

Cymbidium Alexfrida 'The Queen'

Cymbidium Alegria 'Saint Lita'

Cymbidium African Adventure 'Sahara Gold'

Cymbidium Aunty MacKovich

Cymbidium Australian Midnight

Cymbidium Astronaut 'Raja'

Cymbidium Anita 'Pymble'

Cymbidium (Atalanta × Gottianum)

Cymbidium Baldoyle 'Melbury'

Cymbidium Blazing Fury 'Fatboy'

Cymbidium Belle Park 'Orange Gleam'

Cymbidium Bisou Bisou 'Geyserland'

Cymbidium Cape Crystal

Cymbidium Black Forest 'Just Desserts'

Cymbidium Bolton Grange

Cymbidium Castle of Mey 'Pinkie'

Cymbidium Champagne Robin

Cymbidium Bulbarrow 'Friar Tuck'

Cymbidium Dilly 'Del Mar'

Cymbidium Dolly 'Featherhill'

Cymbidium Clauboda 'Sydney Rothwell'

Cymbidium Cranbourne 'Chase'

Cymbidium Colina 'Ember'

Cymbidium Desirée 'Elizabeth A. Logan'

Cymbidium (Disney Girl × Robin)

Cymbidium (Dolly × Kimberley Szabo) 'Royale'

C

Cymbidium (Dream Temple × Pure Ice)

Cymbidium (Eastern Star × Sleeping Nymph)

Cymbidium Emerald Glory 'Valerie'

Cymbidium Esmeralda

Cymbidium Fair Delight 'Highfields'

Cymbidium Finetta 'Glendessary'

Cymbidium Electric Ladyland 'Peats Ridge'

Cymbidium Fanfare 'Spring'

Cymbidium Fare Wand 'Numan'

C

Cymbidium Highland Advent

Cymbidium Ice Ranch

Cymbidium Gibson Girl 'Mephisto Waltz'

Cymbidium (Globetrotter × Minniken)

Cymbidium Highland Lassie 'Jersey'

Cymbidium Gripper 'Royale'

Cymbidium Highland Glen 'Cooksbridge'

Cymbidium 'James Tee Kirk 81'

C

Cymbidium Jeanette 'Enid Haupt'

Cymbidium (Katy Shaw × Southborough)

Cymbidium Joker 'Foul Play'

Cymbidium John Woden

Cymbidium Kabuki Moon 'Alice'

Cymbidium Paul Robeson

Cymbidium Joker 'Irish Mist'

Cymbidium James Toya 'Royale'

Cymbidium Kiku Ono

Cymbidium Levis Duke 'Bella Vista'

Cymbidium Kiri te Kanawa

Cymbidium Lady McAlpine 'Jersey'

Cymbidium (Khyber Pass × Dolly)

Cymbidium Little Bighorn 'Prairie'

Cymbidium Lancashire Rose 'Maureen'

Cymbidium Little Bighorn 'Calga'

Cymbidium (Lustrous Damsell × Alvin Bryant)

Cymbidium Mary Smith 'Lucy'

Cymbidium Lynette Artemis

Cymbidium Marie Bashir

Cymbidium Marilyn Sharp 'Curvaceous'

Cymbidium (Melinga × Pharaoh's Gold) × Dural

Cymbidium Mavourneen 'Jester'

Cymbidium (Mighty Mouse × Beach Girl) 'Carly'

Cymbidium Mighty Margaret

C

Cymbidium Orange Crush

Cymbidium Orchid Conference 'Green Light'

Cymbidium Mighty Tracey 'Royale'

Cymbidium Mini Goddess 'Apricot'

Cym. (Paul Robeson × Mighty Mouse) 'It's Nice'

Cymbidium Mini Verd 'Captain Cook'

Cymbidium Iris Cooper 'Drama Queen'

C

Cymbidium Pontac 'Trinity'

Cymbidium Pywacket 'Royale'

Cymbidium-Hybride 'Royale Jester' (ungewöhnlicher Cultivar)

Cymbidium Rumours 'Desiree'

Cymbidium (Red Beauty × Cronulla)

Cymbidium Red Idol 'Royale'

Cymbidium Rievaulx

Cymbidium San Francisco

Cymbidium Sleeping Nymph 'Glacier'

Cymbidium (So Bold × Rajah's Ruby)

Cymbidium Spotted Leopard 'Showtime'

Cymbidium Saint Aubins Bay

Cymbidium Sleeping Nymph 'Perfection'

Cymbidium Spanish Lullaby 'Douce Josephine'

Cymbidium Sunshine Falls 'Green Fantasy'

Cymbidium Surman's Rose 'Gosford Gold'

Cymbidium Sumatra 'Astrid'

Cymbidium Tea Time 'Afternoon Delight'

Cymbidium Sylvia Miller 'Gold Cup'

Cymbidium Valley Legend 'Gee Wizz'

Cymbidium Wesley Davidson 'Geyserland'

Cymbidium Tinsel 'Harriet'

Cymbidium Wesley Davidson 'Netty'

Cymbidium Wallacia 'Burnt Gold'

Cymbidium (Wallara × Huckleberry Mountain) 'Royal Jewels'

Cymbidium Yowie Rose 'Cabernet'

Cypripedium

Frauenschuh

Etwa 50 sympodial wachsende, laubabwerfende Erdorchideen werden in dieser Gattung, die in Nord- und Mittelamerika, Asien und Europa verbreitet sind, zusammengefasst. Die Pflanzen haben ein kurzes Rhizom, aus dem die aufrechten Triebe mit bis zu 4 basalen, manchmal plikaten, Blättern entspringen. Die kurzen Infloreszenzen tragen bis zu 12 attraktive Blüten, die vom Spätfrühling bis in den Sommer erscheinen. Die Blütenfarben variieren, das auffälligste Merkmal dieser Gattung ist die zu einem »Schuh« umgeformte Lippe. Diese Orchideen sind geschützt und in vielen Gebieten selten oder sogar ausgerottet. Sie dürfen unter keinen Umständen in der Natur ausgegraben werden.

Kultur: Im Garten ausgepflanzt oder im Topf in nahrhafter, humusreicher Erde. Vermehrung durch Teilung.

Cypripedium acaule

↔ 15–20 cm ↑ 20–45 cm

Östliche USA und Kanada. Blätter zu zweit, ellioptisch, plikat, 10–30 cm lang. Infloreszenz aufrecht, bis 40 cm hoch mit 1, selten 2 nickenden Blüten, die bis 6 cm groß werden und gelbgrüne bis bräunliche Sepalen und Petalen und eine rosa Lippe haben. Blütezeit im Frühling bis Sommer.

Cypripedium calceolus

Europäischer Frauenschuh

↔ 25–30 cm ↑ 20–60 cm

Von Nord- und Mitteleuropa bis nach Asien und Zentralchina. 3–4 plikate, bis 18 cm lange, breit-ovale Blätter entlang des Stängels, Infloreszenz meist einblütig, seltener auch mit 2 oder 3 Blüten, die im Spätfrühling oder Frühsommer erscheinen und kastanienbraune, gedrehte Sepalen und Petalen haben; die auffällige Lippe ist leuchtend gelb.

Cypripedium californicum

↔ 10–15 cm ↑ 50–120 cm

Horstbildende Art aus Oregon und Kalifornien, USA. 5–10 Blätter pro Trieb, jeweils 5–15 cm lang. Infloreszenz mit 4–12 Blüten, die sich alle auf einmal öffnen. Blüten relativ klein, nur 35 mm groß, duftend, mit hell gelblichgrünen Sepalen und Petalen und einer weißen, an der Basis gelben und innen braun gezeichneten Lippe. Blüht im Frühjahr bis Sommer.

Cypripedium formosanum

↔ 10–30 cm ↑ 10–25 cm

Taiwan; in Bergwäldern. Blätter paarweise, fächerförmig ausgebreitet und mit welligem Rand. Die einzelnen Blüten sind rosa mit dunklerer Zeichnung und einer großen, aufgeblasenen Lippe; sie erreichen eine Größe von 8 cm. Mag keine hohen Temperaturen.

Cypripedium acaule

Cypripedium montanum

↔ 15–20 cm ↑ 20–40 cm

Westkanada und USA, in Bergwäldern an gut dränierten Hängen. Stängel mit 10 cm langen, plikaten Blättern. Infloreszenz endständig, bis 15 cm hoch, mit meist 2, seltener nur 1 oder bis 4 Blüten im Frühsommer. Blüten leicht duftend, mit rotbraunen Sepalen und Petalen, Lippe weiß mit rötlich brauner Zeichnung auf der Innenseite.

Cypripedium parviflorum

syn. *Cypripedium calceolus* var. *parviflorum*

↔ 10–25 cm ↑ 15–50 cm

Östliches Nordamerika bis zu den östlichen Rocky Mountains; in Wäldern und Sümpfen. Stängel beblät-tert, mit 3–4 ovalen, zugespitzten, bis 15 cm langen Blättern. 1–2 variable, angenehm duftende Blüten im Frühling. Lippe gelb, innen rot gefleckt; Sepalen und Petalen spiralig verdreht oder flach, gelbgrün bis kastanienbraun. ***C. p.* var. *pubescens*** (syn. *C. pubescens*) hat bis 10 cm große Blüten und bevorzugt trockenere Habitate.

Cypripedium reginae

↔ 20–30 cm ↑ 40–80 cm

Östliches Nordamerika; in Feuchtgebieten mit kalkhaltigem Boden, oft in großen Kolonien. Trieb mit 5–8 behaarten, ovalen zugespitzen, bis 25 cm langen Blättern. 1–2, selten bis 4 weiße Blüten mit rosaroter bis karminroter, seltener weißer Lippe, im Sommer. Die Blätter führen nach dem Berühren bei empfindlichen Personen zu Hautausschlag.

Cypripedium formosanum

Cyrtochilum

Große Gattung mit etwa 150 mittelgroßer bis großer Orchideenarten, die epiphytisch oder lithophytisch wachsen und in Mittel- und Südamerika vorkommen. Die großen Pseudobulben haben an der Spitze einen Blattschopf. Die lange, aufrechte oder gebogene, lockerblütige Infloreszenz entspringt an der Basis der Pseudobulben und ist einfach oder verzweigt. Die Sepalen und Petalen sind ausgebreitet, letztere etwas kleiner als die Sepalen; die fleischige Lippe ist kleiner als die anderen Blütensegmente und ganzrandig oder dreilappig mit einem erhöhten Kallus.

Cypripedium parviflorum

Kultur: Am besten im Topf in einem normalen Epiphytenpflanzstoff. Gleichmäßig gießen, nach dem Ausreifen des Triebs etwas weniger. Die lange Infloreszenz braucht eine Stütze oder muss angebunden werden. Vermehrung durch Teilung.

Cyrtochilum falcipetalum

syn. ***Oncidium falcipetalum***

↔ 80–120 cm ↑ 3–6 m

Kolumbien, Ekuador, Peru und Venezuela; große Pflanzen mit kletterndem Habitus. Pseudobulben bis 15 cm hoch, mit 1–2 Blätter, im Abstand von 20–25 cm auf dem Rhizom sitzend. Blätter bis 60 cm lang. Infloreszenz verzweigt, bis 6 m lang. Blüten 5–8 cm groß, Sepalen dunkelbraun mit gelben Spitzen, Petalen gelb und braun; Lippe grünlich braun.

Cyrtochilum microxiphium

syn. ***Oncidium microxiphium***

↔ 20–60 cm ↑ 30–150 cm

Peru und Ekuador; oft zwischen Gräsern und Moosen in Gebieten mit hohen Niederschlägen. Wächst auch in der Umgebung der berühmten Ruinen der Inkastadt Machu Picchu. Die sehr lange Infloreszenz trägt viele Blüten, die zu unterschiedlichen Jahreszeiten blühen. Blüten bis 6 cm groß, Sepalen braun, Petalen weiß und purpurviolett.

Cyrtochilum sp.

Cyrtochilum microxiphium

Cyrtopodium

syn. *Tylochilus*

Diese Gattung enthält etwa 30 Arten von mittelgroßen bis großen Orchideen. Sie sind vom Süden Floridas in den USA durch Mittelamerika bis nach Argentinien und Paraguay im Süden verbreitet. Die meisten Arten findet man in Südostbrasilien. Sie wachsen epiphytisch, lithophytisch oder terrestrisch in trockenem Buschland oder lichten Wäldern. Die langen, zigarrenförmigen Pseudobulben tragen dünne Blätter, die in der Trockenzeit abgeworfen und bis zu 90 cm oder länger werden. Die lange, verzweigte Infloreszenz trägt zahlreiche Blüten, die gewellte Blütensegmente haben.

Kultur: *Cyrtopodium*-Arten wachsen schnell zu beeindruckender Größe heran, werden aber für normale Gewächshäuser zu groß. Die terrestrischen Arten werden wie *Eulophia* in einem mineralischen Substrat, die epiphytischen wie laubabwerfende *Catasetum* gepflegt und gedeihen aufgrund des nestartigen Wurzelsystems am besten aufgebunden. Alle Arten brauchen eine deutliche, kühle Ruheperiode. Vermehrung durch Teilung.

Cyrtopodium holstii

↔ 50–100 cm ↑ 80–100 cm

Brasilien; in den Küstenregionen des Bundesstaates Bahia, in heißen, trockenen Gebieten. Pseudobulben in Gruppen auf einem sympodialen Rhizom. Infloreszenz mit vielen kleinen, jeweils etwa 25 mm großen Blüten. Sepalen gelb mit vielen rötlichen Punkten, Petalen und Lippe meist reingelb. Blüht im Sommer.

Cyrtopodium punctatum

syn. *Cyrtopodium gigas, C. tigrinum, Epidendrum punctatum*

↔ 0,9–1,2 m ↑ 0,9–1,5 m

Von Florida, USA im Norden bis Französisch Guyana im Süden; in trockenem Buschland in Höhenlagen von 100–1200 m. Pseudobulben bis 90 cm hoch, auf einem sympodialen Rhizom, an deren Basis ein dichtes, nestartiges Wurzelsystem sitzt. Blätter in Zweierreihen entlang der Pseudobulben, bis 60 cm lang. Infloreszenz an der Basis der Pseudobulben entspringend, bis 1,50 m lang mit Massen von 5 cm großen, grünlich gelben Blüten mit braunen Tupfen. Blüht im Frühjahr und Sommer.

Cyrtopodium punctatum

Cyrtorchis arcuata

Cyrtorchis

Gattung mit 16 Arten, die nur in Afrika verbreitet sind. Sie wachsen epiphytisch, manchmal auch lithophytisch in lichten Wäldern oder entlang von Flüssen in Höhenlagen zwischen 600–2500 m. Die monopodialen Triebe sind im unteren Teil kahl und hängen im Alter über, ein charakteristisches Merkmal der Gattung. Sie sind leicht an ihren sternförmigen, cremeweißen bis grünlichen Blüten erkennbar, die einen langen Sporn tragen und nachts angenehm duften. Beim Verblühen ändern sie die Farbe zu dunkelgelb oder gelblich braun. Die Arten wurden früher in *Angraecum* oder *Mystacidium* einsortiert, von denen sie sich aber deutlich unterscheiden.

Kultur: Trotz der subtropischen Herkunft der meisten Arten gedeihen *Cyrtorchis* am besten bei Warmhausbedingungen, viel Licht und hoher Luftfeuchtigkeit. Die dicken Wurzeln brauchen viel frische Luft, ein Stück Korkrinde oder ein Lattenkorb sind besser geeignet als die Topfkultur. Vermehrung durch Teilung, aber nicht zu häufig stören.

Cyrtorchis arcuata

syn. *Angraecum sedeni, Cyrtorchis sedeni, C. whitei*

↔ 40–50 cm ↑ 30–50 cm

Weitverbreitet im südlichen Afrika. Trieb lang, an der Basis mit trockenen Blattresten. An der Spitze 6–12 ledrige Blätter. Auffällige weiße Wurzeln. Infloreszenz gebogen, bis 20 cm lang, mit 10–14 sternenförmigen Blüten von wachsartiger Textur, im Sommer.

Cyrtostylis

In dieser Gattung werden 6 winzige, laubabwerfende, terrestrische Orchideen zusammengefasst, von denen 4 Arten im südlichen Australien und 2 Arten in Neuseeland endemisch vorkommen. Sie sind nah mit *Acianthus* verwandt. Diese Orchideen produzieren ein einzelnes Blatt mit einer aufrechten Infloreszenz, die interessante, insektenähnliche Blüten trägt. Sie wachsen an feuchten Stellen zwischen Farnen, Stäuchern und Gräsen und bilden große Kolonien.

Kultur: Spezialisierte Liebhaber haben Erfolg mit der Kultur dieser Erdorchideen in flachen Schalen in einem durchlässigen Substrat, dem Humus, Torfmoos und grober Sand beigemischt wurde. Bei guter Kultur vermehren sich die Pflanzen jährlich durch Ausläufer und Seitentriebe und sollten im Sommer, während der Ruhephase, in frisches Substrat gesetzt werden. Die Blüteninduktion ist nicht ganz einfach, aber Versuche mit »Rauchwasser« brachten bislang vielversprechende Ergebnisse.

Cyrtostylis reniformis

Cyrtostylis reniformis

syn. *Acianthus reniformis*

↔ 18–50 mm ↑ 3–12 cm

Art aus Südostaustralien; viele Pflanzen in der Natur blühen erst, wenn im Vorjahr ein Buschfeuer gebrannt hat. Offenbar wird die Blütenbildung durch Rauch stimuliert. Blätter nierenförmig. Bis zu 5 grünlich gelbe bis rotbraune Blüten, 12 mm groß, mit schmalen Blütensegmenten. Blüht im Winter bis Frühjahr.

Dactylorhiza

Knabenkraut

Diese Gattung umfasst etwa 35 sympodial wachsende, laubabwerfende Erdorchideen, die in Europa, dem Mittelmeerraum, Nord- und Westasien und Nordamerika verbreitet sind. Sie wachsen in feuchten Wiesen, Sumpfgebieten und Mooren. Die meisten der variablen Arten haben grüne Blätter mit rotbraunen Flecken und längliche, zweiteilige Wurzelknollen, aus denen der Sproß erscheint. Der Gattungsname ist von dem griechischen Wort *dactylos,* das Finger bedeutet, abgeleitet und bezieht sich auf die Form der Knollen. Die Blütenfarbe variiert in verschiedenen Rosa-Tönen mit feiner oder dunklerer Punktierung. **Kultur:** Im Garten ausgepflanzt oder in eingesenkten Töpfen oder Schalen in feuchter, humusreicher Gartenerde. Obwohl die meisten Arten frosthart sind, ist ein leichter Winterschutz ratsam. Während der warmen Sommermonate muss für eine ständige, ausreichende Feuchtigkeit gesorgt werden. Im Winter trockener halten. Vermehrung durch Aussaat oder Teilung größerer Horste oder Kolonien.

Dactylorhiza elata

syn. *Orchis elata*

Hohes Knabenkraut

↔ 15 cm ↑ 60 cm ◇ ❄

Europa. Blätter einfarbig grün, ohne Zeichnung. Blütentrieb aufrecht, dicht mit dunkelvioletten Blüten besetzt, im Sommer.

Dactylorhiza foliosa

Blattreiches Knabenkraut

↔ 10–25 cm ↑ 30–70 cm

◇ ❄

Europa, auch auf der Insel Madeira; bildet große Kolonien bei guter Kultur. Blätter ungefleckt. Blüten im Sommer, rosa bis purpurviolett.

Dactylorhiza fuchsii

syn. *Orchis fuchsii*

Fuchs Knabenkraut

↔ 10–25 cm ↑ 20–60 cm

◇ ❄

Europa; bevorzugt auf schwach alkalischen, kalkhaltigen Böden. Blätter gefleckt. Blüten hellrosa bis weiß. Blütezeit im Sommer. Wird oft mit der nah verwandten *D. maculata* verwechselt. Der Cultivar **'Cruickshank'** hat violette bis purpurne Blüten; die Albino-Form **'Rachel'** weiße Blüten.

Dactylorhiza foliosa

Dactylorhiza fuchsii

Dactylorhiza fuchsii 'Cruickshank'

Dactylorhiza fuchsii 'Rachel'

D

Dactylorhiza urvilleana

Dactylorhiza incarnata

Dactylorhiza incarnata

syn. *Orchis incarnata*

Fleischfarbenes Knabenkraut

↔ 10–25 cm ↑ 20–60 cm

Weitverbreitet in Europa. Blüten kleiner als bei den meisten Arten der Gattung. Blätter aufrecht, schwertförmig. Infloreszenz zylindrisch, bis 60 cm hoch, dicht mit bis zu 40 hellrosa bis rosa, 18 mm großen Blüten mit einer dreilappigen Lippe, besetzt. Blüht im Frühling und Sommer.

Dactylorhiza majalis

syn. *Dactylorhiza latifolia*

Breitblättriges Knabenkraut

↔ 12–30 cm ↑ 20–75 cm

Europa, im Osten bis nach Westrußland verbreitet; variable Art. 4–8 Blätter, jeweils bis 15 cm lang, oberseits meist rotbraun gefleckt. Blütenstand eiförmig bis zylindrisch, dichtblütig mit auffälligen Brakteen (Hüllblättern), die oft größer als die Blüten sind. Blüten fliederfarben bis purpurrot, Lippe dreilappig, heller mit dunkler Zeichnung im Schlund; Seitenlappen breiter als der Endlappen. Sporn nach unten gebogen. Blütezeit vom Spätfrühling bis in den Sommer.

Dactylorhiza praetermissa

syn. *Dactylorhiza majalis* subsp. *praetermissa*

Übersehenes Knabenkraut

↔ 20–60 cm ↑ 20–70 cm

Westeuropa. 4–9 grundständige, längliche Blätter, die eine Länge von 25 cm erreichen und gefleckt oder ungefleckt sind. Blütenstand dichtblütig, zylindrisch, im Sommer. Blüten rosaviolett bis purpurrot, Lippe gefleckt, mit 3 gleichgroßen Lappen. Sporn konisch, nach unten gebogen.

Darwinara Pretty Girl

Dactylorhiza romana

syn. *Dactylorhiza sulphurea, D. sulphurea* subsp. *pseudosambucina*

Römisches Knabenkraut

↔ 20–30 cm ↑ 15–35 cm

Südeuropa. Blätter zu 3–7 in basaler Rosette. Blütenstand dichtblütig, kurz zylindrisch mit vielen Blüten im Frühjahr und Sommer. Brakteen größer als die Blüten, die von Gelb, Cremefarben bis Fleischrosa und Violettrot variieren. Lippe dreilappig mit nach oben weisendem Sporn.

Dactylorhiza sambucina

Holunder-Knabenkraut

↔ 15–20 cm ↑ 10–30 cm

Europa; weitverbreitet. 3–7 Blätter, manchmal in grundständiger Rosette, ungefleckt, bis 25 cm lang. Blütenstand vielblütig, im Sommer mit gelben oder dunkelroten, selten zweifarbigen Blüten; Lippe schwach dreilappig, mit feiner hufeisenförmiger Zeichnung.

Dactylorhiza urvilleana

↔ 10–25 cm ↑ 25–80 cm

Europa. Schlanke Pflanze mit 4–5, den Stängel umfassenden Blättern. Blütenstand mit bis zu 90 fliederfarbenen bis pupurvioletten Blüten, die im Frühling und Sommer erscheinen.

Darwinara

Multigenerische Hybridgattung, die nach dem Naturforscher Charles Darwin benannt ist und 4 monopodiale Gattungen – *Ascocentrum*, *Neofinetia*, *Rhynchostylis* und *Vanda* – vereint. Die aufrecht wachsenden Epiphyten haben zweizeilig angeordnete Blätter, die attraktiven Blüten sind lange haltbar. Größere Pflanzen bilden an der Basis Seitentriebe und haben viele, dicke weiße Wurzeln. **Kultur:** Temperiert bis warm bei viel Licht, hoher Luftfeuchtigkeit und guter Luftumwälzung. Die dicken Wurzeln wachsen oft über den Topf oder Korb hinaus und müssen nach dem Gießen schnell abtrocknen. Vermehrung durch Teilung.

Darwinara Pretty Girl

↔ 20–38 cm ↑ 20–60 cm

Die kühl wachsende, japanische *Neofinetia falcata* ist eine der Eltern. Wächst bei unterschiedlichen Temperaturen, anpassungsfähig. Blüten weiß bis dunkel purpurviolett, meist in den wärmeren Sommermonaten, in den Tropen auch ganzjährig.

Degarmoara Winter Wonderland 'White Fairy'

Degarmoara Skywalker 'Red Star'

Degarmoara Starshot 'Fashion'

Degarmoara

Hybridgattung mit Beteiligung von *Brassia*, *Miltonia* und *Odontoglossum*. Diese sympodial wachsenden Orchideen sind durch den Einfluss von *Brassia* anpassungsfähiger und tolerieren höherer Temperaturen als reine Odontoglossen. Sie gedeihen in unterschiedlichen Bereichen und haben lange haltbare, oft duftende und häufig spinnenförmige Blüten, die sie zu beliebten Topfpflanzen machen.

Kultur: Diese Hybriden haben feine Wurzeln und dürfen während der warmen Sommermonate nicht austrocknen. Im Winter brauchen sie eine Ruhezeit und sollten nur sehr vorsichtig gegossen werden. Als Pflanzstoff eignet sich Sphagnum oder feines Rindensubstrat. Sie wachsen am besten bei kühltemperierten Bedingungen und ganzjährig hoher Luftfeuchtigkeit an einem halbschattigen Standort. Vermehrung durch Teilung.

Degarmoara Skywalker 'Red Star'

↔ 20–40 cm ↑ 20–80 cm ◆/◇

Infloreszenz aufrecht mit bis zu 6 sternförmigen Blüten im Frühjahr. Blüten intensiv gefärbt mit dunklen Flecken und kontrastierender Lippe.

Degarmoara Starshot 'Fashion'

↔ 20–40 cm ↑ 20–80 cm ◆/◇

Über 10 Arten waren bei der Entstehung dieser Hybride beteiligt, *Brassia verrucosa* zeigt den deutlichsten Einfluss. Blüht im Frühjahr und Sommer.

Degarmoara Winter Wonderland 'White Fairy'

↔ 20–40 cm ↑ 20–80 cm ◆/◇

Beliebt und durch Gewebekultur in sehr großen Stückzahlen produziert. Blüht mehrmals im Jahr, die einzelnen Blüten halten bis zu 6 Wochen an der Pflanze, bis sie verwelken.

D

Dendrobium aduncum

Dendrobium albosanguineum

Dendrobium amethystoglossum

Dendrobium alexandrae

Dendrobium anosmum

Dendrobium

Die Gattung *Dendrobium* ist bei Orchideenliebhabern sehr beliebt. Sie sind von Indien und Sri Lanka über ganz Südostasien bis nach Südchina und Neuguinea, Australien und den Pazifischen Inseln verbreitet. Fast alle dieser sympodial wachsenden Orchideen-Arten leben epiphytisch oder lithophytisch und die Vielfalt ihrer Wuchs- und Blütenformen, und Blütenfarben ist selbst für eine so große Gattung, die etwa 900 Arten umfasst, enorm. Man findet praktisch alle Farben und Farbkombinationen; bei manchen Arten halten die Blüten nur wenige Stunden, bei anderen bis zu 9 Monaten, wenn die Bedingungen stimmen. Im Laufe der Jahrzehnte wurden unzählige Hybriden gezüchtet, für Orchideenliebhaber genauso wie für die Schnittblumenproduktion. Der Großteil der als Singapur-Orchideen vermarkteten Schnittblumen sind Dendrobien. *D. nobile* und Verwandte wurden ebenso züchterisch bearbeitet wie *D. biggibum.* Eine neuere Generation von Hybriden wird durch die wüchsigen, robusten, australischen Hybriden aus *D. kingianum*, *D. speciosum* und *D. tetragonum* repräsentiert.

Kultur: Bedingt durch die Größe der Gattung und des Verbreitungsgebietes kann keine allgemein gültige Kulturanleitung gegeben werden. Bei vielen Arten und Hybriden entstehen an den Pseudobulben neue Pflanzen, so genannten Kindel oder Keikis (hawaiianisch für Baby). Sobald diese etwas größer sind und eigene Wurzeln gebildet haben, können sie von der Mutterpflanze abgetrennt und separat eingepflanzt werden. Während der Trockenzeit machen die Arten aus der Verwandtschaft von *D. nobile* eine Ruhezeit durch, in der sie ihre Blätter abwerfen. Sobald der erste Regen gefallen ist, explodieren die Pflanzen förmlich vor Blüten und bilden einen Neutrieb. Die meisten Arten gedeihen im Topf in einem Pflanzstoff auf Rindenbasis, manche auch auf Korkrinde oder andere Unterlagen aufgebunden. Viele der kleineren Arten aus feuchtkühlen Bergregionen wachsen auch gut in reinem Sphagnum. Die Vermehrung erfolgt durch Teilung.

Dendrobium atroviolaceum

Dendrobium aduncum

↔ 45–60 cm ↑ 30–60 cm

Aus Vietnam, dem südlichen China, Myanmar, Thailand, Nepal, Bhutan und Ostindien; in lichten Wäldern, die eine saisonale Trockenzeit durchmachen. Die schilfartigen Pseudobulben tragen wenige bis mehrere dünne Blätter, die bei Trockenheit abgeworfen werden. An den kahlen Pseudobulben bilden sich im Frühling bis Herbst Büschel von rosa bis weißen, etwa 25–35 mm großen Blüten mit einer vertieften Lippe. Nah mit *D. hercoglossum* verwandt.

Dendrobium aemulum

↔ 20 cm ↑ 10–15 cm

Queensland und an der Nordküste von New South Wales, Australien; in Regenwäldern und feuchten Eukalyptuswäldern. Blätter hell- bis mittelgrün, oval, zweizeilig angeordnet. Blüten an Rispen, bis 35 mm breit, weißlich bis rosa im Verblühen, Lippe mit rötlich purpurner Zeichnung. Blüht im Spätwinter bis Frühjahr.

Dendrobium albosanguineum

↔ 35–40 cm ↑ 35–40 cm

Myanmar und Thailand; in Bergregionen, in den oberen Kronenbereichen hoher Bäume. Pseudobulben schilfartig, mit 7–10 Blättern, die nach dem Ausreifen der Triebe vor der Trockenzeit abgeworfen werden. Blüten 5–8 cm groß, lange haltbar, cremeweiß mit einem großen, roten Fleck auf beiden Seiten der Lippenbasis. Blüht im Frühling.

Dendrobium alexandrae

↔ 20–50 cm ↑ 20–70 cm

Neuguinea; selten in der Natur und erst seit kurzem in Kultur anzutreffen. Die Infloreszenzen tragen bis zu 8 Blüten, die etliche Wochen an der Pflanze halten. Die Blütenfarbe variiert von Gelb bis Grün, oft mit purpurvioletten Punkten und purpurner Zeichnung auf der Lippe. Blüht im Frühling.

D

Dendrobium amethystoglossum

↔ 45–70 cm ↑ 85–95 cm

Endemisch auf der Insel Luzon auf den Philippinen; wächst in feuchten Bergwäldern, die im Winter eine Trockenzeit durchmachen. Pseudobulben hoch, schilfartig, mit etlichen dünnen, zugespitzten Blättern, die im Winter abgeworfen werden. Die Pflanze blüht meist aus den kahlen Pseudobulben. 15–20 duftende Blüten an hängenden Infloreszenzen im Frühling. Blüten 25–30 mm groß, weiß mit rosa und weißer Lippe.

Dendrobium anosmum

syn. *Dendrobium superbum*

↔ 20–40 cm ↑ 20–120 cm

Von Vietnam und Laos bis zu den Philippinen und Neuguinea; beliebt in Kultur. Wuchs hängend, mit paarweise entlang der schlanken Pseudobulben angeordneten Blüten, die nachdem die Blätter abgeworfen wurden, erscheinen. Blüten bis 10 cm groß, von Dunkelrosa bis Reinweiß, angenehmer Duft nach Beeren.

Dendrobium bulbophylloides

Dendrobium antennatum

↔ 10–30 cm ↑ 20–60 cm

Nordostaustralien, Neuguinea und auf den Salomonen-Inseln; in feucht-warmen Tieflandregenwäldern. Eine der sommerblühenden »Antilopen«-Dendrobien. Infloreszenzen straff aufrecht, mit bis zu 12 lange haltbaren weißen Blüten; die spiralförmig gedrehten Sepalen und Petalen mit grünlich gelben Spitzen. Lippe weiß mit purpurner Aderung.

Dendrobium atroviolaceum

↔ 20–60 cm ↑ 20–50 cm

Neuguinea. Bildet kleine Büschel lange haltbarer, nickender weiß bis grünlich gelber Blüten mit feinen rotbraunen Tupfen, die bis zu 5 cm groß werden. Blütezeit während der Sommermonate, in den Tropen ganzjährig.

Dendrobium bigibbum

↔ 20–60 cm ↑ 10–60 cm

Australien, besonders häufig auf der Cape-York-Halbinsel und dort als Cooktown-Orchidee bekannt. Blüten auffällig, mit bis zu 20 Blüten pro Trieb, im Herbst. Im Winter während der Ruhezeit trockener halten. ***D. b.* subsp. *phalaenopsis*** hat große, dunkelviolette Blüten; ***D. b.* var. *compactum*** ist eine kleinere, nur 12 cm hohe Form mit kompakten, verkürzten Pseudobulben.

Dendrobium bracteosum

↔ 12–38 cm ↑ 15–35 cm

Neuguinea. Die haltbaren Blüten erscheinen in dichten Büscheln, meist an den älteren Pseudobulben während der Sommermonate, in den Tropen ganzjährig. Blüten von Weiß über verschiedene Rosa-Töne bis tief Purpurrot.

Dendrobium bulbophylloides

↔ 5–20 cm ↑ 12–30 mm

Neuguinea. Miniatur-Orchideen mit kriechendem Habitus, eng an die Unterlage geklammert. Blüten gelborange bis rotbraun, relativ groß für die Pflanze, im Winter bis Frühjahr. Wächst am besten auf ein Stück Baumfarn aufgebunden, der feucht gehalten wird, sodass sich auch Moose auf der Unterlage ansiedeln.

Dendrobium bullenianum

syn. Dendrobium topaziacum

↔ 20–40 cm ↑ 20–100 cm

Philippinen; wächst im Tiefland. Pseudobulben erst aufrecht, später hängend. Im Frühjahr erscheinen die kleinen (18 mm) leuchtend orangefarbenen, rotgestreiften Blüten in Büscheln aus bis zu 30 Einzelblüten. Getopfte Pflanzen brauchen einen Haltestab, aufgebunden wachsen sie natürlicher und zeigen den attraktiven, hängenden Wuchs.

Dendrobium bigibbum var. *compactum*

Dendrobium bracteosum

Dendrobium canaliculatum

Dendrobium capituliflorum

Dendrobium cacatua

↔ 10–30 cm ↑ 10–30 cm

Nordwestaustralien; an schattigen, feuchten Standorten. Habitus halbhängend, mit vierkantigen Pseudobulben. Die sternförmigen grünen bis gelblichen Blüten werden bis 10 cm groß und stehen in kleinen Büscheln. Die Lippe ist weiß. Blüht im Frühjahr. Manchmal als *D. tetragonum* var. *hayesianum* bestimmt, dieser Name ist der echten Albino-Form von *D. tetragonum* vorbehalten.

Dendrobium canaliculatum

↔ 10–40 cm ↑ 10–40 cm

Nördliches Queensland, Australien; wächst oft auf Paperbark-Bäumen *(Melaleuca)*. Die schuppigen Pseudobulben haben ihr im Englischen den Namen Onion Orchid, – Zwiebelorchidee, eingebracht. Bis zu 40 Blüten an einer Infloreszenz, im Frühling. Blütensegente schmal und gedreht, weiß mit gelben oder braunen Spitzen und einer weißen und purpurnen Lippe. Wärmeliebend. Braucht im Winter eine Ruheperiode.

Dendrobium capitisyork

syn. *Dendrobium tetragonum* var. *giganteum*

↔ 10–50 cm ↑ 15–60 cm

Nordöstliches Australien; wächst im Regenwald und ist variabel in Form und Größe. Pseudobulben halbhängend. Blüten spinnenartig, 6–15 cm groß, cremefarben bis gelbgrün mit dunklen purpurvioletten bis bräunlichen Flecken; Lippe weiß mit braunen und purpurvioletten Flecken und Streifen. Die Blütezeit liegt im Winter und Frühjahr.

Dendrobium capituliflorum

↔ 20–30 cm ↑ 15–30 cm

Neuguinea und auf der Inselkette der Salomonen; wächst in unterschiedlichen Habitaten, in Mangroven, Savannen und Küstenregenwäldern. Pseudobulben verdickt, kurz, schilfartig. Blätter dunkelgrün, auf der Unterseite purpurrot, werden in der Trockenzeit abgeworfen. An den kahlen Pseudobulben erscheinen im Frühjahr die kleinen, 6 mm großen, grün-weißen Blüten in Büscheln von bis zu 50 Einzelblüten.

Dendrobium ceraula

syn. *Dendrobium gonzalesii*

↔ 10–25 cm ↑ 15–40 cm

Philippinen; in feucht-kühlen, schattigen Bergwäldern. Blüten lavendelbläulich bis weiß oder rosa, mit einer flachen, purpurn geaderten Lippe. Blüht im Winter und Frühjahr.

Dendrobium chameleon

↔ 10–20 cm ↑ 12–60 cm

Philippinen; Wuchs hängend, bevorzugt schattige Standorte. Blüten elfenbeinfarben und cremeweiß bis braun, im Herbst und Winter.

Dendrobium ceraula

Dendrobium cacatua

Dendrobium chittimae

↔10–25 cm ↕10–30 cm

Laos und Thailand; seltene und erst 1997 beschriebene Art. Habitus kletternd und sparrig, oft mit Keikis an den Pseudobulben. Blüten von guter Form, 25 mm groß, einzeln oder zu zweit im Frühling.

Dendrobium chrysocrepis

↔10–15 cm ↕20–30 cm

Myanmar, kräftige, kompakte Spezies. Pseudobulben extrem abgeflacht, Blätter 35–50 cm lang. Infloreszenz einblütig, die duftende gelbe Blüte mit rundlicher, goldener Lippe entspringt an der Spitze der Pseudobulben im Frühsommer während der Regenzeit.

Dendrobium chrysotoxum

↔20–60 cm ↕20–40 cm

Von Indien bis Südchina; kräftige Pflanzen. Pseudobulben geschwollen mit Rispen, die im Spätfrühling bis zu 35 gelbe bis orangefarbene Blüten von wachsartiger Textur tragen. ***D. c.* var. *suavissimum*** unterscheidet sich von der Art durch einen roten Fleck auf der Lippe.

Dendrobium crumenatum

↔20–60 cm ↕20–60 cm

Indien und Südostasien. Diese Art braucht zur Blüteninduktion einen plötzlichen Temperaturabfall von mindestens 10 °C, wie er während eines Gewitters vorkommt. Genau 9 Tage später kommt es bei allen Pflanzen einer Gegend zu einer Massenblüte. Die duftenden weißen, 35 mm großen Einzelblüten halten nur einen Tag und sitzen auf kurzen Infloreszenzen.

Dendrobium chittimae

Dendrobium chrysotoxum

Dendrobium cucullatum

syns ***Dendrobium aphyllum, D. pierardii***

↔25–40cm ↕70–90cm

Weitverbreitet im ganzen südostasiatischen Raum. Pseudobulben schilfrohrartig, dünn, hängend, 45–55 cm lang mit schmalen Blättern, die in der Trockenzeit abgeworfen werden. Blüten hellrosa bis weißlich mit durchscheinenden Blütensegmenten und einem leuchtend gelben Fleck auf der Lippe. Blüht zu jeder Jahreszeit und wächst aufgebunden oder in luftigen Lattenkörbchen.

Dendrobium curvicaule

syn. ***Dendrobium speciosum***
subsp. ***curvicale***

↔30–120 cm ↕20–90 cm

Nordöstliches Australien; robust und in tropischen Regionen oft als Gartenpflanze gepflegt. An den hängenden Infloreszenzen erscheinen im Frühling zahlreiche cremefarbene, 3,5–8 cm große Blüten mit weißer Lippe, die rotbraun gezeichnet ist. Die Blüten duften sehr stark. Der Cultivar **'Bee Creek'** unterscheidet sich von normalen Typen durch seinen attraktiven goldgelben Blüten.

Dendrobium curvicaule 'Bee Creek'

Dendrobium chameleon

Dendrobium curvicaule

Dendrobium cucullatum

Dendrobium cuthbertsonii

↔ 5–20 cm ↑ 2,5–8 cm)

Neuguinea; Miniatur-Orchidee mit vergleichsweise großen Blüten, die ganzjährig erscheinen und bis 9 Monate halten. Die Farbpalette reicht von Weiß über Gelb, Orange, Rot, Rosa und Violett. Es gibt auch zweifarbige Kombinationen. Die Pflanzen brauchen viel Feuchtigkeit und wachsen am besten in Sphagnum.

Dendrobium × *delicatum* 'Pretty Good'

Dendrobium × *delicatum*

syn. ***Dendrobium kesteveni***

↔ 40–50 cm ↑ 30–50 cm

Vom östlich-zentralen New South Wales bis Queensland, Australien; an Felsen und Klippen, oft in voller Sonne. Naturhybride aus *D. kingianum* und *D. tarberi.* Pseudobulben an der Basis verdickt, zur Spitze dünner mit lange haltenden, ovalen Blättern. Blü-ten in Büscheln aus der Bulbenspitze, von Weiß bis Rosa, denen von *D. kingianum* ähnlich. Blüht im Frühjahr. Einfach zu pflegen. Der Cultivar **'Pretty Good'** hat dunkelrosa Blüten.

Dendrobium densiflorum

Dendrobium densiflorum

syn. ***Dendrobium guibertii, D. schroderi*** **Hort.**

↔ 40–50 cm ↑ 30–45 cm

Weitverbreitet, von Indien über Nepal, Myanmar bis nach Laos und in Südwestchina; wächst auf moosbedeckten Ästen in Bergwäldern, die eine ausgeprägte Trockenzeit durchmachen. Pseudobulben keulenförmig, mit 3–5 Blättern an der Spitze. Infloreszenzen hängend, mit leuchtend gelben, 5 cm großen Blüten mit orangegelber Lippe, im Frühjahr.

Dendrobium dichaeoides

↔ 6–20 cm ↑ 5–8 cm

Endemisch in Neuguinea; wächst auf moosbedeckten Ästen und Felsen. Variabel im Habitus, manche wachsen eher aufrecht, andere kriechend; eventuell kann die Art in mehrere Unterarten oder Arten aufgeteilt werden. Blätter zweizeilig angeordnet. Blüten klein, bis 6 mm groß, in Büscheln. Blütenfarbe rosa, manchmal rot. Blüht zu unterschiedlichen Zeiten über das ganze Jahr verteilt.

Dendrobium discolor

↔ 0,3–1,2 m ↑ 0,3–1,8 m

Australien und Neuguinea; groß werdenden Art aus den Küstengebieten mit langen Blütentrieben, die spiralig verdrehte, braun und gelb gefärbte Blüten tragen. Blüht ganzjährig, bevorzugt einen sehr hellen Standort und braucht viel Platz.

Dendrobium dixanthum

↔ 15–30 cm ↑ 20–75 cm

Myanmar, Thailand und Laos; schlanker Habitus. Bis zu 3 gelbe Blüten mit rundlicher, goldgelber Lippe im Frühling. Die Blüten erscheinen an den Pseudobulben des Vorjahres, die die Blätter schon 3 Monate zuvor abgeworfen haben.

Dendrobium engae

↔ 20–50 cm ↑ 20–70 cm

Provinz Enga, Papua Neuguinea, in Bergregionen. Bis zu 12 große, grünlich cremefarbene Blüten von

Dendrobium cuthbertsonii

Dendrobium dichaeoides

Dendrobium engae

Dendrobium findleyanum

6 cm Durchmesser erscheinen im Spätfrühling oder Sommer und halten bis zu 4 Monate an der Pflanze.

Dendrobium farmeri

↔ 30–45 cm ↑ 30–45 cm

Nordostindien, Bhutan, Nepal, Thailand, Myanmar, Laos und Malaysia; in Wäldern mit trockenen, kühlen Wintern. Pseudobulben vierkantig mit 2–4 immergrünen Blättern an der Spitze. Die hängenden Infloreszenzen tragen im Frühling bis zu 30 duftende, bis 35 mm breite, rosa bis weiße Blüten mit einer rundlichen, goldenen Lippe. ***D. f.* var. *alboflorum*** hat weiße Blüten mit Gelb in der Lippe, oft als *D. palpebrae* im Handel.

Dendrobium fimbriatum

↔ 0,3–1,2 m ↑ 0,3–2 m

Südostasien. Blüten reingelb bis orange, im Frühling. ***D. f.* var. *oculatum*** ist häufiger in Kultur und hat orangefarbene Blüten mit einem kastanienbraunen Fleck auf der Lippe.

Dendrobium findleyanum

↔ 40–60 cm ↑ 35–60 cm

Myanmar und Thailand. Pseudobulben an den Nodien geschwollen, laubabwerfend. Blüten duftend, bis 8 cm groß, an den kahlen Pseudobulben im Frühling. Blüten weiß mit purpurvioletten Spitzen, und einer großen gelben Platte auf der Lippe.

Dendrobium fimbriatum var. *oculatum*

Dendrobium discolor

Dendrobium dixanthum

Dendrobium farmeri var. *alboflorum*

Dendrobium goldschmidtianum

Dendrobium flaviflorum

Dendrobium gibsonii

Dendrobium harveyanum

Dendrobium flaviflorum

↔ 20–40 cm ↑ 20–50 cm

Taiwan. Die schlanken Pseudobulben stehen sehr dicht. Blüten in kurzen Büscheln, bis 5 cm groß, leuchtend gelb mit dunklerer Lippe, im Sommer. Kann aus denselben Pseudobulben in mehreren Jahren immer wieder blühen.

Dendrobium formosum

↔ 35–45 cm ↑ 40–45 cm

Indien, Bhutan, Nepal, Thailand, Myanmar und Vietnam; in Bergwäldern. Pseudobulben länglich, mit glänzenden, 10–12 cm langen Blättern, die mit feinen schwarzen Härchen bedeckt sind. Blüten 5–8 cm groß, weiß mit goldgelbem Lippenschlund. Blüht in Kultur meistens von Frühjahr bis Herbst, in der Natur nur im Spätfrühling.

Dendrobium formosum

Dendrobium gibsonii

↔ 30–60 cm ↑ 30–120 cm

Von Nepal bis China; selten. Blüten goldgelb mit 2 auffälligen braunen Flecken auf der Lippe. Blüht vom Sommer bis in den Herbst.

Dendrobium goldschmidtianum

syn. *Dendrobium miyakei*

↔ 20–60 cm ↑ 20–90 cm

Taiwan; sehr attraktive Art. Bis zu 20 leuchtend purpurviolette Blüten in Büscheln an den blattlosen Pseudobulben, im Spätwinter und Frühjahr.

Dendrobium gracilicaule

↔ 20–90 cm ↑ 20–60 cm

Australien. Pseudobulben schlank. Blütentriebe kurz, übergebogen mit gelblich grünen, auf der Rückseite rotbraun gefleckten, duftenden Blüten. Blüht im zeitigen Frühjahr.

Dendrobium × *gracillimum*

↔ 60–75 cm ↑ 45–60 cm

New South Wales und Queensland im östlichen Australien; in lichten, feuchten Eukalyptuswäldern. Naturhybride zwischen *D. gracilicaule* und *D. tarberi*. Pseudobulben mit kleinen cremegelben Blüten im Frühling, die in Büscheln an der Spitze stehen.

Dendrobium harveyanum

↔ 20–40 cm ↑ 20–40 cm

Thailand und Vietnam; einzigartig in der ganzen Gattung durch die stark gefransten Petalen und die Lippe, die beide leuchtend gelb sind. Bis zu 5 Blüten erscheinen auf kurzen Infloreszenzen an der Spitze der Pseudobulben im Frühjahr. Wächst langsam und reagiert empfindlich auf Störungen wie Umtopfen oder häufige Standortwechsel.

Dendrobium hercoglossum

↔ 20–60 cm ↑ 15–40 cm

Thailand und Indochina; nah mit *D. aduncum* und *D. linguella* verwandt. Pseudbulben schlank, mit hell- bis dunkelrosa Blüten im Frühjahr. Anpassungsfähig.

Dendrobium jenkinsii

syn. *Dendrobium aggregatum* var. *jenkinsii*

↔ 10–12 cm ↑ 6–10 cm

China und Südostasien bis Indien; in Bergwäldern. Pseudobulben hart, geriffelt, mit einem einzelnen, bis 5 cm langen Blatt. Infloreszenz aufrecht mit bis zu 3 goldgelben, bis 30 mm großen Blüten im Frühjahr. Aufgebunden kultivieren, braucht sonnige, feuchtwarme Bedingungen während der Wachstumsperiode und eine kühlere Ruhezeit im Winter zur Blüteninduktion für die kommende Saison.

Dendrobium johnsoniae

↔ 20–50 cm ↑ 20–50 cm

Neuguinea; in Höhenlagen zwischen 500–1200 m. Pseudobulben spindelförmig mit 4–5 Blättern. Blüten in Büscheln, duftend, lange haltbar, an aufrechten Infloreszenzen während der wärmeren Monate des Jahres. Die Blüten erreichen einen Durchmesser von 12 cm und sind für die Pflanze außergewöhnlich groß. Sie sind reinweiß mit einer purpurviolett geaderten Lippe.

Dendrobium keithii

↔ 15–40 cm ↑ 10–40 cm

Thailand. Blüten grünlich gelb, bis 25 mm groß. Hauptblütezeit im Frühjahr mit einzelnen Trieben über das ganze Jahr verteilt.

Dendrobium kingianum

↔ 10–120 cm ↑ 5–90 cm

Australien; beliebte und variable Art. Pseudobulben keulenförmig mit bis zu 12 duftenden Blüten an einer terminalen Infloreszenz. Die Blütenfarbe variiert von Reinweiß über verschiedene Rosa-Töne bis zu tief purpurroten Tönen. Lippe weiß, manchmal mit lila Flecken oder einfarbig dunkelviolett. Blütezeit im Frühjahr.

D. k.* var. *album hat reinweiße Blüten mit gelb gefleckter Lippe, ***D. k.* 'Steve'** hellrosa Blüten mit dunklerer Lippe. Viele selektierte Klone werden untereinander gekreuzt um noch bessere Formen zu erhalten.

Dendrobium jenkinsii

Dendrobium keithii

Dendrobium kingianum 'Steve'

Dendrobium kingianum

Dendrobium johnsoniae

Dendrobium kingianum var. *album*

Dendrobium macrophyllum

Dendrobium macrophyllum, Samenkapsel

Dendrobium laevifolium

↔ 6–20 cm ↑ 6–15 cm

Neuguinea; Miniatur-Orchidee. Blüht aus dem blattlosen Pseudobulben im Sommer. Blüten leuchtend purpurviolett, bis 8 Wochen haltbar. Ganzjährig feucht halten.

Dendrobium lawesii

↔ 10–30 cm ↑ 15–50 cm

Neuguinea. Habitus halbhängend, mit beblätterten Pseudobulben. Auch ohne Blüten attraktiv. Diese sind röhrenförmig mit nach oben zeigender Lippe und sehr auffällig gefärbt. Die Palette reicht von Rot, Orange, Gelb, Rosa und Purpurn bis zu zweifarbigen Formen. Wird vermutlich von Vögeln bestäubt. Blüht das ganze Jahr, meistens im Frühling.

Dendrobium lichenastrum

syn. ***Dendrobium prenticei***

↔ 10–15 cm ↑ 12–18 mm

Nordostaustralien; in feuchten Regenwäldern und lichten Wäldern. Keine Pseudobulben, die ledrigen Blätter erscheinen direkt aus dem Rhizom. Blüten klein, bis 6 mm groß, weißlich rosa mit feiner dunkler Aderung; Lippe gelb bis orange. Blüht sporadisch zu jeder Jahresezeit. Wird von manchen Taxonomen in der neu beschriebenen Gattung *Davejonesia* als *D. lichenastra* geführt.

Dendrobium lindleyi

syn. ***Dendrobium aggregatum***

↔ 20–40 cm ↑ 20–40 cm

Indien bis China. Infloreszenzen hängend mit bis zu 20 zitronen- bis goldgelben, relativ großen Blüten im Frühling und Sommer.

Dendrobium lituiflorum

syn. ***Dendrobium hanburyanum***

↔ 45–70 cm ↑ 60–70 cm

Nordostindien, Thailand, Myanmar, Laos und Südwestchina; in Baumkronen saisonal trockener Wälder. Pseudobulben hängend, dicht stehend mit dünnen, 8–12 cm langen Blättern, die in der Trockenzeit abgeworfen werden. Blütentrieb mit 1–5 duftenden, 25–35 mm großen, hell violetten bis weißen Blüten; Lippe mit dunklem Schlund und hellem Rand. Blütezeit im Frühling.

Dendrobium laevifolium

Dendrobium lawesii

Dendrobium lituiflorum

Dendrobium lichenastrum

Dendrobium monophyllum

Dendrobium moniliforme

Dendrobium macrophyllum

↔ 20–60 cm ↑ 20–70 cm

Von Malaysia bis Neuguinea und auf einigen Inseln im Pazifik; bildet oft große Kolonien. Pseudobulben dicht gedrängt, mit 3–7 Blättern und bis zu 30 lange haltbaren Blüten pro Infloreszenz. Blüht während der wärmeren Monate. Blüten grünlich cremefarben mit kontrastierender Lippe, die fein braun geadert ist. Rückseite der Sepalen und Petalen mit feinen grünen Haaren besetzt.

Dendrobium masarangense

↔ 5–12 cm ↑ 2,5–5 cm

Neuguinea; kompakte, kleinwüchsige Art mit büscheligen Trieben. Blüten lange haltbar, grünlich cremefarben mit leuchtend orangerotem Fleck auf der Lippe. Blüht vom Winter bis in den Frühling. Mag keine konstant warmen Temperaturen und muss in Kultur feucht gehalten werden.

Dendrobium melaleucaphilum

Dendrobium melaleucaphilum

syn. *Dendrobium tetragonum* var. *melaleucaphilum*

↔ 20–50 cm ↑ 20–60 cm

Ostaustralien. Pseudobulben vierkantig, halbhängend mit bis 10-blütigen Büscheln 10 cm großer, grünlich gelber Blüten im Frühling, deren Segmente einen feinen rotbraunen Rand haben. Lippe ausgebreitet, weiß mit purpurvioletter und brauner Zeichnung. Früher als nördliche Küstenform von *D. tetragonum* bekannt.

Dendrobium moniliforme

↔ 20–60 cm ↑ 10–25 cm

Japan und China; kompakte und variable Art, Typus der Gattung. Blüten weiß bis rosa, im Frühjahr. Es gibt auch Formen mit panaschierten (weiß-grün gestreiften) Blättern.

Dendrobium monophyllum

↔ 20–30 cm ↑ 6–20 cm

Cape-York-Halbinsel in Queensland bis in den Nordosten von New South Wales, Australien; an sonnigen Standorten. Pseudobulben gelblich, mit 1–2 Blättern an der Spitze. Aufrechte bis überhängende Infloreszenz mit gelben, duftenden, 6 mm großen Blüten in Abständen von Frühling bis Herbst. Neuerdings als *Australorchis*-Art klassifiziert, was aber nicht überall anerkannt wird.

Dendrobium masarangense

Dendrobium nobile

Dendrobium mutabile

↔ 40–150 cm ↑ 20–90 cm
◆/◇

Java und Sumatra, Indonesien; in saisonal trockenen Wäldern. Pseudobulben dünn, verzweigt, mit immergrünen Blättern, die 8–12 cm lang werden. Blüten im Frühling und Sommer entlang der Pseudobulben in kleinen Büscheln, bis 35 mm breit, weiß bis hellrosa mit einem kleinen gelben Fleck auf der Lippe unter der Säule.

Dendrobium nobile

↔ 20–60 cm ↑ 20–60 cm
◆/◆/◇

Indien bis China; variable Art und Elternteil vieler *Dendrobium*-Hybriden. Pflegeleicht. Blüten von Tiefpurpurviolett bis Reinweiß und zahllosen Zwischentönen sowie zweifarbigen Varietäten. Blütezeit im Frühling. Die Varietät ***D. n.* var. *cooksonianum*** hat wie eine Lippe gefärbte Petalen; ***D. n.* var. *nobilius*** hat tiefdunkle, ***D. n.* var. *virginale*** reinweiße Blüten.

Dendrobium mutabile

Dendrobium pandanicola

↔ 10–40 cm ↑ 10–60 cm
◆/◇

Neuguinea; in Bergwäldern. Nah mit *D. subclausum* verwandt. Die gelben, glockenförmigen Blüten erscheinen im Herbst in kleinen Büscheln an älteren, blattlosen Pseudobulben und werden etwa 25 mm groß.

Dendrobium peguanum

↔ 6–8 cm ↑ 3,5–8 cm ◆

Indien und Myanmar; in Wäldern mit langer Trockenzeit. Pseubulben verkürzt, laubabwerfend, mit 12 mm großen, duftenden Blüten, im Winter und Frühling. Blüten weißlich mit dunkelvioletter, am Rand hellerer Lippe. Nicht ganz einfach in Kultur.

Dendrobium pandanicola

Dendrobium phalaenopsis

syn. ***Dendrobium bigibbum* var. *superbum***

↔ 10–30 cm ↑ 20–80 cm
◆

Nordöstliches Australien; Wahrzeichen des Bundesstaates Queensland und dort auch als Cooktown-Orchidee bekannt (vergleiche auch Seite 137, *D. biggibum*). Blüten attraktiv und auffällig rosaviolett, an bis zu 20-blütigen Rispen, die im Herbst an der Spitze der Pseudobulben erscheinen. Wichtiger Elternteil vieler *Dendrobium-Phalaenopsis*-Hybriden. Braucht im Winter eine trockenere Ruhezeit.

Dendrobium primulinum

↔ 30–50 cm ↑ 40–80 cm
◆/◇

Indien, Myanmar, Thailand, Vietnam, Malaysia und Südchina; in Bergregenwäldern. Pseudobulben, hängend, laubabwerfend mit zahlreichen ledrigen Blättern. Aus jedem Nodium erscheint im Frühling eine 5–6 cm große, duftende Blüte, deren Farbe von Hellrosa bis fast Weiß mit einer hellgelben, röhrenförmigen Lippe reicht. Kultur aufgebunden oder im Korb.

Dendrobium pseudoglomeratum

↔ 20–50 cm ↑ 20–70 cm ◆/◆

Neuguinea. Büschel mit bis zu 16 Blüten, die an blattlosen Pseudobulben erscheinen und in den Kontrastfarben Rosa und Orange gefärbt sind.

Dendrobium nobile var. *virginale*

Dendrobium pulchellum

↔ 0,3–0,9 m ↑ 0,3–2 m
◆

Von Nepal bis China verbreitet. Pseudobulben oft sehr lang, schilfrohrartig. laubabwerfend. Bis zu 12 creme- bis aprikosenfarbene, duftende Blüten an hängenden Infloreszenzen, die im Sommer an älteren, blattlosen Pseudobulben erscheinen. Lippe mit dunkelbraunen Flecken.

Dendrobium rex

syn. ***Dendrobium speciosum* var. *grandiflorum***

↔ 30–150 cm ↑ 30–120 cm
◆/◆/◇

Südliches Queensland, Ostaustralien; In frostfreien tropischen und subtropischen Gegenden ideale Gartenpflanze. Infloreszenz lang, überhängend mit bis zu 200 hellgelben bis goldgelben Blüten mit weißer, rötlich braun gezeichneter Lippe. Blütezeit im Frühling.

Dendrobium roseipes

↔ 45–60 cm ↑ 35–60 cm ◆

Neuguinea; auf moosbewachsenen Ästen. Pseudobulben länglich, aufrecht oder überhängend, mit vielen Blättern, die vor der Blüte abgeworfen werden. An den kahlen Pseudobulben bilden sich dann an den Nodien dichte Büschel leuchtend rosafarbener und weißer, röhrenförmiger Blüten. Die Blüten erscheinen sporadisch zu jeder Jahreszeit. Gedeiht in der Kultur am besten in Lattenkörbchen in reinem Moos (Sphagnum oder Baummoos).

Dendrobium rupestre

↔ 5–10 cm ↑ 2,5–5 cm ◆/◇

Neuguinea; Miniatur-Orchidee. Blüten im Winter, rötlich-purpurn. Die Art toleriert keine längeren Wärmeperioden und muss gleichmäßig feucht gehalten werden.

Dendrobium peguanum

Dendrobium roseipes, Blütenknospen

Dendrobium rex

Dendrobium pseudoglomeratum

Dendrobium roseipes

Dendrobium rupestre

Dendrobium primulinum

Dendrobium sanderae

↔ 50–60 cm ↑ 70–90 cm

Philippinen; attraktive und variable Art. Pseudobulben aufrecht, schilfrohrartig, mit zahlreichen, immergrünen, fein schwarz behaarten Blättern. Die Blüten erscheinen im Frühling und Sommer in Büscheln zu 3–12 an den älteren Pseudobulben, die mehrere Jahre Blüten produzieren. Blüten 8–10 cm groß, weiß; Lippe mit rötlich purpurnen Seitenlappen.
D. s. **var. *luzonicum*** ist kleiner, die Blüten haben einen längeren Sporn; ***D. s.*** **var. *major*** größer mit größeren Blüten; ***D. s.*** **var. *milleri*** hat einen violetten Schlund; ***D. s.*** **var. *parviflorum*** kleinere Blüten und ***D. s.*** **var. *surigaense*** rosa geaderte Seitenlappen.

Dendrobium scabrilingue

syns *Dendrobium galactanthum, D. hedyosmum*

↔ 30–45 cm ↑ 25–35 cm

Myanmar, Thailand und Laos; in feuchten Wäldern. Pseudobulben schilfrohrartig mit immergrünen, fein schwarz behaarten Blättern. Blüten duftend, 35–50 mm groß, im Frühling und Sommer. Sepalen und Petalen grünlich weiß, die Lippe ist gelb und leuchtend grün.

Dendrobium schildhaueri

syn. *Dendrobium virgineum*

↔ 35–45 cm ↑ 30–40 cm

Myanmar, Thailand, Laos und Vietnam; in saisonal trockenen Wäldern. Pseudobulbs schilfrohrartig mit immergrünen, fein schwarz behaarten Blättern. Blüten weiß, bis 6 cm groß, Lippe im Schlund orange, mit nach oben gerichtetem Sporn. Blüht zwischen Frühling und Herbst.

Dendrobium secundum

↔ 30–60 cm ↑ 100 cm

Weitverbreitet im tropischen Asien, im Tiefland von Myanmar, Thailand, der malaysischen Halbinsel, Vietnam und Indonesien bis zu den Philippinen. Pseudobulben kräftig, laubabwerfend. Blüten zu jeder Jahreszeit an den kahlen Pseudobulben, meist an der Spitze in Büscheln. Blüten bis 12 mm groß, leuchtend rosa mit gelber oder orangefarbener, seltener weißer Lippe. Der Cultivar **'White'** hat reinweiße Blüten mit gelber Lippe.

Dendrobium secundum 'White'

Dendrobium schildhaueri

Dendrobium smillieae

↔ 20–70 cm ↑ 20–120 cm

Australien und Neuguinea. Während den wärmeren Monaten im Jahr, in den Tropen auch ganzjährig, entstehen an den Pseudobulben dichte Blütenbüschel von weißen bis grünlich rosafarbenen Blüten mit dunkel bläulichgrüner Lippe.

Dendrobium speciosum

↔ 0,3–3 m ↑ 10–120 cm

New South Wales, Australien; variable Art, die mehrere nah verwandte Arten – *D. curvicaule, D. pedunculatum, D. rex* und *D. tarberi* hat. Wird in frostfreien Gebieten gerne als Gartenpflanze kultiviert und blüht dann im Spätwinter bis in den Frühling. Die Infloreszenzen sind besonders groß und dicht mit weiß bis gelblichen, stark duftenden Blüten besetzt. Pflegeleicht.

Dendrobium spectabile

↔ 20–60 cm ↑ 20–80 cm

Neuguinea; ungewöhnlich Art, die durch die korkenzieherartig gedrehten und verbogenen Blütensegmente auffällt. Infloreszenzen mit bis zu 20 Blüten, die im Frühling oder Sommer erscheinen und etliche Wochen an der Pflanze halten.

Dendrobium subclausum

↔ 10–30 cm ↑ 15–50 cm

Neuguinea. Pseudobulben dünn, aufrecht oder schlaff herabhängend. Oft verzweigt und mit seitlichen Keikis (Tochterpflanzen). Blüten rot bis gelb, auch zweifarbige Formen bekannt. Blüht das über das ganze Jahr verteilt.

Dendrobium sulphureum

↔ 5–12 cm ↑ 2,5–5 cm

Neuguinea; Miniatur-Orchidee. Die grünlich gelben Blüten mit rotem Fleck auf der Lippe blühen ganzjährig und halten sehr lange. Verträgt keine längeren Wärmephasen, feucht halten.

Dendrobium spectabile

D

Dendrobium subclausum am Naturstandort, Neuguinea

Dendrobium sanderae var. *surigaense*

Dendrobium scabrilingue

Dendrobium subclausum

Dendrobium smillieae

Dendrobium sulphureum

D

Dendrobium tarberi am Naturstandort, Lamington National Park, Australien

Dendrobium tapiniense

Dendrobium tetragonum

Dendrobium tetragonum 'Black Boy'

Dendrobium tortile

Dendrobium wentianum

Dendrobium thyrsiflorum

Dendrobium trilamellatum

Dendrobium wardianum

Dendrobium williamsonii

Dendrobium tapiniense
↔ 20–60 cm ↑ 20–80 cm

Neuguinea. Infloreszenzen mit bis zu 12 fleischigen Blüten, im Frühjahr und Sommer, die bis zu 3 Monate halten. Bevorzugt warme Tage und kühle Nächte.

Dendrobium tarberi
syn. *Dendrobium speciosum* subsp. *hillii*
↔ 30–150 cm ↑ 20–110 cm

Ostaustralien. Pseudobulben lang, dünn, mit langen, gebogenen oder hängenden Infloreszenzen, die bis zu 200 duftende, weiße bis cremefarbene, 25–50 mm große Blüten tragen. Lippe weiß mit brauner Zeichnung. Blütezeit im Frühling.

Dendrobium tetragonum
↔ 10–50 cm ↑ 10–70 cm

Australien; variabel mit 3 unterschiedlichen geographischen Typen, die mittlerweile als gute Arten geführt werden: *D. cacatua*, *D. capitisyork* und *D. melaleucaphilum*. Pseudobulben halbhängend, vierkantig. Blüten cremefarben bis gelblich grün, spinnenartig, häufig mit purpurvioletten oder braunen Flecken und Rändern. Lippe weiß oder mit purpurbrauner Zeichnung. Blütezeit im Frühling.

Dendrobium thyrsiflorum
↔ 20–90 cm ↑ 20–60 cm

Indien bis China; einfach zu pflegen. Pseudobulben aufrecht, dicht stehend. Blüten im Spätfrühling in langen Büscheln, weiß mit rosa Hauch, Lippe leuchtend gelb.

Dendrobium tortile
syn. *Dendrobium dartoisianum*
↔ 50–60 cm ↑ 40–50 cm

Nordostindien, Thailand, Myanmar, Laos, Vietnam und Malaysia; in laubabwerfenden Wäldern. Pseudobulben dünn, aufrecht oder hängend, laubabwerfend, mit wenigen dünnen Blättern. Blüht an kahlen Trieben im Frühling bis Herbst. Blüten 6–8 cm groß, duftend, mit verdrehten Blütensegmenten, lila bis weiß; Lippe röhrenförmig und cremefarben.

Dendrobium trilamellatum
syn. *Dendrobium semifuscum*
↔ 40–60 cm ↑ 45–60 cm

Nördliches Queensland, Australien, bis ins südliche Neuguinea und benachbarte Inseln; oft auf *Melaleuca*-Bäumen. Pseudobulben aufrecht, mit mehreren Blättern. Infloreszenz mit bis zu 15 duftenden, gelben bis braunen Blüten im Spätwinter und Frühjahr. Lippe gelb mit dunklerer Zeichnung.

Dendrobium vexillarius
↔ 5–12 cm ↑ 2,5–12 cm

Neuguinea; Miniatur-Orchidee. Pseudobulben eiförmig bis zylindrisch mit bis zu 10 Blättern. Die Infloreszenzen erscheinen ganzjährig und tragen bis zu 5 rote, lange haltbare Blüten. Es gibt auch Populationen mit gelben, orange- oder cremefarbenen und bläulich grauen Blüten. Verträgt keine länger anhaltenden Wärmeperioden und muss in Kultur ständig feucht gehalten werden.

Dendrobium victoriae-reginae
↔ 20–50 cm ↑ 20–60 cm

Philippinen; eine der wenigen »blauen« Orchideen. Bis zu 4 lilabläuliche bis dunkelpurpurblaue Blüten erscheinen aus den Nodien an den Pseudobulben. Es gibt auch eine zartrosa blühende Varietät.

Dendrobium wardianum
↔ 20–40 cm ↑ 20–70 cm

Von Indien bis China; eine mit *D. nobile* verwandte Art. Blüten von wachsartiger Textur, duftend, auffällig dreifarbig mit weißen Blütensegmenten, die violette Spitzen und einen dunkelgelben Fleck auf der Lippe haben. Blüht im Spätfrühling aus den kahlen Pseudobulben.

Dendrobium wentianum
syn. *Dendrobium obtusisepalum*
↔ 10–30 cm ↑ 20–80 cm

Neuguinea; auffallend hängender Wuchs, Blüten leuchtend orangerot, wachsartig, im Frühling. Bevorzugt kühle, feuchte Kulturbedingungen.

Dendrobium williamsonii
↔ 20–30 cm ↑ 20–40 cm

Von Indien bis Thailand. Pseudobulben mit feinen schwarzen Haaren bedeckt. An reifen Trieben erscheinen im Frühjahr 1–2 wachsartige, cremefarbene bis hellgelbe Blüten mit rotem Fleck auf der Lippe. Muss zwischen den Wassergaben austrocknen können.

Dendrobium vexillarius

Dendrobium-Hybriden
Die Anzahl der *Dendrobium*-Hybriden wächst ständig. Während früher *D.-nobile*-Hybriden (im Englischen »softcane-hybrids«, Seite 158 ff.) besonders beliebt waren, liegt der Schwerpunkt heute bei *D.-phalaenopsis*-Hybriden (»hardcane-hybrids«, Seite 156 ff.) für die Schnittblumen- und Topfpflanzenkultur, deren Vielfalt durch die Einkreuzung von »Antilopen-Dendrobien« noch größer wurde. Die kompakt wachsenden Australischen Hybriden (Seite 152 ff.) gewinnen zunehmend Liebhaber.

Dendrobium victoriae-reginae

Australische Hybriden

↔ 20–75 cm ↑ 10–60 cm

Die Australischen Hybriden gehen auf Kreuzungen der Arten *D. kingianum*, *D. speciosum* und *D. tetragonum* zurück. Die meisten blühen im Winter und Frühjahr. Die Blüten erscheinen häufig auch an älteren Pseudobulben. Sie wachsen sehr kompakt und haben viele, stark duftende Blüten. Besonders attraktiv sind folgende Hybriden: **Bardo Rose**, zartrosa, frühblühend; **Barry Simpson**, lila und weiß; **Bellingen**, orangerot und gelb; **Biddy**, gelb, rot gerandet; **Brinawa Sunset**, Kreuzung zwischen *D.* Peewee und *D. falcorostrum*; **Burgundy Cream**, orange und gelb; **Elegant Heart**, Kreuzung zwischen *D.* Peewee und *D. speciosum*; **Hilda Poxon**, beliebte Primärhybride zwischen *D. speciosum* und *D. tetragonum*, blüht mehrmals im Jahr; **Jonathan's Glory**, ähnelt einem verbesserten *D. kingianum*; **Kayla**, langsam wachsend, mit starkem Einfluss von *D. speciosum*; **Kim** mit weißen Blüten, die einen zarten rosa Rand haben; **Lorikeet** mit weißen Blüten, die magentarot gezeichnet sind; **Maroon Star** mit leuchtend gelben Spinnenblüten mit braunem Rand; **Memoria Kevin Conroy**, intensiv dunkelrosa; **Our Reg** mit dunkel karminroten und cremefarbenen Blüten; **Ronnie Gee** mit weißen Blüten, die einen roten Rand haben, besonders intensiv an der Lippe; **Warrior** mit gelbgrünen Sepalen und Petalen und einer rot-weißen Lippe; **Wonga**, cremegelb und dunkelrot auf der Lippe; **Yondi Brolga**, exzellente Blütenform; **Zeus** mit sternförmigen, purpurnen Blüten, blüht mehrmals im Jahr.

D

Dendrobium Elegant Heart

Dendrobium Bardo Rose

Dendrobium Hilda Poxon

Dendrobium (Angellene × Ellen Glow)

Dendrobium Barry Simpson

Dendrobium Biddy

Dendrobium Burgundy Cream

Dendrobium Bellingen

Dendrobium (*fleckeri* × *discolor*)

Dendrobium Golden Dorn

Dendrobium Brinawa Sunset

D

Dendrobium Jonathan's Glory

Dendrobium Our Reg

Dendrobium Kayla

Dendrobium Zeus

Dendrobium Memoria Kevin Conroy

Dendrobium Lorikeet

Dendrobium Warrior

Dendrobium Kim

Dendrobium Maroon Star

Dendrobium Wonga

Dendrobium Yondi Brolga

Dendrobium Ronnie Gee

Dendrobium-Phalaenopsis- Hybriden

↔ 20–80 cm ↑ 20–100 cm

Diese Hybriden gehen auf die Arten *D. bigibbum*, *D. discolor* und *D. phalaenopsis* zurück. Im Englischen nennt man sie »hardcane hybrids« wegen ihrer harten Pseudobulben. Sie blühen das ganze Jahr. Beispielhaft sind: **Chao Praya Rose**, magentarot, lange haltbare Blüten; **Floralia**, reinweiß mit gelber Lippe; **Nagasaki**, weiß mit zartrosa Rand und braunem Lippenschlund; **Nora Tokunaga**, weiß mit purpurner Zeichnung; **Pua'ala**, Hybride aus *D. bigibbum*, *D. macrophyllum* und *D. spectabile*, dunkelrot mit weißem Rand; **Sedona**, weiß mit roter Lippe; **Suzanne Neil**, dunkel violettrosa; **Thai Pinky**, wichtige Schnittblume; **Thanaid Stripes**, stark geaderte Blüten, vor allem auf der Lippe, sowie **White Fairy** mit weißen, gelb überhauchten Blüten.

Dendrobium Chao Praya Rose

Dendrobium Pua'ala

Dendrobium Suzanne Neil

Dendrobium Thanaid Stripes

Dendrobium-Hybride

Dendrobium Nagasaki

Dendrobium Thai Pinky

Dendrobium Andree Millar

Dendrobium Floralia

Dendrobium White Fairy

Dendrobium Sedona

Dendrobium Colorado Springs

Dendrobium Hanafubuki

»Nigrohirsute« Hybriden

↔ 20–40 cm ↕ 20–40 cm

Diese Hybriden haben kurze schwarze Haare auf den Pseudobulben und meist weiße bis cremefarbene Blüten mit kontrastierender Lippenfärbung. **Frosty Dawn** ist eine Hybride zwischen *D.* Dawn Maree und *D.* Lime Frost und blüht im Frühjahr und Sommer. Die Blüten halten etwa 8 Wochen.

Dendrobium-*Nobile*-Hybriden

↔ 15–40 cm ↕ 20–60 cm

Hybriden, die von *D. nobile* und verwandten Arten abstammen. Die Blätter werden bald abgeworfen, bevor im Sommer je bis zu 5 Blüten aus den Nodien entlang der Pseudobulben erscheinen. Empfehlenswert sind:
Akatuki Queen, leuchtend lila mit dunkler Fleck und weißem Ring auf der Lippe;
Bohemian Rhapsody, Hybride zwischen *D. cucullatum* und *D. loddigesii*;
Christmas Chime 'Azuka', Blüten dreifarbig, weiß, violett und braun;
Colorado Springs, weiß mit lila Spitzen und gelbem Lippenfleck;
Gatton Monarch, lila und weiß mit dunklem Lippenfleck;
Golden Blossom 'Kogane', gelb mit rotem Lippenfleck;
Golden Blossom 'Venus', hellgelb;
Hanafubuki, weiß und gelb;
Honey Leen, lilarosa und weiße Petalen und Sepalen, Lippe dunkler;
Kay Lynette, dreifarbig, weiß, lila und gelbbraun;
Lilac Frost, magenta mit dunklem Lippenfleck;
Lovely Virgin 'Angel', magenta und weiß mit gelbem Lippenfleck;
Maihime 'Beauty', dunkelrosa und weiß mit gelbem Schlund;
Oriental Paradise 'Aurora', weiß mit rosa Rand, Lippe mit dunklem Fleck;
Sagamusmi, weiß mit zartgelber Lippe;
Sailor Boy, pastellige Farben, weiß mit gelber Mitte, Sepalen und Petalen mit lila Spitze;
Sailor Boy 'Pinkie', weiße Blüten mit lila Spitzen, Lippe mit gelbem Fleck;
Stardust, gelb, Lippe mit dunkler Zeichnung;
Super Star 'Dandy', magenta, Lippe mit gelber und weißer Zeichnung;
Yukidaruma 'King' eine der schönsten und beliebtesten Nobile-Hybriden.

Dendrobium Bohemian Rhapsody

Dendrobium Gatton Monarch

Dendrobium Christmas Chime 'Azuka'

Dendrobium Golden Blossom 'Kogane'

Dendrobium Akatuki Queen

Dendrobium Kay Lynette

D

Dendrobium Stardust

Dendrobium Lilac Frost

Dendrobium Sagamusmi

Dendrobium Yukidaruma 'King'

Dendrobium Golden Blossom 'Venus'

Dendrobium Sailor Boy 'Pinkie'

Dendrobium Honey Leen

Dendrobium Lovely Virgin 'Angel'

Dendrobium Sailor Boy

Dendrobium Maihime 'Beauty'

Dendrobium Oriental Paradise 'Aurora'

Dendrobium Super Star 'Dandy'

Dendrochilum sp. am Naturstandort, Sabah Kinabalu National Park, Borneo, Malaysia

Dendrochilum cobbianum

Dendrochilum latifolium

Dendrochilum

Die über 200 Arten dieser mit *Coelogyne* verwandten Gattung wachsen sympodial und haben einblättrige Pseudobulben entlang eines kurzen Rhizoms. Die meisten wachsen als Epiphyten in moosbehangenen, feucht-kühlen Nebelwäldern. Nur wenige Arten steigen bis ins tropische Tiefland herab. Das Hauptverbreitungsgebiet liegt in den Philippinen, aber auch auf Borneo und Sumatra in Indonesien finden sich viele Arten. Sie blühen einmal im Jahr mit dem frischen Neutrieb. Die kleinen, häufig farbenprächtigen Blüten sind zweizeilig entlang der Infloreszenz angeordnet, die bei manchen Arten spiralig gedreht ist.

Kultur: Einfach zu kultivieren, viele Arten bilden schnell große Horste. Die Topfkultur ist ideal mit reinem Sphagnum in 10er Töpfen als Pflanzstoff für kleinere Arten. Die größeren wachsen auch in feinen Rindenmischungen, die Kies, Perlit und Moos enthalten. Viel frische Luft, eine konstant hohe Luftfeuchtigkeit und gleichmäßige Substratfeuchte sind wichtig. Die Pflanzen blühen auch an einem schattigen Standort. Während der heißen Sommermonate für Kühlung sorgen. Die Vermehrung erfolgt durch Teilung.

Dendrochilum arachnites

↔ 20–30cm ↑ 15–20 cm

Philippinen, etwas unordentlicher Wuchs. Pseudobulben oval, bis 5 cm hoch mit einem 15 cm langen Blatt. Die überhängende Infloreszenz trägt im Winter bis zu 30 Blüten mit dünnen, hell gelblich grünen Segmenten, die etwa 18 mm lang werden. Wohl die größten Blüten der Gattung.

Dendrochilum cobbianum

↔ 20–50 cm ↑ 15–50 cm

Endemisch auf den Philippinen; von allen Arten der Gattung wohl am häufigsten in Kultur anzutreffen. Pseudobulben dicht stehend, 68 cm hoch mit einem 5–35 cm langen, schmalen Blatt mit prominenter Mittelrippe. Infloreszenz zuerst aufrecht, später überhängend, bis 80 cm lang, dicht mit kleinen Blüten und papierartigen Brakteen (Hüllblättern) besetzt. Blüten weiß bis gelb oder grün, Lippe manchmal in kontrastierenden Tönen; die Nektardrüse in der Mitte der Lippe ist ein diagnostisches Merkmal der Art. Blütezeit von Frühling bis Herbst.

Dendrochilum filiforme

↔ 35–45 cm ↑ 35–45 cm

Endemisch auf den Philippinen. Pseudobulben nur etwa 25 mm hoch, mit einem schmalen, bandförmigen Blatt. Infloreszenz sehr schlank, hängend, 35–45 cm lang und dicht mit vielen kleinen duftenden Blüten besetzt. Blüten hellgelb, Lippe häufig auch dunkler goldgelb. Blütezeit im Frühling bis Sommer.

Dendrochilum glumaceum

↔ 20–60 cm ↑ 20–40 cm

Endemisch auf den Philippinen. Pseudobulben eiförmig mit einem einzelnen Blatt an der Spitze. Die Infloreszenz trägt im Winter bis ins zeitige Frühjahr bis zu 60 Blüten mit stark zugespitzten, weißen bis cremefarbenen Sepalen und Petalen und einer Lippe, deren Färbung von Orange über Gelb und Grün bis nach Braun variiert.

Dendrochilum arachnites

Dendrochilum glumaceum

Dendrochilum latifolium

↔ 20–50 cm ↑ 15–50 cm

Philippinen; eine der größeren Arten der Gattung. Das einzelne Blatt an der Spitze der Pseudobulben erreicht eine Länge von 40 cm. Die Infloreszenz ist länger als die Blätter und trägt bis zu 60 duftende, cremefarbene bis grüne Blüten mit einer braunen Lippe im Sommer.

Dendrochilum niveum

↔ 15–20 cm ↑ 15–20 cm

Philippinen. Pseudobulben bis 30 mm hoch, eiförmig mit einem einzelnen Blatt, das bis 18 cm lang wird. Auf der Unterseite ist die Mittelrippe sehr auffällig. Die Infloreszenzen erscheinen mit dem Neutrieb, werden länger als die Blätter und tragen im Winter etwa 30 kleine, duftende, reinweiße Blüten mit einer hellgelben Lippe.

Dendrochilum saccolabium

↔ 20–60 cm ↑ 20–40 cm

Philippinen; spektakuläre und begehrte Art. Die übergeneigte Infloreszenz trägt bis zu 40 glänzende, rundliche, dunkel bis leuchtend rote Blüten. Blütezeit im Winter.

Dendrochilum simile

syn. *Acoridium simile*

↔ 50–75 cm ↑ 50–75 cm

Auf der malaysischen Halbinsel und den Inseln Sumatra und Java in Indonesien. Das Blatt erreicht eine Länge von 35 cm. Infloreszenz erst aufrecht, später überhängend, bis 40 cm lang, mit vielen grünlich gelben Blüten mit brauner Lippenzeichnung im Winter bis Frühling

Dendrochilum tenellum

↔ 20–80 cm ↑ 20–40 cm

Philippinen; bildet am Naturstandort auf moosbedeckten Äste dichte Kolonien. Eine der untypischsten Orchideen, deren feine, zylindrische Blätter eher an Gräser erinnern. Die winzigen weißen bis cremefarbenen Blüten erscheinen vom Spätwinter bis ins zeitige Frühjahr.

Dendrochilum niveum

Dendrochilum simile

Dendrochilum tenellum

Dimorphorchis lowii

Dichaea sodiroi

Dichaea glauca

Diaphananthe

syn. *Sarcorhynchus*

In dieser Gattung werden etwa 20 kleine bis mittelgroße, monopodial wachsende Orchideen aus Afrika und einigen Inseln im Golf von Guinea zusammengefasst. Viele Arten, die früher zu *Diaphananthe* gehörten, sind nun in der Gattung *Rhipidoglossum* eingeordnet. Die Pflanzen haben lange oder kurze Triebe und bilden zahlreiche Wurzeln aus, die häufig feine weiße Streifen haben, wenn sie nass sind. Die Infloreszenzen tragen kleine bis mittelgroße, durchscheinende Blüten, deren Färbung von Weiß über Gelb bis Strohgelb reicht. Der Name der Gattung ist von dem griechischen Wort *diaphanos* abgeleitet, das durchsichtig bedeutet, und *anthos*, der Bezeichnung für Blüte. Er bezieht sich auf die durchscheinenden Blüten, die ein charakteristisches Merkmal für die Gattung sind.

Kultur: Die kurztriebigen Arten können im Topf in einem Pflanzstoff auf Rindenbasis kultiviert werden. Die langtriebigen Arten fühlen sich mit ihren zahlreichen Wurzeln auf langen Rindenstücken aufgebunden wohler. Die meisten wachsen bei temperiert-warmen Bedingungen am besten und verlangen eine starke Schattierung bei hoher Luftfeuchtigkeit. Wenn die Pflanzen nicht aktiv wachsen, sollte man sie vorsichtiger gießen, völlig austrocknen dürfen sie aber nicht. Vermehrung durch Aussaat.

Diaphananthe fragrantissima

↔ 25–30 cm ↕ 50–75 cm

Kräftig Art aus dem östlichen tropischen Afrika und Südafrika. Triebe hängend, bis 50 cm lang mit 10–40 cm langen, dunkelgrünen, fleischigen Blättern und herabhängenden Infloreszenzen, die eine Länge von 60 cm erreichen. Sie sind meist im Frühling dicht mit 25 mm großen, durchscheinenden cremefarbenen bis gelbgrünen, duftenden Blüten besetzt.

Dichaea

Die über 120 Arten dieser Gattung sind in Mittelamerika und dem nördlichen Teil Südamerikas verbreitet und wachsen epiphytisch oder lithophytisch. Sie leben zusammen mit verschiedenen Moosen in Nebelwäldern. Manche Arten haben einen eher aufrechten Habitus, andere hängen von den Ästen herab. Sie besitzen keine Pseudobulben, sondern verdickte, manchmal auch verzweigte, Triebe mit zweizeilig angeordneten Blättern. Sie pressen sich meist dicht an ihre Unterlage. Abgestorbene, trockene Blätter bleiben lange an der Pflanze haften. Die Blüten stehen einzeln in den Blattachseln und duften oft intensiv. Sie werden von Bienen bestäubt. Eine taxonomische Bearbeitung ist dringend nötig.

Kultur: Schattig und sehr feucht. Die hängenden Arten aufgebunden mit Moosunterlage, die aufrechten auch im Topf. Die Pflanzen dürfen nicht der prallen Sonne ausgesetzt werden oder längere Zeit austrocknen. Vermehrung durch Teilung.

Dichaea glauca

↔ 15–20 cm ↑ 40–60 cm

Mittelamerika und Westindische Inseln. Triebe aufrecht oder hängend. Blätter überlappend, bis 8 cm lang, grau-grün. Die einblütige Infloreszenz trägt eine 25 mm große duftende, schmutzig weiße Blüte mit violetter Zeichnung. Blüht im Frühling.

Dichaea muricata

↔ 10–12 cm ↑ 30–45 cm

Jamaica und Hispaniola; wird häufig mit anderen Arten verwechselt. Triebe aufrecht, abgeflacht, mit Blättern und Hüllblättern bedeckt. Blätter überlappend, bis 35 mm lang. Infloreszenz bis 25 mm lang, mit einer duftenden, weißlichen Blüte, die bis 25 mm groß wird, im Winter.

Dichaea pendula

↔ 30–50 cm ↑ 40–60 cm

Westindische Inseln und Mittelamerika. Trieb hängend, mit überlappenden Blättern, die eine Länge von 5 cm erreichen. Blüten bis 25 mm groß, gelblich mit violetter Zeichnung. Lippe lila. Blüht im Frühling.

Dichaea sodiroi

↔ 10–20 cm ↑ 8–50 cm

Ekuador und Peru; hängender Habitus. Einzelblüten bis 18 mm groß, erscheinen ganzjährig. Die Blütenfarbe ist eine durchscheinde Mischung aus Grün, Purpur und Weiß.

Dimorphorchis

2 außergewöhnliche Orchideen werden in dieser Gattung vereint. Sie kommen auf Borneo in Sarawak vor, wo sie in feucht-heißen Regenwäldern in Küstennähe auf Stämmen und Ästen über Flüssen wachsen. Im benachbarten Sabah bevorzugen sie Bergwälder in Höhenlagen bis 600 m. Sie werden sehr groß und die enorme Infloreszenz trägt 2 unterschiedliche Blüten, daher der Name, vom griechischen *di-*, zwei und *morphe*, Form. Berühmtheit erlangte ein Exemplar in der Sammlung von Lord Rothschild, das im Juni 1887 an 16 Infloreszenz über 650 Blüten trug.
Kultur: In großen Kübeln, die mit Holzkohle oder anderem groben Substrat gefüllt sind. Während der Wachstumszeit brauchen die Pflanzen viel Wärme, Wasser und Dünger. Eine Ruhezeit mit verringerten Wassergaben und kühleren Temperatuern ist für die Blüteninduktion wichtig. Nur starke Pflanzen blühen. Die Vermehrung erfolgt durch Teilung.

Dimorphorchis lowii

syn. *Arachnanthe lowii, Vanda lowii, Vandopsis lowii*

↔ 100–150 cm ↑ 150–200 cm

Borneo. Trieb, bis 2 m lang, an der Basis verzweigt. Blätter bis 70 cm lang. Ältere Triebe bilden mehrere Infloreszenzen, die über 3 m lang werden und im Sommer bis zu 40 Blüten tragen. Im unteren Teil des Blütentriebs sind sie gelblich mit kleinen purpurnen Tupfen und öffnen sich nicht. Die oberen sind weit geöffnet und haben intensiv schokoladenbraun gefleckte Blütensegmente.

Diplocaulobium

Die 100 Arten dieser Gattung wachsen epiphytisich oder lithophytisch und sind mit *Dendrobium* verwandt. Sie kommen in Malaysia, Neuguinea, auf den Pazifischen Inseln und im Nordosten Australiens vor. Die einblättrigen Pseudobulben sind entweder dicht stehend, an der Basis geschwollen und weiter oben zylindrisch oder abgeflacht und in Abständen auf dem Rhizom. Die einblütige Infloreszenz erscheint in den Blattachseln. Die Blüten sind klein bis mittelgroß, unscheinbar bis attraktiv und halten nur 1 Tag. Die Sepalen und Petalen sind ähnlich, die Lippe ist dreilappig.
Kultur: Im Topf oder Korb in einem Standard-Rindensubstrat. Reichlich gießen, aber auf gute Dränage achten. Vermehrung durch Teilung.

Diplocaulobium aratriferum

↔ 12–15 cm ↑ 12–15 cm

Neuguinea; relativ kleine Pflanze. Blüten bis 10 cm groß, mit spinnenartig abstehenden weißen oder cremefarbenen Sepalen und Petalen, die eine Länge von 8 cm erreichen. Lippe gelb mit bräunlich roter Zeichnung. Blüht zu jeder Jahreszeit.

Dipteranthus

In dieser in Südamerika verbreiteten Gattung werden etwa ein Dutzend kleiner, sympodial wachsender Epiphyten vereint. Sie wachsen an den Rändern feuchter Bergwälder. An den kurzen Infloreszenzen sitzen meist gelbliche, an Insekten erinnernde Blüten. Sie haben winzige Pseudobulben, was sie von der nah verwandten Gattung *Zygostates* unterscheidet, und leuchtend grüne Blätter, die fächerförmig angeordnet sind. Viele Arten werden oft als *Zygostates* angeboten.
Kultur: Diese kleinen Zweigepiphyten fühlen sich bei temperierten und luftfeuchten Bedingungen bei guter Luftumwälzung wohl. Sie wachsen am besten aufgebunden auf Kork mit Moosunterlage oder Baumfarnstücken in lichtem Schatten. Direkte Sonne führt zu Verbrennungen. Reichlich wässern und nicht länger austrocknen lassen. Vermehrung durch Teilung stärkerer, mehrtriebiger Pflanzen.

Dipteranthus estradae

Dipteranthus estradae

↔ 3,5–10 cm ↑ 1,8–8 cm

Ekuador. Gebogene oder hängende Infloreszenz mit bis zu 16–12 mm großen, gelben Blüten im Winter oder Frühjahr. Die Blüten erinnern oberflächlich an eine Miniaturausgabe von denen des nicht näher verwandten *Oncidium cheirophorum*.

Diplocaulobium aratriferum

Disa

Die meisten der etwa 100 terrestrisch wachsenden Arten dieser Gattung kommen in Südafrika vor. Viele Arten sind, wenn man von der bekannten *D. uniflora*, die auch »Stolz des Tafelbergs« genannt wird, absieht, nur von botanischem Interesse und selten in Kultur anzutreffen. In der Natur findet man sie häufig am Rand von Feuchtgebieten oder an den Ufern kleiner Bäche in nährstoffarmen Substraten, oft zusammen mit Sphagnum. Es gibt mittlerweile eine Reihe attraktiver Hybriden, von denen viele erst im letzten Jahrzehnt entstanden sind. Viele haben einen großen Anteil von *D. uniflora* in ihrem Stammbaum, sind aber viel wüchsiger und pflegeleichter. Die Farbpalette wird immer größer und reicht von Weiß über Zitronengelb und Orange bis Rosa und den roten Klassikern.

Disa uniflora

Kultur: Lebendes Sphagnum ist das beste Substrat, um diese Orchideen zu kultivieren. Sie reagieren sehr empfindlich auf hartes, kalkhaltiges Wasser, am besten verwendet man Regenwasser. Ganzjährig feucht halten, sie können sogar in Wasser gefüllten Untersetzer gestellt werden. Erwachsene Pflanzen bilden seitliche Kindel, die manchmal auch durch die Abzugslöcher der Töpfe wachsen. Sie können abgetrennt und separat getopft werden. Die Pflanzen müssen jährlich einige Monate nach der Blütezeit in frisches Sphagnum umgetopft werden. Sie bevorzugen kühle bis temperierte Bedingungen und können durch Aussaat und Teilung vermehrt werden.

Disa lugens

Diuris maculata

Disa aurata

syn. ***Disa tripetaloides* var. *aurata***
↔ 20–30 cm ↑ 10–60 cm
Immergrüne Art aus den Provinzen Western Cape, Eastern Cape, Northern Cape und der westlichen Hälfte Nordwest-Südafrikas. Blätter in einer grundständigen Rosette, bis 15 cm lang. Blüht im Sommer. Ähnelt *D. tripetaloides*, unterscheidet sich aber durch die größeren und leuchtend gelben Blüten.

Disa cardinalis

↔ 10–20 cm ↑ 30–70 cm
Immergrüne Art aus den Provinzen Western Cape, Eastern Cape, Northern Cape und der westlichen Hälfte Nordwest-Südafrikas. Verbreitet sich manchmal durch Ausläufer. Blätter in grundständiger Rosette, 5–10 cm lang. Infloreszenz dicht mit bis zu 25 Blüten im Frühling bis Sommer. Blüten rot, gespornt, bis 5 cm breit, das dorsale Sepalum zu einem Helm geformt.

Disa lugens

↔ 3,5–10 cm ↑ 45–100 cm
Endemisch in Südafrika; in der Natur selten. Infloreszenz aufrecht mit bis zu 20 Blüten im Spätfrühling. Blüten bis 30 mm groß, bläulich bis lila mit gelbem Bart auf der Lippe. Schwierig zu kultivieren.

Disa racemosa

↔ 8–12 cm ↑ 8–100 cm
Immergrüne Art, die das gleiche Verbreitungsgebiet wie *D. aurata* hat. Blätter bis 10 cm lang, in einer grundständigen Rosette. Blütentrieb locker- bis dichtblütig mit 2–12 Blüten besetzt. Blütezeit ist im Sommer. Die Blüten sind relativ klein, weiß oder violett-lila. Die Art ist heikel und bisher nicht dauerhaft in der Kultur am Leben zu erhalten.

Disa tripetaloides

↔ 20–30 cm ↑ 10–50 cm
Aus den Provinzen Western Cape, Eastern Cape, Northern Cape und der westlichen Hälfte Nordwest-Südafrikas und der Provinz KwaZulu-Natal. Immergrüne Art, die sich durch Ausläufer ausbreitet. Blätter in grundständiger Rosette, bis 15 cm lang. Blütentrieb aufrecht, mit bis zu 25 weißen, im Verblühen rosafarbenen, 25 mm großen Blüten. Pflanzen aus KwaZulu blühen im Winter, die übrigen im Sommer.

Disa uniflora

↔ 10–25 cm ↑ 15–80 cm
Außergewöhnlich attraktive Art aus der Kapregion Südafrikas. Trotz des botanischen Namens trägt die aufrechte Infloreszenz im Sommer bis zu 6 große Einzelblüten. Die Blütenfarbe variiert von Scharlachrot über verschiedene orange-Töne bis zu einer seltenen reingelben Form (var. *lutea*).

Disa-Hybriden

↔ 10–25 cm ↑ 20–80 cm
Die folgenden Hybriden sind Kreuzungen mit *D. uniflora* und zeichnen sich durch eine höhere Blütenzahl, verschiedene Farben und leichtere Kultur aus. Alle blühen im Sommer.
Diores, Hybride zwischen *D. uniflora* und *D.* Veitchii, haltbare Blüten; **Kewbett**, Hybride zwischen *D.* Betty's Bay und *D.* Kewensis; **Kewensis**, Hybride zwischen *D. uniflora* und *D. tripetaloides*; sowie **Watsonii**, Hybride zwischen *D. uniflora* und *D.* Kewensis.

Diuris

Fast 100 Arten werden in dieser Gattung zusammengefasst. Es sind laubabwerfende, terrestrisch wachsende, in Australien verbreitete Erdorchideen.

Die meisten wachsen im Herbst und Winter und blühen im folgenden Frühling. Anschließend ziehen sie sich in unterirdische Wurzelknollen zurück, um die heißen, trockenen Sommermonate zu überdauern. Sie haben meist nur wenige, grasartige Blätter und eine aufrechte Infloreszenz mit je nach Art bis zu einem Dutzend Blüten. Die Blüten sind gelb mit Kombination von anderen Farben wie Braun-Tönen, Purpur oder Rot. Es gibt auch weiß und rosa blühende Arten. Die meisten werden von Bienen bestäubt, die die Blüten mit denen von Erbsen verwechseln.
Kultur: In einem durchlässigen Erdorchideensubstrat, das zu 50 % aus grobem Sand besteht. Hell und luftig. Im Sommer, während der Ruhezeit, umtopfen. Nur für Spezialisten. Vermehrung durch Aussaat.

Diuris maculata

↔ 10–20 cm ↑ 10–40 cm
Australien; variable Art. Blätter bis 25 cm lang. Infloreszenz aufrecht, mit bis zu 8 Blüten im Frühling. Blütenfarbe Gelb bis Orange mit brauner Zeichnung auf der Außenseite der Petalen.

Disa Diores

Disa Watsonii

Disa Kewbett

Disa Kewensis

Dockrillia

Dockrillia ist eine Gattung, deren 30 Arten hauptsächlich in Australien und Neuguinea, einige auch auf etlichen Inseln im Pazifik vorkommen. Sie wachsen sympodial als Epiphyten und Lithophyten und wurden früher in der umfangreichen Gattung *Dendrobium* eingegliedert. *Dockrillia* unterscheidet sich von *Dendrobium* durch die fehlenden Pseudobulben, die sukkulenten Blätter, die bei vielen Arten typisch teret, also bleistiftartig dünn und im Querschnitt zylindrisch sind, und die meist nicht resupinierten Blüten. Die Lippe zeigt also nach oben. Die Gattung ist nach dem australischen Orchideenforscher Alick Dockrill benannt.

Kultur: *Dockrillia*-Arten sind meist relativ einfach zu kultivieren und tolerieren eine Reihe unterschiedlicher Kulturbedingungen. Die größeren Arten wachsen am besten aufgebunden auf Korkrinde oder Baumfarnstäben. Sie sollten so selten wie möglich umgesetzt werden. Die horstbildenden Arten gedeihen auch in kleinen Töpfen oder Lattenkörbchen in einem durchlässigen Rindensubstrat. Mit der Zeit bilden sie ein großes Wurzelsystem aus, das weder durch unnötiges Umtopfen oder ständiges Hantieren gestört werden sollte. Sie bevorzugen helle bis sehr helle Standorte, sonst wachsen und blühen sie nicht. Vor allem die Arten aus den höher gelegenen Berglagen brauchen kühlere Bedingungen, um zu blühen. Vermehrung durch Teilung.

Dockrillia cucumerina

syn. *Dendrobium cucumerinum*

↔ 15–25 cm ↑ 3,5–5 cm

New South Wales und Queensland im östlichen Australien; ungewöhnlicher und auffälliger Habitus. Die dunkelgrünen, warzigen sukkulenten Blätter ähneln kleinen Gewürzgurken. Blüten bis 25 mm groß, an bis zu 12-blütigen Infloreszenzen. Blütensegmente cremefarben mit brauner Zeichnung an der Basis und auf der welligen Lippe. Blüht vom Spätfrühling bis in den Sommer. Kann in der Kultur etwas heikel sein.

Dockrillia linguiformis

syn. *Dendrobium linguiforme*

↔ 10–60 cm ↑ 2,5–12 cm

Variable australische Art; Typus der Gattung. Interssanter, kriechender Habitus mit 35 mm langen, fleischigen und runzligen Blättern, die zweizeilig am Rhizom angeordnet sind. Die kurzen Infloreszenzen tragen im Frühling fedrige Blütenbüschel. Die Blüten öffnen sich grünlich gelb und färben sich dann innerhalb einiger Tage nach Weiß um. Die Blüten sind größer und mit schmaleren Segmenten als die der verwandten, runzlig-blättrigen *D. nugentii*.

Dockrillia schoenina

syn. *Dendrobium beckleri*

↔ 10–50 cm ↑ 10–80 cm

Ostaustralien. Blätter zylindrisch. Blüten einzeln oder zu zweit, bis 30 mm groß, duftend, cremefarben bis weiß, gestreift; Lippe purpurn, grün und weiß mit krausem Endlappen. Blüht im Frühling.

Dockrillia striolata

syn. *Dendrobium striolatum*

↔ 10–50 cm ↑ 10–75 cm

Variable horstbildende Art aus Südostaustralien; in Bergregionen. Blätter hängend, in der prallen Sonne purpurrot überlaufen. Blüten grünlich gelb bis braunrosa, auf der Rückseite mit dunklen Adern. Lippe reinweiß mit gekräuseltem Endlappen. Blüht im Spätfrühling. Relativ kältetolerant, in manchen Gegenden auch kurzen Schneeschauern im Winter ausgesetzt. Blüht bei warmer Kultur nicht.

Dockrillia teretifolia

syn. *Dendrobium teretifolium*

↔ 0,3–0,9 m ↑ 0,3–3 m

Ostaustralien, wohl die auffälligste Art. Die hängenden Blätter erreichen eine Länge von 60 cm. Im Spätwinter oder Frühling erscheinen Massen von duftenden, weißen bis grünlich cremefarbenen, fedrigen Blüten. Wächst am besten aufgebunden bei viel Licht und guter Luftumwälzung.

Dockrillia wassellii

syn. *Dendrobium wassellii*

↔ 6–20 cm ↑ 6–15 cm

Anpassungsfähige Art aus dem nördlichsten Teil Queenslands, Australien; wächst in unterschiedlichen Temperaturbereichen. Attraktive, sukkulent aufrechte Blätter. Infloreszenz aufrecht, dicht mit bis zu 50 schlanken weißen Blüten mit gelber Lippe. Blüht in Massen in den wärmeren Monaten des Jahres.

Dockrillia linguiformis

Dockrillia striolata am Naturstandort in Victoria, Australien

Dockrillia wassellii

Dockrillia cucumerina, Blätter

Dockrillia schoenina

Dracula chimaera

Dracula gigas 'Mamie'

Dracula polyphemus

Dracula Quasimodo

Dracula

Diese kühl wachsenden, sympodialen Orchideen sind mit *Masdevallia* verwandt und wurden früher auch in dieser großen Gattung integriert. Die meisten der etwa 100 Arten leben in hochgelegenen feucht-kühlen Nebelwäldern von Westkolumbien bis Ekuador. So nah am Äquator gelegen gibt es fast keine jahreszeitlichen Klimaschwankungen und die Pflanzen wachsen bei ganzjährig konstanten Bedingungen. Im Habitus ähneln sich alle Arten, mit einem einzelnen, fleischigen aufrechten Blatt, das häufig paddelförmig ist. Die ungewöhnlichen Blüten sehen fast wie kleine »Gesichter« aus, mit den winzigen Petalen als »Augen«. Die reinen Arten sind oft sehr heikel in der Kultur, es gibt aber eine wachsende Anzahl an wüchsigeren *Dracula*-Hybriden. Die Kreuzung mit Arten der Gattung *Masdevallia* ergibt *Dracuvallia*.

Kultur: Diese Orchideen brauchen kühle bis kalte Bedingungen und gehen bei Temperaturen über 26 °C sehr schnell ein. Nachts sollte die Temperatur zwischen 8–12 °C liegen. Nur innerhalb dieses Temperaturfensters wachsen die Pflanzen. Sie brauchen außerdem eine sehr hohe Luftfeuchtigkeit bei starker Luftbewegung, sonst bekommen die Blätter schwarze Flecken. Lebendes Sphagnum ist als Substrat ideal. Aufgrund der hängenden Blütentriebe vieler Arten sind Latten- oder Maschendrahtkörbe ideal. Die Schattierung sollte mindestens 70 % betragen, besonders bei warmen sonnigen Wetter. Viele Liebhaber bauen spezielle Kulturhäuser nur für diese Arten. Bei hohen Temperaturen kollabieren die Blüten, können aber durch Besprühen mit kaltem Wasser »wiederbelebt« werden. Die Vermehrung erfolgt durch Teilung.

Dracula Cafe Mocha

Dracula bella

syn. *Masdevallia bella*
↔ 25–30 cm ↑ 18–30 cm
⚲ ☀ ◆/◇ ✽ ▽

Kolumbien; in schattigen, feucht-kühlen Nebelwäldern. Keine Pseudobulben. Blätter aufrecht, in Büscheln, dünn, schmal-länglich. Infloreszenz hängend, mit dreieckigen Blüten, die 12–18 cm breit werden und gelblich rot sind. Petalen sehr klein, Sepalen mit langen »Schwänzen«. Lippe groß, pilzförmig. Blüht sporadisch das ganze Jahr über. Kühl in moosgefüllten Körbchen kultivieren.

Dracula Cafe Mocha

↔ 20–40 cm ↑ 20–35 cm
⚲ ☀ ◆/◇ ✽ ▽

Hybride zwischen *D.* Quasimodo und *D. tubeana*. Blüten gelb mit roten Flecken, meist im Winter bis Frühjahr. Darf nicht austrocknen oder der direkten Sonne ausgesetzt werden.

Dracula chimaera

syn. *Masdevallia chimaera*
↔ 30–40 cm ↑ 18–45 cm ⚲ ☀ ◇ ✽ ▽

Endemisch in Kolumbien; in feuchten, kühlen Bergwäldern. Hat mit 30–45 cm inklusive der Sepalenanhängsel wohl die größen Blüten der Gattung. Keine Pseudobulben. Blätter in Büscheln, aufrecht, dünn. Blüte variabel, meist hell- bis dunkelbraun mit gelber Zeichnung, mit kurzen Haaren besetzt. Petalen klein, Lippe weiß bis rosa. Eine der wenigen Draculas mit unbeweglicher Lippe. Blüht sporadisch das ganze Jahr durch. Am besten im Korb kultivieren.

Dracula gigas

syn. *Masdevallia gigas*
↔ 25–35 cm ↑ 35–45 cm
⚲ ☀ ◆/◇ ✽ ▽

Kolumbien und Ekuador; in kühlen Bergwäldern. Blätter dünn, schmal, in Büscheln. Infloreszenz halbaufrecht, mit wenigen, sich nacheinander öffnenden, nach unten zeigenden Blüten. Blüten 15–20 cm breit, rosabraun mit dunkleren Sepalenschwänzen. Lippe weiß. Der Cultivar **'Mamie'** hat gelblich braune Blüten.

Dracula polyphemus

syn. *Masdevallia polyphemus*
↔ 30–40 cm ↑ 50–60 cm
⚲ ☀ ◆/◇ ✽ ▽

Endemisch in Ekuador; in feucht-kühlen Bergwäldern. Blätter schmal-länglich, dünn, in Büscheln. Infloreszenz waagrecht oder hängend mit nach unten zeigenden, sich nacheinanderöffnenden, 20–30 cm großen Blüten. Die langen Anhängsel sind deieckig und sehr flach, die Blüten rötlich mit weißer Zeichnung in der Mitte. Blüht fast ganzjährig in Intervallen.

Dracula Quasimodo

↔ 20–40 cm ↑ 20–35 cm

Primärhybride zwischen *D. gigas* und *D. bella*. Blüten hellgelb, rot gesprenkelt, im Winter und Frühling. Die dünnen Infloreszenzen wachsen nach unten, deshalb im Drahtkorb in Sphagnum kultivieren.

Dracula tubeana

↔ 10–40 cm ↑ 10–40 cm

Ekuador. Mittelgroße, cremeweiße Blüten mit auffälligem roten Rand und weißer Lippe; Sepalen mit fei-nen Härchen am Rand. Blüht im Frühling.

Dracula vampira

syn. *Masdevallia vampira*

↔ 30–40 cm ↑ 50–60 cm

Auffällige Art aus Ekudaor; in feuchten Bergwäldern. Blätter in Büscheln, dünn, schmal-länglich. Infloreszenz waagrecht bis hängend, mit nacheinander aufblühenden, 25–35 cm großen Blüten, die auf den Sepalen und Petalen schwarz-weiße Streifen haben. Petalen winzig, Lippe rosa. Blüht fast immer. **'Bela Lugosi'** ist ein prämierter Klon mit großen, gut gefomten Blüten.

Dracula velutina

Dracula velutina

↔ 10–40 cm ↑ 10–40 cm

Kolumbien. Kleinblütigere Art mit schmalen Blättern. Blüte weiß mit dunkel purpurnen Sepalenanhängseln. Blüht in Abständen im Frühling und Sommer.

Drakaea

Gattung mit etwa 10 laubabwerfenden, terrestrischen Arten, die endemisch in Südwestaustralien vorkommen. Die meisten Arten wachsen in Heidesteppen und sandigen Freiflächen. Die Lippe ist beweglich und ähnelt in ihrer Form einem Insekt – so werden verschiedene Wespenarten angelockt, deren Männchen, beim Versuch mit der Lippe zu kopulieren und diese davon zu tragen, von der Lippe auf die Pollinien und Narbe gedrückt werden. In Australien nennt man sie deshalb auch Hammer-Orchideen. Die Lippe imitiert nicht nur das äußere eines Wespenweibchens, sondern verströmt auch einen ähnlichen Duft. Der Rest der Blüte ist so unauffällig, dass der Eindruck entsteht, die Lippe würde in der Luft schweben. In Dokumentarfilmen werden diese Orchideen oft als Beispiel für spezialisierte Blütenbestäubungsmechanismen porträtiert.

Kultur: Trotz vieler Versuche ist es auch engagierten Orchideenforschern bislang noch nicht gelungen, diese hoch spezialisierten Orchideen über längere Zeit in Kultur am Leben zu erhalten. Sie sollten besser in ihrem natürlichen Lebensraum belassen werden.

Drakaea glyptodon

Drakaea glyptodon

↔ 12–35 mm ↑ 10–35 cm

Südwestaustralien. Die häufigste und bekannteste Art dieser Gattung. Das auf dem Boden aufliegende Blatt ist winzig. Die lange Infloreszenz trägt eine einzelne, bizarre Blüte, die bis 30 mm groß wird und ihrem Bestäuber, einer Wespe, ähnelt.

Dracula tubeana

Dryadella

syn. ***Trigonanthe***

Die etwa 30 Arten dieser Gattung wurden früher zu *Masdevallia* gestellt. Sie sind von Guatemala bis nach Brasilien verbreitet und wachsen epiphytisch in feuchten Nebelwäldern in Höhenlagen von 400–2500 m. Dem kriechenden Rhizom entspringen Blätter und kleine Blüten, die oft zwischen den Blättern versteckt sind.

Dryadella zebrina

Kultur: Temperiert und bei hoher Luftfeuchtigkeit. Ganzjährig feucht halten. Die Arten wachsen in kleinen Töpfen genauso gut wie aufgebunden mit einer Unterlage von lebendem Moos. Keine Ruhezeit. Vermehrung durch Teilung größerer Pflanzen.

Dryadella edwallii

syns ***Masdevallia edwallii, Trigonanthe edwallii***

↔ 2,5–5 cm ↑ 2,5–5 cm

Brasilien; in feuchten Wäldern. Blätter dunkelgrün, bis 8 cm lang. Blüten gelblich mit purpurbraunen Tupfen, etwa 25 mm groß. Blüht im Sommer, vereinzelte Blüten ganzjährig.

Dryadella pusiola

syns ***Dryadella albicans, Masdevallia albicans***

↔ 5–8 cm ↑ 6–8 cm

Zwergwüchsige Art aus Ekuador; in feuchten Wäldern. Blätter linear, verdickt. Infloreszenzen kürzer als die Blätter mit kleinen, 18 mm großen dreieckigen, weißen Blüten; Sepalen mit kurzen Anhängseln. Blüht zu unterschiedlichen Zeiten das ganze Jahr über. Gedeiht im Topf oder mit Moos aufgebunden.

Dryadella zebrina

syn. ***Masdevallia zebrina***

↔ 3,5–5 cm ↑ 5–6 cm

Miniatur-Orchidee aus Südostbrasilien; in schattigen, feuchten Wäldern. Lineare Blätter in kleinen Büscheln, manchmal rötlich überlaufen. Blüten klein, kaum 12 mm groß, dreieckig; Sepalen mit kurzen Anhängseln. Blüte grünlich gelb, rötlich braun gestreift und gepunktet. Blüht zu unterschiedlichen Jahreszeiten und wächst in kleinen Töpfen genauso gut wie aufgebunden, darf nie völlig austrocknen.

Dyakia

Monotypische Gattung mit einer Art aus Borneo, die früher der Gattung *Ascocentrum* zugerechnet wurde. Unterscheidet sich in der Blütenstruktur und durch die Blätter, die breit und flach, nicht gefaltet wie bei *Ascocentrum*, sind. Die duftenden Blüten erscheinen an aufrechten Rispen.

Kultur: Diese kompakt wachsenden Epiphyten brauchen ganzjährig warme bis sehr warme, luftfeuchte Bedingungen und viel Licht. Sie wachsen im Topf oder auf Korkrinde aufgebunden und können durch Teilung vermehrt werden.

Dyakia hendersoniana

Dyakia hendersoniana

syn. ***Ascocentrum hendersoniana***

↔ 6–15 cm ↑ 8–20 cm

Borneo. Infloreszenzen aufrecht, dicht mit magentaroten bis rosa Blüten besetzt. Lippe weiß. Blüht in den wärmeren Sommermonaten, in den Tropen auch ganzjährig.

Dryadella pusiola

Elythranthera

Die beiden Arten dieser Gattung sind eng mit *Glossodia* und *Caladenia* verwandt. Sie wachsen terrestrisch und ziehen sich während der Trockenzeit in unterirdische Wurzelknollen zurück. Sie kommen nur im äußersten Südwestens Australiens in Heidegebieten und *Banksia*-Wäldern vor. Sie haben ein einzelnes grünes Blatt, das bis 8 cm lang wird und auf der Unterseite häufig purpurn überlaufen ist. Die aufrechte Infloreszenz trägt bis zu 4 Blüten, die besonders zahlreich nach Buschbränden im Sommer erscheinen.
Kultur: Diese wunderschönen Orchideen sind praktisch nicht zu kultivieren und sollten in ihrem natürlichen Lebensraum belassen werden.

Elythranthera brunonis

↔ 2,5–8 cm ↕ 15–30 cm

Südwestaustralien; eine der bekanntesten und beliebtsten Wildblumen Westaustraliens. Blüten bis 30 mm groß, im Frühling, glänzend purpurviolett.

Encyclia

Diese komplexe Gattung enthält über 200 sympodiale Orchideen, die von Mexiko über Mittelamerika und der Karibik bis nach Südamerika verbreitet sind. Sie wurden früher der Gattung *Epidendrum* zugerechnet. Sie wachsen oft in dichten Horsten, mit auffälligen Pseudobulben, die 2–3 Blätter an der Spitze tragen. Ein Teil der Arten wurde 1998 in die neue Gattung *Prosthechea* (Seite 276) überführt, was trotz ihrer anderen Blütenstruktur noch nicht überall anerkannt wird. Die meisten Arten blühen im Sommer und haben intensiv duftende Blüten.
Kultur: *Encyclia*-Arten sind einfach in der Kultur; die meisten wachsen bei temperierten bis warmen Bedingungen auf Korkrinde aufgebunden oder im Topf in einem groben Rindensubstrat am besten und brauchen vom Spätherbst bis zum Frühling eine deutliche Ruheperiode. Ein heller Standort wird bevorzugt. Viele Arten gedeihen auch auf der Fensterbank und blühen regelmäßig. Vermehrung durch Teilung.

Encyclia alata

↔ 20–50 cm ↕ 20–90 cm

Mittelamerika. Sehr variable Art mit etlichen Formen, die sich in Blütenfarbe und -form unterscheiden. Pseudobulben konisch. Blüten auf hohen Infloreszenzen, im Sommer, hellbraun mit weißer und gelber Lippe, die eine dunkelviolette Aderung hat. ***E. a.* subsp. *virella*** (syn. *E. belizensis*) hat bis zu 16 duftende, lange haltbare Blüten in Senfgelb mit bräunlichen Tönen, die einen Durchmesser von 35 mm erreichen.

Encyclia hanburyi

↔ 20–50 cm ↕ 20–70 cm

Mexiko. Pseudobulben konisch; Blätter bis 25 cm lang. Infloreszenz aufrecht, die braunen, 35 mm großen Blüten haben eine kontrastierende rosa-violette Lippe. Blüht im Frühling und Sommer.

Encyclia randii

↔ 30–60 cm ↕ 30–60 cm

Brasilien bis Kolumbien. Pseudobulben zwiebelförmig, mit 2–3 langlebigen Blättern. Im Frühling und Sommer erscheinen bis zu 12 bräunlich grüne, 35 mm große Blüten mit weißer, violett gezeichneter Lippe.

Elythranthera brunonis

Encyclia alata subsp. *virella*

Encyclia randii

Encyclia hanburyi

Epiblastus

Diese kleine Gattung umfasst etwa 15 sympodiale Orchideenarten mit etwas sukkulentem Habitus. Sie kommen in den oberen Höhenlagen von Sulawesi, Indonesien bis zu einigen Inseln im Pazifik vor. Sie haben ein verzweigtes Rhizom und tragen in der Natur in den kühleren Monaten Büschel leuchtend gefärbter Blüten.

Kultur: Relativ selten. Kühl-temperiert, im Topf in Sphagnum, größere Exemplare auch aufgebunden, solange das Substrat feucht bleibt. Sie vertragen keine längeren Wärmeperioden und müssen in einem feuchten und luftkühlen Klima kultiviert werden. Die meisten Arten blühen in Mitteleuropa von Herbst bis in den Frühling. Vermehrung durch Teilung.

Epicattleya Siam Jade

Epiblastus basalis

↔ 10–30 cm) ↑ 10–30 cm

Neuguinea; am häufigsten in Kultur. Blüten, in Büscheln, von wachsartiger Textur, klein, bis 12 mm groß. Blüht im Frühling.

Epicattleya

Hybridgattung aus *Epidendrum* und *Cattleya,* die viele neuere, wüchsige und blühwillige Hybriden enthält. Bei vielen Kreuzungen sind *Encyclia*-Arten, die früher zu *Epidendrum* gestellt waren, beteiligt. Sie wachsen kompakt und produzieren zahlreiche, attraktive Blüten, die angenehm duften.

Kultur: Diese Orchideen gedeihen in Ton- oder Kunststofftöpfen, in Körbchen oder aufgebunden, solange das Substrat zwischen den Wassergaben völlig austrocknen kann. Sie brauchen viel Licht und temperiert-warme Bedingungen. Im Winter können sie kühler stehen, wenn sie trocken gehalten werden. Die Vermehrung erfolgt durch Teilung.

Epicattleya Purple Glory 'Moir's Pride'

↔ 15–40 cm ↑ 20–50 cm

Primärhybride zwischen *Encyclia adenocaula* (früher unter dem Namen *Epidendrum nemorale* bekannt) und der intensiv gefärbten *Cattleya violacea*. Die aufrechten Infloreszenzen tragen bis zu 6 attraktive rosa bis purpurviolette Blüten, die, über die Petalen gemessen, eine Breite von bis zu 10 cm erreichen.

Epicattleya Siam Jade

↔ 10–40 cm ↑ 20–40 cm

Beliebte Kreuzung, bei deren Entstehung 7 verschiedene Orchideenarten beteiligt waren. Die auffälligsten unter diesen sind die Albino-Form der zweiblättrigen brasilianischen *Cattleya guttata* und die grün und weiß blühende *Euchile mariae* (früher unter dem Namen *Encyclia mariae* bekannt). Die zartgrünen und weißen Blüten erscheinen im Frühling.

Epiblastus basalis

Epicattleya Purple Glory 'Moir's Pride'

Epidendrum-Hybriden

↔ 20–120 cm ↑ 20–120 cm

◆/◈/◇

Die meisten Hybriden haben gelbe, orangefarbene oder rote Blüten und stammen von *E. ibaguense* und verwanden Arten ab. Sie blühen häufig das ganze Jahr durch. Viele der älteren Kreuzungen werden sehr hoch, bis 1,20 m, die neueren wachsen kompakt und bleiben mit 60 cm niedriger. Attraktive Beispiele sind:
Cosmo Dream Color 'Momo 1', leuchtend rosa mit gelbem Fleck auf der gefransten Lippe;
Hokulea, orangerot mit gelber Lippe;
Hokulea 'Santa Barbara', kompakt wachsend mit leuchtenden Blüten;
Joseph Glow 'Seto Raspberry', Blüten orangerot, Lippe gelb bis orangegelb mit roten Tupfen;
Joseph Lii 'Reiddy', scharlachrot mit gelbem Fleck auf der Lippe;
Orange Glow, aprikotfarbene Blüten mit zitronengelber, im Schlund orangegelber Lippe mit gefranstem Rand;
Pacific Ember, leuchtend orange Blüten mit gefranster Lippe, die im Schlund aprikotfarben ist, zum Rand dunkler;
Pacific Girl, leuchtend orangefarbene Blüten mit gelbem Lippenschlund;
Pom Pom, orangerote Blüten;
Venus Valley 'Lemon', gelbe Blüten.
In den letzten Jahren sind auch etliche weiß blühende Neuzüchtungen in den Handel gekommen.

Epidendrum pseudepidendrum

Epidendrum secundum

Epidendrum secundum 'Clark'

Epidendrum Hokulea 'Santa Barbara'

Epidendrum stanfordianum 'Tabitha Davis'

Epidendrum Hokulea

Epidendrum Cosmo Dream Color 'Momo 1'

Epidendrum Joseph Glow 'Seto Raspberry'

Epidendrum Pacific Vista

Epidendrum Orange Glow

Epidendrum Pacific Vista

Epidendrum Pacific Ember

Epidendrum Pacific Girl

Epidendrum Joseph Lii 'Reiddy'

Epidendrum Pom Pom

E

Epidendrum-Hybride 'Salmon Sunset'

Epidendrum Pretty Princess

Epidendrum Venus Valley 'Lemon'

Epidendrum-Hybride 'Tiny Red'

Epidendrum-Hybride 'Tokyo Snow'

Epipactis gigantea

Epipactis helleborine

Epigeneium

In dieser Gattung, die von Indien und Nepal über ganz Asien bis zu den Philippinen vorkommt, werden etwa 35 Arten zusammengefasst. Sie wachsen epiphytisch oder lithophytisch und haben eiförmige bis konische, zweiblättrige Pseudobulben, die in deutlichen Abständen auf dem Rhizom stehen. An der Spitze der Pseudobulben erscheint eine bis 20-blütige Infloreszenz mit mittelgroßen bis großen Blüten, die meist weiß, grünlich weiß oder rosabräunlich sind und häufig rot gepunktet oder gestreift sind. Die Sepalen und Petalen sind ausgebreitet, die dreilappige Lippe ist beweglich. **Kultur:** Aufgrund des kriechenden Habitus wachsen *Epigeneium*-Arten am besten in flachen Körben oder auf waagrechten Rindenstücken. Sie bevorzugen eine hohe Luftfeuchtigkeit während der Wachstumsphase, sollten aber zur Ruhezeit trockener stehen. Die Pseudobulben dürfen aber nicht schrumpfen. Die Vermehrung erfolgt durch Teilung.

Epigeneium triflorum

syn. *Dendrobium triflorum*

↔ 20–40 cm ↑ 12–30 cm

Endemisch auf der Insel Java in Indonesien; in bewaldeten Bergregionen. Wuchs kriechend, mit ovalen Pseudobulben, die 1–2 lineare Blätter an der Spitze tragen. Die Infloreszenz, die an der Spitze der Pseudobulben erscheint, trägt 6–17 cremegelbe Blüten. Die Lippe ist weiß, gelb und rötlich und die Blütezeit liegt im Spätsommer. Die Varietät *E. t.* **var. *orientale*** wird insgesamt in allen Teilen größer und hat bis zu 17 Blüten an jeder Infloreszenz.

Epipactis

Sumpfwurz, Stendelwurz

Die 35 Arten dieser Gattung sind in den gemäßigten Breiten Europas, Asiens und Nordamerikas, 3 Arten im tropischen Afrika verbreitet. Sie wachsen terrestrisch und haben ein kriechendes Rhizom, fleischige Wurzeln und aufrechte, beblätterte Triebe. Die terminale Infloreszenz trägt wenige bis viele, meist grünliche oder grünlich violette Blüten, die häufig prominente Brakteen besitzen. Die Sepalen und Petalen sind frei, ausgebreitet oder nach vorne gebogen.
Kultur: Viele Arten sind frosthart und können im Garten an halbschattigen Plätzen ausgepflanzt werden. Der Boden sollte sandig sein, ein Substrat aus Lehm, Torf, Sphagnum und Sand ist auch geeignet. Vermehrung durch Teilung großer Kolonien.

Epipactis gigantea

syn. *Epipactis americana*

↔ 20–40 cm ↑ 60–100 cm

Kanada und USA bis nach Mexiko; an Flussufern; in Sümpfen oder feuchten Stellen in Höhenlagen von 150– 500 m. Trieb mit 4–12 Blättern, die 20 cm lang werden. Blüten groß, bis 8 cm breit, Sepalen gelblich grün, Petalen rosafarben, Lippe dunkel geadert. Blüht im Frühling bis Sommer.

Epipactis helleborine

Breitblättrige Stendelwurz

↔ 10–30 cm ↑ 20–100 cm

Weitverbreitet in Europa, in Teilen Nordamerikas verwildert. Stängel aufrecht, mit 4–10 ovalen, 5–15 cm langen Blättern. Infloreszenz locker- bis dichtblütig, im Sommer. Blüten klein, alle in eine Richtung geneigt, grünlich bis purpurn.

Epiphronitis Veitchii

Epipactis palustris

Sumpf-Stendelwurz

↔ 10–15 cm ↑ 30–40 cm

Europa, Eurasien und nördliches Afrika; an sumpfigen Stellen und feuchten Waldlichtungen von Meereshöhe bis auf 1600 m. Bis zu 15 Blüten, die 25 mm groß werden und grünliche Sepalen, cremefarbene, rötlich überhauchten Petalen und eine weiße Lippe mit rötlicher Aderung haben; blüht im Sommer an der Triebspitze.

Epipactis viridiflora

syn. *Epipactis purpurata*

Violette Stendelwurz

↔ 10–20 cm ↑ 20–90 cm

Nordwest- und Mitteleuropa; manchmal in großen Kolonien. 4–10 Blätter, die eine Länge von 10 cm erreichen und graugün gefärbt sind, oft purpurrot überhaucht. Infloreszenz dicht- und vielblütig, im Spätsommer und Frühherbst, behaart. Sepalen und Petalen grünlich weiß, oft violett überhaucht, Lippe weiß oder hellrosa.

Epigeneium triflorum var. *orientale*

Eria aporoides

Epiphronitis

Primärhybride zwischen den Gattungen *Epidendrum* und *Sophronitis*. Die meisten der etwa 15 registrierten Hybriden haben als einen Elternteil *Sophronitis coccinea,* durch den die Blütenfarbe, -form und -größe beeinflusst wird. Diese Hybriden haben flache, rundliche Blüten in unterschiedlichen Rot-Tönen. *Sophronitis* dominiert vor allem die Blütenmerkmale, während sich *Epidendrum* beim Wuchs durchsetzt. Dieser ist je nach beteiligter Elternart mit aufrechten Trieben oder kompakten Pseudobulben.
Kultur: Hybriden mit aufrechten Trieben wachsen am besten im Topf in einem durchlässigen Substrat, jene mit Pseudobulben auch aufgebunden oder in kleinen Tontöpfchen. Temperiert-warme Bedingungen bei relativ viel Licht sind optimal. Eine hohe Luftfeuchtigkeit und ständige Luftbewegung sind wichtig. Während der Wachstumszeit wöchentlich mit verdünnter Düngerlösung gießen. Zwischen den Wassergaben austrocknen lassen. Vermehrung durch Teilung oder bei den Hybriden mit längeren Trieben durch Keikis.

Epiphronitis Veitchii

↔ 5–15 cm ↑ 10–50cm

Primärhybride zwischen *Epidendrum radicans* und *Sophronitis coccinea* mit kompakten, aufrechten Trieben. Blätter sukkulent, bis 5 cm lang. Blüten scharlachrot, bis 35 mm breit mit breiter Lippe, die in der Mitte gelblich gezeichnet ist. Blüht vom Frühling bis Herbst mehrmals in Abständen an einer terminalen Infloreszenz.

Eria

Die Gattung *Eria* ist im tropischen Asien, Neuguinea, Australien und Polynesien verbreitet. Obwohl sie mehrere hundert Arten umfasst, sind nur wenige in Kultur. Sie wachsen sympodial, manche Arten haben Pseudobulben, andere bilden schilfartige Triebe oder verdickte Rhizome aus. Die einzelnen Blüten halten nur wenige Tage, die Pflanzen blühen aber mehrmals im Jahr. Manche Arten sind zu Blütezeit spektakulär und machen die kleine Blütengröße durch die Anzahl der produzierten Blüten wett. Sie wachsen meist epiphytisch, manche auch lithophytisch.
Kultur: Die meisten *Eria*-Arten sind relativ einfach zu kultivieren, solange ihre Ansprüche an die Feuchtigkeit und Temperatur befriedigt werden. Sie bevorzugen gebrochenes Licht, viele Arten vertragen aber auch höhere Lichtintensitäten. Die kleineren Arten wachsen am besten im Topf, in einem Rindensubstrat, das während der Wachstumsperidoe immer feucht gehalten werden muss. Die Tieflandarten brauchen ganzjährig feuchtwarme Bedingungen, während Arten aus höher gelegenen Regionen kühlere Temperaturen bevorzugen. Die Vermehrung erfolgt durch Teilung.

Eria aporoides

↔ 10–25 cm ↑ 10–25 cm

Endemisch auf den Philippinen. Die Blüten erscheinen genau 9 Tage nach einem Gewitter. Man nimmt an, dass plötzliche Veränderungen des Luftdrucks alle Pflanzen einer Region zu einer synchronisierten Blütenbildung anregen. Die kleinen, 12 mm großen, weißen Blüten erscheinen dann gleichzeitig aus den Nodien zwischen den Blättern und halten nur einen einzigen Tag.

E

Eria gigantea

Eria gigantea

↔ 20–60 cm ↑ 20–90 cm

Philippinen. An der Spitze der ausgereiften Pseudobulben erscheinen mehrere Infloreszenzen, die viele kleine, bis 12 mm große, hellgelbe, rotgepunktete Blüten tragen, die über mehrere Monate im Jahr produziert werden.

Eria mysorensis

syn. *Eria flava, E. pubescens*

↔ 10–60 cm ↑ 10–40 cm

Von Nepal bis Indochina. Blüten bis 30 mm groß, senfgelb bis grün mit rötlich purpurner Lippe. Die Außenseite der Blüten und die Infloreszenz sind mit feinen wolligen Haaren bedeckt, die dem ganzen Blütentrieb ein pelziges Aussehen geben. Blüht im Herbst.

Eria spicata

↔ 15–50 cm ↑ 10–35 cm

Nepal, nördliches Indien, China, Myanmar und Thailand. Pseudobulben dicht stehend, zylindrisch, bis 15 cm hoch. An der Spitze 2–4 Blätter, schmal elliptisch, 5–22 cm lang. Infloreszenz dichtblütig, 58 cm lang, im Sommer und Herbst mit kleinen weißen oder strohgelben Blüten, die auf der Lippe braun gezeichnet sind.

Eria stricta

↔ 10–25 cm ↑ 10–25 cm

Indien und Nepal; kleine, büschelige Pflanze. Infloreszenz aufrecht, mit kleinen, cremeweißen, bis 6 mm großen Blüten, die alle in eine Richtung weisen. Außenseite der Blüten wollig behaart. Blüht im Sommer.

Eria xanthocheila

↔ 10–40 cm ↑ 15–40 cm

Thailand, Malaysia, Indonesien und Philippinen. Pseudobulben schlank, mit bis zu 4 Blättern. Infloreszenz im oberen Teil der Pseudobulben mit bis zu 20 gelblich grünen Blüten, die bis 18 mm groß werden. Lippe dunkler gelb. Von den Philippinen ist auch eine extrem seltene Varietät mit panaschierten Blättern bekannt.

Eriopsis

Gattung mit 5–6 Arten aus Costa Rica, Panama, Kolumbien, Ekuador, Peru, Bolivien, Venezuela, Guyana und Brasilien. Die variablen Pflanzen wachsen epiphytisch, lithophytisch oder terrestrisch und haben konische oder verlängerte, zylindrische Pseudobulben mit 2–4 ledrigen, weichen oder steifen Blättern an der Spitze. Die aufrechte, bei manchen Arten relativ lange Infloreszenz, erscheint an der Basis der Pseudobulben. Die Blütezeit ist synchronisiert, mit mehreren Blüten pro Trieb. Die meisten Arten haben bräunliche Blüten mit getupften Lippen. Der Gattungsname bedeutet »*Eria*-ähnlich« und bezieht sich auf eine nicht näher verwandte Orchideengattung.

Kultur: Die Pflanzen bevorzugen eine hohe Luftfeuchtigkeit und reichliche Wasser- und Düngergaben während der Wachstumszeit, weniger nach dem Ausreifen der Pseudobulben. Je nach Art brauchen sie einen halbschattigen bis sonnigen Standort. Auch wenn manche Arten relativ niedrige Temperaturen aushalten, sollten diese 10–13 °C nicht unterschreiten. Sie wachsen am besten im Topf. *Eriopsis* gehören nicht zu den einfach zu kultivierenden Arten und überleben meist nur wenige Jahre. Die Vermehrung erfolgt durch Teilung.

Eriopsis biloba

syn. *Eriopsis rutidobulbon*

↔ 40–50 cm ↑ 45–100 cm

Costa Rica, Panama, Kolumbien, Venezuela, Guyana und Peru. Variabel. Pseudobulben meist schwärzlich, konisch, gefurcht, mit 2–4 großen, ledrigen Blättern. Infloreszenz 40–100 cm hoch, mit bis zu 35 Blüten, die einen Durchmesser von 25– 30 mm erreichen und im Herbst bis Winter blühen. Sepalen und Petalen gelblich braun, Lippe weiß, mit bräunlichen Punkten. Heikel in der Kultur.

Erycina

Die beiden Arten dieser Gattung kommen aus Mexiko, die eine im Tiefland in den Küstenregionen, die andere im Hochland, beide in Wäldern, die saisonale Trockenzeiten durchmachen. Pseudobulben laubabwerfend, oval, seitlich zusammengepresst, mit dünnen Blättern. Nachdem die Blätter abgeworfen wurden trocknen die verbleibenden Brakteen papierartig ein. Wie bei den meisten Arten der *Oncidium*-Verwandschaft erscheint die Infloreszenz an der Seite der Pseudobulben, kann bei dieser Gattung aber auch an der Spitze erscheinen. Die Blüten beider Arten ähneln sich, mit stark reduzierten Sepalen und Petalen; die große Lippe ist unterschiedlich geformt.

Kultur: Beide Arten sind prinzipiell ähnlich zu kultivieren, nur die Temperaturansprüche sind unterschiedlich. Sie wachsen am besten aufgebunden oder in einem sehr durchlässigen Substrat im Topf und brauchen während der Wachstumsperiode viel Wasser. Nachdem die Pseudobulben ausgereift und die Blätter abgeworfen sind, werden die Wassergaben reduziert und die Pflanzen heller gestellt. Die Vermehrung erfolgt durch Teilung, wenn die Pflanze wächst (nicht während der Ruhezeit) oder Ausssaat.

Erycina echinata

syn. *Oncidium echinatum*

↔ 12–20 cm ↑ 10–20 cm

Mexiko, an den westlichen Küsten bis in Höhenlagen von 100 m, häufig in Sträuchern oder auf abgestorbenen Bäumen. Pseudobulben laubabwerfend, klein, zusammengedrückt, mit 2 Blättern, die häufig rötlich gestreift sind. Infloreszenz bis 20 cm hoch, meist an der Basis der Pseudobulben entspringend, manchmal auch an der Spitze. Blüten klein, nur 25 mm groß, mit kleinen braunen oder grünen Tepalen und einer großen gelben Lippe. Blüht im Frühjahr.

Esmeralda

Mit *Vanda* verwandte Gattung, die 2 große, kletternde Arten enthält. Sie kommen im Himalaja und in Südostasien vor und wachsen epiphytisch, lithophytisch oder terrestrisch. Die Blätter sind ledrig und zweizeilig angeordnet, und an der Basis gedreht, sodass sie in eine Richtung zeigen. Die Blüten sind gelb und braun gezeichnet, Sepalen und Petalen sind ausgebreitet, die dreilappige Lippe trägt keinen Sporn.

Kultur: In großen, schweren Töpfen oder Körben mit sehr grobem Substrat aus Rindenbrocken. Die langen, kletternden Triebe brauchen eine Stütze oder müssen an Spanndrähten befestigt werden. Sie brauchen viel Wasser und soviel Licht wie möglich. Die Vermehrung erfolgt durch Aussaat.

Esmeralda clarkei

Eriopsis biloba

Esmeralda cathcartii

↔ 40–60 cm ↑ 100–200 cm

Östliches Himalaja; große Pflanze mit meist hängenden Trieben. Blätter bis 15 cm lang, länglich. Infloreszenz bis 35 cm lang mit 3–5 Blüten im Frühling bis Sommer. Blüten 5–8 cm groß, Sepalen und Petalen gelb mit dichten Querstreifen, Lippe in der Mitte weiß mit 2 roten Streifen und breitem gelbem Rand.

Esmeralda clarkei

↔ 20–50 cm ↑ 20–100 cm

Nepal. Die kurzen Infloreszenzen erscheinen im Herbst und Winter und tragen bis zu 4 Blüten. Diese erreichen einen Durchmesser von bis zu 8 cm und haben eine gelbe bis senfgelbe Grundfarbe, die von dunkelbraunen Bändern überlagert ist, was der Blüte ein konzentrisches Muster gibt.

Eria xanthocheila

Euchile

Die beiden Arten wurden früher in verschiedene Gattungen eingeordnet. Sie kommen in Mexiko als Epiphyten in trockenen Eichen- und Kiefernwäldern vor. Die Blätter haben eine charakteristische bläuliche Farbe, von weitem sehen die Pflanzen fast grau aus. Beide Arten haben sehr attraktive Blüten.

Kultur: Schwieriger zu kultivieren. Verlangen kühl-temperierte Bedingungen, viel Licht und nachts eine hohe Luftfeuchtigkeit. Während der Ruhezeit müssen sie trockener und kühler gehalten werden, die Nachttemperatur kann bei *Euchile citrina* bis auf 8–10 °C absinken. Diese Art wächst in der Natur hängend auf der Unterseite dicker Äste und muss in Kultur aufgebunden werden. *E. mariae* wächst auch im Topf in grobem Substrat. Vermehrung durch Teilung.

Euchile mariae

syn. ***Encyclia mariae, Epidendrum mariae, Hormidium mariae***

↔ 10–15 cm ↑ 15–25 cm

Mexiko; in tiefer gelegenen Gebieten als *E. citrina*, in 1000–1200 m Höhe, was sich in einer höheren Toleranz gegenüber hohen Temperaturen in Kultur ausdrückt. Wächst eher aufrecht und nicht so hängend wie *E. citrina*. Infloreszenz aufrecht, bis 20 cm hoch, mit 1–3 grünen Blüten mit sehr großer, weißer Lippe mit grünem Schlund. Blüht im Spätwinter bis Frühling.

Eulophia clavicornis

Eulophia

Gattung mit über 250 terrestrisch wachsenden Orchideen, die in den Tropen und Subtropen verbreitet sind. Die meisten kommen in Afrika vor, gefolgt von Asien und Mittel- und Südamerika. Die Blätter sind lang und schmal und werden vor der Ruhezeit abgeworfen. Die Pflanze zieht sich dann in ein unterirdisches Rhizom zurück. Die hohe, aufrechte Infloreszenz trägt zahlreiche, in Form und Farbe variable Blüten.

Kultur: Im Topf in einem durchlässigen Substrat mit hohem Anteil an grobem Sand und etwas Humus. Sie brauchen viel Licht zur Blüteninduktion und sollten während der Wachstumsphase feucht gehalten werden. Während der Ruhezeit muss das Substrat austrocknen. Die Vermehrung erfolgt durch Teilung.

Eulophia clavicornis

↔ 10–40 cm ↑ 10–90 cm

Laubabwerfende Art aus Südafrika; im Grasland. Infloreszenz aufrecht, mit bis zu 30 Blüten im Frühling und Sommer. Blüten braun bis rosa. Blütengröße 35 mm.

Eulophia ovalis

↔ 10–40 cm ↑ 15–70 cm

Laubabwerfende Art aus dem östlichen Südafrika; selten, in offenen Grassavannen. Infloreszenz aufrecht, mit bis zu 16 Blüten im Sommer. Sepalen und Petalen bräunlich grün, Petalen und Lippe weiß. Blütengröße bis 6 cm.

Eulophia spectabilis

syn. ***Eulophia nuda, E. squalida***

↔ 20–30 cm ↑ 45–100 cm

Tropisches Asien, weitverbreitet. Pseudobulben halb in der Erde, fast rund, mit 2–3 plikaten, 20–50 cm langen Blättern. Infloreszenz bis 100 cm hoch, unverzweigt, lockerblütig mit 25 mm großen Blüten besetzt, die sich nicht ganz öffnen. Blüte rosa, rotbraun oder purpurrot, Lippe mit gelbem Kallus.

Eulophia welwitschii

↔ 10–40 cm ↑ 25–90 cm

Laubabwerfende Art aus dem östlichen Südafrika; in trockenen und feuchten Sumpfgebieten. Attraktiv und auffällig. Infloreszenz kurz und aufrecht, mit bis zu 20 Blüten im Sommer. Blüten leuchtend gelb bis grünlich gelb und bis 8 cm groß.

Eulophiella

4 Arten aus Madagaskar, meist epiphytisch, seltener auch terrestrisch. Die schlanken Pseudobulben sitzen in großen Abständen auf einem kräftigen Rhizom und tragen lange, grasartige Blätter. Sie wachsen nur auf bestimmten Palmenarten (*Vomitra* sp.), Baumfarnen und Schraubenbäumen (*Pandanus* sp.) und gehören zu den schönsten Orchideen Madagaskars.

Kultur: Selten in Kultur; Ansprüche nicht völlig bekannt. Man sollte eine Kultur bei warmen Bedingungen im Halbschatten auf langen Korkrindenstücken aufgebunden versuchen. Im Frühling und Sommer feucht halten, im Winter vorsichtiger wässern. Nicht unter 10 °C halten. Die Vermehrung erfolgt durch Teilung.

Eulophia ovalis

Eulophia welwitschii

Eurychone rothschildiana

Eulophiella elisabethae

syn. ***Eulophiella perrieri***

↔ 40–50 cm ↑ 60–90 cm

Östliches Madagaskar, im Regenwald. Pseudobulben spindelförmig, bis 15 cm hoch, mit grasartigen 80 cm langen Blättern. Infloreszenz überhängend, 40–80 cm lang, mit 15–30 Blüten im Winter. Blüten knapp 35 mm groß, wachsartig, weiß mit rosa Hauch und gelber Lippe.

Eurychone

Beide Arten dieser Gattung kommen im tropischen Äquatorialafrika vor. Die kurzen, monopodialen Triebe tragen dunkelgrüne, an den Rändern gewellte Blätter. Sie wachsen epiphytisch im tiefen Schatten in den untersten Etagen des tropischen Regenwalds und sind nah mit *Angraecum* verwandt, von denen sie leicht durch die dickere Säule in der Blüte unterschieden werden könne.

Kultur: Schattig und sehr warm, bei hoher Luftfeuchtigkeit. Ähnlich wie *Phalaenopsis*-Arten, die sehr warm wachsen. Da die Infloreszenzen nach unten herabhängen, gedeihen sie am besten aufgebunden mit einer Unterlage aus feuchtigkeitsspeicherndem Moos. Die Temperatur sollte nie unter 18 °C fallen. Da die Pflanzen keine seitlichen Triebe bilden, können sie nur durch Aussaat vermehrt werden.

Eurychone rothschildiana

syn. ***Angraecum rothschildianum***

↔ 20–30 cm ↑ 10–15 cm

Äquatorialafrika; in feucht-heißen Regenwäldern von Guinea bis Nigeria, dem Kongo (ehemals Zaire) und Uganda. Blätter bis 15 cm lang, mit welligen Rändern. Infloreszenzen meist zu zweit, jede mit 2–10 grünlich weißen bis cremefarbenen, bis 5 cm großen Blüten, meist im Frühjahr. Lippe röhrenförmig mit dunkelgrünem Schlund.

Fernandezia

Diese Gattung beherbergt etwa 10 attraktive monopodiale, pseudobulbenlose Miniatur-Orchideen, die in den hochgelegenene Nebelwäldern der Anden von Venezuela bis Peru verbreitet sind. Die verhältnismäßig großen Blüten auf winzigen Pflanzen, die noch dazu brillante Blütenfarben von Orange über Rot bis hin zu Rosa besitzen, sind das auffälligste Merkmal. Sie wachsen als Zweigepiphyten in hochgelegenen Nebelwäldern und sind kühlen bis kalten Temperaturen ausgesetzt. Die einzelnen Blüten erscheinen in den Blattachseln der oberen Blätter.

Kultur: Da es beinahe unmöglich ist, die klimatischen Verhälnisse der Naturstandorte nachzuahmen, sind diese Pflanzen extrem heikel in der Kultur. Sie gedeihen nur zwischen 6–24 °C, darunter erfrieren sie, darüber werden die Blätter abgeworfen. Hohe Temperaturen gepaart mit trockener Luft führen innerhalb von wenigen Tagen zum Tod der Pflanzen. Nur mit hohem Aufwand lassen sich diese Orchideen unter genau kontrollierten Gewächshausbedingungen am Leben erhalten. Dann gedeihen sie am besten auf bemoosten Baumfarn- oder Rindenstücken, die nie völlig austrocknen dürfen.

Fernandezia subbiflora

↔ 3–10 cm ↑ 3–12 cm

Ekuador und Kolumbien, wo die Pflanzen in ständig feuchten, windigen und verhältnismäßig kalten Nebelwäldern wachsen. Die leuchtend roten Blüten haben am Ende der Säule ein gelbes Band. Die einzelnen Blüten erreichen eine Größe von bis zu 12 mm und besitzen eine unverhältnismäßig große Lippe.

Fernandezia subbiflora

Galeandra

Etwa 25 Arten sind aus den Wäldern von Florida, USA, Mexiko, Mittelamerika, der Karibik, Brasilien und Paraguay bekannt. Sie wachsen meist epiphytisch, seltener terrestrisch. Die Pseudobulben erinnern an die von *Catasetum*, sind aber schlanker; die Blätter werden in der Trockenzeit abgeworfen. Die endständige Infloreszenz trägt mehrere Blüten, mit röhrenförmigen, gespornten Lippen.

Kultur: Während der Wachstumsphase eher schattig und bei temperierten Bedingungen, nach der Blüte setzt eine Ruhezeit ein, in der der Standort heller und kühler sein sollte. Nur so viel Sprühen, dass die Pseudobulben nicht schrumpfen. Sie wachsen gut im Topf, aber auch aufgebunden. Vermehrt werden die Pflanzen durch Teilung.

Galeandra baueri

Galeandra baueri

syn. *Galeandra cristata*

↔ 20–30 cm ↑ 30–40 cm

Typus der Gattung aus Mexiko und ganz Mittelamerika bis nach Panama. Wächst bevorzugt auf Kiefern oder Palmen in Höhenlagen zwischen 800–1200 m. Die Pseudobulben erreichen eine Höhe von 25 cm, zu der noch die 20 cm langen Blätter kommt. Die überhängende Infloreszenz ist oft verzweigt und trägt einige wenige, duftende und lange haltbare Blüten. Blütezeit ist von Frühling bis in den Sommer. Die Sepalen und Petalen sind gelblich braun bis grünlich braun und die Lippe weißlich bis violettrosa.

Gastrochilus

Ungefähr 20 Arten sind in dieser Gattung monopodial wachsender Epiphyten, die in Indien, Ostasien und Malaysia vorkommen, bekannt. Sie wachsen in verschiedenen Waldhabitaten und erinnern im Habitus an *Aerides*. Die dicken Blätter sitzen an einem kurzen Stamm und die fleischigen Blüten stehen dicht gedrängt.

Kultur: Temperiert bis warm bei lichtem Schatten und hoher Luftfeuchtigkeit. Sie wachsen sowohl in kleinen Lattenkörbchen oder aufgebunden auf Korkrinde. Während der Wachstumsperiode regelmäßig wässern, danach eine leichte Ruhezeit einlegen. Vermehrung durch Aussaat.

Fernandezia subbiflora

Gastrochilus calceolaris

syn. *Aerides calceolare, Saccolabium calceolaris*

↔ 15–20 cm ↑ 10–15 cm

Typus der Gattung. Wächst in tropischen bis temperierten Wäldern des Himalaja, Vietnams, in Malaysia, Java und den Philippinen. Blätter ledrig. Infloreszenz kurz, mit 5 cm großen, hellgrünen, purpur getupften Blüten im Herbst.

Gastrochilus formosanus

syn. *Gastrochilus nebulosus, G. quercetorum, Saccolabium nebulosum*

↔ 2.5–5 cm ↑ 8–10 cm

Taiwan. Verlängerte Triebe mit kleinen, an den Stamm gepressten Blättern. Blüte im Frühjahr und Sommer, gelb mit weißer Lippe, rotgepunktet.

Gastrochilus japonicus

Gastrochilus suavis

Gastrochilus japonicus

syn. *Gastrochilus somai*

↔ 10–30 cm ↑ 5–15 cm

Japan und Taiwan. Bis zu 8 leuchtend gelbe Blüten mit 18 mm Durchmesser pro Infloreszenz. Blütezeit Herbst. Wächst gut auf Korkrindenstücken.

Gastrochilus obliquus

↔ 10–35 cm ↑ 5–15 cm

Indien bis Indochina. Kurze Infloreszenz mit bis zu 8 gelben bis ockerfarbenen Blüten, Blütezeit im Herbst, Blütendurchmesser 18 mm, Lippe weiß mit vielen feinen purpurvioletten und orangegelben Punkten.

Gastrochilus suavis

↔ 10–30 cm ↑ 5–15 cm

Thailand; Blüten knapp über 18 mm groß, grünlich gelb mit hauptsäch-lich weißer Lippe. Blüht im Herbst und Winter. Wird heute von man-chen Taxonomen als Varietät von *Gastrochilus obliquus* angesehen.

Gastrorchis

Alle 7 oder 8 terrestrischen Arten dieser Gattung kommen aus Madagaskar, nur eine kommt auf den Maskarenen-Inseln vor. Die attraktiven und beliebten Pflanzen sind recht nah mit der Gattung *Phaius* verwandt, und werden oft als Synonym zu dieser betrachtet. Sie unterscheiden sich jedoch deutlich. Die runden oder spindelförmigen Pseudobulben stehen mehr oder weniger dicht auf einem waagrechten oder leicht aufsteigenden Rhizom. Die Blätter der meisten Arten sind recht breit und plikat. Die Infloreszenz erscheint aus der jüngsten ausgereiften Pseudobulbe und trägt wenige Blüten, die in der Größe zwischen 3,5–6 cm variieren. Die Blüten öffnen sich nacheinander, meist ist nur eine pro Trieb geöffnet und sind recht lange haltbar.

Kultur: Alle Arten werden idealerweise in einem durchlässigen Erdorchideensubstrat in Töpfen kultiviert. Während der Wachstumsphase muss ausreichend gewässert werden. Im Winter benötigen die Pflanzen eine

Gastrochilus obliquus

Ruhezeit mit kühleren Temperaturen und reduzierten Wassergaben. Die Minimumtemperatur beträgt 13 °C. Standort halbschattig bis lichter Schatten. Vermehrung durch Aussaat oder Teilung großer Planzen.

Gastrorchis pulcher

↔ 50–60 cm ↑ 60–75 cm

Madagaskar, in schattigen luftfeuchten Wäldern. Pseudobulben klein und rundlich, in Abständen auf dem Rhizom. Blätter grasähnlich, Infloreszenz 50–75 cm hoch mit etlichen weißen, 5–6 cm großen Blüten, Lippe rosa, lila oder weiß mit gelbem Kallus. Blütezeit im Frühling. ***G. p.*** **var. *alba*** hat reinweiße Blüten mit gelbem Lippenkallus.

Gastrorchis steinhardtiana

↔ 20–40 cm ↑ 20–50 cm

Immergrüne Art aus Madagaskar; wächst in Bergwäldern. Selten und erst 1997 entdeckt. Die aufrechte Infloreszenz trägt bis zu 6 weiße Blüten (6 cm Durchmesser) mit leuchtend rosa Lippe, die einen gelben Kallus besitzt. Blüht im Sommer.

Georgeblackara

Multigenerische Hybride, die 4 Gattungen der *Oncidium*-Allianz vereint: *Comparettia*, *Leochilus*, *Oncidium*, und *Rodriguezia*. Kompakt wachsend mit leuchtenden Blütenfarben.

Kultur: Diese temperiert bis warm wachsenden Hybriden gedeihen am besten in kleinen Tontöpfen in einem durchlässigen Rindensubstrat. Sie können auch auf kleine Korkrindenstücke aufgebunden werden. Nach dem Wässern müssen die Pflanzen schnell abtrocknen können. In den Blattachseln darf kein Wasser stehen bleiben, dies führt zu Fäulnis.

Gastrorchis steinhardtiana

Georgeblackara Tribute

↔ 8–15 cm ↑ 8–25 cm

Kreuzung aus *Comparettia speciosa* und *Howeara* Mini-Primi (*Rodrocidium* Primi [*Oncidium sarcodes* × *Rodriguezia lanceolata*] × *Leochilus oncidioides*).

Glossodia

Gattung mit 2 terrestrischen Arten aus Süd- und Ostaustralien und Tasmanien. Kommen in lichten Wäldern, Grasland und Heide sowie auf Brachflächen und Dünen vor. Die Knollen bildenden Orchideen besitzen ein einzelnes, grundständiges, behaartes und gestieltes Blatt. Die Infloreszenz trägt eine bis mehrere auffällige, etwas glänzende, lavendelblaue bis weiße, süß duftende Blüten, die im Winter und Frühling erscheinen.

Kultur: Heikel in der Kultur. Sie bevorzugen volle Sonne bis Halbschatten und gut dränierte, saure Sandböden mit einem gewissen Humusanteil. Vorsichtig wässern, da die Knollen leicht faulen. Nach der Blüte sterben die oberirdischen Pflanzenteile ab und die Knolle ruht für 4–6 Monate. Vermehrung durch Aussaat.

Glossodia major

↔ 5–10 cm ↑ 10–35 cm

Australien und Tasmanien, in lichten Wäldern und Heidebiotopen. Blätter bis 10 cm lang, lanzettlich. Stängel bis 35 cm hoch mit einer einzelnen Blüte im Frühling. Blüten lavendelblau bis weiß, süß duftend. Lippe lila, oberer Teil weiß mit gelbem Kallus.

Gastrorchis pulcher var. alba

Gomesa

Etwa 12 Arten aus Südostbrasilien und den angrenzenden Gebieten Paraguays und Argentiniens. Sie wachsen epiphytisch und bilden dichte Horste auf den Ästen in Wäldern unterschiedlicher Höhenlagen. Nur 2 Arten haben verlängerte Pseudobulben. Die seitlich abgeflachten Pseudobulben tragen 2 Blätter und sind in Stützblätter gehüllt. Die Pflanzen können zwar sofort durch den Blütenaspekt als *Gomesa* angesprochen werden, die Artbestimmung ist aber weitaus schwieriger.

Kultur: Temperierte bis kühle Kultur bei leichter Schattierung; nicht zu hell. Während der Wachstumsperiode ausreichend wässern. Nachdem die Blüten verwelkt sind, werden die Wassergaben soweit reduziert, dass die Pseudobulben gerade nicht schrumpfen. Sie gedeihen im Topf oder aufgebunden gleichermaßen gut. Die Vermehrung erfolgt durch Teilung.

Gomesa crispa

syn. ***Gomesa polymorpha, G. undulata,***

↔ 15–20 cm ↑ 15–20 cm

Südostbrasilien. Pseudobulben dichtgedrängt mit 2 dünnen Blättern an der Spitze. Infloreszenz bis zu 20 cm lang, vielblütig mit duftenden grünen Blüten, die eine gelbliche Lippe haben. Blütezeit ist von Sommer bis Herbst.

Gongora

Die Gattung *Gongora* vereint etwa 80 sympodial wachsende Epiphyten, die von Mexiko über Mittelamerika bis Peru und Brasilien vorkommen. Die bizarr geformten Blüten sitzen an hängenden Infloreszenzen und sind recht kurzlebig; sie halten selten länger als eine Woche; die Blütezeit liegt im Frühjahr und Sommer. Die Blüten welken selten an der Pflanze, sondern werden einfach abgeworfen. Die einzelnen Arten lassen sich weniger an der Blütenform, sondern an der Blütenfarbe und -zeichnung unterscheiden.

Kultur: Die meisten Arten bevorzugen warme Temperaturen mit hoher Luftfeuchtigkeit und guter Luftbewegung. Sie wachsen am besten in hängenden Lattenkörbchen oder Töpfen, da die meisten lange, hängende Infloreszenzen ausbilden. Sie bevorzugen ein Substrat auf Rindenbasis oder reines Sphagnum. Sie gedeihen bei gleichmäßiger Substratfeuchte und einem nicht zu hellen Standort, damit die dünnen breiten Blätter nicht verbrennen. Beim Umtopfen können die Pflanzen geteilt werden.

Gomesa crispa

Gongora histrionica

↔ 70 cm ↑ 90 cm

Von Costa Rica bis Kolumbien. Lange, hängende Infloreszenz mit bis zu 25 Blüten, jede 5 cm breit, goldgelb mit dunkel rotbraunen Flecken und Punkten. Blütezeit von Frühjahr bis Sommer.

Gongora nigropunctata

↔ 50–60 cm ↑ 50–70 cm

Endemisch in Peru in feuchten Bergwäldern. Ovale Pseudobulben mit Längsrillen, 2–3 plikate Blätter. Die gebogene oder hängende Infloreszenz erreicht eine Länge von 35 cm und trägt 25–30 duftende Blüten zu unterschiedlichen Jahreszeiten. Blüten 5 cm groß, purpurrot und gelb mit schwarzroten Punkten, Lippe gelb und purpurrot.

Gongora pleiochroma

↔ 20–60 cm ↑ 20–50 cm

Kolumbien, Ekuador und Peru. Hängende oder gebogene Infloreszenz mit bis zu 30 Blüten, die von Sommer bis Herbst erscheinen. Die Einzelblüten sind bis 8 cm groß, gelb mit roten Tupfen bis bräunlich Dunkelrot.

Goodyera

Netzblatt

Etwa 40 terrestrische Arten sind aus tropischen und gemäßigten Zonen weltweit mit Ausnahme Afrikas bekannt. Sie kommen in Wäldern in 2000 m Meereshöhe bis in Berglagen vor. Die meisten Arten werden wegen ihren attraktiven, fleischigen Blättern kultiviert, die mehrere Wachstumsperioden an der Pflanze bleiben und oft eine, für Orchideen ungewöhnliche, netzartige Aderung oder Schachbrettmuster aufweisen. Aus fleischigen, kriechenden Stolonen erscheinen die beblätterten Triebe, die kompakte Rosetten oder längliche Schösslinge bilden. Ausgereifte Triebe blühen kurz bevor neues vegetatives Wachstum einsetzt. Die Infloreszenz ist aufrecht und trägt wenige bis mehrere weiße oder lachsrosa Blüten.

Georgeblackara Tribute

Glossodia major

Kultur: In flachen Schalen oder Töpfen bei gleichmäßiger Substrat- und Luftfeuchtigkeit. Nur während des Wachstums düngen. Je nach Herkunft kalt, temperiert oder warm zu kultivieren. Arten aus höheren oder gemäßigten Regionen brauchen nach der Blüte eine Ruhezeit mit kühleren Temperaturen. Ausreichend Licht ist notwendig, damit die Blattfärbung nicht verblasst. Die Pflanzen können durch Teilung oder Aussaat vermehrt werden.

Goodyera biflora

↔ 6–8 cm ↑ 5–15 cm

Kommt in China, Indien, Japan, Korea und Nepal in feuchten Kiefern-, Eichen- oder Rhododendronwäldern vor. Der aufrechte Stängel hat 4–5 ovale, spitz zulaufende Blätter, die bis zu 35 mm lang werden. Bis zu 4 große, längliche, weiße, rosa überhauchte Blüten von 18 mm Länge erscheinen am Ende der Infloreszenz im Frühsommer.

Goodyera tesselata

↔ 6–10 cm ↑ 10–25 cm

Östliches Nordamerika, in Nadel- und Mischwäldern. Etwa 5 ovale, 35 mm lange, graugrüne Blätter mit weißer oder silbriger Mosaikzeichnung bilden eine grundständige Rosette. 6–30 Blüten erscheinen im Sommer an einer etwas einseitigen Rispe. Blüten duftend, weiß, Lippe von den Sepalen eingeschlossen.

Gongora histrionica

Gongora nigropunctata

Gongora pleiochroma

Grammangis ellisii

Grammatophyllum elegans

Grammangis

Diese Gattung beinhaltet 2 große, sympodial wachsende Epiphyten aus Madagaskar. Die großen Pseudobulben tragen an der Spitze 3–5 flache, fleischige Blätter. Die Infloreszenz erscheint an der Basis des Neutriebs und trägt große Blüten mit ausgebreiteten Sepalen und etwas kleineren Petalen. Die dreilappige, spornlose Lippe ist mit dem Säulenfuß verwachsen und hat auf der Innenseite einen verdickten Kallus.
Kultur: Die Pflanzen wachsen am besten in Tontöpfen in einer groben Rindenmischung. Während der Wachstumsperiode brauchen sie viel Wasser und regelmäßige Düngergaben, hohe Luftfeuchtigkeit und Halbschatten. Im Winter werden die Wassergaben reduziert und die Lichtintensität erhöht. Vermehrung durch Teilung.

Grammangis ellisii

↔ 50–65 cm ↕ 50–60 cm

Madagaskar. Pseudobulben 8–20 cm, vierkantig mit 3–5 Blättern an der Spitze. Die fleischigen, flachen, an der Basis gefalteten Blätter erreichen eine Länge von 15–40 cm. Die gebogene Infloreszenz wird 50–65 cm lang und trägt 15–20 Blüten von fester Textur und einer Größe bis 8 cm. Sepalen glänzend braun mit gelber Zeichnung, Petalen kleiner und mit mehr Gelb; Lippe rot- und gelbgestreift, dreilappig mit großem, gegabeltem Kallus.

Grammatophyllum

Die 11 oder 12 Arten dieser Gattung gehören zu den eindrucksvollsten Orchideen überhaupt. Sie kommen in ganz Südostasien, Indonesien, Neuguinea, den Philippinen und etlichen Inseln im Pazifischen Ozean vor. Sie sind mittelgroße bis große Epiphyten, seltener auch als Lithophyten anzutreffen und wachsen in tropischen Wäldern. Sie werden anhand ihrer Wuchsform in 2 Gruppen eingeteilt: die erste Gruppe hat schilfartige Triebe, die eine Länge von mehreren Metern erreichen und durch die zweizeilig angeordneten Blätter eher an Palmwedel erinnern. Die zweite Gruppe zeichnet sich durch dicke, kompakte Pseudobulben mit wenigen Blättern an der Spitze aus. Die überhängende Infloreszenz trägt ungeheuer viele, lange haltbare Blüten. Einige Pflanzen erreichen beträchtliche Ausmaße und *G. speciosum* hält den Weltrekord der größten und schwersten Orchidee überhaupt; es gibt Exemplare, die ein Gewicht von mehreren Tonnen aufweisen und viele tausend Blüten zur gleichen Zeit hervorbringen.
Kultur: In Körben oder Töpfen in voller Sonne, bei hohen Temperaturen und hoher Luftfeuchtigkeit. Üppige Wasser- und Düngergaben. Die Pflanzen können innerhalb eines Jahres ihre Größe verdoppeln! Vermehrung durch Teilung, kleine Teilstücke blühen jedoch kaum.

Grammatophyllum elegans

↔ 30–150 cm ↕ 30–120 cm

Endemisch auf den Philippinen. Produziert im Sommer lange, gebogene Blütentriebe mit bis zu 50 braunen, weit geöffneten 8 cm großen Blüten.

Grammatophyllum speciosum

syn. ***Grammatophyllum fastuosum, G. giganteum, G. papuanum***

↔ 3,5–6 m ↕ 0,9–2 m

Myanmar, Thailand, Malaysia, Neuguinea und die Salomonen-Inseln. Typus der Gattung mit langen, schilfartigen Trieben, die 3 m lang werden können. Die 3 m lange Infloreszenz trägt 30–50 grünlich gelbe, wachsartige, duftende Blüten (10 cm Durchmesser) mit feinen braunen Punkten. Blüht im Sommer und Herbst.

Grastidium

Etwa 200 Arten, die von Indien über Südostasien bis Nordaustralien und im Pazifik bis nach Neukaledonien vorkommen. Die meisten Arten gibt es in Neuguinea. Wurde bis vor kurzem der Gattung *Dendrobium* zugeordnet. Die meisten Arten kommen aus dem Tiefland und brauchen warme Bedingungen. Einige Arten aus höheren Lagen wachsen auch kühler. Die meisten Arten haben grasähnliche Blätter. Die Blüten stehen oft zu zweit und halten meist nur einen Tag. Alle Pflanzen einer Region blühen 9 Tage nach einem Gewitter oder Wetterwechsel – ein Zyklus, der sich während der wärmeren Monate mehrfach wiederholt.
Kultur: Im Topf mit Rindensubstrat. Größere Pflanzen auch auf Baumfarnbrettern. Sie brauchen warme, feuchte Bedingungen und wachsen das ganze Jahr ohne Ruhezeit in der Sonne wie auch im Schatten, solange die Wurzeln relativ feucht gehalten werden. Vermehrung durch Teilung.

Grastidium cathcartii

↔ 90 cm ↕ 120 cm

Indien. Eine der wenigen kühler wachsenden Arten. Blüten gelblich grün, 2–3 Tage haltbar, 25 mm groß.

Grobya

4 kleine sympodial wachsende Epiphyten aus den Regenwäldern Brasiliens mit einer Art in Ekuador. Die ovalen Pseudobulben laufen in einem schmalen Hals aus und haben 3–4 Blätter. Die hängende Infloreszez trägt bis zu 16 ungewöhnlich geformte gelb bis orange und braun getönte Blüten. Eng mit *Cyrtopodium* verwandt.
Kultur: Einfach, in kleinen Töpfen mit einem feuchtigkeitsspeichernden Rindensubstrat. Größere Pflanzen gedeihen auch aufgebunden auf Baumfarnstäben. Vermehrung durch Teilung ausgewachsener Pflanzen.

Grobya amherstiae

↔ 12–25 cm ↕ 15–30 cm

Brasilien und Ekuador. An der hängenden Infloreszenz bilden sich im Frühjahr oder Sommer bis zu 12 hellbraune, 30 mm große Blüten, die auf den Sepalen und Petale fein gepunktet sind. Die Lippe ist leuchtend gelb.

Gymnadenia

syn. ***Nigritella***

Etwa 16 Arten kommen in Europa und den gemäßigten Zonen Zentral- und Ostasiens bis nach Japan vor. Aus dem knolligen Wurzelstock entspringt ein aufrechter, beblätterter Trieb mit einer terminalen Infloreszenz. Der Blütenstand ist zylindrisch oder konisch und trägt viele kleine, duftende Blüten. Sepalen und Petalen sind frei und entweder ausgebreitet oder das dorsale Sepalum bildet mit den Petalen eine Kappe. Die Lippe hat einen Sporn und ist meist dreilappig.
Kultur: In durchlässigem Substrat mit Kalkzugabe. Nach dem Absterben der Blätter trockener halten. Vermehrung durch Aussaat.

Gymnadenia conopsea

Mücken-Händelwurz

↔ 5–10 cm ↕ 15–45 cm

Weitverbreitet in Europa. 3–9 Blätter, Trieb bis 25 cm hoch mit dichtblütiger Infloreszenz im Spätfrühling bis Sommer. Blüten rosafarben, duftend, mit dreilappiger Lippe und Sporn.

Grobya amherstiae

Gymnadenia conopsea, mit dem Bestäuber, einem Schwärmer (*Deilephila* sp.)

Habenaria dregeana

Habenaria monorhiza

Habenaria rhodocheila

Habenaria

Diese Gattung beinhaltet über 600 Arten und ist weltweit verbreitet. Die meisten der terrestrisch wachsenden Arten sind laubabwerfend und haben Knollen oder fleischige Wurzeln. Eine Überarbeitung der Gattung ist dringend nötig und sollte zu einer deutlichen Reduzierung der Artenzahl, auch durch die Aufteilung in mehrere Gattungen, führen. Die krautigen Pflanzen haben eine terminale Infloreszenz und sind, was Blütenfarbe, -form und -größe angeht, sehr variabel. *Habenaria*-Arten bewohnen verschiedene Habitate, zum Beispiel Heidemoore, Grasland und lichte Wälder. Viele Arten wachsen im tiefen Schatten tropischer Regenwälder.
Kultur: Trotz der enormen Artenzahl sind nur wenige Vertreter dieser Gattung in Kultur anzutreffen. Das Substrat sollte aus einer Mischung aus Torfmoos, feiner Rinde und grobem Sand bestehen. So ist eine gute Dränage bei gleichzeitiger Wasserhaltefähigkeit gewährleistet. Nach der Blüte muss das Substrat unbedingt austrocknen, da die Pflanze in die Ruhephase übergeht. Zuviel Wasser zu dieser Zeit führt zu Wurzelfäulnis. Die meisten Arten gedeihen im Halbschatten am besten. Die Vermehrung erfolgt durch Aussaat oder Teilung der Knollen während der Ruhezeit.

Habenaria arenaria

↔ 15–30 cm ↑ 25–40 cm

Schlanke Pflanze aus Südafrika und Mosambik mit ovalen Knollen, die eine Länge von 25 mm erreichen. Mehrere dunkelgrüne, oberseits hell gemusterte Blätter, die beiden größten (bis 18 cm) an der Basis. Infloreszenz mit bis zu 12 sehr kleinen, grünen Blüten; Sepalen und Petalen formen einen Helm, Lippe dreilappig mit einem 18 mm langen Sporn.

Habenaria dregeana

↔ 10–20 cm ↑ 20–40 cm

Im südöstlichen Afrika weit verbreitet. Infloreszenz mit dicht stehenden, kleinen grünen Blüten (18 mm groß) besetzt, die im Sommer und Herbst erscheinen. Lippe sternfömig mit strahlenartig abstehenden, dünnen, fädigen Anhängseln, die einen Halbkreis formen.

Habenaria marginata

syn. ***Habenaria aurantiaca***

↔ 5–15 cm ↑ 8–20 cm

Das Verbreitungsgebiet reicht von Indien bis Thailand. Knollen zu zweit, jede etwa 25 lang. 3–4 elliptische, ausgebreitete, bis 8 cm lange Blätter. Die konische Infloreszenz erscheint im Sommer und ist dicht mit kleinen Blüten besetzt. Die Sepalen und Petalen formen einen Helm; die Sepalen sind grün, Petalen und Lippe gelb, Lippe dreilappig mit kurzem, verdicktem Sporn.

Habenaria monorhiza

↔ 12–25 cm ↑ 20–50 cm

Nur aus Peru bekannte und recht selten anzutreffende Art, die man am ehesten an den Rändern von Bergregenwäldern findet. Die aufrechte Infloreszenz trägt viele kleine, weiße, eher unscheinbare Blüten.

Hawkinsara Keepsake 'Lake View'

Habenaria rhodocheila

↔ 10–20 cm ↑ 20–30 cm

Aus Indochina und Südchina. Eine der attraktivsten Arten der Gattung und öfters in Kultur anzutreffen. Die aufrechte Infloreszenz trägt bis zu 14 Blüten, die sich weit öffnen und bis zu 5 cm groß werden können. Die breite, vierteilige, rosa bis rote Lippe ist besonders auffällig. Blüht im Herbst und Frühwinter, im Sommer ruht die Pflanze.

Haraella

Die einzige Art der Gattung ist ein zwergiger, monopodialer Epiphyt, der nur in Taiwan vorkommt. Bis zu 5 kleine Blüten werden pro Trieb gebildet, die an eine Biene erinnern. Die Blüten sind grün bis gelb mit einer auffälligen, kastanienbraunen, glänzenden Lippe.
Kultur: Liebt Schatten und hohe Luftfeuchtigkeit im temperierten Bereich. Am besten auf kleinen Kork- oder Baumfarnbrettern kultivieren; mag keine Störungen, wenig umpflanzen. Auf ausreichende Luftzirkulation achten. Vermehrung durch Aussaat.

Haraella retrocalla

syn. ***Haraella odorata***

↔ 6–15 cm ↑ 5–10 cm)

Zwergiger Epiphyt aus Taiwan. Kurzer Trieb mit 4–6 Blättern von 3–8 cm Länge. Infloreszenz 2,5–8 cm lang mit bis zu 5 Blüten, die im Sommer und Herbst erscheinen. Die Einzelblüten sind nur etwa 25 mm groß, duftend, Sepalen und Petalen hellgelb bis grün, Lippe länglich mit gewelltem Rand, weißlich gelb mit dunklem, purpurbraunen Fleck in der Mitte.

Hawkinsara

Hawkinsara ist durch Kreuzung von verschiedenen Arten aus 5 mittel- und südamerikanischen Gattungen entstanden. Die Elternteile sind *Broughtonia*, *Cattleya*, *Laelia* und *Sophronitis*. Erstere und letztere haben den Habitus der Hybriden deutlich verkleinert und gleichzeitig große, runde Blüten von kräftiger Färbung und langer Haltbarkeit eingebracht. Viele Hybriden zeichnen sich durch intensiv rot gefärbte Blüten aus, die auf einem verlängerten Blütenstiel über dem kompakten Laub stehen.
Kultur: Diese Orchideen gedeihen gut in kleinen Töpfen oder Lattenkörbchen mit grobem Rindensubstrat. Wichtig ist ein Austrocknen zwischen den Bewässerungsintervallen. Sie bevorzugen relativ viel Licht bei temperierten bis warmen Bedingungen und werden durch Teilung vermehrt.

Hawkinsara Keepsake 'Lake View'

↔ 10–30 cm ↑ 10–50 cm

Attraktive Kreuzung mit 5 Elternarten: *Broughtonia sanguinea*, *Cattleya aclandiae*, *Cattleya aurantiaca*, *Laelia cinnabarina* und *Sophronitis coccinea*. Kompakt wachsend mit leuchtend orangefarbenen bis roten, 5 cm großen Blüten.

Haraella retrocalla

Hexisea imbricata

Hexisea

Eine Gattung mit mehreren, sympodial wachsenden Arten aus Mittel- und Südamerika, die eng mit *Scaphyglottis* verwandt ist. Die Pseudobulben stehen in Gruppen und haben an der Spitze grasartige Blätter. Neue Triebe werden sowohl an der Basis der Pseudobulben, als auch an deren Spitze gebildet, sodass ältere Pflanzen manchmal ein etwas struppiges Aussehen haben. Die kleinen Blüten sind leuchtend orange bis rot.
Kultur: Gedeihen am besten in kleinen Töpfen mit einem feinen, durchlässigen Substrat, das aber genug Feuchtigkeit halten sollte oder aufgebunden mit Moosunterlage. Sie brauchen temperierte Bedingungen und regelmäßige Wassergaben, da sie immer im Wachstum sind. Die Vermehrung erfolgt durch Teilung.

Hexisea imbricata

↔ 10–40 cm ↑ 10–50 cm

Aus Venezuela, mit kräftig gefärbten, orangeroten Blüten in kleinen Büscheln. Eng mit *H. bidentata* verwandt. Die Blüten erreichen eine Größe von 25 mm und werden im Frühling an der Spitze der Pseudobulben gebildet.

Himantoglossum

syn. *Loroglossum*

Riemenzunge

Die etwa 4–5 terrestrisch wachsende Arten kommen im gesamten europäischen Mittelmeergebiet vor. Sie ähneln im Habitus der Gattung *Orchis,* haben aber eine ganz anders geformte Lippe. Aus den unterirdischen Knollen entspringt ein aufrechter Spross mit lanzettlichen Blättern. Sie wachsen auf kalkhaltigen Böden in Trockenrasen oder Buschland. Die Blüten sind recht groß und attraktiv.
Kultur: Obwohl diese Erdorchideen in der Natur nur in Symbiose mit bestimmten Mykorrhizapilzen wachsen, gedeihen sie in Kultur gut in einer Mischung aus Lehm, Sand mit Kalkbeigabe. Während der Wachstumsperiode benötigen sie etwas mehr Feuchtigkeit, Staunässe muss aber vermieden werden. Größere Kolonien können durch Teilung vermehrt werden.

Himantoglossum adriaticum

syn. *Himantoglossum hircinum* var. *adriaticum*

Adriatische Riemenzunge

↔ 15–25 cm ↑ 30–75 cm

Mittelitalien und am Alpensüdrand bis nach Österreich und in die Slowakei. Wächst auf Trockenrasen von Meereshöhe bis auf 1300 m. Trieb mit 6–10 Blättern, von denen jedes eine Länge von 8–15 cm erreicht. Die aufrechte Infloreszenz trägt bis zu 40 Blüten, die im Spätfrühling bis Frühsommer erscheinen und in lockeren Abständen am Blütenstiel sitzen. Die Einzelblüten sind rötlich braun, bis 5 cm lang, der Mittellappen der Lippe ist kürzer als bei dem nah verwandten *Himantoglossum caprinum*.

Himantoglossum caprinum

Ziegenbock-Riemenzunge

↔ 15–30 cm ↑ 30–100 cm

Südosteuropa. Blätter bis 18 cm lang, an der Basis breitoval, zur Spitze schmäler. Infloreszenz mit 10–45 purpurfarbenen Blüten, die im Sommer erscheinen. Sepalen und Petalen formen eine Kappe, die Seitenlappen der dreilappigen Lippe erreichen eine Länge von 25 mm, der tief zweigeteilte, gedrehte Mittellappen wird 5–8 cm lang. Sporn konisch.

Himantoglossum hircinum

syn. *Aceras hircinum, Loroglossum hircinum*

Bocks-Riemenzunge

↔ 15–25 cm ↑ 30–75 cm

Mittelmeerraum; Südeuropa, Nordafrika und Türkei. Ähnelt *H. caprinum*, kann aber an der Größe und am längeren Mittellappen der Lippe unterschieden werden. Blüten gräulichgrün mit roter Zeichnung, stinken nach Ziege. Blütezeit im Spätfrühling bis Frühsommer.

Homalopetalum

5–8 Zwergepiphyten, die über Mexiko, Mittelamerika und die Karibik bis nach Kolumbien und Peru verbreitet sind. Sie ähneln *Barbosella,* haben aber winzige, einblättrige Pseudobulben, die auf einem kriechenden Rhizom sitzen. Die einzelne, attraktive Blüte ist bei manchen Arten größer als die ganze Pflanze.
Kultur: *Homalopetalum*-Arten wachsen am besten temperiert im Halbschatten. Eine Topfkultur ist nicht empfehlenswert, aufgebunden auf Korkrinde mit einer dünnen Unterlage aus lebendem Baummoos gedeihen sie besser. Die Pflanzen vertragen keine längeren Trockenperioden und sollten ganzjährig feucht gehalten werden. Vermehrung durch Teilung.

Homalopetalum pumilio

syn. *Homalopetalum costaricense, H. lehmannianum, Pinelia lehmannianum*

↔ 18–30 mm ↑ 12–50 mm

Von Mexiko bis nach Peru verbreitet, wo die Art in Höhenlagen zwischen 500–2000 m auf Eichen- oder Kie-fernästen wächst. Die kleinen kugeligen Pseudobulben erreichen einen Durchmesser von gerade 5 mm und tragen ein 12 mm langes, fleischiges Blatt. Die einzige Blüte hat einen Durchmesser von 5 cm und erscheint von Frühjahr bis Sommer.

Howeara

syn. *Zelenkoara*

Kreuzung aus den 3 epiphytischen, neotropischen Gattungen *Leochilus, Oncidium* und *Rodriguezia.* Es gibt eine Reihe registrierter Hybriden, aber nur wenige sind bekannter. Die kompakten Pflanzen bilden viele Luftwurzeln aus, die oft über den Topfrand wachsen. Pro Pseudobulbe werden 1–2 ledrige Blätter und einige Stützblätter, zwischen denen die drahtige Infloreszenz entspringt, gebildet. Die Pflanzen wachsen ganzjährig und blühen im Herbst und Winter, manchmal auch im Frühjahr.
Kultur: In kleinen Töpfen oder Körben in durchlässigem Rindensubstrat, hell und temperiert bis warm. Auf hohe Luftfeuchtigkeit und gute Luftbewegung achten. Das ganze Jahr gleichmäßig düngen und gießen. Vermehrung durch Teilung.

Howeara Mary Eliza

↔ 10–15 cm ↑ 10–40 cm

Reichblühende Hybride mit *Zelenkoa onusta (Oncidium onusta)* als Elternteil. Blätter bis 10 cm lang, zugespitzt, die verzweigte Infloreszenz wird 30–40 cm lang und trägt im Herbst und Winter viele duftende, gelbe Blüten mit roten Punkten, die eine Größe von 25 mm erreichen.

Himantoglossum hircinum

Homalopetalum pumilio

Howeara Mary Eliza

Huntleya

Etwa 10 Arten, die von Costa Rica bis Bolivien, Brasilien, Venezuela und auf Trinidad vorkommen. Sie wachsen epiphytisch in sehr feuchten Nebelwäldern in Höhenlagen zwischen 200–1200 m und sind durch kleine versteckte Pseudobulben, die von fächerartig angeordneten Blättern umgeben sind, gekennzeichnet. Von der nahe verwandten Gattung *Bollea* unterscheiden sie sich durch die bewegliche Lippe. Die sternförmigen Blüten sind der Ursprung der Bezeichnung »Estrellas« in den Heimatländern.
Kultur: Schattig im temperierten Bereich bei hoher Luftfeuchtigkeit und starker Luftbewegung. Die Pflanzen dürfen nicht austrocknen. Sie gedeihen in Lattenkörbchen genauso gut wie auf Baumfarnbretter mit einer Unterlage aus Sphagnum oder lebendem Baummoos aufgebunden. Selbstbestäubung führt meist zu sterilen Samen. Vermehrung durch Teilung starker Pflanzen.

Huntleya citrina

syn. ***Huntleya waldvogelii***

↔ 20–30 cm ↑ 20–30 cm

Seltene Art aus Kolumbien und Ekuador, wo sie in Höhenlagen zwischen 200–250 m wächst. Die Blätter erreichen eine Länge von 30 cm und bilden einen breiten Fächer. Die großen zitronengelben Blüten erreichen einen Durchmesser von bis zu 5 cm und erscheinen im Sommer und Herbst zwischen den Blattbasen.

Huntleya meleagris

syn. ***Batemannia meleagris, Huntleya albidofulva, Zygopetalum meleagris***

↔ 20–30 cm ↑ 20–30 cm

Typus der Gattung, der in höheren Lagen bis 1200 m in feuchtnassen Nebelwäldern von Costa Rica bis Brasilien vorkommt. Toleriert auch etwas niedrigere Temperaturen in Kultur. Die sternförmigen, duftenden Blüten erscheinen im Frühling, Sommer oder Herbst und sind dreifarbig: die Mitte ist weiß, die Sepalen und Petalen sind gelb mit braunen Spitzen.

Huttonaea

5 terrestrische Arten ohne nahe Verwandten, die in den Winterregengebieten Südafrikas endemisch sind. Aus der unterirdischen Knolle wächst bei ausgewachsenen Pflanzen ein Trieb mit 3 Blättern, Jungpflanzen haben nur 1 breitovales Blatt. Die Blüten sind bizarr geformt.
Kultur: Diese Orchideen sind kaum zu kultivieren und sollten im natürlichen Habitat belassen werden.

Huttonaea grandiflora

↔ 8–20 cm ↑ 10–90 cm

Südafrika. Bis zu 5, etwa 25 mm große Blüten im Spätsommer und Herbst. Die weißen Blüten haben stark gefranste Sepalen und auf den Petalen eine violette Zeichnung.

Hygrochilus

1, eventuell 2 monopodial wachsende Arten aus Südostasien, die zusammen mit etlichen anderen Arten aus der Gattung *Vandopsis* ausgegliedert wurden. Die Pflanzen ähneln im Habitus einer *Vanda*. Die Infloreszenz ist länger als die ledrigen, zweizeilig angeordneten Blätter und trägt wenige bis einige große, duftende Blüten. Die ausgesprochen dicken Wurzeln erscheinen direkt am Stamm.
Kultur: Die Pflanzen benötigen recht viel Licht und wachsen in Töpfen oder Körbchen mit grobem Rindensubstrat am besten. Eine gute Luftbewegung ist wichtig und zwischen den Wassergaben sollte das Substrat austrocknen können. Während der Wachstumsphase regelmäßig düngen. Bei kühlerem Wetter und bedecktem Himmel trockener halten. Die Minimumtemperatur beträgt 15–16 °C. Eine Vermehrung kann durch Aussaat, Abtrennen bewurzelter Seitensprosse oder Teilung des gesamten Stamms erfolgen, solange die einzelnen Segmente Wurzeln haben.

Hygrochilus parishii

syn. ***Stauropsis parishii, Vanda parishii, Vandopsis parishii***

↔ 35–45 cm ↑ 20–30 cm

Verbreitet in Myanmar, Thailand und Vietnam. Die ledrigen Blätter werden etwa 25 mm breit und sind zweizeilig

Hygrochilus parishii

am Stamm angeordnet. Die duftenden Blüten erscheinen im Sommer oder Herbst und erreichen eine Größe von 35 mm. Die Sepalen und Petalen sind gelblich grün mit braunen Flecken, die Lippe ist gelb und rosaviolett. ***H. p.*** **var.** ***mariottianus*** hat braune bis rosa-braune Blüten mit einer leuchtend rosafarbener Lippe. Es gibt 2 unterschiedliche Formen, die eventuell getrennt werden: *H. subparishii* wird dann als *Sedirea subparishii* zur Gattung *Sedirea* gestellt.

Huttonaea grandiflora

Isabelia virginalis

Isochilus linearis

Ida

Diese Gattung wurde erst 2003 beschrieben und enthält die Arten der Gattung *Lycaste,* die vorher in der Sektion *Fimbriatae* zusammengefasst wurden. Die meisten Arten kommen an den feuchten bis nassen Rändern der Regenwälder der nebligen Andenregionen Südamerikas vor. Die sympodial wachsenden Orchideen kommen als Epiphyten, Lithophyten und terrestrisch vor. Die Infloreszenz entspringt an der Basis der ausgereiften Pseudobulbe und trägt eine einzelne, meist grünliche Blüte.

Kultur: Am besten in Topfkultur in einem Rindensubstrat bei hoher Luftfeuchtigkeit und guter Luftbewegung. Sie bevorzugen einen hellen Standort, sollten aber nicht direkter Sonneneinstrahlung ausgesetzt sein, um Verbrennungen der Blätter zu vermeiden. Die Vermehrung erfolgt im Frühjahr durch Teilung in Segmente mit mindestens 3 Pseudobulben.

Ida costata

↔ 30–90 cm ↑ 30–90 cm

Peru. Hohe Infloreszenz, die im Frühling eine einzelne, grüne, etwas nickende Blüte trägt, die eine Größe von 10 cm erreicht und sich nicht ganz öffnet. Lippe gelb bis cremefarben mit ausgefranstem Rand.

Ionopsis

Etwa 7 Arten, deren Verbreitungsgebiet von Florida, USA, Mexiko, Mittelamerika, der Karibik bis nach Kolumbien, Brasilien und Paraguay reicht. Sie wachsen als Epiphyten auf dünnen Zweigen vom Meer bis in Höhenlagen von 1600 m. Einige Arten besitzen kleine, gedrängt stehende, einblättrige Pseudobulben, andere bilden kurze Stämmchen mit zweizeilig angeordneten Blättern aus. Die attraktiven Blüten haben eine auffällige Lippe.

Kultur: *Ionopsis*-Arten brauchen temperiert-warme Bedingungen, und viel Licht. Pralle Sonne vermeiden. Die Luftfeuchtigkeit sollte bei 60 % oder höher liegen. Die Pflanzen wachsen am besten auf dünne Zweige aufgebunden und müssen regelmäßig (mindestens einmal täglich) eingenebelt werden. Eine gute Luftbewegung lässt die Pflanzen schnell abtrocknen und verhindert Fäulnis. Keine Ruhezeit. Vermehrung durch Teilung.

Ionopsis utricularioides

syn. *Ionopsis paniculata, I. pulchella*

↔ 15–20 cm ↑ 30 cm

Sehr variable Art, die von Florida bis Brasilien und Paraguay vorkommt. Sie wächst oft in Zitrus- und Guavenplantagen in Höhenlagen bis zu 1600 m. Die kleinen rundlichen Pseudobulben sind von 2–3 Stützblättern umgeben, erreichen einen Durchmesser von 12 mm und tragen ein einzelnes, steifes, lanzettliches Blatt, das etwa 10 cm lang wird. Bei guter Lichtversorgung färben sie sich rötlich. Die verzweigte Infloreszenz wird 30 cm lang und trägt im Frühlung oder Sommer bis zu 50 Blüten, die eine Größe von 12 mm erreichen und eine breite Lippe haben. Die Blütenfarbe reicht von weiß bis zu verscheidenen Rosa-Tönen, Pupurrosa oder Lavendel.

Isabelia

5 kleine sympodial wachsende Epiphyten aus Brasilien. Die winzigen einblättrigen Pseudobulben stehen dicht gedrängt. Die Pflanzen hängen oft von den Ästen, auf denen sie wachsen, herab. Die einzelnen Blüten stehen auf kurzen Infloreszenzen.

Kultur: Diese Orchideen wachsen am besten auf Kork- oder Baumfarnstücke aufgebunden oder in kleinen flachen Schalen. Sie bevorzugen einen feuchten, halbschattigen bis schattigen Standort und sollten nie völlig austrocknen. Eine gute Luftbewegung ist Vorraussetzung für eine erfolgreiche Kultur. Vermehrt wird durch Teilung der Rhizome.

Isabelia virginalis

↔ 5–15 cm ↑ 3,5–8 cm

Brasilien. Pseudobulben von einem faserigen Netz bedeckt. Blatt dunkelgrün, nadelartig, bis 6 cm lang. Blüte weiß bis lilarosa, im Winter.

Isochilus

Etwa 8 sympodial wachsende Arten sind aus Mittel- und Südamerika bekannt. Sie wachsen epiphytisch, lithophytisch, manchmal auch terrestrisch und sind durch die eleganten Blätter auch ohne Blüten attraktiv. Diese erscheinen an der Spitze der Triebe, die manchmal vor der Blüte eine rötliche Färbung bekommen. Die farbintensiven Blüten öffnen sich nicht immer ganz und manche Klone sind selbstbestäubend.

Kultur: Mit ihrem kräftigen Wurzelsystem gedeihen alle Arten gut in kleinen Töpfen mit einem durchlässigen, aber feuchtigkeitsspeicherndem Substrat. Temperierte Bedingungen werden bevorzugt und auf eine regelmässige Wasserversorgung muss geachtet werden, da die Pflanzen ohne Ruhezeit durchwachsen. Die Vermehrung erfolgt durch Teilung.

Isochilus aurantiacus

↔ 10–50 cm ↑ 10–40 cm

Blühwillige Art aus Brasilien mit einer feinen Belaubung, sodass die Pflanze auch außerhalb der Blütezeit attraktiv ist. Im Winter erscheinen an den Triebspitzen kleine Büschel leuchtend orangefarbener Blüten.

Isochilus linearis

↔ 10–60 cm ↑ 10–60 cm

Kommt in Mittelamerika und dem nördlichen Teil Südamerikas vor und ist die am häufigsten in Kultur anzutreffende Art. Die röhrenförmigen Blüten sind rosa bis purpurviolett und werden bis 12 mm breit. Manche Klone sind selbstbestäubend und öffnen die Blüten überhaupt nicht.

Jumellea

Etwa 70, mit *Angraecum* verwandte, monopodiale Epiphyten und Lithophyten aus Madagaskar, den Maskarenen- und Komoren-Inseln und dem afrikanischen Kontinent werden in dieser Gattung vereint. Das Verbreitungsgebiet reicht im Süden bis nach Südafrika. Sie wachsen oft an hellen Standorten und haben weiße Blüten, die nachts duften und einen langen, nektargefüllten Sporn besitzen. Die Blüten erscheinen einzeln in den Blattachseln, oft in großer Fülle. Die Blätter sind fächerförmig an Stamm angeordnet, der kontinuierlich weiterwächst und etliche Seitentriebe bildet. Manche Arten haben einen kletternden Habitus und halten sich mit dicken Wurzeln auf der Unterlage fest.
Kultur: Diese Orchideen sind einfach zu kultivieren und bei Liebhabern gefragte Sammelobjekte. Die meisten Arten fühlen sich in Töpfen oder Lattenkörchen in einem Rindensubstrat wohl, jene mit kletterndem Habitus wachsen besser auf Kork oder Baumfarnstücke aufgebunden. Sie bevorzugen einen hellen bis sehr hellen Standort bei ständiger Luftumwälzung und temperierten bis warmen Bedingungen. Ausgewachsene, starke Pflanzen können geteilt werden, solange jedes Teilstück genug Wurzeln hat, die eine Versorgung der Pflanze mit Wasser und Nährstoffen garantieren.

Jumellea arachnantha

↔ 50–100 cm ↑ 45–70 cm

Robuste Pflanzen von den Komoren-Inseln. Kurze Stämme mit 45–70 cm langen Blättern. Blüten weiß, ziemlich groß, jedes Blütensegment etwa 5 cm lang; Lippe mit einem 45 mm langen Sporn. Die Blütezeit liegt im Frühling.

Jumellea comorensis

↔ 10–25 cm ↑ 12–30 cm

Komoren-Inseln. Bildet aufrechte Stämme mit zweizeilig angeordneten Blättern. Blüten weiß, knapp über 35 mm groß und abends sehr stark duftend. Wird von Nachtfaltern bestäubt. Blütezeit im Sommer.

Jumellea confusa

↔ 15–25 cm ↑ 12–60 cm

Diese Art kommt aus Madagaskar und bildet verholzende Stämme mit schmalen, an der Basis gefalteten Blättern, die 8–12 cm lang werden. Die Blüten sind weiß mit etwa 25 mm großen Segmenten und einem 12 cm langen Sporn. Blütezeit im Frühling.

Jumellea densefoliata

↔ 6–8 cm ↑ 5–8 cm

Kurzstämmige Pflanzen aus Madagaskar. Blätter dicht stehend in Zweierreihen, jedes 5–8 cm lang. Sepalen und Petalen grünlich weiß, 18 mm lang, Lippe weiß, genauso lang, Sporn schlank, 10–12 cm lang. Blüht von Frühjahr bis Sommer.

Jumellea arachnantha

Jumellea confusa

Jumellea fragrans

↔ 40–60 cm ↑ 25–60 cm

Maskarenen-Inseln. Aufrecht wachsende Pflanzen, die dichte Horste bilden. Der verholzte Stamm ist nur an der Spitze mit 10–15 cm langen, schmalen Blättern belaubt. Im Winter erscheint eine einzelne, mittelgroße Blüte an der Triebspitze mit einem 30 mm langen Sporn. Die Blätter duften aromatisch, ein Auszug in Wasser wird als Tee-Ersatz verwendet und als »fahan« bezeichnet.

Jumellea sagittata

↔ 50–75 cm ↑ 30–45 cm

Große, an der Basis verzweigte Pflanzen, die in Madagaskar vorkommen. Jeder der kurzen Stämme trägt einen kleinen Fächer aus etwa 10 schmalen, bandförmigen Blättern, die eine Länge von 12–25 cm erreichen und an der Basis gefaltet sind. Die hängende Infloreszenz trägt eine einzelne Blüte. Die Blütezeit reicht vom Winter bis ins Frühjahr. Die Blüten sind von weißer Farbe und die einzelnen Segmente erreichen eine Länge von etwa 35 mm. Die Lippe ist rautenförmig und hat an der Basis einen kurzen Sporn von 18 mm Länge. Die Blüten duften nachts sehr stark.

Jumellea densefoliata

Jumellea comorensis

Kefersteinia

Die über 50 Arten besitzen keine Pseudobulben und haben stattdessen einen Fächer aus weichen Blättern. Sie wachsen meist epiphytisch, seltener terrestrisch in den Bergwäldern von Nikaragua bis Brasilien und Bolivien in Höhenlagen zwischen 300–2500 m. Die Pflanzen sind recht klein, kompakt und wachsen in Gruppen. Jede Infloreszenz trägt eine einzelne kleine Blüte und jede Pflanze bringt in der Regel mehrere Blütentriebe gleichzeitig hervor. Die Blütenfarbe ist sehr variabel.

Kultur: Die Pflanzen bevorzugen lichten Schatten bei guter Luftumwälzung, hoher Luftfeuchtigkeit und regelmäßigen Wasser- und Düngergaben. Die Mindesttemperatur im Winter liegt bei 13–15 °C und sollte im Sommer 26 °C nicht überschreiten. Die Pflanzen dürfen nicht völlig austrocknen und sollten immer feucht gehalten werden. Über Nacht darf kein Wasser im Herz der Blattfächer stehen bleiben, da dies zu Fäulnis führt, die die ganze Pflanze befallen kann. *Kefersteinia*-Arten wachsen am besten in Töpfen oder Körben in Moos, feiner Rinde oder ähnlichen Mischungen, oder aufgebunden. Sie bilden oft ein großes Wurzelsystem aus, das die Pflanze aus dem Topf drückt. Vermehrt wird durch Teilung.

Kefersteinia graminea

syn. *Zygopetalum gramineum*

↔ 20–30 cm ↑ 20–35 cm

Venezuela, Kolumbien und Ekuador in kühlen Bergwäldern. Die einzelnen Blüten erscheinen im Sommer bis in den Herbst auf kurzen Infloreszenzen. Sie sind hellgrün und haben auf den Sepalen und Petalen feine violettbraune Tupfen. Lippe weiß mit brauner Zeichnung.

Kefersteinia laminata

↔ 40 cm ↑ 30 cm

Ekuador. Selten. Blüten bis 30 mm groß, grünlich, violett überhaucht. Lippe breit, purpurrosa mit weißem Rand. Blütezeit im Frühjahr.

Kunthara

Hybridgattung aus *Cochlioda, Miltoniopsis, Odontoglossum* und *Oncidium*. Viele haben leuchtend rote Blüten, die auf den Einfluss von *Cochlioda* im Stammbaum zurückzuführen sind.

Kultur: Kuntharas mögen es nicht, wenn ihre Wurzeln austrocknen, deshalb pflanzt man sie in eine Mischung aus Sphagnum und feiner Rinde, die die Feuchtigkeit gut hält. Sie eignen sich besser für den kühlen Bereich und brauchen ganzjährig viel Wasser und einen halbschattigen Standort. Die Blütezeit liegt im Frühjahr und Sommer. Vermehrung durch Teilung.

Kefersteinia laminata

Kunthara-Hybriden

↔ 30 cm ↑ 75 cm

Zu nennen wären **Living Fire**, eine Kreuzung aus *Odonchlopsis* Edna und *Oncidium maculatum*; **Nelly Isler**, eine Verbesserung von *K.* Stefan Isler, durch Einkreuzung von *Miltoniopsis* Kensington und **Stefan Isler**, eine Hybride zwischen *Odonchlopsis* Edna und *Oncidium leucochilum*.

K

Kunthara Living Fire

Kunthara Nelly Isler

Kunthara Stefan Isler

Laelia

Das Verbreitungsgebiet dieser Gattung reicht von Mexiko über Mittelamerika bis nach Südamerika. Insgesamt sind etwa 60 attraktive und relativ einfach zu kultivierende Arten mit zahllosen Varietäten bekannt. Die meisten Arten wachsen lithophytisch, viele auch als Epiphyten. Von der nah verwandten Gattung *Cattleya* lassen sie sich durch die Anzahl der Pollinien (4 bei *Cattleya*, 8 bei *Laelia*) leicht unterscheiden. Die meist kleinen und kompakten Pflanzen haben in der Regel einblättrige Pseudobulben, einige Arten auch 2 Blätter pro Trieb. Sie sind an unzähligen künstlichen Hybriden mit verwandten Gattungen wie *Brassavola, Broughtonia, Cattleya, Epidendrum* und *Sophronitis* beteiligt.
Kultur: Die meisten Arten gedeihen an einem hellen Standort bei temperierten bis warmen Bedingungen. Während der Wachstumsphase bevorzugen die meisten Laelien viel Wasser, Wärme und Dünger, im Winter können die Temperaturen niedriger sein, viele Arten machen auch eine Ruhezeit durch. Bei Topfkultur muss der Pflanzstoff sehr durchlässig sein. Vermehrung durch Teilung.

Laelia anceps

Laelia anceps

↔ 20–90 cm ↑ 20–120 cm
☀/◐ ◆/⬙/◇ ✿ ▽/⊼

Mexiko; sehr variable Art. Infloreszenz bis 100 cm lang, an der Spitze der Pseudobulben, im Herbst oder Winter mit bis zu 5 sternförmigen Blüten, die einen Durchmesser von 12 cm erreichen können. Die Färbung reicht von Reinweiß über verschiedene Rosa-Töne bis Dunkellila, es gibt auch Varietäten mit graublauen oder amethystfarbenen Blüten sowie Alba- und Semi-alba-Formen und Typen mit geflammten Petalen. ***L. a.* var. *veitchiana* 'Fort Caroline'** hat weiße Blüten mit amethystfarbener Lippe.

Laelia anceps var. *veitchiana* 'Fort Caroline'

Laelia blumenscheinii

↔ 25–40 cm ↑ 30–35 cm
☀/◐ ⬙/◇ ✿ ▽

Endemisch in Brasilien; wächst zwischen Gräsern in Geröllfeldern oder auf Felsen. Pseudobulben länglich, an der Basis geschwollen, zur Spitze dünner. Das einzige Blatt ist ledrig, lanzettlich. Die Infloreszenz wird bis 40 cm lang und trägt bis zu 12 Blüten im Frühling. Blüten hellgelb, bis 5 cm breit. Braucht im Winter eine kühle und trockenere Ruhezeit.

Laelia blumenscheinii

Laelia Canariensis

↔ 20–60 cm ↑ 20–100 cm
☀/◐ ◆/⬙ ✿ ▽

Beliebte Primärhybride zwischen *L. anceps* und *L. harpophylla*. Blüht im Winter und Frühling. Die Farbe variiert von Hellviolett über Orange bis zu verschiedenen Gelb-Tönen.

Laelia Canariensis

Laelia caulescens

↔ 10–25 cm ↑ 12–35 cm
☀/◐ ⬙ ✿ ▽

Brasilien; auf Felsen am Rand von Wäldern an sonnigen, luftigen und luftfeuchten Standorten. Infloreszenz aufrecht, mit bis zu 6 lilafarbenen, bis 5 cm großen Blüten im Frühling.

Laelia caulescens

Laelia crispa

Laelia crispata

Laelia jongheana

Laelia cinnabarina

↔ 35–40 cm ↑ 30–50 cm

Endemisch in Brasilien; oft zwischen hohen Gräsern in Geröllfeldern. Pseudobulben an der Basis geschwollen, oben dünner. Apikale Infloreszenz 30–50 cm lang mit bis zu 15 sternförmigen, orangefarbenen, bis 10 cm großen Blüten, im Frühjahr. Lippe mit gekräuseltem Endlappen. Im Winter trocken und kühler halten.

Laelia crispa

↔ 20–90 cm ↑ 20–60 cm

Brasilien. Infloreszenz aufrecht, mit bis zu 7 Blüten im Sommer. Blüten weiß bis zartrosa mit purpurn und gelb gezeichneter Lippe. Blütensegmente kraus und verdreht.

Laelia crispata

syn. ***Laelia rupestris***

↔ 20–25 cm ↑ 25–40 cm

Endemisch in Ostbrasilien; zwischen Gräsern und Moospolstern. Pseudobulben fast zylindrisch, an der Spitze schmäler, mit 1 ledrigen, blaugrünen Blatt. Infloreszenz apikal, aufrecht, mit bis zu 10 rosafarbenen, 35–50 mm großen Blüten. Die Basis der Sepalen und Petalen ist weißlich, die Lippe im Schlund gelb. Blüht im Frühling.

Laelia dayana

↔ 12–20 cm ↑ 15–20 cm

Endemisch in Brasilien; oft auf Bäumen in der Nähe von Flüssen. Pseudobulben zylindrisch, mit einem ovalen Blatt. Die Blütenknospen sind von dem neuen Blatt umschlossen. 1–2 rosa Blüten pro Trieb, Lippe dunkelviolett mit weißen Adern und dunklen Kalli im Schlund. Petalen und Sepalen meist nach hinten umgeschlagen. Es gibt auch eine »blaue« Varietät. Blüht im Sommer bis Herbst.

Laelia harpophylla

↔ 35–45 cm ↑ 35–60 cm

Endemisch in Ostbrasilien. Hohe Pflanze mit sehr dünnen Pseudobulben, die an der Spitze ein lanzettliches, ledriges Blatt tragen. Infloreszenz apikal, mit 5–15 leuchtend orangefarbenen, sternförmigen, bis 8 cm großen Blüten im Frühling. Eng mit *L. kautskyii* verwandt.

Laelia longipes

Laelia jongheana

↔ 22–35 cm ↑ 20–30 cm

Bergwälder in Südostbrasilien; wächst an sehr sonnigen Standorten. Gehört zur Verwandschaft von *L. pumila*, wie bei dieser sind die Blütenknospen von den neuen Blättern umschlossen. Blatt oval, zugespitzt, sehr steif, bricht sehr leicht. Pro Trieb bis zu 3 große, hellrosa Blüten, die einen Durchmesser von 12–15 cm erreichen. Lippe mit gekräuseltem Rand und weißem Schlund mit goldgelben Adern. Es gibt auch weiß blühende Klone. In der Natur durch Lebenraumzerstörung stark gefährdet, CITES I.

Laelia longipes

syn. ***Laelia lucasiana, L. ostermeyerii***

↔ 10–15 cm ↑ 8–10 cm

Endemisch in Brasilien; in voller Sonne auf bemoosten Felsen. Pseudobulben dicht gedrängt, mit einem kurzen, ledrigen Blatt. Infloreszenz mit 2–5 rosafarbenen Blüten im Frühling. Lippe gelblich mit gekräuseltem Rand. Albino-Formen sind auch bekannt. Im Winter trocken und kühl halten.

Laelia milleri

↔ 10–40 cm ↑ 20–70 cm

Kompakte Art aus Brasilien. Infloreszenz aufrecht, mit bis zu 8 orange- bis dunkelroten, bis 6 cm großen Blüten im Spätsommer.

Laelia pumila

↔ 10–40 cm ↑ 10–20 cm

Brasilien; in feuchten Wäldern. Kompakt wachsend mit 1–2 dunkelrosa, 10–12 cm großen Blüten mit einer dunkelvioletten Lippe; im Schlund weiß oder gelblich. Blüht im Herbst. Es gibt viele Farbformen, die durch Samen- oder Meristemvermehrung nicht mehr so schwierig zu erhalten sind, darunter Alba- und Coerulea-Formen, Delicatas mit zartrosa Blüten und geflammte oder spektakuläre Semi-Alba-Formen. Wächst am besten aufgebunden.

Laelia harpophylla

Laelia milleri

Laelia purpurata

Laelia purpurata

↔ 20–90 cm ↑ 20–90 cm

Nationalblume Brasiliens und die »Königin der Laelien«. Im Sommer erscheinen an den ausgereiften Pseudobulben bis zu 5 große, bis 20 cm breite Blüten. Es gibt hunderte von Farbformen, die Blütenfarbe variiert von Reinweiß über Zartrosa und Magenta bis zu Amethyst-Tönen und Schiefergrau. Die ausgebreitete, tütenförmige Lippe ist im Schlund geadert und kann auch alle genannten Farben haben. Dazu kommen noch geflammte und gestreifte Typen, Albas, Semi-Albas und zweifarbige Formen, sodass unzählige Kombinationsmöglichkeiten bestehen. Zu den beliebtesten gehören ***L. p.*** **var.** ***carnea*** mit cremeweißen Blüten und einer zartrosa Lippe und ***L. p.*** **var.** ***werkhauserii*** mit weißen Blüten und einer dunkelviolettblauen, schiefer- oder graublauen Lippe.

Laelia purpurata var. *carnea*

Laelia rubescens

Laelia tenebrosa

Laelia sincorana

Laeliocatonia Peggy San 'Galaxy'

Laelia rubescens

syn. *Laelia acuminata*

↔ 25–40 cm ↑ 25–60 cm

Von Mexiko bis Panama; häufig in heißen, trockenen Gebieten. Pseudobulben stark zusammengepresst, mit einem ledrigen Blatt. Infloreszenz 25–60 cm hoch, mit einem Büschel kurzlebiger Blüten im Herbst. Blüten fast weiß oder zartrosa bis dunkelrosa mit dunklem Schlund. Die Varietät ***L. r.* var. *roseum*** hat dunklere Blüten als die Normalform.

Laelia sincorana

↔ 10–20 cm ↑ 8–18 cm

Kompakt wachsende Art aus Brasilien; wachsen meist auf Vellozien. Pseudobulben kugelig, dicht stehend. Mit einem sukkulenten Blatt. 1–3 Blüten pro Trieb, im Frühjahr oder Frühsommer. Sepalen und Petalen rosa bis violett, Lippe dunkler mit violetter, erhabener Aderung im weißlich gelben Schlund. Es gibt auch Alba-, Semi-Alba- und Coerulea-Formen. Wächst besser auf Korkrinde aufgebunden als im Topf.

Laelia tenebrosa

↔ 20–90 cm ↑ 20–80 cm

Brasilien. Große, sommerblühende Art. 3–4 Blüten pro Infloreszenz, bis 15 cm Durchmesser, Sepalen und Petalen bronzefarben, Lippe dunkelpurpurn. Es gibt auch Formen mit gelben Blüten und hellerer Lippe.

Laeliocatonia

Kreuzung aus den 3 neotropischen Gattungen *Laelia*, *Cattleya* und *Broughtonia*. Durch letztere sind die Blüten sehr rund und stehen in Büscheln an langen, hohen Infloreszenzen. *Cattleya* hat die Blütenfarben und Substanz der Blüten beigetragen und durch Einkreuzung gelb und orange blühender *Laelia* und *Cattleya*-Eltern haben viele Hybriden pfirsichfarbene oder gelbliche Blüten. Die Blüten stehen über dem Laub auf langen, aufrechten Infloreszenzen und erscheinen mehrmals im Jahr.

Kultur: Laeliocatonien brauchen warme Temperaturen und wachsen aufgebunden oder im Topf in einem sehr durchlässigen Substrat. Zwischen den Wassergaben muss die Pflanze austrocken können. Die Luftfeuchtigkeit muss hoch sein, bei ausreichender Luftbewegung. Nur wenn die Pflanzen wachsen, darf gedüngt werden und viel Licht ist nötig, damit Blüten angesetzt werden. Vermehrung durch Teilung.

Laeliocatonia **Peggy San 'Galaxy'**

↔ 15–20 cm ↑ 20–30 cm

Eine Züchtung mit gesplashten Petalen, deren Zeichnung sich auch häufig, wie bei **'Galaxy'** in der Lippe wiederholt. Blüht meist im Winter, Frühjahr und Sommer, wenn der neue Trieb ausgereift ist mit 1–3 oder mehr Blüten pro Infloreszenz.

Laeliocattleya Canhamiana 'Coerulea'

Laeliocattleya

Die Kreuzung von Arten der Gattungen *Laelia* und *Cattleya* hat unzählige farbenprächtige und vielgestaltige Hybriden hervorgebracht – das Ergebnis der Kreuzung zweier vielgestaltiger Gattungen. Die meist kräftigen Pflanzen haben 1 oder 2 Blätter pro Trieb und Blüten in allen erdenklichen Farben. Nur Schwarz und Himmelblau gibt es (noch) nicht. Die Blütengröße variiert zwischen 5–25 cm und viele großblumige Hybriden werden als Schnittblumen angebaut.

Kultur: Die meisten dieser attraktiven Hybriden bevorzugen während der Wachstumsperiode im Sommer wärmere Temperaturen und reichliche Wassergaben, können aber im Winter trockener und kühler stehen. Sie bevorzugen einen hellen Standort und brauchen einen groben, durchlässigen Pflanzstoff. Gesunde Pflanzen entwickeln ein großes Wurzelsystem mit vielen dicken, weißen, reich verzweigten Wurzeln. Die Vermehrung erfolgt durch Teilung oder Rückbulbenstücke beim Umtopfen.

Laeliocattleya-Hybriden

↔ 10–75 cm ↑ 10–90 cm

Beispielhaft sind folgende Hybriden:
C. G. Roebling, die Primärhybride zwischen blauen Formen von *Cattleya gaskelliana* und *Laelia purpurata*;
Chit Chat 'Tangerine', eine reich blühende Kreuzung aus *Cattleya aurantiaca* und *Laelia* Coronet;
Edgard van Belle 'Edwin Arthur Hausermann' mit dunklen Blüten und starkem Duft;
Gold Harp, eine Kreuzung zwischen *Laelia harpophylla* und *Laeliocattleya* Golden Blossom mit goldgelben Blüten und purpur gerandeter Lippe;
Jim Burkhalter, eine Kreuzung zwischen *Laeliocattleya* Jalapa und *Cattleya* Chocolate Drop mit rosa Blüten und rosaroter Lippe;
Mini Purple, die beliebte Primärhybride zwischen *Laelia pumila* und *Cattleya walkeriana*;
Myrtle Johnson, eine attraktive Züchtung mit gesplashten Petalen;
Pink Favourite 'Jolly', die Primärhybride zwischen *Laelia milleri* und *Cattleya walkeriana*;
Rojo 'Fiery', die Primärhybride zwischen *Cattleya aurantiaca* und *Laelia milleri* mit roten Blüten; sowie
Tropical Pointer 'Cheetah', eine *Cattleya-intermedia*-Hybride, die durch Einkreuzung von *C. aclandiae* attraktiv getupfte Blüten hat und mehrmals im Jahr blühen kann.

Laeliocattleya Jim Burkhalter

Laeliocattleya (*Cattleya* Vaupes Sunrise × *Laeliocattleya* Interglossa)

Laeliocattleya Edgard van Belle 'Edwin Arthur Hausermann'

Laeliocattleya C. G. Roebling

Laeliocattleya Gold Harp

Laeliocattleya Chit Chat 'Tangerine'

Laeliocattleya Rabeiana

Laeliocattleya Kauai Spiders

Laeliocattleya Lauren Oka 'Kristy'

Laeliocattleya (*Laeliocattleya* Blue Ribbon × *Cattleya* Penny Kuroda)

Laeliocattleya 'Maris Song'

Laeliocattleya Mini Purple 'Bette'

Laeliocattleya Mini Purple 'Royale'

Laeliocattleya Orange Embers

Laeliocattleya Myrtle Johnson

Laeliocattleya Pink Favourite 'Jolly'

Laeliocattleya Rojo 'Fiery'

Laeliocattleya Pink Perfume

Laeliocattleya Pre School 'Royale'

L

Laeliocattleya Royal Emperor 'Wade'

Laeliocattleya Sallieri

Laeliocattleya Tropical Pointer 'Cheetah'

Lepanthes sp.

Lepanthes ligiae, Knospen

Lanium

Die 4–5 Arten dieser Gattung findet man als Epiphyten im nördlichen Teil Südamerikas. Sie wurden früher der Gattung *Epidendrum* zugeordnet, aber aufgrund des Habitus mit dem kriechenden Rhizom, den dicht stehenden Pseudobulben mit 3–4 Blättern oder dichtbeblätterten Trieben, und der Behaarung der Infloreszenzen, der Rückseite der Sepalen und der Samenkapseln in eine eigene Gattung gestellt. »Lanium« bedeutet wollig.
Kultur: Am besten aufgebunden oder in flachen Schalen mit durchlässigem Pflanzsstoff. Vor der Blüte schattiger stellen und feucht halten, danach vertragen die Pflanzen mehr Licht und können trockener gehalten werden. Vermehrung durch Teilung.

Lanium avicula

syn. *Epidendrum avicula, E. lanioides, E. longifolium, Lanium berkeleyi*

↔ 15–30 cm ↑ 8–12 cm

Brasilien und Peru, in feuchten Wäldern in Höhenlagen von etwa 1200 m. man unterscheidet mehrere Unterarten anhand der Wuchsform. Der verdickte Trieb ist dicht mit Hüllblättern bedeckt, an der Spitze stehen 2–3 Blätter. Infloreszenz aufrecht, an der Spitze der Pseudobulben, mit wenigen Blüten im Frühling und Herbst. Die Blütenfarbe variiert von cremefarben bis gelblich grün oder gelblich braun.

Lepanthes

Diese große Gattung umfasst über 800 Arten, die im tropischen Südamerika und in der Karibik vorkommen. Die meist zwergigen Epiphyten oder Lithophyten haben schlanke, meist einblättrige Triebe aus einem kurzen Rhizom. Die Blätter sind manchmal attraktiv gezeichnet oder samtig behaart. Die Infloreszenz liegt meist flach auf der Blattoberfläche und trägt kleine Blüten, deren auffälligste Teile die Sepalen sind.
Kultur: Die Arten der Gattung *Lepanthes* sind heikel und nicht einfach in der Kultur. Sie wachsen am besten aufgebunden oder in kleinen Töpfen und brauchen einen schattigen, luftigen Standort bei hoher Luftfeuchtigkeit. Sie dürfen nicht austrocknen. Deshalb gedeihen sie manchmal in geschlossenen Vitrinen besser als in großen Gewächshäusern. Vermehrung durch Teilung.

Lepanthes calodictyon

↔ 5–8 cm ↑ 5–6 cm

Zwergige Art aus Ekuador und dem südlichen Kolumbien. Triebe in Büscheln, 3,5–5 cm lang mit einem fast runden, 5 cm großen Blatt mit dunkelbrauner, netzartiger Aderung. Infloreszenz mit 1 bis mehreren kleinen, rötlichen oder gelblichen Blüten, die sich nacheinander öffnen. Blüht meist im Winter bis in den Frühling.

Lepanthes ligiae

↔ 35–45 cm ↑ 35–40 cm

Kolumbien; in feuchten Bergwäldern. Die dünnen Triebe tragen ein weiches, ovales, zugespitztes Blatt, an dessen Basis die zick-zack-förmige Infloreszenz mit kleinen, nacheinander aufblühenden Blüten erscheint. Die Blüten werden bis 18 mm groß und sind grünlich gelb, die Lippe und die Petalen sind rot. Blüht meist ganzjährig.

Leptotes

Diese Gattung enthält 5 Arten, die in Südbrasilien und Paraguay in feuchten Bergwäldern vorkommen. Diese kleinen Epiphyten oder Lithophyten haben dünne, zylindrische Pseudobulben, die ein einzelnes, dünnes Blatt tragen. Die Infloreszenz erscheint aus dem Übergang von Blatt und Pseudobulbe und trägt 1–5 relativ große, attrakive Blüten. Die Farbe reicht von Gelb über Weiß bis Rosa, je nach Art. Insgesamt erinnern die Pflanzen an eine Miniatur-*Brassavola*.
Kultur: *Leptotes*-Arten brauchen einen hellen Standort bei temperierten Bedingungen. Die Luftfeuchtigkeit muss das ganze Jahr hoch sein und eine Ruhezeit ist nicht nötig. Sie wachsen am besten aufgebunden auf Korkrinde oder Baumfarn bei guter Luftbewegung. Die Vermehrung erfolgt durch Teilung.

Leptotes bicolor

Leptotes bicolor

syn. *Leptotes serrulata*

↔ 8–12 cm ↑ 8–12 cm

In den südöstlichen Bundesstaaten von Brasilien, von Minais Gerais im Norden bis nach Santa Catarina im Süden und ins benachbarte Paraguay. Die bleistiftarigen, zugespitzen Blätter werden etwa 10 cm lang und sitzen auf 2–3 cm langen, dünnen Pseudobulben. Pflanzen aus dem nördlichen Verbreitungsgebiet sind sehr sukkulent und haben Blätter mit einem Durchmesser von bis zu 12 mm, die aus dem Süden erreichen oft nur 4–5 mm. Die Infloreszenz trägt im Sommer 2–3 weiße Blüten mit rosa Zeichnung in der Lippe. Blüten bis 25 mm im Durchmesser. Die Varietät ***L. b.* var. *alba*** hat reinweiße Blüten.

Leptotes unicolor

syn. *Leptotes paranaensis*

↔ 5–8 cm ↑ 5–8 cm

Brasilien. Blätter sukkulent, insgesamt ist die Pflanze kleiner als *L. bicolor*, die komplett rosa gefärbten Blüten sind aber genauso groß. Die Blüten öffnen sich nicht ganz und sind auf Sepalen und Petalen dunkel geadert.

Liparis

Die etwa 250 Arten dieser Gattung sind weltweit verbreitet. Die meisten dieser sympodialen Orchideen aus den gemäßigten Breiten wachsen terrestrisch, die meisten tropischen Arten epiphytisch. Man findet sie meist an schattigen Stellen, häufig in kleinen Schluchten oder an Bachläufen, wo die Luftfeuchtigkeit besonders hoch ist. Die epiphytischen Arten wachsen häufig auf moosbedeckten Ästen oder Baumstämmen am Rand von Regenwäldern. Die Blüten sind meist gelblich grün, manche haben kontrastierende rote oder orangefarbene Lippen. **Kultur:** Einfach zu kultivieren und wüchsig, wenn man das natürliche Habitat nachahmt. Sie brauchen einen schattigen Standort, eine hohe Luftfeuchtigkeit und viel frische Luft. Die meisten Arten haben weiche Blätter, die bei direkter Sonneneinstrahlung schnell verbrennen. Die kriechenden Arten wachsen am besten auf Korkrinde oder Baumfarnbrettern, viele andere auch in kleinen Töpfen in einem durchlässigen Substrat. Die Vermehrung erfolgt durch Teilung.

Liparis latifolia

↔ 10–15 cm ↑ 18–30 cm

Weitverbreitet in Südostasien. Pseudobulben birnenförmig, bis etwa 30 mm hoch, mit einem 18–30 cm langen Blatt. Infloreszenz kürzer als das Blatt, dicht mit vielen kleinen Blüten besetzt. Lippe fächerartig, ziegelrot. Die Blütezeit liegt im Frühjahr. Diese Art wird häufig als *L. nutans* gehandelt oder kultiviert, eine völlig andere Art mit kleinen grünen und orangefarbenen Blüten.

Liparis nervosa

↔ 10–20 cm ↑ 12–35 cm

Weitverbreitet, in den tropischen Regionen Amerikas, Afrikas und Asiens von Indien bis Japan und über die Philippinen bis nach Neuguinea. Blätter plikat, kurzlebig. Infloreszenz aufrecht mit bis zu 40 grünlich gelben bis rötlichen Blüten im Frühjahr. Einfach zu kultivieren.

Liparis nigra

↔ 20–30 cm ↑ 25–100 cm

Taiwan. Pseudobulben schmal zylindrisch, bis 20 cm hoch und mehreren plikaten, bis 15 cm langen ovalen Blättern. Infloreszenz 25–35 cm, manchmal sogar bis 100 cm hoch, dichtblütig mit kleinen Blüten, im Frühjahr. Blüten bis 18 mm groß, dunkelrot, Lippe fast quadratisch, bis 12 mm breit.

Liparis reflexa

↔ 10–90 cm ↑ 10–30 cm

Australien. Infloreszenz aufrecht, im Herbst und Winter. Blüten bis 12 mm groß, mit schmalen Segmenten, gelblich grün, mit auffälligem Geruch nach »nassem Hund«.

Liparis viridiflora

↔ 10–90 cm ↑ 10–40 cm

Südostasien. Pseudobulben dicht gedrängt, mit 2–3 Blättern. Infloreszenz lang, dicht mit bis zu 100 kleinen Blüten besetzt, im Herbst bis Frühling. Blüten bis 6 mm lang, gelblich bis grün mit extrem unangenehmem Geruch. Wächst leicht bei unterschiedlichen Kulturbedingungen.

Liparis nervosa

Liparis viridiflora

Lockhartia

Die etwa 30 epiphytischen Arten dieser Gattung sind in Mittelamerika, der Karibik und der nördlichen Hälfte Südamerikas verbreitet. Die meisten Spezies haben einen sehr ähnlichen Habitus und sind ohne Blüten nur schwer zu identifizieren. Anstelle von Pseudobulben haben diese Orchideen aufrechte oder hängende Triebe mit dicht anliegenden, zweizeilig angeordneten Blättern, die ihnen ein sägezahnähnliches Aussehen verleihen. Die kurzen Infloreszenzen erscheinen in den Blattachseln am Triebende und tragen 1–6, an *Oncidium* erinnernde Blüten, die gelb mit dunkelroter Zeichnung auf der Lippe sind. Die meisten Arten blühen während der wärmeren Monate im Jahr. **Kultur:** Diese Orchideen sind im Gewächshaus oder in tropischen Ländern im Freien einfach zu kultivieren. Sie wachsen am besten aufgebunden auf Kork oder Baumfarnstäben, wo sie über Jahre ungestört wachsen und blühen können. Alternativ kann man sie auch in kleine Töpfe in ein durchlässiges Rindensubstrat pflanzen. Sie sollten häufig gegossen werden, müssen aber dazwischen immer wieder austrocknen können. Sie bevorzugen einen hellen Standort, temperiert-warme Bedingungen und eine gute Luftbewegung. Die Vermehrung erfolgt durch Teilung größerer Exemplare.

Lockhartia biserra

Lockhartia biserra

syn. ***Epidendrum biserra***

↔ 10–30 cm ↑ 10–40 cm

Von Venezuela bis Ekuador. Blätter sägezahnartig an den Trieben. Infloreszenzen kurz, aus den Achseln der oberen Blätter, mit bis zu 4 attraktiven, gelben, 12 mm großen Blüten im Sommer.

Lockhartia pittieri

syn. ***Lockhartia integra***

↔ 12–15 cm ↑ 15–20 cm

Ekuador; in feuchten Nebelwäldern. Pseudobulben abgeflacht, schilfrohrartig mit kammartig angeordneten Blättern. Blüht oft an mehreren kurzen Infloreszenzen gleichzeitig an der Spitze der Triebe, im Herbst und Winter. Blüten bis 12 mm groß, gelb, mit orangeroter Zeichnung auf der Lippe.

Liparis sp.

Ludisia discolor

Ludisia discolor

Ludisia

Juwelen-Orchidee

Monotypisch. Die einzige Art ist im tropischen Südostasien weit verbreitet. Aus dem fleischigen, kriechenden Rhizom erscheinen kleine Blattrosetten mit sukkulenten, attraktiv gezeichneten Blättern. Die aufrechte Infloreszenz wächst aus der Mitte der Blattrosetten und trägt kleine Blüten. *Ludisia* gehört zu den wenigen Orchideen, die eher wegen ihrer Blätter kultiviert werden. **Kultur:** In flachen Schalen oder Körben, die das kriechende Rhizom aufnehmen können. Die Pflanzen bevorzugen feucht-warme Bedingungen und einen schattigen Standort. Direkte Sonne führt zu Blatt- und Rhizomverbrennungen. Bei zu geringer Luftbewegung können Blattflecken auftreten. Sie wachsen das ganze Jahr durch und können durch Teilung vermehrt werden.

Ludisia discolor

syn. *Haemaria discolor*

↔ 10–60 cm ↑ 10–40 cm
⚘ ✹ ◆/⬖ ✿ ▽

Südostasien. Variable Blattfarbe und -zeichnung, von Dunkelgrün bis Purpurbraun mit gold- oder kupferfarbenen Nerven. Blattoberseite samtig. Die aufrechten Infloreszenzen erscheinen aus dem Neutrieb im Herbst und Winter und haben kleine, weiße Blüten mit gelbem Fleck in der Mitte.

Lycaste

Etwa 45 Arten sind in dieser Gattung bekannt. Sie sind von Mexiko bis Bolivien verbreitet und kommen epiphytisch oder terrestrisch in Küsten- und Bergregenwäldern vor. Die dicken Pseudobulben tragen lange, plikate Blätter, die in der Trockenzeit abgeworfen werden. Viele mittelamerikanische Arten, vor allem die gelb blühenden, haben intensiv duftende Blüten und spitze Stacheln an den Pseudobulben, nachdem die vorjährigen Blätter abgeworfen wurden. Die lange haltbaren Blüten stehen einzeln auf kurzen Infloreszenzen, die an der Basis der Pseudobulben meist im Frühling mit dem Neutrieb erscheinen. Die Sepalen öffnen sich bei den meisten Arten ganz, die Petalen liegen eng an der Säule an. Es gibt eine Reihe von Hybriden, die meisten mit *L. skinneri* im Stammbaum, die kühlere Temperaturen bevorzugen. **Kultur:** Am besten im Topf, da die Wurzeln während der Wachstumsphase nicht austrocknen sollten. Je nach Verbreitungsgebiet kühl bis warm. Der Pflanzstoff muss durchlässig sein, zur Feuchtigkeitsspeicherung etwas Sphagnum beimischen. Sie brauchen während der Wachstumsphase viel Wasser und Dünger. Im Sommer schattieren, da es leicht zu Blattverbrennungen kommen kann. Im Winter während der Ruhephase trockener halten. Vermehrung durch Teilung.

Lycaste aromatica

↔ 20–60 cm ↑ 20–40 cm
⚘/⋀/⚘ ✹/✹ ◆/⬖/◇ ✿ ▽

Mexiko bis Nikaragua. Pseudobulben stachelig. Bis zu 12 gelbe, nach Zimt duftende Blüten pro Trieb im Sommer, kurz nach dem Abwurf der Blätter. Leicht zu kultivieren.

Lycaste bradeorum

↔ 20–60 cm ↑ 10–30 cm

Sehr reichblühende Art aus Mittelamerika. Im Sommer erscheinen an den blattlosen Pseudobulben zahlreiche duftende Blüten mit grünlich gelben Sepalen, die Lippe und die Petalen sind orangegelb.

Lycaste macrophylla

↔ 60–80 cm ↑ 65–80 cm

Weitverbreitet und variabel, mit zahlreichen Unterarten in Nikaragua, Costa Rica, Panama, Kolumbien, Venezuela, Bolivien und Peru. Pseudobulben eiförmig, seitlich zusammengedrückt mit großen, plikaten Blättern, die nach einer gewissen Zeit abgeworfen werden. Blüten bis 10 cm groß, variabel, Sepalen rötlich, rosa, bräunlich oder grün, Petalen weiß, häufig rosa oder rot überhaucht oder gezeichnet; Lippe weiß, gelb, rosafarben oder rot. Blüht meist das ganze Jahr durch. ***L. m.* var. *desboisiana*** aus Nordost-Costa Rica hat grünliche, braun gezeichnete Sepalen und braun, weiß und rote gezeichneten Petalen.

Lycaste skinneri

syn. *Lycaste guatemalensis*

↔ 20–60 cm ↑ 10–60 cm

Begehrte und variable Art aus Guatemala, Honduras und El Salvador. Bis zu 6 große, bis 12 cm breite Blüten pro Trieb, hell- bis dunkelrosa, im Winter und zeitigen Frühjahr.

Lycaste tricolor

↔ 20–60 cm ↑ 10–40 cm

Costa Rica und Panama. Blüten etwas nickend, bis 6 cm breit, Sepalen grünlich bronzefarben, Petalen weiß bis hellrosa, im Winter und Frühling.

Lycaste tricolor

Lycaste aromatica

Lycaste macrophylla var. *desboisiana*

Lycaste skinneri

Lycaste bradeorum

Lycaste Albanensis

Lycaste-Hybriden

↔ 20–60 cm ↕ 10–60 cm

Lycaste-Hybriden sind besonders wüchsig, leichter zu kultivieren und blühen zuverlässiger als die meisten reinen Arten, meist im Winter bis Frühling. Schön sind:
Albanensis, Primärhybride zwischen *L. lasioglossa* und *L. macrophylla*;
Imschootiana, Primärhybride zwischen *L. cruenta* und *L. skinneri*;
Koolena, mit attraktiven Blüten und deutlichem Einfluss von *L. skinneri* ;
Leo, aus 3 verschiedenen Arten: *L. macrobulbon, L. macrophylla* und *L. skinneri*;
Macama, eine Kreuzung zwischen *L.* Sunrise und *L.* Koolena;
(**Rowland** × **Shoalhaven**), eine unregistrierte Hybride;
Shonan Harmony, Kreuzung zwischen *L.* Koolena und *L.* Headington;
Wyuna 'Pale Beauty', eine Kreuzung zwischen *L.* Macama und *L. mathiasiae*.

Lycaste Koolena

Lycaste Shonan Harmony

Lycaste Macama 'Aline'

Lycaste Macama 'Atlantis'

Lycaste (Rowland × Shoalhaven)

Lycaste Wyuna 'Pale Beauty'

Lycaste Leo

Lycaste Imschootiana

Lyperanthus

Kleine Gattung mit 4 Arten terrestrischer Orchideen, die in Australien endemisch sind. Sie wachsen, häufig in Gruppen, in sandigen Böden in lichten Wäldern, feuchten Heidegebieten und Küstengebieten. Aus dem knolligen Wurzelstock erscheint ein einzelnes, ledriges Blatt und eine Infloreszenz, die bis zu 10 duftende, kurzlebige Blüten trägt. Die Blüten »rasseln«, wenn man sie schüttelt oder bewegt. Die Blütenknospen erinnern an einen Vogelschnabel. Nachdem die Samenkapseln ausgereift sind, zieht sich die Pflanze für einige Monate in ihre Wurzelknolle zurück.

Kultur: *Lyperanthus*-Arten sind relativ einfach zu kultivieren. Man setzt ruhende Knollen in eine durchlässige Mischung aus grobem Sand, Lehm, Laubhumus und Rindenmulch. Sie brauchen einen hellen, kühlen und luftigen Standort. Sobald im Herbst die ersten Triebe erscheinen, beginnt man vorsichtig zu gießen. Solange die Pflanze wächst, sollte das Substrat nicht zu stark austrocknen. Die Vermehrung geschieht durch Aussaat oder durch seitliche Knollen.

Lyperanthus serratus

↔ 10–20 cm ↑ 25–50 cm

Westaustralien. Das einzelne, schmale Blatt wird bis 30 cm lang. Die aufrechte Infloreszenz wird 25–50 cm hoch und trägt im Frühling dunkelbräunliche, duftende Blüten, die auf der Lippe einen typischen, bürstenartigen, leuchtend gelben Kallus haben.

Lyperanthus serratus

Macodes

Diese Gattung umfasst etwa 9 Arten immergrüner Erdorchideen und ist von Malaysia bis Neuguinea, den Salomonen-Inseln und auf Vanuatu verbreitet. Sie gehören zu den so genannten »Juwelen-Orchideen«, die hauptsächlich wegen ihrer attraktiv gezeichneten Blätter kultiviert werden. Aus dem kriechenden Rhizom erscheinen kurze, aufrechte Triebe mit mehreren Blättern. Die aufrechten Infloreszenzen tragen kleine, eher unscheinbare Blüten, bei denen die dreilappige Lippe nach oben zeigt.
Kultur: Die Pflanzen wachsen am besten in flachen Schalen in einem durchlässigen Erdorchideensubstrat und brauchen temperiert-warme Bedingungen, Schatten und eine hohe Luftfeuchtigkeit. Beim Gießen sollten die Blätter nicht benetzt werden. Vermehrung durch Teilung.

Macodes petola

↔ 15–20 cm ↑ 18–20 cm ◆/◇

Von der Insel Sumatra, Indonesien bis zu den Philippinen. Blätter breit-oval, 5–10 cm lang, dunkelgrün mit 5 silbrig grünen Längsadern und vielen feinen Quernerven. Blütenstand bis 20 cm hoch, mit vielen kleinen Blüten; die Blütezeit liegt im Sommer.

Macodes sanderiana

↔ 15–20 cm ↑ 18–20 cm ◆/◇

Neuguinea; kriechender Habitus. Blätter breit-oval bis fast rund, 8 cm lang, leuchtend grün bis bronzefarben mit einem Netzwerk goldener Adern. Blüten bräunlich mit weißer Lippe, im Sommer.

Macroclinium

Die etwa 30 epiphytisch wachsenden Arten wurden früher in die Gattung *Notylia* gestellt. Sie kommen von Costa Rica über Kolumbien bis nach Peru in warmen oder kühlen, feuchten Wäldern in Höhenlagen von 400–1900 m vor. Von *Notylia* unterscheiden sie sich durch ihre fächerartig angeordneten sukkulenten Blätter und Hüllblätter. Die Basis der Blätter ist manchmal verdickt und bildet eine kleine Pseudobulbe. Die hängende oder aufrechte Infloreszenz trägt an der Spitze ein Büschel zarter, beinahe durchscheinender Blüten. Sie wachsen in der Natur auf dünnen Zweigen und sind in Kultur in der Regel nicht besonders ausdauernd.
Kultur: Aufgebunden auf Baumfarnstäben oder Korkrinde mit einer dünnen Moosunterlage, die die Feuchtigkeit länger speichert. Sie brauchen temperierte bis warme Bedingungen und eine hohe Luftfeuchtigkeit. Eine Ruheperiode ist nicht nötig. Größerer Exemplare können geteilt werden, dies sollte aber nicht zu häufig erfolgen.

Macroclinium bicolor

syn. *Notylia bicolor*

↔ 40–150 cm ↑ 40–100 cm

◆/◇

Von Mexiko bis Costa Rica; in Höhenlagen von 1600–1800 m. Pseudobulben klein, nur 6 mm groß, seitlich zusammengedrückt. Blätter bis 5 cm lang, in dichten Büscheln. Infloreszenz übergeneigt, mit bis zu 15 Blüten. Ihr Duft erinnert an »frisch gebügelte Wäsche«. Sepalen weiß bis durchscheinend grün, Lippe und Petalen purpurn. Blüht im Sommer.

Malaxis

Die meisten der über 300 Arten in dieser weltweit verbreiteten Gattung kommen aus dem tropischen Asien. Sie wachsen terrestrisch und haben dünne plikate Blätter, die im Winter abgeworfen werden. Die kleinen Blüten variieren von Grün bis Orange und Purpur. Diese Gruppe bedarf einer grünlichen Überarbeitung und wird dann wohl in mehrere neue Gattungen aufgeteilt.

Masdevallia coccinea

Kultur: Nur selten in Kultur. Ganzjährig feucht-warme Bedingungen; Standort schattig. Man setzt sie in einen feuchtigkeitsspeichernden Pflanzstoff, der aber trotzdem durchlässig sein muss. Die Vermehrung erfolgt durch Teilung.

Malaxis taurina

↔ 20 cm ↑ 10–40 cm ◆

Neukaledonien. Pseudobulben grün mit purpur-rötlichem Hauch mit bis zu 4 plikaten Blättern. Infloreszenz aufrecht, im Sommer, mit bis zu 16 kleinen grünen Blüten.

Masdevallia

Diese Gattung umfasst fast 500 Arten, die in Mittel- und Südamerika verbreitet sind. Die meisten wachsen

Masdevallia amabilis

in bergigen Nebelwäldern, die ganzjährig gleichmäßge Wachstumsbedingungen bieten. Sie besitzen keine Pseudobulben, müssen also die Feuchtigkeit in dem einzigen Blatt und den Wurzeln speichern. Die Blütezeit ist je nach Art unterschiedlich, im Winter und Frühjahr blühen die meisten. Die Blüten sind in Form und Farbe ungeheuer vielfältig. Bei den meisten Arten wird nur 1 Blüte pro Infloreszenz gebildet. Generell kann man sagen, dass die großblüten Arten eher einblütig sind. Die Sepalen enden oft in lange ausgezogenen, schwanzartigen Fortsätzen, die Petalen und die Lippe sind dagegen winzig. Hybriden sind generell einfacher zu pflegen.

Kultur: Masdevallien wachsen am besten in kleinen Töpfen in reinem Sphagnum. Eine Mischung aus feiner Rinde mit Perlite ist auch möglich, solange gewährleistet ist, dass sie nicht austrocknen. Nicht zu häufig umtopfen und keine zu großen Töpfe wählen. Der Standort sollte feucht, schattig ohne direktes Sonnenlicht und je nach Art kühl, temperiert oder warm sein. Vermehrung durch Teilung.

Masdevallia amabilis

↔ 10–30 cm ↑ 15–30 cm ◇

Peru. Infloreszenz drahtig, mit 1 Blüte im Winter bis Frühjahr. Blüte bis 6 cm groß, leuchtend purpurviolett bis reinweiß. Diese Art braucht kühle Bedingungen, sonst blüht sie nicht und verliert bei zu hohen Temperaturen die Blätter.

Masdevallia coccinea

↔ 20 cm ↑ 10–50 cm ◆/◇

Kolumbien. Blüten groß, bis 12 cm breit, im Sommer auf hohen Trieben über den Blättern. Die Farbe variiert von Rot bis Gelb und von Purpurviolett über Rosa bis Weiß.

Masdevallia veitchiana

Masdevallia floribunda

Masdevallia floribunda

syn. *Masdevallia tuerckheimii*

↔ 10–20 cm ↑ 8–15 cm ◆/◆

Mittelamerika und Karibik; weitverbreitete Art, die in sehr unterschiedlichen Höhenlagen vorkommt und in verschiedenen Waldtypen wächst. Die einzelne Blüte wird bis 25 mm groß, erscheint im Winter bis Frühling und variiert von grünlich gelben bis rötlichen Farbtönen.

Masdevallia ignea

↔ 10–12 cm ↑ 10–30 cm ◇

Kolumbien; relativ große Art. Triebe 2,5–8 cm hoch, mit einem 8–20 cm langen Blatt. Infloreszenz 18–30 cm hoch, mit 1 gelber, orangefarbener oder roter, bis 5 cm großer Blüte, im Sommer. Die Sepalen sind bis zur Hälfte ihrer Länge verwachsen und formen eine Röhre.

Masdevallia infracta

↔ 20 cm ↑ 10–30 cm ◆/◆

Brasilien; mittelgroße Art. Bis zu 4 gelbe, orangefarbene oder purpurrote Blüten, die eine Größe von 5 cm erreichen. Blüht im Frühjahr und kann auch aus älteren Infloreszenzen noch neue Knospen hervorbringen.

Masdevallia nidifica

↔ 5–8 cm ↑ 2,5–8 cm ◇

Von Costa Rica über Panama und Kolumbien und Ecuador; bildet kleine dichte Büschel. Triebe sehr kurz, mit dem Blatt insgesamt nur 2,5–6 cm hoch. Blüht im Winter. Blüten einzeln, durchscheinend weiß bis rosa, purpurrot überhaucht. Die Sepalen sind bis zur Hälfte ihrer Länge verwachsen und formen eine Röhre. Die Sepalenanhängsel erreichen eine Länge von bis zu 25 mm.

Masdevallia tridens

Masdevallia princeps 'Long Stem'

Masdevallia nidifica

Masdevallia ophioglossa

Masdevallia ophioglossa

↔ 6–10 cm ↑ 10–18 cm ◇

Ekuador; kleinwüchsige Art. Triebe kurz, Blätter bis 8 cm hoch, inklusive Stängel. Infloreszenz einblütig, im Herbst bis Winter; Sepalen weiß, zum Teil verwachsen und eine Röhre bildend. Sepalenanhängsel kurz, dick und gelblich.

Masdevallia princeps

↔ 20–40 cm ↑ 20–50 cm ◆

Peru. Blüten groß, schlank, bis 30 cm hoch, einzeln auf einer drahtigen Infloreszenz. Die Blütenfarbe variiert von bräunlich Rot bis Orange. Wärmetoleranter als viele andere Masdevallien. Der Cultivar **'Long Stem'** hat orangefarbene Blüten.

Masdevallia tovarensis

↔ 30 cm ↑ 30 cm ◆/◆

Venezuela. Die Infloreszenz trägt bis zu 4 weiße, lange haltbare, bis 8 cm große Einzelblüten im Frühling. Kann aus derselben Infloreszenz in der Folgesaison wieder blühen.

Masdevallia tridens

syn. *Masdevallia ova-avis*

↔ 10–20 cm ↑ 10–30 cm ◆/◇

Ekuador; mehrblütige Art. Bis zu 8 nickende, 35 mm breite Blüten öffnen sich gleichzeitig pro Trieb im Frühling. Die Blüten sind rosa-cremefarben mit braunen Tupfen, die Sepalenanhängsel leuchtend gelb.

Masdevallia veitchiana

↔ 30 cm ↑ 60 cm ◆/◇

Peru; aus dem Gebiet um die Aztekenstadt Machu Picchu. Blüten orangerot, bis 12 cm groß, mit purpurnen Sepalenspitzen, im Frühling bis Sommer. Im Sonnenlicht glitzern die Blüten.

Masdevallia Angelita 'Royale'

Masdevallia Angelita

Masdevallia Adelina

M

Masdevallia-Hybriden

↔ 10–30 cm ↑10–60 cm

Viele der Hybriden sind besonders wüchsig und blühen mehrmals im Jahr. Beispielhaft seien genannt: **Adelina**, zwischen *M. velifera* und *M. deformis*, Blüten goldgelb und rot; **Angelita**, Hybride zwischen *M. sanctae-inesae*, *M. strobelii* und *M. veitchiana*, mit gelbem Schlund; **Carousel 'Parade'**, Blüten rosa, dunkler geadert; **Charisma**, zwischen *M. coccinea* und *M. yungasensis*, hellrosa mit Streifen; **Cinnamon Twist**, orange mit rötlich braunen Tupfen; **Copper Angel 'Highland'**, orange; **Copperwing**, zwischen *M. veitchiana* und *M. decumana*, dunkelgelb mit kupferroten Tupfen; **Dean Haas**, orangefarbene Blüten; **Delma Hart 'Paddy'**, cremeweiß, im Schlund goldgelb; **Elegance**, gelb, rosa überhaucht; **Falcata 'North Degree'**, orange-rot; **Machu Picchu**, zwischen *M. ayabacana* und *M. coccinea*, magentarot; **(Magdalene × Marguerite)**, tiefrot; **Marguerite**, zwischen *M. infracta* und *M. veitchiana*, kupferrot getupft; **Pixie Shadow**, zwischen *M. infracta* und *M. schroederiana*, rot; **Prince Charming**, zwischen *M. angulata* und *M. veitchiana*, mit rubinroten Streifen, im Schlund dunkler; **Redwing**, magentarote Blüten; **Rose-Mary**, zwischen *M. coccinea* und der rosa getupften *M. glandulosa*, hellrosa bis rosa Blüten mit orangegelbem Schlund; **Urubamba**, zwischen *M. ayabacana* und *M. veitchiana*, orange; sowie **Winter Blush**, zwischen *M.* Angel Frost *(M. veitchiana × M. strobelii)* und *M. chaparensis*, goldorange.

Masdevallia (Bright Spice × Galaxy)

Masdevallia Elegance

Masdevallia Charisma 'Gina'

Masdevallia Charisma

Masdevallia Dean Haas

Masdevallia Carousel Parade

Masdevallia Copper Angel 'Highland'

Masdevallia Cinnamon Twist

Masdevallia Copperwing

Masdevallia Delma Hart 'Paddy'

Masdevallia Falcata 'North Degree'

Masdevallia Marguerite

Masdevallia Geneva Spots 'Royale'

Masdevallia Machu Picchu

Masdevallia (Magdalene × Marguerite)

M

Masdevallia Pixie Shadow

Masdevallia Prince Charming

Masdevallia Winter Blush

Masdevallia Redwing

Masdevallia Watercolor Dreamer 'Monet's Garden'

Masdevallia Rose-Mary

Masdevallia Urubamba

M

Maxillaria biolleyi, am Naturstandort im Cerro de la Muerte, Costa Rica

Maxillaria acuminata

Maxillaria chrysantha

Maxillaria

In dieser komplexen Gattung werden etwa 600 epiphytische und lithophytische Orchideen aus Mexiko, Mittel- und Südamerika zusammengefasst. Sowohl Habitus als auch Bütenform und -farbe sind extrem variabel und vielfältig. Bei den meisten Arten erscheinen die Blüten einzeln an der Basis der Pseudobulben und haben kleinere Petalen als Sepalen. An der Spitze der Pseudobulben tragen sie 1–3 Blätter. Trotz der Größe der Gattung und des offensichtlichen Potentials gibt es nur wenige Hybriden. Sie sind nah mit *Lycaste* verwandt.

Kultur: Je nach Art und Herkunft sind die Ansprüche unterschiedlich, die meisten Arten, die sich in Kultur befinden, bevorzugen kühle bis temperierte Bedingungen und wachsen leicht im Topf in einem groben Rindensubstrat. Besonders die kleineren Arten lassens sich auch gut aufgebunden kultivieren. Die Vermehrung erfolgt durch Teilung.

Maxillaria acuminata

↔ 10–30 cm ↑ 10–20 cm

Von Mexiko bis Peru; kriechender Habitus. An der Spitze der Pseudobulben werden 2 Blätter gebildet. Blüten bis 30 mm groß, grünlich gelb, einzeln, im Frühling. Die Blütenfarbe bleibt während der ganzen Blühdauer konstant.

Maxillaria biolleyi

↔ 50 cm ↑ 90 cm

Costa Rica und Panama; selten. Hohe, stark beblätterte Triebe. Blätter dunkelgrün, schmal lanzettlich. Blüten bis 18 mm groß, weiß bis hellrosa, in Massen aus den Blattachseln am oberen Rhizomteil. Blüht meist das ganze Jahr über.

Maxillaria chrysantha

↔ 25–35 cm ↑ 25–35 cm

Brasilien; mit *M. porphyrostele* verwandt. Pseudobulben oval, abgeflacht, mit 2–3 schmalen Blättern. Blüten einzeln an der Basis der Pseudobulben, im Frühling, goldgelb. Wächst am besten im Topf in grober Rinde.

Maxillaria fractiflexa

Maxillaria marginata

Maxillaria picta

Maxillaria cogniauxiana

↔ 20 cm ↑ 60 cm

Brasilien; kleinwüchsige, polsterbildende Art mit verzweigtem, kriechenden Rhizom. Blätter bandförmig, dunkel olivgrün. Blüten weinrot, lange haltbar, bis 30 mm groß, im Frühling bis Sommer.

Maxillaria cucullata

↔ 20–80 cm ↑ 20–40 cm

Von Mexiko bis Ekuador; variable Art. Sehr wüchsig und in unterschiedlichen Temperaturbereichen wachsend. Blüten goldgelb mit dunkelbraunen Tupfen und einer schokoladenbrauner Lippe. Die Hauptblütezeit liegt im Sommer, vereinzelte Blüten erscheinen das ganze Jahr durch.

Maxillaria fractiflexa

↔ 20 cm ↑ 10–60 cm

Kolumbien; mit sehr großen, bis 15 cm breiten Blüten. Blätter bandförmig, mittelgrün, relativ lang. Sepalen schmal, senfgelb bis braun, Petalen verdreht, cremefarben, Lippe relativ klein, weiß. Blüht im Sommer.

Maxillaria marginata

↔ 10–40 cm ↑ 10–20 cm

Von Brasilien bis Ekuador. Blüten in Gruppen von bis 8 aus der Basis der frisch ausgereiften Pseudobulben erscheindend, im Sommer. Die Blüten öffnen sich nicht ganz, sind cremefarben bis gelb und in allen Segmenten dunkelrotbraun gebändert.

Maxillaria nigrescens

↔ 10–20 cm ↑ 10–60 cm

Kolumbien und Venezuela. Blätter mittelgrün, anfällig für Blattflecken bei zu warmer Kultur. Blüten spinnenartig, von dicker Textur, bis 8 cm breit, leuchtend rötlich baun. Blütezeit im Frühling bis Sommer.

Maxillaria picta

↔ 25–40 cm ↑ 25–35 cm

Ostbrasilien; in feuchtkühlen Bergwäldern; im Habitus wie *M. chrysantha*. Pseudobulben dicht gedrängt, eiförmig, mit 1 länglichen, schmalen, 20–30 cm langen Blatt an der Spitze. Infloreszenzen bis 30 cm lang, mit zahlreichen duftenden Blüten im Sommer, Herbst und Frühjahr. Blüten variabel in der Zeichnung und Färbung, meist cremeweiß mit braunen Flecken auf der Außenseite der Segmente, innen einfarbig gelb. Lippe dreilappig, meist heller als die Tepalen. Wächst am besten im Topf und bevorzugt eine Sommerfrische im Freien.

Maxillaria cogniauxiana

M

Maxillaria porphyrostele

Maxillaria porphyrostele

↔ 10–20 cm ↑ 10–60 cm

Brasilien; robuste Orchidee mit rundlichen Pseudobulben, die 2 schmale Blätter tragen. Blüten gelb, bis 5 cm groß, lange haltbar. Lippe gelb mit rotbauner Zeichnung ab der Basis. Blüht im zeitigen Frühjahr.

Maxillaria sanderiana

↔ 50–70 cm ↑ 45–50 cm

Kolumbien, Ekuador und Peru; an steilen Hängen in sehr nassen Bergwäldern. Pseudobulben mit 3 großen, aufrechten Blättern. Infloreszenz aufrecht, waagrecht oder hängend, mit einer weißen, an der Basis der Sepalen und Petalen purpurn getupfter, 10–15 cm großen Blüte im Sommer. Lippe weiß, gelb oder purpurschwarz. Am besten im Korb pflegen.

Maxillaria variabilis

↔ 10–20 cm ↑ 10–60 cm

Von Mexiko bis Panama; Habitus aufrecht, ältere Exemplare verzweigt. Blätter grün, länglich, bandförmig. Blüten variabel, von Gelb über Orange, Braun und Rot bis Dunkelweinrot. Blüht im Frühling und Sommer.

Mediocalcar

Diese Gruppe kleiner, kriechender und kletternder sympodialer Orchideen kommt aus den feucht-kühlen bis temperierten Hochlandregionen Neuguineas und einiger Inseln im Pazifik. Man kennt etwa 20 Arten. Der Wuchs ist variabel, aber die rundlichen, glänzenden Blüten, die einzeln oder zu zweit an den jungen Trieben erscheinen, ähneln sich sehr. Die meisten Arten blühen vom Herbst bis ins zeitige Frühjahr.

Maxillaria variabilis

Kultur: Die kleinen Arten wachsen am besten in flachen Schalen in reinem Sphagnum, die größeren besser aufgebunden, solange die Unterlage genug Feuchtigkeit speichern kann. Alle mögen keine warmen, trockenen Bedingungen, sondern brauchen ein feucht-kühles Klima, einen schattigen Standort und ständige Luftbewegung. Vermehrung durch Teilung.

Mediocalcar bifolium

↔ 10–30 cm ↑ 8–25 cm

Neuguinea; Wuchs aufrecht. Triebe zweiblättrig, verzweigt, in Büscheln. Blüten klein, bis 12 mm breit, rot mit weißen Spitzen. Blüht im Winter.

Mediocalcar decoratum

↔ 10–60 cm ↑ 5–15 cm

Neuguinea; Wuchs kriechend. Pseudobulben klein, mit 3–4 kleinen sukkulenten, rot überhauchten Blättern. Blüten winzig, leuchtend orange mit gelben Spitzen, im Herbst bis Winter.

Mexicoa

Monotypische Gattung, deren einzige Art früher *Oncidium* zugeordnet wurde. Sie wächst epiphytisch in Eichenmischwäldern in Mexiko in den Bundesstaaten Guerrero, Oaxaca, Michoacan und Mexico in Höhenlagen von 1800–2300 m. Die dichtstehenden Pseudobulben bilden große Klumpen. Von *Oncidium* unterscheiden sie sich durch die Blütenstruktur.
Kultur: kühl bis kühl-temperiert zwischen 12–20 °C an einem hellen Platz, aber nicht in der vollen Sonne. braucht eine deutliche Nachtabsenkung. Bei Topfkultur ist ein grobes Substrat empfehlenswert, das zwischen den Wassergaben austrocknen muss. Vermehrung durch Teilung.

Mexicoa ghiesbreghtiana

syn. *Odontoglossum warneri, Oncidium ghiesbreghtiana*

↔ 15–20 cm ↑ 12–15 cm

Mexiko. Pseudobulben bis 30 mm hoch, etwas abgeflacht, mit 2 schmalen, bis 12 cm langen Blättern. Die Neutriebe haben an der Basis schützende Hüllblätter. Infloreszenz mit 2–3, bis 35 mm großen Blüten im Herbst. Sepalen und Petalen gelblich mit rosa und brauner Zeichnung, Lippe leuchtend gelb mit orangefarbenem Kallus.

Microcoelia

Gattung mit etwa 30 epiphytischen, blattlosen, monopodial wachsenden Orchideen aus Afrika und Madagaskar. Das umfangreiche Wurzelsystem mit seinen vielen, abgeflachten Wurzeln hat die Aufgabe der Photosynthese übernommen. Durch das dicke Velamen sind die Wurzeln grau, wenn sie trocken sind, wenn sie nass werden, scheint das grüne Chlorophyll durch. Die kleinen Blüten sind bei allen Arten weiß oder cremefarben und werden in beachtlicher Anzahl produziert.
Kultur: Diese Zweigepiphyten wachsen gut in Kultur, wenn sie einen warmen, hellen Standort haben. Zu-

Mediocalcar decoratum

Mediocalcar bifolium

M

viel Wasser führt schnell zu Fäulnis, besonders bei niedrigen Temperaturen und geringer Luftbewegung. Sie wachsen am besten aufgebunden auf Korkrinde, wo sie nach dem Wässern schnell abtrocknen können. Etablierte Pflanzen sollten so wenig wie möglich gestört werden, ein häufiges Umpflanzen sollte vermieden werden. Vermehrung nur durch Aussaat in Speziallaboren.

Microcoelia exilis

↔ 20–25 cm ↑ 15–25 cm ◆/◇

Von Ost- und Zentralafrika bis nach Südafrika und Madagaskar. Wurzeln lang, gräulich grün, in wirren, dichten Büscheln. Infloreszenzen bis 25 cm lang, dicht mit kleinen, weißen, gespornten Blüten besetzt. Blüht meist mit mehreren Blütentrieben zu unterschiedlichen Jahreszeiten.

Microcoelia globulosa

↔ 10–20 cm ↑ 10–20 cm ◆

Blattlose Orchidee, die von Äthiopien bis nach Simbabwe und im Osten bis in den Kongo verbreitet ist. Wächst in lichten, tropischen Wäldern. Die übergeneigten Infloreszenzen tragen im Herbst und Winter bis zu 20 sehr kleine, weiße, bis 6 mm große Blüten.

Microcoelia stolzii

↔ 10–30 cm ↑ 10–25 cm ◆/◇

Attraktive Art aus dem östlichen Afrika. Die gebogenen Infloreszenzen tragen bis zu 40 runde, bis 6 mm große, kristallige weiße Blüten, die aussehen, als ob sie mit Zucker bestäubt wären. Ausgewachsene Pflanzen bringen häufig mehrere Blütentriebe gleichzeitig hervor.

Mexicoa ghiesbreghtiana

Microterangis

Die 7 Arten dieser Gattung haben kurze Triebe und feine Wurzeln. Sie kommen auf Madagaskar, den Komoren- und den Maskarenen-Inseln vor und wurden aufgrund kleinerer botanischer Merkmale von *Chamaeangis* abgetrennt. Die Blütentriebe sind dicht mit winzigen Blüten besetzt, die ausgebreitete Sepalen und Petalen haben. Die Blütenfarbe variiert von Strohgelb über Orange bis rötlich Braun. **Kultur:** Diese Orchideen wachsen besser auf Rindenstücken aufgebunden als im Topf. Sie brauchen einen schattigen, luftfeuchten Standort mit guter Luftbewegung und temperierte Bedingungen. Vermehrung durch Aussaat in Speziallaboren.

Microterangis hariotiana

↔ 8–10 cm ↑ 10–20 cm ◇

Madagaskar und auf den Komoren-Inseln; kurztriebige Art. Blätter leuchtend grün, 5–8 cm lang. Infloreszenz hängend, 10–20 cm lang, im Sommer dicht mit vielen kleinen Blüten besetzt. Die Blütenfarbe variiert von Orange bis rötlich Braun.

Microtis

Microtis vereint etwa 9 terrestrisch wachsende, laubabwerfende Orchideen, die in Ostasien, Australien und Neuseeland verbreitet sind. Die schlanken Pflanzen haben ein einzelnes, langes schmales Blatt und eine dicht mit Blüten besetzte Infloreszenz.

Microterangis hariotiana

Die kleinen Blüten sind meist grün oder grünlich weiß. Das dorsale Sepalum bildet mit den Petalen eine Haube, die seitlichen Sepalen sind ausgebreitet. Der Gattungsname setzt sich aus den griechischen Bergriffen *mikros* – klein und *ous* – Ohr, zusammen und bezieht sich auf die kleinen seitlichen Anhängsel an der Säule. Die Blätter erinnern an Zwiebelkeimlinge. **Kultur:** Im Topf in einem Standard-Erdorchideensubstrat. Während der Wachstumsphase reichlich gießen und leicht düngen. Nach der Blüte, wenn die Pflanze eingezogen ist, trocken halten. Nun kann auch umgetopft und dabei durch Teilung vermehrt werden. Auch Aussaat möglich.

Microtis orbicularis

↔ 2,5–5 cm ↑ 20–30 cm ◇

Australien; schlanker Habitus. Blatt bis 20 cm lang, schmal zylindrisch. Infloreszenz bis 30 cm hoch, mit bis zu 30 sehr kleinen, grünlichen oder rötlichen Blüten im Frühjahr oder Sommer.

Microcoelia exilis

Microtis orbicularis

Miltassia

Diese robuste und pflegeleichte Orchideenzüchtung ist aus der Kreuzung verschiedener Arten der Gattungen *Miltonia* und *Brassia* entstanden. Die spinnenartigen Blüten zeigen den Einfluss von *Brassia* im Stammbaum. Sie sind sehr anpassungsfähig und wachsen sowohl bei kühleren als auch wärmeren Temperaturen und blühen sehr zuverlässig jedes Jahr. Die häufig duftenden Blüten sind sehr lange haltbar und tragen zur Beliebtheit dieser Orchideen als Zimmerpflanzen bei. Die meisten *Miltassia*-Hybriden blühen im Frühling und Sommer.

Kultur: Diese Orchideen wachsen am besten im Topf in einem groben Rindensubstrat, bei hellen und luftfeuchten Bedingungen. Sie blühen am üppigsten, wenn sie nicht zu oft geteilt und gestört werden und man sie zu Schaupflanzen heranwachsen lässt. Vermehrung durch Teilung.

Miltassia 'Charles M. Fitch'

↔ 60 cm ↑ 80 cm ◆/◇

Beliebte und wüchsige Primärhybride aus *Brassia verrucosa* und *Miltonia spectabilis*. Blätter bandförmig, mittelgrün; Blüten hell- bis dunkelrosa mit dunkleren Tupfen, im Sommer.

Miltassia 'Mourier Bay' × *Miltonia* 'Sao Paulo'

↔ 60 cm ↑ 80 cm ◆/◇

Unregistrierte Hybride zwischen 3 verschiedenen *Miltonia*-Arten und 2 *Brassia*-Arten. Blätter heller grün; Blüten im Sommer, grün bis cremefarben mit orangefarbenen Flecken.

Miltonia

Die meisten der etwa 10 sympodial wachsenden Orchideen dieser Gattung kommen in Brasilien vor. Sie sind wüchsig und wachsen schnell zu Schaupflanzengröße heran und haben große, attraktive Blüten in verschiedenen Farben. *Miltonia*-Arten wurden mit vielen verwandten Gattungen gekreuzt, darunter *Brassia*, (ergibt *Miltassia*) und *Oncidium* (ergibt *Miltonidium*). Allerdings stammen viele Hybriden, die als Miltonien verkauft werden, von der nah verwandten Gattung *Miltoniopsis* ab.

Kultur: *Miltonia*-Arten wachsen am besten auf großen Baumfarn- oder Korkrindenstücken oder in tieferen Töpfen, die das große Wurzelsystem beherben können. Sie vertragen im Sommer auch höhere Temperaturen und viel Licht, solange die Luftfeuchtigkeit hoch ist. Im Winter brauchen sie eine kühlere Ruhezeit bei reduzierten Wassergaben. Sie sind zuverlässige Blüher und brauchen während der Wachstumsphase regelmäßig Dünger. Sie gedeihen sogar bei einer gewissen Vernachlässigung noch gut. Die Vermehrung erfolgt durch Teilung.

Miltassia 'Charles M. Fitch'

Miltonia clowesii

↔ 20–60 cm ↑ 20–70 cm ◆/◆

Brasilien. Infloreszenz hoch, mit bis zu 8 gelbbraunen, sternförmigen Blüten, die eine Größe von 8 cm erreichen und auf den Sepalen und Petalen braun gebändert sind. Lippe weiß mit purpurvioletter Zeichnung an der Basis. Blüht im Sommer und Herbst.

Miltonia cuneata

↔ 20–60 cm ↑ 20–50 cm ◆

Brasilien; nah mit *M. clowesii* verwandt. Pseudobulben zusammengedrückt, bis 10 cm hoch, Blätter 30–45 cm lang, dunkelgrün. Infloreszenz bis 45 cm hoch, mit 7–10 Blüten im Winter bis Frühjahr, die 5–8 cm groß werden. Sepalen und Petalen gelblich, mit dunkelbrauner Bänderung und leicht welligen Rändern. Lippe weiß, fächerförmig, mit basalem Kallus.

Miltonia flavescens

↔ 20–90 cm ↑ 20–50 cm ◆/◆

Brasilien; sehr wüchsige Art. Infloreszenz mit bis zu 12 etwas spinnenartigen Blüten, die bis 8 cm groß werden und schmale, hell cremegelbe Blütensegmente haben.

Miltonia moreliana

syn. *Miltonia spectabilis* var. *moreliana*

↔ 12–15 cm ↑ 25–40 cm ◆

Brasilien. Pseudobulben gelblich, seitlich zusammengepresst, bis 10 cm hoch und mit 2 gelbgrünen Blättern an der Spitze, die 10–15 cm lang wer-

Miltonia spectabilis

den. Infloreszenz einblütig, bis 25 cm lang, im Sommer, mit einer flachen, bis 10 cm großen Blüte, deren Sepalen und Petalen pflaumenlila gefärbt sind, die Lippe ist rosa mit dunklerer Aderung.

Miltonia regnellii

↔ 20–60 cm ↑ 20–60 cm

Brasilien; attraktive Art. Blüten weiß, mit kontrastierender, rosa bis lila Lippe. Pro Infloreszenz bis zu 5 Blüten, die bis 6 cm groß werden. Es gibt auch eine reinweiße Varietät.

Miltonia Sandy's Cove

↔ 20–60 cm ↑ 20–60 cm

Hybride mit ungewöhnlich gefärbten Blüten, bei deren Entstehung 5 Arten beteiligt waren. Tepalen goldbraun, Lippe pflaumenlila. Frühlingsblüher.

Miltonia spectabilis

↔ 20–60 cm ↑ 20–40 cm

Brasilien; variable Art. Blüten bis 8 cm groß, einzeln oder zu zweit. Die häufigeren Formen haben weiße Sepalen und Petalen und eine breite, rosafarbene Lippe mit dunkler Aderung. Es gibt auch dunklere Typen und sehr selten findet man auch reinweiße Klone.

Miltonidium

Die beiden nah verwandten Gattungen *Miltonia* und *Oncidium* sind die Eltern dieser Züchtung. Die kompakt wachsenden, sympodialen Orchideen wachsen sowohl bei kühleren als auch warmen Temperaturen und blühen zuverlässig. Ihre duftenden, lange

Miltonia Sandy's Cove

haltbaren Blüten tragen zur Beliebtheit als Topfpflanzen bei. Durch die enorme Artenzahl in der Gattung *Oncidium* gibt es zahllose Kombinationsmöglichkeiten. Die meisten *Miltonidium*-Orchideen haben farbenprächtige Blüten und blühen im Frühjahr und Sommer.
Kultur: Hell und bei ganzjährig hoher Luftfeuchtigkeit. Das Topfsubstrat muss durchlässig sein. Nicht zu oft umtopfen, die Pflanzen blühen besser, wenn sie eng im Topf stehen. Sie sind sehr wüchsig und wachsen schnell zu großen Schaupflanzen, die besonders üppig blühen, heran. Die Vermehrung erfolgt durch Teilung.

Miltonidium Bartley Schwarz 'Highland'

↔ 20–60 cm ↑ 20–90 cm

Hybride mit starkem Einfluss von *Oncidium leucochilum*. Blüten dunkelrot mit auffälliger weißer Lippe.

Miltonidium Pupukea Sunset 'H & R'

↔ 20–60 cm ↑ 20–90 cm

Beliebte Kreuzung zwischen der dreifarbigen *Miltonia warscewiczii* und dem gelb blühenden *Oncidium cheirophorum*. Blüten bräunlich, häufig rostrot überhaucht, mit einer rot und gelb gezeichneten Lippe.

Miltonia clowesii

Miltonia regnellii

Miltonidium Bartley Schwarz 'Highland'

Miltonidium Pupukea Sunset 'H & R'

Miltoniopsis

Stiefmütterchen-Orchidee

In dieser Gattung werden insgesamt 6 sympodiale Orchideen, die meisten aus Kolumbien und Ekuador, zusammengefasst. Sie wurden früher in die Gattung *Miltonia* gestellt, die *Miltoniopsis*-Arten sind aber botanisch näher mit *Odontoglossum* als mit *Miltonia* verwandt. Es gibt viele künstliche Hybriden, die als »Stiefmütterchen-Orchideen« bekannt sind; die Ähnlichkeit fällt beim Betrachten der großen Blüten sofort ins Auge. Die etwas empfindlichen Pflanzen haben dünne, meist bläulich grüne, schmale Blätter und große, flache Blüten in vielen Farben. Man muss die Pflanzen vorsichtig handhaben, da sie schnell Druckstellen bekommen, knicken oder abbrechen.

Kultur: Die Tempeartur darf im Winter nicht unter 10 °C fallen und im Sommer nicht über 26 °C steigen. Die Blätter verbrennen leicht bei direkter Sonneneinstrahlung und die Blüten bekommen schnell Flecken, wenn die Luft stagniert. Sie wachsen am besten in kleinen Töpfen in reinem Sphagnum. Die Hybriden sind generell wüchsiger und pflegeleichter. Vermehrung durch Teilung.

Miltoniopsis phalaenopsis

↔ 38 cm ↑ 30 cm ◆/◇

Kolumbien; in Höhenlagen von 1200–1500 m. In dichten Büscheln wachsend. Blätter grasartig, Infloreszenz mit bis zu 5 gut geformten, weißen Blüten, die auf der Lippe im Schlund gelb und auf dem Endlappen mit purpurroten Flecken und Adern gezeichnet sind. Elternteil vieler moderner Hybriden.

Miltoniopsis Cute 'Rodeo'

Miltoniopsis vexillaria

↔ 20–60 cm ↑ 20–40 cm ◆/◇

Kolumbien und Peru; wichtiger Elternteil vieler *Miltoniopsis*-Hybriden. Infloreszenz aufrecht oder übergebogen, mit bis zu 8 hell- bis dunkelrosa Blüten, die eine Größe von 10 cm erreichen. Blüht im Frühling.

Miltoniopsis-Hybriden

↔ 80 cm ↑ 50 cm ◆/◇

Die Färbung dieser Hybriden variiert von Weiß, Rosa, Purpur und Rot bis zu Gelb-Tönen. Viele duften auch.
Beall's Strawberry Joy hat rosa Blüten mit erdbeerroter Zeichnung;
Cute 'Rodeo' hat rote Blüten mit weißem Rand;
First Love 'Pink Lady' hat rosa Büten mit gelbem Schlund;
Herralexandre, weiß mit rubinrot;
Hudson Bay, weiß und zartrosa;
Jean Carlson, hat kräftig pinkfarbene Blüten;
Red Knight, rosa und violett;
Robert Strauss, cremeweiß mit roter und orangefarbener Zeichnung;
Rouge 'California Plum', rosa, violett und weiß; sowie
Zorro 'Yellow Delight', hellgelb mit orangeroter Zeichnung.

Miltoniopsis phalaenopsis

Miltoniopsis Beall's Strawberry Joy

Miltoniopsis Herralexandre

Miltoniopsis Zorro 'Yellow Delight'

Miltoniopsis Robert Strauss

Miltoniopsis Jean Carlson

Miltoniopsis First Love 'Pink Lady'

Miltoniopsis Hudson Bay

Miltoniopsis Red Knight

Miltoniopsis Rouge 'California Plum'

Myrmecophila tibicinis

Myrmecophila

Die etwa 10 Arten dieser Gattung wurden früher in *Schomburgkia* eingeordnet. Es sind große, sympodiale Epiphten oder Lithophyten, die von Mexiko bis Venezuela und in der Karibik verbreitet sind. Die großen, hohlen Pseudobulben werden in der Natur von bestimmten Ameisen bewohnt, die die Pflanzen gegen Fraßfeinde und Schädlinge verteidigen. Die langen Infloreszenzen tragen an der Spitze ein Blütenbüschel. Die Blüten sind lange haltbar und variieren in der Farbe von zarten bis zu leuchtenderen Tönen.

Kultur: *Myrmecophila*-Arten sind in tropischen Ländern ideale Gartenpflanzen, im Gewächshaus brauchen sie sehr viel Platz. Dies sollte bedacht werden, vor allem wenn der Raum begrenzt ist. Sie wachsen am besten im Warmhaus an einem sehr hellen Standort und vertragen als ausgewachsene Pflanze sogar volle Sonne. Man kultiviert sie aufgebunden oder in flachen Schalen in einem sehr groben Substrat. Während der Wachstumsphase brauchen sie reichlich Wasser und Dünger, im Winter, während der kurzen Ruhezeit, dürfen die Pflanzen nur wenig gegossen werden. Größere Exemplare können im Frühjahr, bevor das neue Trieb- und Wurzelwachstum einsetzt, geteilt werden. Auch wenn diese Orchideen am Naturstandort eine Symbiose mit bestimmten Ameisenarten eingehen, brauchen sie diese glücklicherweise zum Überleben in der Kultur nicht.

Myrmecophila tibicinis

syn. *Schomburgkia tibicinis*

↔ 0,3–0,9 m ↑ 0,3–2,4 m

Mittelamerika. Pseudobulben hohl. Infloreszenz bis über 2 m lang, mit leuchtend rosa, rot und orangegelb gefärbten, 8 cm großen Blüten, die im Frühsommer erscheinen.

Mystacidium

Die meisten der etwa 12 Arten dieser Gattung sind im südlichen Afrika verbreitet, eine Art kommt nördlich bis nach Tansania vor. Sie wachsen monopodial und kommen in unterschiedlichen Lebensräumen vor. Man findet sie epiphytisch in lichten Wäldern, entlang von Flüssen, auf einzelnen Bäumen in der Savanne und bis in Höhen von 1800 m in feucht-kühlen Bergwäldern. Die sternförmigen Blüten erscheinen im Winter an hängenden Infloreszenzen. Die meisten der über 100 Arten, die beschrieben wurden, werden heute in andere Gattungen wie *Aeranthes*, *Angraecum*, *Jumellea*, oder *Microcoelia* gestellt.

Kultur: Temperiert bis warm, halbschattig und bei hoher Luftfeuchtigkeit. Aufgebunden, da die Wurzeln viel Luft brauchen. Nur morgens gießen, da die Wurzeln bis zum Abend abgetrocknet sein müssen. Im Winter kühler und trockener. Vermehrung durch Aussaat oder Seitentriebe.

Mystacidium brayboniae

↔ 6–15 cm ↑ 5–10 cm

Südafrika; in feuchten Wäldern. Beliebte Miniatur-Orchidee. Infloreszenz hängend, mit bis zu 12 reinweißen, kristallig glitzernden, bis 25 mm breiten Blüten im Frühling. Kann während der Trockenzeit die Blätter verlieren, diese wachsen wieder nach, wenn die Bedingungen besser sind.

Mystacidium capense

syn. *Mystacidium filicorne*

↔ 15–25 cm ↑ 10–15 cm

Südafrika; in trockenen Akazien-Savannen und Bergwäldern bis auf 700 m. Wurzeln fleischig, mit feinen weißen Längsstreifen. Trieb mit 4–8 Blättern, die 10–12 cm lang werden, Infloreszenz hängend, mit bis zu 15 weißen Blüten im Winter.

Mystacidium capense

Mystacidium brayboniae

Nageliella purpurea

Nageliella

syn. ***Hartwegia***

Gattung mit 2 Arten aus Mexiko und Mittelamerika, die nah mit *Epidendrum* verwandt ist. Sie wachsen epiphytisch, seltener terrestrisch von Meereshöhe bis auf 2100 m. Die zugespitzten, sukkulenten und rötlich gefleckten Blätter werden bis 15 cm lang und sitzen auf schlanken, bis 8 cm hohen Stielen. Die Infloreszenz erreicht eine Länge von 50 cm.
Kultur: Am besten auf Korkrinde oder Baumfarn aufgebunden an einem halbschattigen bis hellen Standort bei temperierten Bedingungen. Luftfeuchtigkeit und Wasserversorgung müssen das ganze Jahr gleichmäßig hoch sein. Ältere Infloreszenzen sollte man nach der Blüte nicht abschneiden, da sie immer wieder neue Blüten hervorbringen. Die Vermehrung erfolgt durch Teilung.

Nageliella purpurea

syn. ***Hartwegia comosa, H. purpurea***

↔ 10–15 cm ↕ 12–15 cm ⚘ ◐ ◆ ⊽/⚑

Mexiko, Guatemala, El Salvador und Honduras; auf bemoosten Ästen von Meereshöhe bis auf 1500 m. Blätter eher rundlich, grün mit purpurroten Flecken, auf kurzen Stielen. Blüten rosa bis violett, im Sommer.

Nakamotoara

Künstliche Gattung, die aus Arten der monopodialen Gattungen *Ascocentrum*, *Neofinetia* und *Vanda* entstanden ist. Die meisten Hybriden sind durch Kreuzung von *Ascocenda (Ascocentrum × Vanda)* mit *Neofinetia* entstanden. Die aufrechten Epiphyten haben bandförmige, gefaltete Blätter, die zweizeilig entlang des Triebs sitzen. Größere Pflanzen bilden an der Basis Seitentriebe und haben zahlreiche, dicke weiße Wurzeln. Die Blüten erscheinen im Frühjahr und Sommer und sind lange haltbar.
Kultur: Ideal in Lattenkörbchen mit groben Rindenstücken bei sehr viel Licht und temperierten bis warmen Bedingungen. Die dicken Wurzeln hängen oft frei in der Luft und müssen nach dem Gießen schnell abtrocknen können. Die Vermehrung erfolgt durch Teilung.

Nakamotoara Rainbow Gem

↔ 10–30 cm ↕ 10–40 cm
⚘ ☼/◐ ◆/◇ ✽ ⊽/⚑

Hybride zwischen *Neofinetia falcata* und *Ascocenda* Flambeau; die Nachkommen sind recht variabel in der Färbung. Blüht vom Frühling bis zum Herbst. Der Cultivar **'Pink Star'** hat leuchtend rosafarbene Blüten, **'White Lady'** reinweiße Blüten.

Nanodes

Kleine Gattung mit 3 Arten, die früher in *Epidendrum* eingeordnet wurden. Sie kommen in Mittel- und Südamerika vor und haben fleischige, in 2 Reihen am Trieb angeordnete Blätter. Bis zu 3 Blüten von wachsartiger Textur erscheinen am Ende der neuen, diesjährigen Triebe.
Kultur: Diese Orchideen sind sehr beliebt, die einzelnen Arten haben aber sehr unterschiedliche Kulturansprüche. Alle brauchen eine hohe Luftfeuchtigkeit und gute Luftbewegung. Vermehrung durch Teilung.

Nanodes discolor

syn. ***Epidendrum discolor***

↔ 8–10 cm ↕ 8–12 cm ⚘ ✹ ◆ ✽ ⊽/⚑

Mittel- und Südamerika. Pseudobulben in Gruppen, Blätter zweizeilig, bis 30 mm lang. Blüten meist zu zweit, bis 12 mm groß und von grünlich Gelb bis grünlich Braun oder Purpurrot variierend. Lippe variabel in der Form. Blüht im Frühling bis Sommer.

Neobathiea

Kleine Gattung mit etwa 5 Arten, die auf Madagaskar vorkommen. 1 Art ist auch auf den Komoren-Inseln verbreitet. Die kleinen bis mittelgroßen Epiphyten haben weiße, grünliche, selten auch gelbe Blüten. Die Sepalen und Petalen sind ausgebreitet und die Lippe manchmal dreilappig mit einem langen Sporn und breitem Schlund.
Kultur: Die Arten der Gattung *Neobathiea* können aufgebunden oder im Topf in einem durchlässigen Substrat gepflegt werden. Sie brauchen eine hohe Luftfeuchtigkeit, moderaten Schatten und temperierte Bedingungen bei guter Luftbewegung. Im Winter können sie trockener gehalten werden. Vermehrung durch Aussaat.

Neobathiea grandidierana

syn. ***Neobathiea filicornu***

↔ 8–10 cm ↕ 5–6 cm
⚘ ✹ ◆ ✽ ⊽/⚑

Madagaskar und Komoren-Inseln. Triebe kurz, mit 4–5 Blättern, die eine Länge von 5 cm erreichen. Die einblütige Infloreszenz ist etwas kürzer als die Blätter und trägt im Sommer eine 25 mm große, grünlich weiße oder weiße Blüte, die im Verblühen gelb wird. Lippe ungeteilt, mit 18 mm langen Sporn und einem breiten, weit geöffneten Schlund.

Nakamotoara Rainbow Gem 'Pink Star'

Nakamotoara Rainbow Gem 'White Lady'

Neofinetia

Monotypisch mit einer variablen, monopodialen Art, die in Japan und Korea vorkommt. Sie ist entfernt mit *Angraecum* verwandt. Diese aufrecht wachsenden Epiphyten sind oft an der Basis verzweigt und haben zahlreiche, dicke weiße Wurzeln. Die Infloreszenz erscheint am Stamm in einer Blattachsel.
Kultur: *Neofinetia* bevorzugt feuchtkühle bis temperierte Bedingungen und viel Licht. Größere Exemplare gedeihen auf Korkrinde aufgebunden besonders gut, sie können aber auch in kleinen Tontöpfen mit einem durchlässigen Pflanzstoff oder grobem Quarzkies gepflegt werden. Die Vermehrung erfolgt durch Teilung oder Abtrennen von Seitentrieben von größeren Pflanzen.

Neofinetia falcata

↔ 8–25 cm ↕ 8–20 cm
⚘ ☼/◐ ◆ ✽ ⊽/⚑

Japan und Korea; variabel. Wird in Japan als heilige Pflanze verehrt. Blätter zweireihig am Trieb angeordnet, aus den Blattachseln ausgewachsener Pflanzen erscheinen im Sommer die Blütentriebe, die bis zu 8 duftende, weiße Blüten mit einem 5 cm langen Sporn tragen. Es gibt auch Cultivare, die panaschierte (gelb-grün oder weiß-grün gestreifte) Blätter haben. Sie sind sehr begehrt und wertvoll.

Neobathiea grandidierana

Neolauchea

Monotypische Gattung aus Südbrasilien. Auf dem dünnen, verzweigten Rhizom stehen in Abständen kleine, zwiebelförmige Pseudobulben mit einem dünnen Blatt, das wie eine Kiefernnadel aussieht. Die kurze Infloreszenz erscheint an der Basis des Blatts.
Kultur: Auf langen Rinden- oder Baumfarnstücken; sie gedeihen am besten temperiert bei gleichmäßiger Feuchtigkeit und häufigen Wassergaben während der Sommermonate. Vermehrung durch Teilung.

Neolauchea pulchella

syn. ***Isabelia pulchella***

↔ 10–50 cm ↕ 6–12 cm
⚘ ◐/✹ ◆/◇/◇ ✽ ⚑

Südbrasilien. Blüten leuchtend magentarot mit auffälliger Lippe. Bis 18 mm groß. Blüht im Winter und Frühling. Es gibt auch eine sehr seltene, weiß blühende Form.

Neolauchea pulchella, Samenkapseln

Neolauchea pulchella

Neopabstopetalum

Diese noch nicht lange registrierte Kreuzung ist durch Kombination von *Neogardneria*, *Pabstia* und *Zygopetalum* entstanden. Die Blütenfarbe dieser Hybriden ist variabel, die meisten haben grüne Sepalen und Petalen mit einer weißen, oft purpurviolett gezeichneten Lippe.

Kultur: Im Topf mit einem durchlässigen Pflanzstoff. Ganzjährig feucht halten, während der Wachstumsphase häufiger gießen und düngen. Sie brauchen eine hohe Luftfeuchtigkeit bei gleichzeitig guter Luftbewegung. Vermehrung durch Teilung mehrtriebiger Exemplare.

Neopabstopetalum Adelaide Alive

syn. ***Woodwardara*** **Adelaide Alive**

↔ 10–40 cm ↑ 15–60 cm

Blüten violettbraun mit purpurner Lippe, im Herbst und Frühjahr.

Neostylis Lou Sneary

Neopabstopetalum Beverley Lou

syn. ***Woodwardara*** **Beverley Lou**

↔ 10–40 cm ↑ 15–60 cm

Hybride mit grünen Blüten, Sepalen und Petalen braun gestreift, Lippe weiß mit violetter Aderung. Blüht vom Herbst bis zum Frühjahr.

Neopabstopetalum Warooka

↔ 20–50 cm ↑ 25–60 cm

Hybride der 5. Generation zwischen *Zygoneria* Adelaide Meadows und *Zygopabstia* Kiwi; *Zygopetalum* ist mehrfach, *Neogardneria* und *Pabstia* nur einmal im Stammbaum vertreten. Blüht vom Sommer bis in den Winter.

Neostylis

Neostylis ist eine künstliche Gattung, die durch Kreuzung von Arten aus *Neofinetia* und *Rhynchostylis* entstanden ist. Die aufrecht wachsenden Epiphyten haben zweizeilig angeordnete, schmale gefaltete Blätter und verzweigen sich im Alter an der Basis. Die dicken weißen Wurzeln sind sehr auffällig. Die Blüten erscheinen an einer Infloreszenzen aus den Blattachseln am Trieb, meist im Frühjahr und Sommer, in den Tropen auch ganzjährig. Die farbenprächtigen Blüten sind lange haltbar.

Kultur: Ideal in Lattenkörbchen mit grober Rinde, bei feucht-warmen bis temperierten Bedingungen und viel Licht. Die Wurzeln wachsen oft außerhalb des Topfes und müssen nach dem Gießen schnell abtrocknen können. Vermehrung durch Teilung oder Abtrennen von Seitentrieben.

Neopabstopetalum Adelaide Alive

Neopabstopetalum Beverley Lou

Neostylis Lou Sneary

↔ 10–30 cm ↑ 10–40 cm

Primärhybride zwischen *Neofinetia falcata* und *Rhynchostylis coelestis*. Blätter mittelgrün, bandförmig. Blüten duftend, variabel, von Weiß über Rosa bis hell Lavendelblau, sehr lange haltend. Blüht von Frühling bis Herbst.

Nidema

Nidema beinhaltet 2 Arten sympodial wachsender Orchideen aus dem tropischen Mittel- und Südamerika sowie der Karibik. Die Pflanzen haben lange, kriechende Rhizome mit seitlich zusammengepressten, einblättrigen Pseudobulben. Die aufrechte Infloreszenz erscheint an der Spitze der Pseudobulben und trägt nur wenige kleine Blüten mit auffälligen Brakteen (Hüllblättern). Die Petalen sind küzer als die Sepalen und wie diese frei. Die Lippe ist mit dem Säulen-fuß verwachsen.

Kultur: Aufgebunden oder in einer flachen Schale in einem Rindensubstrat. Während der Wachstumsphase brauchen sie viel Feuchtigkeit, danach können sie trockener gehalten werden. Völlig austrocknen sollten sie aber nicht. Vermehrung durch Teilung.

Nidema ottonis

syn. ***Epidendrum ottonis***

↔ 10–15 cm ↑ 10–15 cm

Kleinere Art aus der Karibik. Pseudobulben dicht stehend, elliptisch, bis

Nidema ottonis, im Jardín Botánico Lankester, Costa Rica

35 mm lang. Blätter schmal, ledrig, bis 15 cm lang. Infloreszenz aufrecht, 10 cm hoch, mit 3–6 Blüten im Frühjahr. Blüten cremeweiß, manchmal grünlich oder gelb überhaucht, recht fleischig und bis 18 mm groß.

Notylia

Etwa 50 Arten sind aus dieser neotropischen Gattung, die von Mexiko bis Paraguay verbreitet ist, bekannt. Sie wachsen epiphytisch in Tieflandwäldern bis in Höhenlagen von 500 m, nur eine Art steigt in Bergwäldern bis auf 1500 m. Man erkennt sie an den einblättrigen, dicht stehenden Pseudobulben, die von 2 Hüllblättern gestützt werden. Die Infloreszenz ist meist lang und hängend, mit zahlreichen, kleinen, etwa 12 mm großen Blüten.

Kultur: Temperiert bis warm bei moderatem Lichtangebot. Sie wachsen am besten aufgebunden auf Baumfarn oder einer ähnlich gut feuchtigkeitsspeichernden Unterlage. Da sie keine längeren Trockenperioden vertragen, muss regelmäßig gewässert werden. Keine Ruhezeit. Vermehrung durch Teilung größerer Exemplare.

Notylia barkeri

↔ 20–25 cm ↑ 20–25 cm ◆

Von Mexiko bis Panama; in feuchten Wäldern, Sumpwäldern und sogar Kaffeeplantagen bis in Höhenlagen von 1500 m. Das einzelne Blatt ist hellgrün, ledrig und wird etwa 20 cm lang. Die hängende Infloreszenz erreicht eine Länge von 30 cm und erscheint zwischen den Stützblättern an der Basis der Pseudobulben. Die kleinen grünlichen, leicht duftenden Blüten erscheinen im Frühjahr.

Oberonia

In dieser Gattung werden über 300 epiphytisch und sympodial wachsende Orchideenarten zusammengefasst, die in Afrika, Südostasien und einigen Inseln im Pazifischen Ozean verbreitet sind. Sie sind sehr ähnlich im Habitus und können nur an den winzigen Blüten unterscheiden werden. Eine Überarbeitung ist dringend notwendig. Die sukkulenten Blätter sind zweizeilig angeordnet, flach und am Ende zugespitzt. Die Infloreszenz erscheint an der Spitze der Triebe zwischen den letzten beiden Blättern und ist häufig länger als die ganze Pflanze. Diese Orchideen sind durch den büscheligen, hängenden Wuchs auch ohne Blüten attraktiv. Die Gattung ist nach Oberon, dem Elfenkönig, benannt.

Kultur: Diese botanischen Orchideen findet man nur in spezialisierten Sammlungen. Sie brauchen ganzjährig warme, schattige Bedingungen und eine hohe Luftfeuchtigkeit. Sie wachsen am besten aufgebunden auf Baumfarn oder Korkrinde mit einer Unterlage aus Sphagnum. Im Topf kümmern die Pflanzen, da die Wurzeln viel frische Luft brauchen. Vermehrung durch Aussaat.

Oberonia gracilis

↔ 10–20 cm ↑ 10–40 cm ◆

Neuguinea. Habitus hängend, mit leuchtend grünen, bandartigen Blättern. Infloreszenzen mit bis zu 100 winzigen, runden, bräunlich grünen Büten im Herbst und Winter.

Oberonia sp.

Oberonia gracilis

Oberonia gracilis

Octomeria alpina

Octomeria juncifolia

Octomeria

Gattung aus Südamerika mit etwa 150 Arten. Die Pflanzen wachsen epiphytisch oder lithophytisch und sind durch einen sympodialen Wuchs ohne Pseudobulben gekennzeichnet. Die Gattung lässt sich anhand der Blätter in 2 Gruppen einteilen: mit zylindrischen, bleistiftartigen oder mit breiten, flachen Blättern. Blüten am Übergang von Stiel und Blatt.
Kultur: Aufgebunden auf Kork oder Baumfarn mit einer Unterlage aus lebendem Baummoos oder in flachen Töpfen in einem feinen Pflanzstoff. Die Luftfeuchtigkeit muss ganzjährig hoch sein. Regelmäßig wässern. Vermehrung durch Teilung.

Octomeria alpina

↔ 10–20 cm ↑ 8–15 cm

Südamerika. Blüten bis 12 mm groß, hellgelb, durchscheinend, im Frühjahr. Verträgt keine direkte Sonne.

Octomeria grandiflora

syn. *Octomeria arcuata, O. surinamensis*

↔ 10–15 cm ↑ 15–20 cm

Südliche Karibik, Surinam, Kolumbien, Peru und Bolivien; in feuchten Wäldern in Höhenlagen von 100–2500 m. Blatt breit, zugespitzt, auf einem dünnen Stiel. Blüten einzeln, gelblich, bis 25 mm groß, im Herbst bis in den Frühling.

Octomeria juncifolia

↔ 10–25 cm ↑ 30–40 cm

Brasilien; in feucht-kühlen Bergwäldern. Keine Psedobulben, Blätter zylindrisch, bis 6 mm im Durchmesser, überhängend. An der Blattbasis erscheinen sporadisch über das Jahr verteilt kleine Büschel mit bis zu 15 Blüten, die gelb gefärbt und an der Lippe rot gezeichnet sind. Kultur aufgebunden oder in hängenden Körbchen.

Odontioda Avranches

Odontioda

Hybridgattung aus *Odontoglossum* und *Cochlioda*; durch Einkreuzung von *C. noezliana* sind viele Hybriden leuchtend rot gefärbt. Manchmal ist der Einfluss von *Cochlioda* durch mehrfache Rückkreuzung mit verschiedenen Odontoglossen kaum noch wahrnehmbar.
Kultur: Ganzjährig kühl, feucht und halbschattig. Sphagnum oder ein feines Rindensubstrat eignen sich zur Topfkultur. Nicht austrocknen lassen. Vermehrung durch Teilung.

Odontioda-Hybriden

↔ 20–60 cm ↑ 20–90 cm

Die meisten dieser Hybriden blühen im Winter und Frühjahr und haben 5–12 cm große Blüten. Schön sind:
Avranches, weiß blühend, aus Albino-Formen gezüchtet;
Bugle Boy mit orangeroten Blüten;
Durham River mit der Form von *Odontoglossum* und der intensiven Färbung von *Cochlioda*;
(Erik Jaeger × Helen Stead 'Geyserland'), rosa-weiß mit Zeichnung;
Heatonensis × *Odontoglossum* Starlight, unregistrierte Hybride mit Einfluss von *Odontoglossum cirrhosum*;
La Fosse mit ungewöhnlichen, braunen, weißen und gelben Blüten;
(Nichirei Sunrise × Ingmar) mit scharlachroten und pinkfarbenen Blüten;
Ruby Eyes, rosa mit brauner Zeichnung;
Sheila Hands, weiß mit braun, rosa gerandet; sowie
Wearside Gate, leuchtend rot.

Odontioda Durham River

Odontioda Bugle Boy

Odontioda (Erik Jaeger × Helen Stead 'Geyserland')

Odontioda Heatonensis × *Odontoglossum* Starlight

Odontioda (Nichirei Sunrise × Ingmar)

Odontioda Ruby Eyes

Odontioda La Fosse

Odontioda Phoenix Way × (Mount Diablo × Tiffany)

Odontioda Wearside Gate

Odontioda Sheila Hands

Odontobrassia Kenneth Biven 'Santa Barbara'

Odontobrassia

Eine kühl bis warm wachsende Hybride aus den Gattungen *Odontoglossum* und *Brassia* mit spinnenartigen Blüten. Diese Kreuzungen sind toleranter was warme und kühlere Temperaturen angeht und blühen zuverlässig jedes Jahr. Die Blütentriebe mit den lange haltbaren Blüten können zu jeder Jahreszeit erscheinen, die Hauptblütezeit liegt in den warmen Sommermonaten. Sie sind anpassungsfähig und ideale Zimmerpflanzen.

Kultur: Im Topf in einem normalen Rindensubstrat. Während der Wachstumsphase regelmäßig gießen und düngen. Sie fühlen sich an einem luftfeuchten, hellen Standort ohne direkte Sonneneinstrahlung am wohlsten. Ganzjährig gleichmäßig gießen, im Winter etwas vorsichtiger. Die Vermehrung erfolgt durch Teilung.

Odontobrassia Kenneth Biven 'Santa Barbara'

↔ 20–70 cm ↕ 20–100 cm
◆/◈/◇

Primärhybride zwischen *Odontoglossum cariniferum* und *Brassia arcuigera*. Blüten bis 12 cm breit, schokoladenbraun mit gelben Spitzen und weißer Lippe, im Frühjahr und Sommer.

Odontocidium

Künstliche Gattung durch Kreuzung von *Odontoglossum* und *Oncidium* entstanden. Durch die haltbaren Blüten immer beliebter werdende Zimmerpflanzen.

Kultur: Im Topf, regelmäßig gießen. Als Pflanzstoff eignet sich Sphagnum oder ein feines Rindensubstrat mit Perlite. Standort halbschattig. Diese Hybriden sind wärmetoleranter als Odontoglossen und gedeihen bei unterschiedlichen Temperaturen, solange die Luftfeuchtigkeit hoch ist. Nicht der prallen Sonne aussetzen. Vermehrung durch Teilung.

Odontocidium-Hybriden

↔ 20–60 cm ↕ 20–90 cm
◆/◈/◇

Hybriden mit meist hohen, aufrechten, vielblütigen Infloreszenzen. Blütezeit im Winter bis Frühjahr.
Artur Elle, ein Klassiker mit gelben, rot getupften Blüten;
Bittersweet, beliebt und variabel;
Dark Charmer 'Antigua', gelb und braun, Lippe zusätzlich weiß;
Dorothy Wisnom 'Golden Gate', starker Einfluss von *Odontoglossum crispum*, *Oncidium leucochilum* und *Oncidium tigrinum*;
Golden Trident, gelb mit Zeichnung;
Hansueli Isler, gelb und rotbraun;
Mayfair 'RFW', goldgelbe Blüten;
Tigersun 'Nugget', gelbe Blüten mit brauner Zeichnung; sowie
Tropic Tiger, bei der 7 unterschiedliche Arten bei der Entstehung beteiligt waren. Blüten grün mit braunen Flecken und dunkelroter Lippe.

Odontocidium Artur Elle

Odontocidium Bittersweet 'Sophie'

Odontocidium Dark Charmer 'Antigua'

Odontocidium Dorothy Wisnom 'Golden Gate'

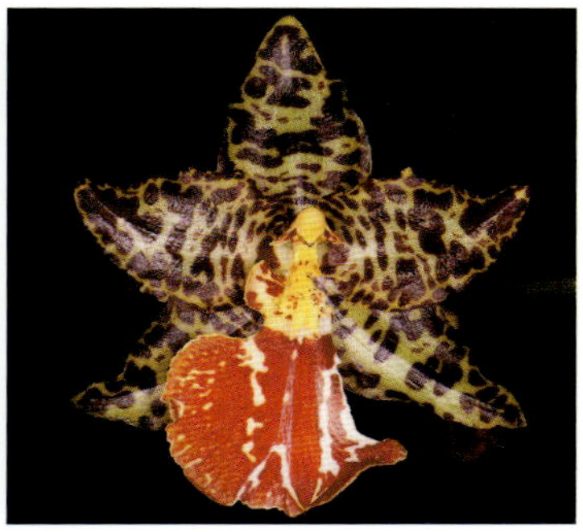

Odontocidium Tropic Tiger

Odontocidium Mayfair 'RFW'

Odontocidium Bittersweet 'Toffee'

Odontocidium Golden Trident

Odontocidium Hansueli Isler

Odontocidium Tigersun 'Nugget'

Odontoglossum trilobum

Odontoglossum gloriosum

Odontoglossum wyattianum

Odontoglossum

Bekannte Gattung, in der etwa 60 kühl wachsende Orchideenarten der südamerikanischen Bergregionen zusammengefasst werden. Mit *Oncidium* und *Miltoniopsis* verwandt. Die meisten Arten haben lange Infloreszenzen mit großen attraktiven, gelb und braun gezeichneten Blüten. Beliebt sind besonders auch die Arten mit großen, runden weißen oder rosafarbenen Blumen. Es gibt unzählige Kreuzungen innerhalb der Gattung *Odontoglossum* und Kombinationen mit verwandten Gattungen. Bekannter sind *Colmanara* (× *Miltonia* × *Oncidium*), *Odontioda* (× *Cochlioda*) und *Odontocidium* (× *Oncidium*).

Kultur: Odontoglossen brauchen einen kühlen, halbschattigen Standort und hohe Luftfeuchtigkeit. Sie wachsen am besten im Topf in einem feinen Rindensubstrat, dem 20 % Perlite beigemischt wurde oder in reinem Sphagnum. Ganzjährig feucht halten. Vermehrung durch Teilung.

Odontoglossum crispum

↔ 10–40 cm ↕ 12–80 cm

Kolumbien. Pseudobulben zusammengedrückt, mit 2 Blättern. Infloreszenz mit bis zu 12 oder mehr, weißen bis hellrosa, 8 cm großen Blüten mit roter oder violetter Zeichnung. Blüht im Herbst bis Winter.

Odontoglossum gloriosum

↔ 35–40 cm ↕ 60–90 cm

Kolumbien und Westvenezuela; in feucht-kühlen Bergwäldern in Höhenlagen von 2000–3000 m. Pseudobulben oval, flach, mit 2–3 linearen Blättern an der Spitze. Infloreszenz 60–90 cm hoch, mit bis zu 35 Blüten aus der Basis der Pseudobulben entspringend, im Frühling. Blüten cremeweiß mit roten Punkten und Flecken und einer gelben Lippenbasis.

Odontoglossum harryanum

↔ 35–40 cm ↕ 35–45 cm

Kolumbien; in tiefer gelegenen Nebelwäldern zwischen 1800–2300 m. Pseudobulben oval, flach zusammengedrückt, mit 2–3 Blättern an der Spitze. Infloreszenz 40–45 cm lang, mit mehreren braunen, 8 cm breiten Blüten im Sommer. Gelbe Zeichnung auf der Blüte, Petalen nach vorne gerichtet, Lippe weiß mit Zeichnung im unteren Bereich.

Odontoglossum trilobum

syn. ***Oncidium trilobum***

↔ 110–130 cm ↕ 120–140 cm

Bolivien und Peru; in nassen Bergwäldern. Pseudobulben oval, seitlich zusammengedrückt, mit 2 Blättern. Infloreszenz hängend, vezweigt, mit 3–5 Blüten pro Seitenzweig. Oft mit 50–80 Blüten gleichzeitig, meist im Frühling. Blüten bis 5 cm groß, Sepalen und Petalen gelblich bis grün, mit großen braunen Flecken, Lippe weiß, dreilappig, mit purpurroter Zeichnung.

Odontoglossum wyattianum

↔ 10–30 cm ↕ 12–60 cm

Peru und Ekuador; in moosverhangenen Bergwäldern auf etwa 2000 m. Bis zu 8 bräunliche Blüten von 8 cm Durchmesser pro Infloreszenz, Lippe mit 2 Violett-Tönen, im Winter bis Frühling. Nah mit *O. harryanum* verwandt.

Odontoglossum-Hybriden

↔ 20–60 cm ↕ 20–90 cm

Blüte im Winter und Frühjahr, 3,5–12 cm im Durchmesser. Schön sind: (**Augres** × *nobile*), unregistrierte Hybride mit weißen Blüten und gelber, rot gesäumter Lippe;
(**Holiday Gold** × **Geyser Gold**), goldgelbe Hybride;
Illustre, Blüten rotbraun mit weißer Zeichnung;
La Hougue Bie, Blüten mit weißen, gelben und braunen Flecken;
Margarete Holm, Blüten mit weißer, gelber und brauner Zeichnung; sowie **Mimosa 'Oda Marcet'** mit leuchtend pflaumenfarbenen Blüten, die eine samtige Textur haben.

Odontoglossum harryanum

Odontoglossum (Augres × nobile)

Odm. (Holiday Gold ×Geyser Gold)

Odontoglossum Illustre

Odontoglossum La Hougue Bie

Odontoglossum Mimosa 'Oda Marcet'

Odontoglossum Margarete Holm

Odontonia Susan Bogdanow

Odontonia Papageno

Odontonia Papageno 'Fiesta'

Odontonia

Künstliche Gattung aus der Kombination von *Odontoglossum* und *Miltonia* entstanden. Diese sympodial wachsenden Orchideen haben hohe Infloreszenzen mit bis zu 12 mittelgroßen Blüten. Sie sind nicht so wärmeempfindlich wie Odontoglossen und anpassungsfähig, solange die Luftfeuchtigkeit hoch ist. Sie vertragen keine direkte Sonne. Die Blüten halten sehr lange an der Pflanze und können sogar zweimal im Jahr erscheinen. Die Hauptblütezeit liegt im Frühjahr. **Kultur:** Im Topf, in reinem Sphagnum oder einem feinen Rindensubstrat mit 10 % Perlite-Anteil. Sie brauchen regelmäßige Wassergaben und bevorzugen einen halbschattigen Standort. Vermehrung durch Teilung.

Odontonia Bartley Schwarz

syn. ***Oncidopsis Bartley Schwarz***

↔ 20–60 cm ↑ 20–90 cm

Hybride mit aufrechten Blütentrieben mit bis zu 10 pflaumenfarbenen, 5 cm großen Blüten mit weißer Lippe. Blüht im Frühling und Sommer.

Odontonia Papageno

↔ 20–40 cm ↑ 20–50 cm

Kreuzung mit starkem Einfluss von *Miltoniopsis vexillaria* und *Odontoglossum crispum*. Blüten im Frühjahr bis in den Herbst, weiß mit rosa Hauch, Lippe weiß mit orangegelber Basis. Der Cultivar **'Fiesta'** hat besonders intensiv gefärbte Blüten.

Odontonia Susan Bogdanow

↔ 20–60 cm ↑ 20–90 cm

Hybride mit großen, bis 9 cm breiten, rosa bis cremefarbenen Blüten mit dunklerer violetter und roter Zeichnung. Blüht vom Frühjahr bis Herbst.

Odontonia Bartley Schwarz

Oeceoclades

Die etwa 30 Arten dieser Gattung sind hauptsächlich in Afrika und auf Madagaskar verbreitet, aber auch bis nach Asien, Australien und im Pazifik. Eine Art kommt auch in Amerika von Florida, USA, im Norden bis Argentinien im Süden vor. Sie wachsen terrestrisch, seltener epiphytisch und haben ovale Pseudobulben mit 1–3, häufig marmorieten Blättern. Der Lebensraum sind meist trockene Wälder in niedrigeren Höhenlagen, nur eine Art von Madagaskar wächst bis auf 1300 m. Die aufrechte Infloreszenz erscheint an der Basis der Pseudobulben und trägt zahlreiche Blüten. **Kultur:** Aufgrund der relativ extremen Standortbedingungen sind diese Orchideen nicht ganz einfach zu kultivieren. Sie brauchen ein durchlässiges sandiges Substrat und dieselben Bedingungen wie viele Sukkulenten. Nur in der Wachstumsphase gießen, dabei die Blätter nicht benetzen. Im Winter völlig trocken halten. Vermehrung durch Teilung.

Oeceoclades maculata

syn. ***Eulophidium ledienii, E. maculatum***

↔ 15–20 cm ↑ 20–30 cm

In Amerika von Florida, USA, bis Paraguay und in Afrika vom Senegal bis in den Sudan und von Tansania bis Simbabwe; im Laubhumus zwischen Bäumen und Felsen in Höhenlagen bis zu 1800 m. Pseudobulben bis 25 mm hoch, mit einem einzelnen, harten, bis 25 cm langen Blatt. Infloreszenz bis 30 cm hoch mit bis zu 12 rötlichen Blüten, vom Herbst bis ins Frühjahr.

Oeceoclades pulchra

syn. *Eulophia pulchra*

↔ 20–50 cm ↑ 20–100 cm

Weitverbreitet von Madagaskar bis nach Asien, Südostasien, Neuguinea, Australien und im tropischen Pazifikraum. Blüten und Blütezeit variabel, bis zu 12 Blüten pro Trieb, die eine Größe von 5 cm erreichen und von weiß bis gelblich grün variieren. Lippe weiß. Blüht meist im Frühjahr.

Oeoniella

Gattung mit 2 monopodialen Orchideenarten, die auf Madagaskar, den Maskarenen-Inseln und den Seychellen vorkommen. Pflanzen mit langen, häufig verzweigten, beblätterten Trieben, zahlreichen Wurzeln und weißen Blüten an langen Rispen. Die Sepalen und Petalen sind frei, die Lippe ist dreilappig mit einem kurzen konischen Sporn.

Kultur: Aufgrund der langen Triebe werden diese Orchideen meist aufgebunden auf langen Rindenstücken oder in einem Topf mit groben Substrat und einem Moosstab als Kletterhilfe kultiviert. Sie brauchen eine hohe Luftfeuchtigkeit, gute Luftbewegung und lichten Schatten. Die Vermehrung erfolgt durch Abtrennung von Seitentrieben oder Aussaat.

Oeoniella polystachys

↔ 10–30 cm ↑ 10–30 cm

Madagaskar, Komoren-, Maskarenen- und Seychellen-Inseln. Triebe verzweigt, meist 15, manchmal bis 30 cm lang. Blätter schmal länglich, 2,5–10 cm lang. Infloreszenz gegenüber einem Blatt entspringend, mit 12–15 duftenden, weißen, 25–35 mm großen Blüten im Frühling. Lippe röhrenförmig, dreilappig an der Spitze.

Oeceoclades sp., Blatt

Oerstedella schweinfurthiana

Oerstedella

Etwa 30 Arten sind aus Mittel- und dem nördlichen Südamerika bekannt. Sie wachsen epiphytisch, lithophytisch oder terrestrisch und sind durch ein kriechendes sympodiales Rhizom mit kurzen, zweizeilig beblätterten Trieben gekennzeichnet. Die Blätter sind lanzettlich. Die dicken, ausgeprägt sukkulenten, weißen Wurzeln sind sehr auffällig. An der Spitze der Triebe erscheint eine terminale Infloreszenz mit wenigen bis vielen attraktiven Blüten, die eine auffällige Lippe haben. Die Arten wurden aufgrund der Struktur der Säule und der Lippe von *Epidendrum* abgetrennt.

Kultur: Ein heller bis sehr heller Standort, regelmäßige Wassergaben und eine hohe Luftfeuchtigkeit wird bevorzugt. Wenn die Triebe ausgereift sind, sollten die Wassergaben, aber nicht die Luftfeuchtigkeit reduziert werden. Sie wachsen am besten in kleinen Körben oder aufgebunden, da die dicken Wurzeln viel Luft brauchen. Vermehrung durch Teilung.

Oerstedella centropetala

syn. *Epidendrum centradenia, E. tenuiflorum, Oerstedella centradenia*

↔ 10–25 cm ↑ 15–50 cm

Von Nikaragua bis Panama; in feuchten Bergwäldern in einer Höhe von 1200–1500 m, häufig auch in Obstplantagen. Trieb bis 15 cm lang, mit lanzettlichen, 5 cm langen Blättern. Infloreszenz mit bis zu 10 lavendelfarbenen Blüten im Winter bis Sommer.

Oerstedella centropetala

Oerstedella schweinfurthiana

syn. *Epidendrum schweinfurthianum*

↔ 40–90 cm ↑ 90–210 cm

Endemisch in Guatemala, Mittelamerika; an höher gelegenen Berghängen. Hoch wachsende Art, die lange, schilfrohrartige Triebe mit zweizeilig angeordneten Blättern hat. Infloreszenz an der Spitze der Triebe, verzweigt, mit wenigen bis vielen 30–35 mm großen, intensiv gefärbten Blüten im Herbst. Sepalen und Petalen orangerot bis leuchtend rot, Lippe intensiv rosaviolett.

Oerstedella wallisii

syn. *Epidendrum wallisii*

↔ 20–30 cm ↑ 25–75 cm

Costa Rica, Panama und Kolumbien; in nassen Bergwäldern zwischen 500–2000 m. Triebe lang, mit Hüllblättern bedeckt, Blätter lanzettlich. Infloreszenz terminal, übergebogen oder hängend, 10–15 cm lang, mit 2–4 Blüten im Herbst bis Frühwinter. Blüten gelb, manchmal mit roter Zeichnung auf den Sepalen und Petalen, Lippe weiß mit gelber Basis und rosafarbenen und weißen Streifen.

Oeoniella polystachys

Oncidium

In dieser umfangreichen, im tropischen Amerika verbreiteten Gattung werden etwa 650 Arten zusammengefasst. Die Blüten sind meist gelb und braun an langen, häufig verzweigten Infloreszenzen. Die meisten Arten haben auffällige Pseudobulben mit bis zu 4 Blättern an der Spitze. Die Blütentriebe erscheinen meist aus der Blattachsel eines gerade ausgereiften Neutriebs. Bei vielen Arten ist die Lippe der auffälligste Blütenteil. Pro Trieb blühen sie nur einmal.

Kultur: Die meisten Arten wachsen aufgebunden am besten, so können sich die Wurzeln frei entfalten und nach dem Wässern schnell abtrocknen. Einige kleinere Arten wachsen auch im Topf gut. Die Kulturansprüche sind sehr unterschiedlich und vom natürlichen Lebensraum abhängig. Die meisten bevorzugen temperierte Bedingungen. Die Vermehrung erfolgt durch Teilung.

Oncidium baueri

syn. *Oncidium altissimum, O. wydleri*

↔ 0,3–1,2 m ↑ 0,3–3 m

Mittelamerika und Brasilien; nah mit *O. sphacelatum* verwandt. Infloreszenz reich verzweigt, mit bis zu 3 m Länge

Oncidium baueri

sehr ausladend. Blüten gelb und braun, bis 30 mm groß, zahlreich, im Frühjahr und Sommer.

Oncidium Cameo Sunset

↔ 12–40 cm ↑ 10–50 cm

Farbenprächtige Hybride mit *O. crispum* und *O. concolor* im Stammbaum. Blüten 6–8 cm groß, im Herbst. Die Sepalen und Petalen sind bräunlich, die Lippe ist leuchtend gelb. Bis zu 16 Blüten pro Infloreszenz.

Oncidium crispum

↔ 10–40 cm ↑ 20–70 cm

Brasilien. Pseudobulben oval, zweiblättrig. Blätter ledrig, bis 20 cm lang. Die verzweigte Infloreszenz trägt im

Oncidium croesus

Sommer zahlreiche, bis 8 cm große, braune, gelb gezeichnete Blüten.

Oncidium croesus

↔ 10–30 cm ↑ 10–20 cm

Brasilien; kleinwüchsige, in dichten Büscheln wachsende Art. Infloreszenz kurz, mit bis zu 5 gelben und braunen Blüten, im Frühjahr. Blütendurchmesser bis 30 mm.

Oncidium flexuosum

↔ 20–90 cm ↑ 20–150 cm

Häufig und weitverbreitet in Südamerika. Wuchs kletternd mit langen Rhizomabschnitten zwischen den Pseudobulben. Infloreszenz hoch, verzweigt mit Massen von kleinen, 18 mm großen, leuchtend gelben Blüten, im Hochsommer.

Oncidium fuscatum

syn. *Miltonia warscewiczii*

↔ 20–45 cm ↑ 30–60 cm

Panama, Kolumbien und Peru. Pseudobulben oval, seitlich zusammengedrückt und gefurcht. 2–3 Blätter, breit-linear, leicht marmoriert. Infloreszenz 30–60 cm lang, verzweigt. Erst abschneiden, wenn eingetrocknet, da häufig wiederblühend. Blüten bis 35 mm groß, Sepalen und Petalen rosa mit weißem, welligen Rand, Lippe weiß, rosa und rot mit ovalem, orangefarbendem Fleck. Kann zu jeder Jahreszeit blühen und wird häufig zur Züchtung neuer Hybriden verwendet.

Oncidium hintonii

↔ 35–45 cm ↑ 45–65 cm

Mexiko; in saisonal trockenen Wäldern. Pseudobulben oval, seitlich zusammengedrückt und gefurcht. 2–3 Blätter. Infloreszenz 45–65 cm lang, verzweigt, mit 5 cm großen, gelbbraunen Blüten mit weißer, brauner und gelber Lippe. Blüht im Frühjahr bis in den Sommer.

Oncidium leucochilum

↔ 30–45 cm ↑ 0,6–2,4 m

Mexiko, Guatemala und Honduras; in Bergwäldern. Pseudobulben oval,

Oncidium Cameo Sunset

Ophrys insectifera

Ophrys

Ragwurz

Diese Gattung ist in Europa und im gesamten Mittelmeerraum von den Kanarischen Inseln bis zum Kaukasus und bis nach Südskandinavien verbreitet. Diese terrestrischen Orchideen kommen in unterschiedlichen Lebensräumen, von trockenen Grasflächen bis in lichte Wälder und Gebüsche vor. Sie bevorzugen durchlässige, kalkhaltige Böden mit höheren pH-Werten. Sie werden 5–75 cm hoch und haben Blüten, die durch Aussehen und Duft verschiedene Insektenarten imitieren. Männliche Bienen werden von Duft, Farbe und Form der Blüte angelockt und bestäuben diese beim Versuch, mit der Lippe zu kopulieren. Zur Zeit werden etwa 56 Arten mit zahlreichen Unterarten, Sippen und variablen Hybridpopulationen anerkannt.

Kultur: Diese Orchideen brauchen im Sommer eine trockene Ruhezeit, da die unterirdischen Rhizomknollen anfällig für Fäulnis sind. Die Blüten erscheinen im Frühling, bei den mediterranen Arten auch im Spätsommer oder Herbst, wenn die Nächte feuchter und kühler werden. Sie brauchen ein durchlässiges, mineralisches Substrat und direkte Sonne. Die Frosthärte ist von der Art abhängig. Vermehrung durch Seitenknollen oder Aussaat. Die einheimischen Arten stehen unter Naturschutz und dürfen nicht ausgegraben werden.

Ophrys apifera

syn. *Ophrys bicolor, O. boteroni, O. trollii*

Bienen-Ragwurz

↔ 5–10 cm ↑ 20–60 cm

Europa, Nordafrika, Türkei und Kaukasus; bis in Höhenlagen von 1800 m. Blätter oval bis lanzettlich, grundständig. Infloreszenz aufrecht, mit 2–17 Blüten im Sommer. Sepalen weiß bis rosarot, Petalen grün, Lippe samtig braun mit gelber Zeichnung.

Ophrys holoserica

syn. *Ophrys fuciflora*

Hummel-Ragwurz

↔ 5–10 cm ↑ 10–50 cm

Mitteleuropa und Mittelmeerraum. Blätter oval, grundständig. Infloreszenz mit 2–10 Blüten im Spätfrühling. Sepalen hellrosa, Petalen grünlich, Lippe rötlich braun behaart.

Ophrys insectifera

syn. *Ophrys muscifera, O. myodes*

Fliegen-Ragwurz

↔ 5–10 cm ↑ 15–40 cm

Mittel- und Nordeuropa; in trockenem Grasland. Infloreszenz aufrecht mit 2–20 Blüten im Frühsommer. Sepalen grün, Petalen schmal, purpurschwarz, Lippe dunkel rötlich braun mit metallischem blauen Fleck in der Mitte.

Ophrys lutea

Gelbe Ragwurz

↔ 5–18 cm ↑ 10–30 cm

Mittelmeergebiet. Blätter bis 10 cm lang, zu 3–6 in grundständiger Rosette, Infloreszenz mit 1–2 Blättern. Stängel mit bis zu 7 Blüten, Brakteen länger als das Ovarium. Blüten bis 18 mm groß, Sepalen und Petalen gelbgrün, Petalen viel kürzer als die Sepalen; Lippe dunkelbraun bis purpurschwarz mit gelbem Rand, in der Mitte mit glänzendem blauen Fleck. Blüht vom Spätwinter bis Frühjahr.

Ophrys sphegodes

syn. *Ophrys aranifera*

Spinnen-Ragwurz

↔ 5–10 cm ↑ 10–45 cm

Mittel- und Südeuropa. Infloreszenz aufrecht, mit 3–12 Blüten im Frühling. Sepalen gelblich bis olivgrün, Petalen grünlich, Lippe braun behaart mit H-förmigem Mal in der Mitte.

Ophrys tenthredinifera

Wespen-Ragwurz

↔ 8–25 cm ↑ 10–45 cm

Mittelmeergebiet. Blätter bis 12 cm lang, zu 3–5 in grundständiger Rosette, Infloreszenz mit bis zu 4 Blättern und bis zu 10 Blüten im Spätfrühling oder Frühsommer. Blüten bis 25 mm groß, Sepalen und Petalen rot oder rosa, Sepalen breitoval, Petalen kleiner, dreieckig. Lippe purpurbraun mit gelbem bis hellbraunen fein behaarten Rand, glänzender blaugrauer Fleck mit feinem gelbem Rand.

Orchis

Knabenkraut

Die etwa 33 Erdorchideenarten dieser Gattung sind in Europa, dem Mittelmeergebiet, Nordafrika und der gemäßigten Zone Asiens verbreitet. Neuere DNA-Studien haben dazu gefüht, dass etliche Arten nun in anderen Gattungen eingegliedert werden. Die Pflanzen haben 2–3 rundliche Wurzelknollen und eine grundständige Blattrosette. Die Blätter sind häufig gefleckt. Die Infloreszenz ist zylindrisch mit dünnen Brakteen besetzt und trägt kleine Blüten in unterschiedlichen Farben. Die Sepalen und Petalen formen meist einen Helm, die Lippe ist dreilappig, oft mit geteiltem Endlappen und gespornt.

Kultur: Im Garten, wo sie verwildern können oder im Alpinenhaus in durchlässigem Substrat. Nachdem die Blätter abgestorben sind, müssen die Pflanzen trocken gehalten werden, bis die neuen Triebe erscheinen. Die Vermehrung erfolgt durch Aussaat.

Ophrys apifera

Osmoglossum pulchellum 'Royale'

Orchis militaris

Helm-Knabenkraut

↔ 8–15 cm ↑ 20–65 cm

Weitverbreitet in Europa und England, dort selten; auf kalkhaltigen Böden. 3–5 Blätter, elliptisch, bis 18 cm lang. Infloreszenz dichtblütig, im Frühjahr und Sommer. Sepalen und Petalen zu einem Helm geformt, außen rosa, innen mit violetter Aderung. Lippe dreilappig, Mittellappen geteilt, rosa oder violett, heller in der Mitte mit feinen Büscheln dunkler Härchen, die kleine Tupfen bilden.

Orchis purpurea

Purpur-Knabenkraut

↔ 8–12 cm ↑ 30–90 cm

Kräftige Erdorchidee aus Europa und England, dort selten; auf kalkhaltigen Böden. 3–6 Blätter, elliptisch, 5–20 cm lang, glänzend grün, halbaufrecht. Infloreszenz dichtblütig, im Frühjahr und Sommer. Sepalen und Petalen zu einem Helm geformt, bräunlich rot. Lippe dreilappig, Mittellappen breit dreieckig, weiß bis hellrosa mit dunklen Punkten aus feinen violetten Härchen. Sporn kurz, nach unten zeigend.

Ornithocephalus

Weitverbreitete Gattung mit etwa 30 Arten, die von Mexiko bis Bolivien und Brasilien vorkommen. Sie wachsen epiphytisch in feuchten Tiefland- und Bergwäldern bis in Höhen von 1500 m. Sie bevorzugen relativ schattige Standorte auf moosbewachsenen Zweigen und Ästen. Die Gattung ist an den fächerförmigen, reitenden Blättern leicht erkennbar. Sie sind leicht zu kultivieren und blühen überreich.
Kultur: Je nach Herkunft brauchen sie einen warmen bis temperierten und schattigen bis halbschattigen Standort im Gewächshaus, mit ganzjährig hoher Luftfeuchtigkeit. Sie vertragen keine längeren Trockenperioden, deshalb regelmäßig gießen. Sie wachsen am besten aufgebunden, ein Stück Korkrinde mit Moosunterlage ist ideal. Vermehrung durch Aussaat oder Teilung starker Pflanzen.

Ornithocephalus bicornis

↔ 8–15 cm ↑ 8–15 cm

Mittelamerika; Miniatur-Orchidee. Blätter fächerförmig. Infloreszenz kurz, mit bis zu 30 Blüten im Frühling. Blüten winzig, knapp 12 mm groß, grünlich gelb. Auch ohne Blüten attraktiv.

Ornithocephalus gladiatus

syn. *Ornithocephalus falcatus, O. inflexus, O. tripterus*

↔ 5–12 cm ↑ 5–10 cm

Mexiko bis Französisch Guyana und auf den Inseln Trinidad, Tobago und Grenada, auch bis nach Bolivien und Brasilien vordringend; in Höhenlagen von 900–1500 m. Typus der Gattung und häufig in Kultur zu finden. Blätter relativ groß für die Gattung. Infloreszenzen länger als die Blätter, mit zahlreichen winzigen, grünlich gelben Blüten vom Frühling bis in den Spätsommer.

Ornithocephalus myrticola

↔ 25–50 mm ↑ 2,5–8 cm

Von Bolivien bis nach Brasilien, dort bis nach Minais Gerais und Rio Grande do Sul im Süden; in Wäldern bis in Höhenlagen von 650 m. Kleine Pflanzen, die Blätter werden nicht länger als 5 cm. Die Infloreszenzen sind länger als die Blätter und mit feinen Härchen besetzt. Blüten weiß mit grünen Streifen, Petalen größer als die Sepalen. Blütezeit im Herbst.

Osmoglossum

Gattung mit 6 Arten, von denen 4 kultiviert werden. Sie kommen von Mexiko bis Ekuador epiphytisch, manchmal auch lithophytisch in feuchten Berg- und Nebelwäldern in Höhenlagen von 1000–2500 m vor. Sie wachsen in großen Büscheln, jeder der abgeflachten Pseudobulben trägt 2 grasartige Blätter und seitliche Stützblätter. Die Arten wurden früher in die Gattung *Odontoglossum* gestellt, aber aufgrund der unterschiedlichen Blütenmorphologie abgetrennt. Die Blüten haben einen sehr angenehmen Duft nach Maiglöckchen und wurden schon zur Züchtung duftender *Odontoglossum*-Hybriden verwendet.
Kultur: Kühl bis temperiert an einem sehr hellen Standort. Während der Wachstumsperiode sollten die Nachttemperaturen über 15 °C liegen, im Winter können sie bis auf 6–8 °C absinken. Am Tag sollten die Temperaturen bei 15–20 °C liegen. Die Luftfeuchtigkeit sollte zwischen 50–80 % liegen. Im Topf in einem durchlässigen Substrat wachsen die Pflanzen am besten; zwischen den Wassergaben leicht antrocknen lassen. Sie brauchen im Spätsommer eine Ruhezeit. Vermehrung durch Teilung.

Osmoglossum convallarioides

syn. *Odontoglossum convallarioides*

↔ 20–30 cm ↑ 20–30 cm

Von Mexiko bis Costa Rica, wahrscheinlich auch in Panama. Infloreszenz aufrecht, aus der Basis der Pseudobulben mit 6–7 bis 18 mm großen, weißen, außen rötlich überhauchten Blüten im Frühling. Sepalen und Petalen an der Basis verwachsen, Lippe nach oben weisend. Duft zart nach Hyazinthen *(Hyacinthus)* oder Maiglöckchen *(Convallaria)*.

Osmoglossum pulchellum

syn. *Odontoglossum pulchellum*

↔ 20–30 cm ↑ 20–30 cm

Mexiko bis Guatemala und El Salvador, eventuell auch in Honduras. Ähnelt *O. convallarioides,* aber Blüten im Herbst und größer, bis 35 mm. **'Royale'** hat große, duftende Blüten.

Ornithocephalus bicornis

Pabstia

syn. *Colax*

Die etwa 5 Arten der Gattung sind in Brasilien endemisch. Sie wachsen epiphytsich, lithophytisch und machmal auch terrestrisch in feuchten Regen- oder Nebelwäldern in Höhenlagen zwischen 200–1500 m. Sie bevorzugen eher schattige Standorte und haben dicht stehende, eiförmige Pseudobulben mit 2 relativ dünnen Blättern. Die aufrechte oder übergeneigte Infloreszenz trägt bis zu 4 attraktive Blüten. **Kultur:** Warm und schattig, bei hoher Luftfeuchtigkeit in Töpfen mit grobem, durchlässigem Substrat. Während der Wachstumsphase regelmäßig gießen, da es die Pflanzen nicht mögen, wenn sie länger austrocknen. Nachdem die Pseudobulben ausgereift sind, vorsichtiger gießen. Die Vermehrung erfolgt durch Teilung.

Pabstia jugosa

syn. *Colax jugosus*

↔ 15–25 cm ↑ 20–30 cm

Südostbrasilien; in Nebelwäldern in Höhenlagen von 700 m und darüber. Infloreszenz aufrecht oder übergeneigt, 15–22 cm lang mit bis zu 4 attraktiven, duftenden wachsartigen Blüten, die im Frühling und Frühsommer erscheinen. Sepalen weiß, Petalen und Lippe weiß mit dunkelpurpurvioletten Punkten.

Paphiopedilum

Venusschuh, Frauenschuh

Frauenschuh-Orchideen mit ihrer auffällig zu einem »Schuh« modifizierten Lippe sind schon lange bei Gärtnern und Orchideenliebhabern begehrt. Sie werden weltweit kultiviert und aus den etwa 80 Arten sind Abertausende von Hybriden gezüchtet worden. Das natürliche Verbreitungsgebiet reicht von Indien bis nach Südchina und über Südostasien und Malaysia bis nach Neuguinea und auf die Salomonen-Inseln. Besonders in den abgelegenen Regenwäldern Borneos und Chinas werden immer noch neue Arten entdeckt. Die Vielfalt innerhalb der Gattung ist enorm. Die meisten Arten wachsen terrestrisch in der Laubhumusschicht auf dem Waldboden, andere litophytisch auf Kalkfelsen und einige wachsen auch epiphytisch auf moosbehangenen dicken Ästen. Die meisten Arten haben nur einblütige Infloreszenzen, es gibt aber auch solche mit über einem Dutzend Blüten, die sich gleichzeitig oder nacheinander öffnen. Letztere nennt man umgangssprachlich auch »Revolverblüher«. Sie wachsen in der Regel an relativ hellen Standorten, aber nicht in der vollen Sonne. Die Blüenfarbe ist sehr variabel und die Blüten halten oft über einen Monat an der Pflanze in perfekter Kondition. Bei den meisten Arten sind die bandförmigen Blätter einfarbig grün, andere haben gräulich-grün oder rötlich marmoriertes Laub. Paphiopedilen wachsen in der Regel an relativ feuchten Standorten bei hoher Luftfeuchtigkeit. Da sie keine Pseudobulben besitzen, speichern sie das Wasser in ihren fleischigen Blättern und dicken, haarigen Wurzeln. Der Gattungsname ist vom Tempel der Aphrodite (Venus) in Paphos und dem griechischen Wort *pedilon,* das Schuh bedeutet, abgeleitet. Alle Arten stehen auf CITES Anhang 1 (Seite 55). **Kultur:** Im Topf in einem durchlässigen Rindensubstrat. Dieser sollte nicht zu groß gewählt werden, da die Pflanzen keine nassen Wurzeln mögen und leicht faulen. Man setzt sie etwas tiefer in den Topf, da die Triebe von den Wurzeln häufig nach oben gedrückt werden und die neuen Wurzeln dann austrocknen und nicht mehr weiterwachsen. Während der Sommermonate schattieren und häufig besprühen. Viele der mehrblütigen Arten brauchen im Winter eine trockenere Ruhezeit mit einer deutlichen Temperaturabsenkung in der Nacht. Je nach Art kühl, temperiert oder warm wachsend. Die Vermehrung erfolgt durch Teilung.

Paphiopedilum appletonianum

syn. *Paphiopedilum wolterianum*

↔ 20–30 cm ↑ 15–60 cm

Thailand, Laos, Kambodscha, Vietnam, Malaysische Halbinsel und auf der Insel Hainan, China; in der Laubhumusschicht, gelegentlich auch in bemoosten Felsspalten. Blätter hell- und dunkelgrün marmoriert. Infloreszenz 20–40 cm hoch mit variabel gefärbten Blüten. Petalen schmal, augebreitet, mit purpurrosa Spitzen, das dorsale Sepalum ist grünlich, der Schuh rötlich bis grün. Blüht im Winter bis ins Frühjahr.

Paphiopedilum barbatum

↔ 15–40 cm ↑ 15–30 cm

Malaysische Halbinsel. Blätter marmoriert. Blüte bis 8 cm groß, weiß und grün mit purpurnen Streifen. Blüht im Frühling und Sommer.

Paphiopedilum bellatulum

↔ 20–30 cm ↑ 6–15 cm

Thailand und Myanmar. Blätter wachsartig, marmoriert. Blüten bis 8 cm groß, auf den Blättern sitzend, weiß mit rotbraunen Flecken.

Paphiopedilum boxallii

↔ 20–40 cm ↑ 10–50 cm

Myanmar; an feuchten Standorten, meist auf bemoosten Ästen. Blätter einfarbig grün, bis 25 cm lang, lanzettlich. Infloreszenz samtig behaart mit 1 Blüte im Winter bis Frühling. Blüte bis 12 cm breit, braun und senffarben mit dunkler Zeichnung auf den Petalen und dem dorsalen Sepalum. Wird von manchen Taxonomen als Varietät von *P. villosum* angesehen.

Paphiopedilum barbatum

Paphiopedilum bellatulum

Paphiopedilum boxallii

Paphiopedilum appletonianum

Paphiopedilum bullenianum, Habitus

Paphiopedilum concolor

Paphiopedilum fowliei

Paphiopedilum bullenianum

↔ 10–30 cm ↑ 10–40 cm

Malaysia und Indonesien. Blätter marmoriert. Infloreszenz bis 30 cm lang, mit 1 Blüte im Winter bis Frühling. Blüten bis 10 cm breit, olivgrün bis rosafarben.

Paphiopedilum callosum

↔ 20–30 cm ↑ 12–15 cm

Thailand, Laos, Kambodscha und Vietnam; meist im Laubhumus immergrüner Wälder. Blätter hell- und dunkelgrün marmoriert. Infloreszenz aufrecht, mit 1, selten 2 Blüten im Frühjahr bis Herbst. Blüten 8–10 cm breit, Petalen purpurviolett, grün und weiß, dorsales Sepalum und Synsepalum weiß und grün, Schuh purpurn.

Paphiopedilum charlesworthii

↔ 25–30 cm ↑ 15–25 cm

Myanmar, Thailand und Yunnan, China; auf bemossten Kalkfelsen. Blätter grün, bis 20 cm lang, häufig mit rötlicher Zeichnung auf beiden Seiten. Blüten einzeln, im Herbst und Winter, bis 8 cm breit, glänzend mit auffälliger rosa-violetter Fahne. Das seltene *P. c.* var. *album* blüht reinweiß und grün im zeitigen Winter.

Paphiopedilum concolor

syn. *Cypripedium concolor*

↔ 20–30 cm ↑ 15–25 cm

Weitverbreitete Art, die von Thailand über Myanmar, Kambodscha, Vietnam bis ins südwestliche China vorkommt; wächst oft an steilen Hängen in kalkhaltigen Böden. Blätter grün, mit weißer Marmorierung und dichten feinen purpurvioletten Punkten auf der Unterseite. Bis zu 3 cremefarbene bis hellgelbe, 3,5–6 cm breite Blüten mit feiner bis dichter rötlicher Fleckung pro Infloreszenz. Blüht in Kultur im Herbst und Winter.

Paphiopedilum delenatii

syn. *Cypripedium delenatii*

↔ 18–22 cm ↑ 15–25 cm

Endemisch in Vietnam; in humoser Erde. Attraktive grün-weiß marmorierte Blätter mit rötlicher Unterseite. Infloreszenz 15–25 cm hoch mit 1–2 duftenden Blüten im Winter bis Frühling. Blüten bis 8 cm breit, Petalen und Fahne weißlich, Schuh rundlich, rosafarben. Wurde während des Vietnamkriegs durch Entlaubungsgifte praktisch ausgerottet, konnte aber durch Aussaat in Kultur gerettet werden.

Paphiopedilum exul

↔ 20–40 cm ↑ 10–30 cm

Kleine, tropische Art aus Thailand; nah mit *P. insigne* verwandt. Blätter steif, grün. Infloreszenz mit 1 grünweißer Blüte, die an der Basis der Fahne intensiv braunrot gefleckt ist. Blüht im Sommer.

Paphiopedilum fowliei

↔ 15–18 cm ↑ 20–25 cm

Endemisch auf der Insel Palawan in den Philippinen; wächst in humoser Erde. Blätter hell- bis dunkelgrün. Infloreszenz bis 25 cm hoch mit 1 Blüte, die 5–6 cm breit wird und weiße, grüne und braunrote Sepalen und Petalen und einen kastanienbraunen Schuh hat.

Paphiopedilum glanduliferum

syn. *Paphiopedilum gardineri*

↔ 30–35 cm ↑ 35–45 cm

Neuguinea; im Hochland in humusgefüllten Spalten. Blätter grün und ledrig. Infloreszenz aufrecht mit 2–4 Blüten im Winter. Blüten bis 20 cm breit, Petalen dunkel, spiralig gedreht, waagrecht. Fahne und Synsepalum weiß mit dunklen Streifen, Schuh gelblich bis rötlich.

Paphiopedilum delenatii

Paphiopedilum exul

Paphiopedilum glaucophyllum

↔ 20–50 cm ↑ 10–60 cm

◆/⬘

Insel Java, Indonesien. Blätter bläulich grün. Infloreszenz mit sich nacheinander öffnenden, gelblich grünen, rosa und weißen Blüten, die bis 8 cm breit werden. Die Blüten erscheinen das ganze Jahr, die Blütezeit ist ausgesprochen lange. Der Cultivar **'Lee'** hat bräunlich gezeichnete Blüten.

Paphiopedilum gratrixianum

↔ 20–40 cm ↑ 10–40 cm

◆/⬘/◇

Vietnam und Laos. Blüte bis 8 cm breit, glänzend orangebraun mit dunkleren Flecken, Fahne mit weißem Rand. Blüht im Winter.

Paphiopedilum glanduliferum

Paphiopedilum glaucophyllum

Paphiopedilum glaucophyllum 'Lee'

Paphiopedilum gratrixianum

Paphiopedilum hainanense

↔ 20–30 cm ↕ 15–50 cm

Insel Hainan, China. Blätter marmoriert. Blüte bis 8 cm breit, einzeln, grün und hellpurpurn, im Spätwinter. Wird von manchen Taxonomen als Form des verwandten *P. appletonianum* angesehen.

Paphiopedilum haynaldianum

↔ 30–60 cm ↕ 10–80 cm

Philippinen. Blätter einfarbig grün. Bis zu 5 attraktive Blüten pro Infloreszenz, gleichzeitig geöffnet. Blüten bis 12 cm breit, gelb bis grün, weiß und violett mit dunkelroten Flecken. Blüht im Frühling und Sommer.

Paphiopedilum henryanum

↔ 20–30 cm ↕ 10–40 cm

China und Vietnam; sehr ungewöhnliche Art. Blätter einfarbig grün, Blüten einzeln, bis 6 cm breit mit grüner, braun gefleckter Fahne, bräunlich-rosafarbenen Petalen und leuchtend dunkelrosa Schuh. Blüht im Frühling.

Paphiopedilum hirsutissimum

↔ 20–40 cm ↕ 10–40 cm

Von Indien bis Indochina. Infloreszenz behaart, Blüten gelb bis grün, mit dunkelbrauner und purpurvioletter Zeichnung, bis 15 cm breit, ebenfalls behaart. Blüht im Winter und im Frühling.

Paphiopedilum hainanense

Paphiopedilum hookerae

↔ 10–30 cm ↕ 10–50 cm

Seltene Art aus Nordborneo; am Rand von Regenwäldern in verrottendem Laubhumus. Blätter stark marmoriert. Die einzelne Blüte wird bis 8 cm breit und ist grünlich mit purpurviolett gefärbten Petalenspitzen, die Petalen sind zusätzlich bräunlich getupft. Blüht im Sommer. Die Varietät *P. h.* **var.** ***volonteanum*** hat auf der Unterseite rötlich gefleckte Blätter.

Paphiopedilum insigne

↔ 20–30 cm ↕ 10–40 cm

Nepal bis Nordindien; variable Art, die häufig in Kultur ist. Blätter bis 30 cm lang. Blüten glänzend, bräunlich gelb, bis 12 cm breit, mit vielen rotbraunen Tupfen. Blüht im Winter.

Paphiopedilum kolopakingii

↔ 30–50 cm ↕ 75–130 cm

Kalimantan, auf der Insel Borneo in Südostasien; wächst auf bemoosten Felsen oberhalb von Flüssen. Ähnelt *P. stonei*, hat aber kleinere und zahlreichere Blüten. Blätter bis 25 cm lang, einfarbig grün. Infloreszenz sehr hoch, aufrecht mit bis zu 10 Blüten im Frühling. Blüten bis 6 cm breit, Fahne grün bis weiß, dunkelbraun gestreift, Petalen gelb mit Streifen. Lippe gelb. Die Varietät *P. k.* **var.** ***topperii*** hat im Gegensatz zur typischen Art bräunlich gelbe Blüten mit rotbraunen Streifen.

Paphiopedilum henryanum

Paphiopedilum liemianum

↔ 35–45cm ↕ 45 cm

Nördliche Teile der Insel Sumatra, Indonesien; in kalkhaltigen Böden, häufig zwischen großen Baumwurzeln. Blätter grün mit gewelltem Rand, bei manchen Populationen mit gelblich grüner und dunkelgrüner Marmorierung. Infloreszenz bis 45 cm hoch mit auffälligen Brakteen an der Basis jeder der 15–25 nacheinander aufblühenden Blüten. Es sind immer nur 1–2 Blüten gleichzeitig geöffnet, so dass die Pflanze praktisch immer Blüten trägt. Fahne grün mit weißem Rand, Petalen weiß mit rötlicher Zeichnung, Schuh rosa.

Paphiopedilum lowii

↔ 30–60 cm ↕ 20–100 cm

Malaysia, Borneo und Indonesien; variabel. Ähnelt *P. haynaldianum*, hat aber keine Flecken auf der Fahne. Infloreszenz bis 50 cm lang, mit bis zu 6 grün, weiß und purpurn gefärbten, 15 cm breiten Blüten im Frühling bis Sommer.

Paphiopedilum malipoense

↔ 25–30 cm ↕ 45–60 cm

Nordvietnam und südliches China; in laubabwerfenden Wäldern auf Kalkböden. Blätter dunkelgrün mit heller Marmorierung, auf der Unterseite purpurrot. Infloreszenz 45–60 cm hoch mit 1–2 duftenden, fast 10 cm breiten, rosa-grünen Blüten mit aufgeblasenem, innen getupftem Schuh und weiß-schwarzem Staminodium. Blüht im Herbst bis Frühling. ***P. m.*** **var.** ***jackii*** (syn. *P. jackii*) kommt im selben Verbreitungsgebiet wie *P. malipoense* vor, hat aber weniger Rot in der Blüte und ein fast weißes Staminodium sowie hellere Blätter.

Paphiopedilum haynaldianum

Paphiopedilum kolopakingii

Paphiopedilum insigne

Paphiopedilum lowii

Paphiopedilum hirsutissimum

Paphiopedilum hookerae var. volonteanum

Paphiopedilum liemianum

Paphiopedilum malipoense

Paphiopedilum malipoense var. jackii

Paphiopedilum moquetteanum

Paphiopedilum mastersianum
↔ 20–30 cm ↑ 10–50 cm

Insel Amboina, Indonesien. Blätter marmoriert. Blüte einzeln, im Sommer, bis 10 cm breit, stark glänzend, bräunlich, Fahne olivgrün mit reinweißem Rand.

Paphiopedilum moquetteanum
↔ 15–60 cm ↑ 10–50 cm

Java, Indonesien. »Revolverblüher«, der das ganze Jahr Blüten tragen kann. Einzelne Blüten bis 10 cm breit, hellgelb und grün mit rosafarbenem Schuh. Wird von einigen Taxonomen als Varietät von *P. glaucophyllum* betrachtet.

Paphiopedilum niveum
↔ 10–20 cm ↑ 10–30 cm

Thailand; wächst in der Natur an steilen Kalkfelsen in Meeresnähe. Blätter marmoriert. Blüten mit breiten Segmenten, bis 8 cm groß, weiß mit feinen braunen Punkten. Blüht im Sommer.

Paphiopedilum philippinense
↔ 20–40 cm ↑ 20–60 cm

Philippinen und Nordborneo. Blätter einfarbig grün. Infloreszenz mit mehreren, bis 10 cm breiten Blüten mit weißer, rotbraun gestreifter Fahne, Petalen verlängert, häufig gedreht, rötlich braun, Schuh senfgelb. Blüht im Sommer. *P. p.* var. ***roebelenii*** hat größere Blüten.

Paphiopedilum primulinum
↔ 20–40 cm ↑ 10–60 cm

Sumatra, Indonesien. »Revolverblüher« mit langen Infloreszenzen. Blüte bis 8 m breit, kanariengelb, die Fahne ist grünlich überhaucht. Blüht zu jeder Jahreszeit. *P. p.* var. ***purpurescens*** hat rötlich überhauchte Blüten.

Paphiopedilum niveum

Paphiopedilum rothschildianum
↔ 20–80 cm ↑ 20–90 cm

Sabah im Norden Borneos; endemisch am Mt. Kinabalu, wird oft in großen Kolonien angetroffen, eine sehr beeindruckende Pflanze. Blätter einfarbig grün. Bis zu 5 Blüten an einer aufrechten Infloreszenz, jede über die Petalen gemessen bis 30 cm breit. Blüht im Frühling und Sommer.

Paphiopedilum spicerianum
↔ 20–30 cm ↑ 10–40 cm

Indien. Blüten bis 8 cm groß, olivgrün mit gewellten Petalen. Fahne breit, weiß mit grüner Basis und schmalem purpurviolettem Streifen in der Mitte. Schuh bronzefarben. Blüht im Herbst.

Paphiopedilum sukhakulii
↔ 10–25 cm ↑ 10–30 cm

Nördliches Thailand; wurde 1964 entdeckt und gehört zu den beliebtesten Arten in Kultur. Blätter marmoriert. Blüten einzeln, bis 12 cm breit, im Frühling bis Herbst. Fahne weiß und hellgrün gestreift, Petalen flach und breit, grün mit rotbraunen Tupfen. Schuh hauptsächlich rötlich purpurn gefärbt.

Paphiopedilum mastersianum

Paphiopedilum spicerianum

Paphiopedilum primulinum

Paphiopedilum primulinum var. *purpurescens*

Paphiopedilum rothschildianum

Paphiopedilum philippinense var. *roebelenii*

Paphiopedilum philippinense

Paphiopedilum sukhakulii

Paphiopedilum tonsum

Paphiopedilum villosum

Paphiopedilum tonsum

↔ 20–30 cm ↑ 35–40 cm

Endemisch auf Sumatra, Indonesien; in humusgefüllten Felsspalten auf Kalkstein. Blätter sehr attraktiv marmoriert, auf der Unterseite rötlich. Infloreszenz 35–40 cm hoch mit einer Blüte, die 8–10 cm breit wird. Petalen und Schuh grünlich braun, Fahne rötlich geadert mit weißem Rand.

Paphiopedilum venustum

↔ 30–40 cm ↑ 25–35 cm

Am Fuß des Himalaja von Indien bis Bangladesch, Bhutan und Nepal; in sehr nassen Habitaten, häufig an humosen Stellen am Fuß von Felsen. Sehr variable Art mit grau-grün marmorierten Blättern, die auf der Unterseite rötlich purpurn sind. Infloreszenz mit 1, seltener 2 Blüten, die im Herbst und Winter erscheinen. Blüten variabel, meist mit weißer, grün gestreifter Fahne und schwarz getupften Petalen mit orangefarbener oder roter Spitze und gelblich bis orangefarben marmoriertem Schuh. Bei der Varietät *P. v.* var. ***measuresianum*** fehlt die rote Pigmentierung, die Blüte ist grün, weiß und gelb, der Cultivar **'Red Lip'** hat einen rötlich überhauchten Schuh und rote Petalenspitzen.

Paphiopedilum victoria-regina

syn. ***Paphiopedilum chamberlainianum***

↔ 8–24 in 20–60 cm ↑ 4–27 in 10–70 cm

Zentralsumatra in Indonesien; wächst auf dem Waldboden oder in Moospolstern auf Felsen. Blätter grün mit gewellten Rändern. Infloreszenz übergebogen bis aufrecht, mit bis zu 20, sich nacheinander öffnenden Blüten. Auffällige Brakteen hinter jeder Blüte.

Paphiopedilum victoria-regina

P

Blüten bis 8 cm breit, mit grüner, weiß gerandeter und rot gestreifter und gepunkteter Fahne und weiß bis gelblich grün und rötlich gefärbten, gewellten Petalen. Schuh rosa. Blüht zu jeder Zeit im Jahr.

Paphiopedilum villosum

↔ 20–30 cm ↑ 10–40 cm

Von Indien bis Indochina. Blüten bis 12 cm breit, glänzend mit bronzefarbenem Hauch. Fahne grün mit sehr dunkler Zeichnung an der Basis. Petalen zweifarbig, an der Spitze rötlich braun, an der Basis gelbgrün. Blüht im Winter bis Frühling.

Paphiopedilum wardii

↔ 25–30 cm ↑ 20–45 cm

Nördliches Myanmar und südliches China; in Humus. Blüht im Winter bis Frühjahr. Blüten bis 15 cm breit, Petalen grünlich, manchmal rot überhaucht, dicht braun gepunktet, Schuh grün mit brauner Aderung. ***P. w.* var. *album*** hat grünliche Blüten. ***P. w.* 'Coco'** ist eine chinesische Form mit intensiv dunkelrot getupften Petalen.

Paphiopedilum wardii var. *album*

Paphiopedilum venustum var. *measuresianum*

Paphiopedilum wardii 'Coco'

Paphiopedilum venustum 'Red Lip'

Paphiopedilum Delophyllum

Paphiopedilum Flame Dragon

Paphiopedilum-Hybriden

↔ 10–20 cm ↕ 10–60 cm

Aus den unzähligen Kombinationsmöglichkeiten bei der Kreuzung von Paphiopedilen lassen sich drei Hauptgruppen unterscheiden: »Maudiae-Hybriden«, die auf *P.* Maudiae, eine alte Kreuzung zwischen *P. callosum* und *P. lawrenceanum*, zurückgehen und die marmorierte Blätter und eine auffällige Streifung auf der großen Fahne haben. Die »Albino-Typen« haben grün-weiße, die »Coloratum-Typen« rötliche Streifen und die »Vinicolor-Typen« haben dunkelweinrote Blüten mit schwarzer Zeichnung. Die »vielblütigen Hybriden« gehen auf Kreuzungen zwischen Arten wie *P. rothschildianum*, *P. philippinense*, *P. stonei* und *P. sanderianum* zurück. Die dritte Gruppe umfasst die »Komplex-Hybriden« mit großen, rundlichen Blüten, die auf wenige Arten wie *P. insigne*, *P. spicerianum* und *P. villosum* zurückgehen und geringen Einfluss von *P. bellatulum*, *P. charlesworthii*, *P. druryi*, *P. exul* und *P. niveum* haben. Sie wurden schon vor über einem Jahrhundert entwickelt. Viele der heute zur Züchtung herangezogenen Arten, sind erst vor wenigen Jahren entdeckt worden. Stellvertretend für die vielen Kreuzungen seien folgende Hybriden genannt:

Booth's Sand Lady, vielblütige Hybride mit langen Petalen;
Darling, Hybride aus *P.* Madame Martinet und *P. lawrenceanum*;
Delophyllum, beliebte Hybride zwischen *P. delenatii* und *P. glaucophyllum* mit rosa getönten Blüten;
Gael, Albino-Maudiae-Hybride;
Gold Dollar, Hybride zwischen den gelb blühenden Arten *P. armeniacum* und *P. primulinum*;
Honey, Hybride zwischen *P. philippinense* und *P. primulinum*;
Lawrebel, Hybride zwischen *P. lawrenceanum* und *P. bellatulum*;
Lebaudyanum, Hybride zwischen *P. haynaldianum* und *P. philippinense*;
Limidolli, Hybride zwischen *P. henryanum* und *P. liemianum*;
Madame Martinet, Hybride zwischen *P. delenatii* und *P. callosum*;
Mitylene, Albino-Maudiae-Hybride;
Onyx, Albino-Maudiae-Hybride;
Oriental Enchantment, grün gestreifte Albino-Maudiae-Hybride;
Pathfinder Norm, Komplex-Hybride;
Pinocchio, Hybride zwischen *P. primulinum* und *P. glaucophyllum*;
Red Fusion, Vinicolor-Maudiae-Hybride mit dunkel weinroten Blüten;
Rolfei, Hybride zwischen *P. bellatulum und P. rothschildianum*;
Saint Swithin, Hybride zwischen *P. philippinense* und *P. rothschildianum* mit großen Blüten;
Sioux, Komplex-Hybride; sowie
Yospur, Hybride zwischen *P. delenatii* und *P. conco-bellatulum* mit runden, weißen Blüten, die mit feinen purpurvioletten Punkten übersät sind.

Paphiopedilum Booth's Sand Lady

Paphiopedilum Darling

Paphiopedilum Dragon Callos

Paphiopedilum Faire-Maud

Paphiopedilum Gael

Paphiopedilum Juno

Paphiopedilum Lebaudyanum

Paphiopedilum Lawrebel

Paphiopedilum Gold Dollar

Paphiopedilum Honey

Paphiopedilum Limidolli

Paphiopedilum Madame Martinet

Paphiopedilum Morganiae

Paphiopedilum Nirvana

Paphiopedilum Pathfinder Norm

Paphiopedilum Mitylene

Paphiopedilum Oriental Enchantment

Paphiopedilum Onyx

Paphiopedilum Petula

Paphiopedilum Pinocchio

Paphiopedilum (Raisin Eyes × Maudiae)

Paphiopedilum Pinocchio 'Yellow'

Paphiopedilum Rolfei

Paphiopedilum Red Fusion

Paphiopedilum Red Prince

Paphiopedilum Smaug 'Peats Ridge'

Paphiopedilum (*sukhakulii* × Virgo)

Paphiopedilum Sioux

Paphiopedilum Song of Love

Paphiopedilum Wössner Perle

Paphiopedilum Yospur

Paphiopedilum (*sukhakulii* × Tuxedo Junction)

Paracaleana nigrita

Papilionanthe

Diese Gattung umfasst etwa 10 Arten und ist in Südostasien von Indien über den Himalaja bis nach Sumatra und Borneo in Indonesien verbreitet. Sie wachsen als monopodiale Epiphyten oder terrestrisch in feucht-heißen Wäldern und Sümpfen von Meereshöhe bis auf 1700 m. Die Arten wurden von *Vanda* und *Aerides* aufgrund ihrer verlängerten Triebe und den tereten, dünnen zylindrischen Blättern getrennt. Zudem ist die Lippe durch die nach oben zeigenden Seitenlappen anders geformt. Sie werden sehr groß und sind in den Tropen beliebte Gartenpflanzen.

Kultur: Die Arten, die früher in *Aerides* eingeordnet wurden, kultiviert man aufgebunden oder in kleinen Lattenkörbchen bei warmen bis temperierten Bedingungen, viel Licht und einer deutlichen Ruhezeit im Winter. Jene Arten, die früher in *Vanda* geführt wurden, brauchen feucht-heiße Bedingungen und ganzjährig volle Sonne. Die langen Luftwurzeln brauchen viel Luft und Platz. In hiesigen Breiten ist es nicht immer einfach, diese Arten und deren Hybriden zur Blüte zu bringen. Vermehrung durch Teilung größerer Stammstecklinge.

Papilionanthe hookeriana

syn. *Vanda hookeriana*

↔ 15–20 cm ↑ 1,5–2 m

Größte Art der Gattung aus Vietnam, Malaysia, Borneo und Sumatra in Indonesien; wächst in Sümpfen in Küstennähe. Blätter bis 10 cm lang, teret. Infloreszenz mit 2–3 attraktiven, bis 8 cm großen Blüten im Frühling und Sommer. Sepalen und Petalen weiß mit karminroten Tupfen, Lippe karmin überhaucht. Es gibt auch eine reinweiß blühende Varietät.

Papilionanthe Miss Joaquim

syn. *Vanda* Miss Joaquim

↔ 20–40 cm ↑ 0,3–2 m

Primärhybride zwischen *P. hookeriana* und *P. teres*; im Jahr 1893 registriert. Nationalblume Singapurs, besser unter dem alten Namen *Vanda* Miss Joaquim bekannt und auf den Münzen, Geldscheinen und staatlichen Dokumenten abgebildet. Blüten hellrosa bis violett, auch reinweiße Formen bekannt. Blüht ganzjährig.

Papilionanthe teres

syn. *Vanda teres*

↔ 20–25 cm ↑ 1,5–2 m

Südostasien; in heißen Tälern. Typus der Gattung. Blätter länger und dicker als bei *P. hookeriana*. Blüten hellrosa mit dunklerer Lippe.

Papilionanthe vandarum

↔ 30–40 cm ↑ 70–90 cm

Nordindien und Myanmar; in lichten, saisonal trockenen Wäldern. Habitus kletternd mit sehr schmalen, bleistiftdünnen Blättern und 8 cm großen weißen Blüten mit nach oben zeigenden Petalen und rosa überhauchter Lippe. Blüht im Herbst bis Frühling.

Paracaleana

Die 10 Arten dieser kleinen, laubabwerfenden Erdorchideen kommen in Südaustralien vor, eine Art auch in Neuseeland. Die meisten Arten kommen nur im äußersten Südwesten Australiens vor, wo sie sandige Heidegebiete und die Ränder von Sümpfen besiedeln. Sie wurden früher in die heute monotypische Gattung *Caleana* eingeordnet. Alle Arten haben recht bizarr geformte Blüten mit einer Lippe, die durch Form und Duftstoffe die Bestäuber, männliche Vertreter bestimmter Wespenarten, anlocken. Beim Versuch, sich mit den Blüten zu paaren, werden die Pollinien übertragen, indem die Blüte die Wespe gegen die Säule drückt. Dieser Vorgang ist unter dem Begriff Pseudokopulation bekannt.

Kultur: Diese Orchideen sind praktisch nicht in Kultur am Leben zu erhalten und sollten in ihrem natürlichen Lebensraum belassen werden.

Paracaleana nigrita

↔ 18–60 mm ↑ 5–15 cm

Südwestaustralien. Infloreszenz aufrecht, drahtig, mit einem kleinen, nur 25 mm langen Blatt am Grund und 1–2 Blüten, von denen jede eine Größe von 25 mm erreicht, im Frühling. Petalen und Sepalen hauptsächlich grün bis dunkelrot, Lippe modifiziert und mit warziger Oberfläche, dunkelrotbraun.

Papilionanthe vandarum

Papilionanthe Miss Joaquim

P

Paraphalaenopsis

Die 4 epiphytischen Arten dieser Gattung sind in Borneo beheimatet und wachsen von Meereshöhe bis in Höhenlagen von 700 m auf den obersten Ästen in den Baumkronen. Die kurzen monopodialen Stämme haben sehr lange, zylindrische Blätter, die bei manchen Arten eine Länge von 2 m erreichen können und ein weit reichendes Wurzelsystem. Diese Merkmale machen sie unverwechselbar. Die Blüten ähneln denen von *Phalaenopsis*, sind aber anders aufgebaut.
Kultur: Ausgewachsene Pflanzen kultiviert man warm und sehr hell, jüngere Exemplare eher schattig bis halbschattig. Die Luftfeuchtigkeit muss sehr hoch sein. Pralle Sonne sollte man vermeiden. Im Frühjahr und Sommer brauchen die Pflanzen viel Wasser, vorsichtig düngen, da die Wurzeln schnell verbrennen und braun werden, wenn die Salzkonzentration zu hoch ist. Im Winter etwas trockener halten. Kultur aufgrund der hängenden Blätter aufgebunden auf Korkrinde. Die Vermehrung erfolgt durch Aussaat.

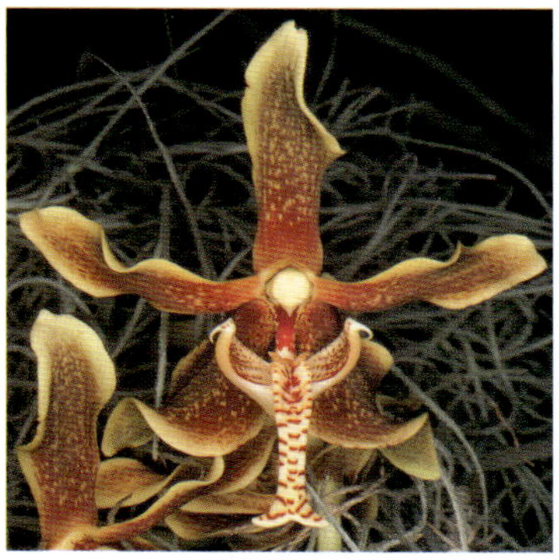

Paraphalaenopsis labukensis

Pescatorea cerina

Pescatorea lehmannii

Paraphalaenopsis denevei

syn. *Phalaenopsis denevei*

↔ 10–20 cm ↕ 40–70 cm

Westborneo. 3–6 zylindrische Blätter, bis 70 cm lang. Infloreszenzen kurz mit 5 cm großen Blüten. Sepalen und Petalen gelb bis grünlich gelb, Lippe weiß mit dunkelvioletten Seitenlappen. Blüht mehrmals im Jahr zu unterschiedlichen Zeiten.

Paraphalaenopsis labukensis

↔ 10–20 cm ↕ 100–200 cm

Borneo. Blätter bis 2 m lang. Infloreszenz kurz mit bis zu 15 Blüten im Frühling. Sepalen und Petalen bräunlich violett, mit gelber Zeichnung, Lippe gelb mit rotbraunen Tupfen.

Paraphalaenopsis laycockii

syn. *Phalaenopsis laycocki*

↔ 10–20 cm ↕ 60–100 cm

Westborneo. Infloreszenz mit bis zu 15 Blüten, die hellrosa Sepalen und Petalen und eine dunkler rosa gefärbte Lippe mit purpurvioletten Streifen und gelbem Kallus haben. Blüht im Sommer.

Pescatorea

Die etwa 15 sympodial wachsenden Arten dieser Gattung sind in Mittel- und Südamerika von Costa Rica bis Ekuador verbreitet sind. Sie haben einen fächerförmigen Wuchs und relativ dünne schmale Blätter. Die großen, duftenden farbenprächtigen Blüten erscheinen aus den Blattachseln im Frühling und Sommer. Diese Orchideen werden immer beliebter, und viele Arten sind mittlerweile als Sämlinge erhältlich.
Kultur: *Pescatorea*-Arten brauchen gleichmäßig schattige, feuchte und temperierte Bedingungen ohne Ruheperiode. Direktes Sonnenlicht führt unweigerlich zu Blattverbrennungen. Sie müssen ständig feucht gehalten werden, da sie keine Pseudobulben zur Wasserspeicherung besitzen. Die Blätter brauchen viel frische Luft, da sie sonst Flecken bekommen. Vermehrung durch Teilung.

Paraphalaenopsis laycockii

P

Pescatorea cerina

↔ 20–40 cm ↕ 10–40 cm

Panama und Costa Rica. Blüten cremeweiß bis hellgelb oder zitronengelb, bis 8 cm breit und intensiv duftend. Lippe gelb mit feinen rötlichen Längsstreifen. Blüht im Frühling und Sommer.

Pescatorea lehmannii

↔ 20–40 cm ↕ 10–50 cm

Kolumbien und Ekuador. Blüten weiß, bis 10 cm breit, mit breiten braunvioletten Streifen, manche Klone erscheinen komplett purpurn. Lippe dunkelviolett mit cremeweißen Härchen besetzt. Blüht im Frühling und Sommer.

Phaiocalanthe

Bislang sind etwa 30 Hybriden zwischen den terrestrisch wachsenden Gattungen *Calanthe* und *Phaius* bekannt. Die ersten enstanden schon vor über 100 Jahren. Die Blätter sind plikat, bis 70 cm lang und erscheinen aus eiförmigen Pseudobulben. *Phaius* hat mehr Einfluss auf den Habitus während *Calanthe* die Blüten beeinflusst. Blüht an aufrechten Infloreszenzen während der kühleren Monate.

Kultur: Diese Hybriden sind anpassungsfähig und wachsen bei temperiert-warmen bis warmen Bedingungen. Als Substrat dient ein durchlässiger Erdorchideenpflanzstoff mit etwas Kompost. Viel Licht. Während der Wachstumsphase reichlich gießen und wöchentlich düngen. In den Neutrieben darf kein Wasser stehenbleiben. Da die Blätter anfällig für Blattflecken sind, muss die Luftbewegung ausreichend sein. Die Vermehrung erfolgt durch Teilung.

Phaiocalanthe Schroederiana

↔ 40–60 cm ↑ 30–80 cm

Schon 1901 registriert. Blätter gebogen, bis 60 cm lang, 10–15 rosagelbe, bis 10 cm breite Blüten mit geaderter Lippe, im Winter bis Frühling. Resultat der Kreuzung eines gelblich blühenden *Phaius* mit einer rosa bis rot blühenden *Calanthe*.

Phaiocymbidium

Diese Hybridgattung entstand durch Kreuzung von *Phaius* und *Cymbidium*. Bislang gibt es nur wenige Hybriden. Die wärmetoleranten Pflanzen erinnern im Habitus an *Phaius*, bislang wurde nur die variable Art *Phaius tankervilleae* bei der Zucht verwendet. Der Einfluss von *Cymbidium* ist nicht immer deutlich und hat bei vielen Kreuzungen schon zu Kontroversen geführt. Blüten meist gelb mit kontrastierender Lippe, im Winter und Frühling.

Kultur: Pflanzstoff ist eine durchlässige Erdorchideenmischung. Hell, bei guter Luftumwälzung, hoher Luftfeuchtigkeit und temperierten Bedingungen. Während der Wachstumsphase reichlich gießen und wöchentlich düngen. In den Neutrieben darf kein Wasser stehenbleiben. Nach dem Ausreifen der Pseudobulben etwas trockener halten. Die Vermehrung erfolgt durch Teilung.

Phaiocymbidium Chardwarense

↔ 30–40 cm ↑ 50–70 cm

Hybride mit deutlichem Einfluss von *Phaius* mit breiten, 50 cm langen plikaten Blättern und einer 70 cm hohen Infloreszenz mit etwa 15 Blüten, die an der Basis der eiförmigen Pseudobulben entspringt. Blüte gelb, bis 8 cm breit, mit roter Lippe. Blütezeit im Winter bis Frühjahr.

Phaius

Diese Gattung umfasst etwa 50 auffällige, immergrüne Erdorchideen. deren Verbeitunsggebiet von Afrika über Madagaskar bis nach Indien, Südostasien und Australien und zu einigen Inseln im Pazifischen Ozean reicht. Die dicht stehenden Pseudobulben tragen breite, plikate Blätter. Die hohe Infloreszenz trägt im Frühjahr und Sommer attraktive Blüten.

Kultur: Die meisten Arten bevorzugen temperiert-warme Bedingungen, viel Licht und Feuchtigkeit. Man verwendet tiefe Töpfe und ein mittelfeines, durchlässiges Rindensubstrat mit Anteilen von Sand und Torfmoos. Die Töpfe können im Sommer in wassergefüllten Untersetzern stehen. Im Winter machen die Pflanzen eine leichte Ruhephase durch und sollten vorsichtiger gegossen werden. Die Vermehrung erfolgt durch Teilung.

Phaius flavus

syn. ***Limodorum flavum***

↔ 60–75 cm ↑ 45–65 cm

Weitverbreitet im tropischen Asien; wächst auf dem Waldboden. Pseudobulben rundlich, Blätter groß, breit,

Phaiocalanthe Schroederiana

plikat, auffällig gelb getupft. Infloreszenz bis 40 cm hoch, aus der Basis der Pseudobulben. Blüten hellgelb bis leuchtend gelb, 5–8 cm breit; Lippe orange, braun oder rot gestreift, Rand gekräuselt. Blüht im Frühling.

Phaius tankervilleae

↔ 20–90 cm ↑ 30–120 cm

Südostasien, Australien und Pazifik. Sehr häufig in Kultur und in vielen tropischen Ländern verwildert. Bis zu 20, innen bräunliche, bis 15 cm breite Blüten mit weißer, trompetenförmiger Lippe mit purpurvioletter Zeichnung. Blüht im Sommer.

Phaiocymbidium Chardwarense

Phaius flavus

Phaius tankervilleae, am Naturstandort

P

Phalaenopsis aphrodite subsp. *formosana*

Phalaenopsis

Malayenblume, Nachtfalterorchidee

Diese Orchideen gehören zu den Zimmerpflanzen überhaupt und werden auch gerne in der Floristik verwendet. Die etwa 60 Arten sind im gesamten tropischen Asien bis nach Neuguinea und Nordaustralien verbreitet. In der Natur wachsen sie meist epiphytisch und haben nur wenige, breite Blätter an einem monopodialen Trieb. Manche Arten haben attraktiv marmorierte Blätter.

Kultur: *Phalaenopsis*-Arten und -Hybriden brauchen warme Temperaturen und eine hohe Luftfeuchtigkeit und gedeihen auch noch an relativ schattigen Standorten. Sie werden meistens im Topf in einem Rindensubstrat mit Torfbeimischung kultiviert, im Gewächshaus wachsen viele aber auch auf Kork oder Baumfarn aufgebunden gut. Sie werden zu Zehntausenden als Topfpflanzen angezogen und sind durch den kompakten Wuchs, die lange haltbaren Blüten und geringen Lichtansprüche ideale Zimmerpflanzen. Nach der Blüte schneidet man die Blütentriebe bis auf 3 Augen zurück, es bildet sich dann häufig ein neuer Trieb. Die meisten Arten und Hybriden blühen das ganze Jahr, die Hauptblüte liegt im Frühjahr bis Sommer. Vermehrung durch Aussaat oder Keikis, die von manchen Arten an den Blütentrieben gebildet werden.

Phalaenopsis amabilis

↔ 20–50 cm ↑ 30–90 cm

Indonesien, Borneo und Philippinen. Blätter breit oval, bis 50 cm lang. Infloreszenz lang, übergeneigt, mit 8 cm breiten, flachen reinweißen Blüten. Die nah verwandte und ähnliche *P. rosenstromii* kommt in Neuguinea und Nordaustralien vor.

Phalaenopsis aphrodite

↔ 20–60 cm ↑ 10–60 cm

Philippinen. Eng mit *P. amabilis* verwandt und manchmal auch als Varietät dieser Art betrachtet. Der Unterschied liegt in den kleineren, milchweißen Blüten, die nur 6 cm breit werden, einer etwas anderen Lippenstruktur und kürzeren, breiteren Blättern. Blüht im Sommer. Die Unterart aus Taiwan, *P. a.* subsp. *formosana* hat kleinere, gut geformte Blüten.

Phalaenopsis equestris

↔ 12–30 cm ↑ 10–30 cm

Philippinen und Taiwan. Beliebte Miniatur-Orchidee mit verzweigten, vielblütigen Infloreszenzen und rosa bis rosavioletten, seltener weißen, 3 cm großen Blüten, Herbst bis Frühjahr.

Phalaenopsis gibbosa

↔ 8–20 cm ↑ 5–8 cm

Vietnam und Laos; in Wäldern mit kühleren Wintern. Blätter oval, werden manchmal im Winter abgeworfen (in Kultur seltener). Blüten klein, bis 25 mm groß, weiß mit gelben Tupfen und weißer Lippe mit gelben Flecken. Blüht im Frühling.

Phalaenopsis lueddemanniana

↔ 15–40 cm ↑ 10–40 cm

Philippinen. Variable Art. Blüten bis 35 mm breit, grünlich weiß mit konzentrischen purpurvioletten Bändern, die der ganzen Blüte einen rosafarbenen Gesamteindruck verleihen. An älteren Infloreszenzen entstehen häufig Kindel (Keikis), die man, nachdem sie Wurzeln gebildet haben, abtrennt.

Phalaenopsis amabilis

Phalaenopsis equestris

Phalaenopsis gibbosa

Phalaenopsis lueddemanniana

Phalaenopsis mannii

syn. *Polychilos mannii*

↔ 25–40 cm ↑ 20–30 cm

Nordöstliches Indien, Nepal, China und Vietnam; in lichten bis schattigen Wäldern in Höhenlagen von 500–1400 m. Blätter ledrig, glänzend grün. Blüten gelb mit intensiver, rötlicher bis brauner Bänderung und Fleckung, Lippe weiß. Blüht im Frühling und Sommer.

Phalaenopsis parishii

↔ 12–20 cm ↑ 10–20 cm

Von Indien bis Thailand; kompakt wachsende Miniatur-Orchidee die in trockeneren Wintern die Blätter verliert. Infloreszenz kurz mit weißen, bis 18 mm großen Blüten und einer kontrastierenden, violettpurpurn bis weinroten Lippe.

Phalaenopsis pulcherrima

syn. *Doritis pulcherrima*

↔ 12–30 cm ↑ 10–90 cm

Südostasien; auch häufig in sandigen Böden in Küstennähe. Blätter steif, ledrig, häufig rötlich überlaufen. Infloreszenz aufrecht mit bis zu 20 hell- bis dunkelrosa Blüten, die 25 mm groß werden und eine dunkelviolette Lippe haben. Es gibt weiße, gesplashte und geflammte Varietäten. Blüht im Sommer.

Phalaenopsis schilleriana

↔ 20–50 cm ↑ 30–90 cm

Philippinen. Blätter mit attraktiver silbriger Marmorierung. Infloreszenz verzweigt mit zahlreichen großen, bis 10 cm breiten, hellrosa bis lilarosa Blüten, die im Winter und Frühjahr erscheinen. Lippe mit gelbem Kallus und feinen dunklen Tupfen.

Phalaenopsis wilsonii

↔ 10–12 cm ↑ 15–20 cm

Vom südwestlichen China bis nach Ost-Tibet verbreitet; wächst in saisonal trockenen Wäldern. Die Blätter werden in der Natur während der Trockenzeit häufig abgeworfen, in Kultur tritt dieses Phänomen seltener auf. Blüten rosa, 18–25 mm breit mit dunklerer Lippe, im Frühling. Die Blüten öffen sich meistens alle gleichzeitig. Diese Art wächst besser aufgebunden und braucht im Winter eine kühlere Ruheperiode bei eingeschränkten Wassergaben.

Phalaenopsis pulcherrima

Phalaenopsis schilleriana

Phalaenopsis mannii, dunkler Typ

Phalaenopsis parishii

Phalaenopsis Artemis

Phalaenopsis Brother Golden Potential

Phalaenopsis Antique Gold

Phalaenopsis Brother Cefiro

Phalaenopsis-Hybriden

↔ 12–60 cm ↑20–90 cm

Die Anzahl der gezüchteten *Phalaenopsis*-Hybriden ist kaum noch zu überschauen, sie sind die wichtigsten Orchideen für den kommerziellen Gartenbau überhaupt. Jährlich werden Millionen Topfpflanzen als Zimmerpflanzen produziert. Weiß blühende Hybriden, die fast alle auf *P. amabilis* zurückgehen, sind auch in der Floristik, z. B. für Hochzeitsbouquets beliebt. Zu ihnen gehören **Cottonwood**, **Oregon Delight**, **Snow City** und **Taisuco Adian**. Die früher als *Doritaenopsis* bezeichneten Hybriden werden heute wieder als *Phalaenopsis*-Hybriden geführt. Sie variieren etwas in der Farbe und sind bunter als die klassischen weißen oder weiß-rosa Hybriden. Zweifarbige Hybriden sind: **Brother Pico Sweetheart**, **City Girl**, **Livingston's Gem**, **Luchia Lip** und **Quevedo**. Rosa und violett blühende Hybriden sind unter anderen **Brother Juno**, **Brother Pico Vallezac**, **Cosmic Star**, **Ho's Amaglad**, **Hwafeng Redqueen**, **Little Kiss**, **Night Shine**, **Queen Beer**, **Sogo Firework**, **Sogo Yukidian**, **Sonoma Spots**, **Taisuco Pixie** und (**Timothy Christopher** × ***pulcherrima***). Zu den gestreiften, so genannten »Candy Stripe-Hybriden« gehören: **Brother Pico Pink**, **Brother Showpiece**, **Formosa Mini**, **Hsinying Facia**, **Minho Stripes**, **Quilted Beauty** und **Striped Eagle**. Gelbe oder bronzefarbene Blüten haben unter anderem **Antique Gold**, **Brother Cefiro**, **Brother Golden Potential**, **Brother Golden Wish**, **Coral Harbor**, **Hakugin**, **Pumpkin Patch**, **Sand Stone** und **Taida Sunset**.

Neuere Hybriden sind auch durch Einkreuzung kleinerer, bunter Arten mit ungewöhnlichen Blütenformen und -farben entstanden.

Phalaenopsis Brother Golden Wish

Phalaenopsis Brother Kaiser

Phalaenopsis Brother Little Spotty

Phalaenopsis Brother Juno

Phalaenopsis Brother Pico Sweetheart

Phalaenopsis Brother Pico Vallezac

Phalaenopsis Brother Pico Pink

Phalaenopsis Brother Showpiece

Phalaenopsis (Ching Her John × Dou-dii Rose)

Phalaenopsis City Girl

Phalaenopsis Coral Harbor

P

Phalaenopsis Cosmic Star

Phalaenopsis Chancellor

Phalaenopsis Cottonwood

Phalaenopsis (Dou-dii Rose × Ching Her John)

Phalaenopsis Hsinying Facia

Phalaenopsis Hwafeng Redqueen

Phalaenopsis Hakugin

Phalaenopsis (Golden Peoker 'B' × *stuartiana* 'Larkin Valley')

Phalaenopsis Little Kiss

Phalaenopsis Formosa Mini

P

Phalaenopsis Luchia Lip

Phalaenopsis Livingston's Gem

Phalaenopsis Oregon Delight

Phalaenopsis Minho Stripes

Phalaenopsis Queen Beer

Phalaenopsis (Morgenrot × Opaline)

Phalaenopsis Night Shine

P

Phalaenopsis (Malibu Tiger × Vladimir Horowitz)

Phalaenopsis Pumpkin Patch

Phalaenopsis Quevedo

Phalaenopsis Snow City

Phalaenopsis Sogo Firework

Phalaenopsis Quilted Beauty

Phalaenopsis Sand Stone

Phalaenopsis Sonoma Spots

Phalaenopsis Sogo Yukidian

Phalaenopsis Sonnentau × (Doritaenopsis Mosel × self)

Phalaenopsis Striped Eagle

Phalaenopsis Sylvania Fair 'Sacha' × (Wilma Hughes × Diana Hampton) 'Petula'

Phalaenopsis Taisuco Adian

Phalaenopsis Taisuco Firebird

Phalaenopsis Taida Sunset

Phalaenopsis (Timothy Christopher × *pulcherrima*)

Pholidota

syn. *Acanthoglossum, Camelostalix, Chelonanthera, Crinonia, Ptilocnema*

Diese Gattung umfasst etwa 70 Arten und ist von Indien bis nach China, über den Malaysischen Archipel, Indonesien und Neuguinea bis nach Neukaledonien und Nordaustralien verbreitet. Sie wachsen epiphytisch und lithophytisch in Bergwäldern bis in Höhenlagen von 2000 m. Sie besitzen ein kriechendes Rhizom mit dicht oder entfernt stehenden, ein- oder zweiblättrigen Pseudobulben. Der Blütenstand hat große, übereinander lappende Brakteen und erinnert an die Rassel einer Klapperschlange. Im Englischen deshalb auch »Rattlesnake Orchid« genannt.

Kultur: Warm und halbschattig. Arten mit dicht stehenden Pseudobulben wachsen im Topf in einem durchlässigen Pflanzstoff, jene mit verlängertem Rhizom besser aufgebunden mit einer dünnen Unterlage aus feuchtigkeitsspeicherndem Moos. Die Pflanzen brauchen eine kurze Ruheperiode nach dem Ausreifen der Triebe. Vermehrung durch Teilung.

Pholidota articulata

↔ 20–30 cm ↕ 20–30 cm

Von Indien bis Myanmar, Thailand, Laos, Vietnam und auf den Philippinen; wächst auf Felsen oder an der Stammbasis großer Bäume. Pseudobulben schlank, bis 15 cm hoch, aus der Spitze eines älteren Triebs wachsend. Bätter bis 15 cm lang, ledrig. Infloreszenz übergebogen, bis 25 cm lang, mit bis zu 25 duftenden, cremeweißen bis rosa, knapp 12 mm großen Blüten. Blütezeit im Frühling und im Sommer.

Pholidota bracteata

↔ 0–30 cm ↕ 15–35 cm

Thailand; eng mit *P. imbricata* verwandt und von einigen Taxonomen zu dieser gestellt. Infloreszenz hängend, dicht besetzt mit rosa und weißen Blüten im Frühling

Pholidota chinensis

↔ 20–25 cm ↕ 30–40 cm

Südchina, Myanmar und Vietnam; auf Bäumen im Regenwald und Felsen. Pseudobulben rundlich. Infloreszenz mit 8–20 fast durchscheinenden orange-weißen Blüten mit weißer Lippe, blüht im Frühling.

Pholidota chinensis

Phalaenopsis Taisuco Pixie

Pholidota imbricata

syn. *Pholidota conchoidea, P. loricata, P. triotos, Ptilocnema bracteatum*

↔ 20–30 cm ↕ 25–35 cm

Im tropischen Asien, von Indien bis Australien und auf einigen Inseln im Pazifik in Höhenlagen bis 1600 m. Typus der Gattung, der eventuell in mehrere Arten geteilt werden kann. Pseudobulben dicht gedrängt, konisch, bis 8 cm hoch. Das einzelne Blatt ist ledrig und wird bis 30 cm lang. Infloreszenz aufrecht oder übergeneigt, mit bis zu 50 kleinen, weißen, duftenden Blüten, die im Frühling bis Winter erscheinen können.

Phragmipedium

Diese Gattung Mittel- und Südamerikanischer Frauenschuhe umfasst etwa 20 Arten. Die sympodial wachsenden Pflanzen haben mehrblütige Infloreszenzen, deren Blüten meist nacheinander aufblühen. Manche Arten haben auch verzweigte Blütentriebe. Sie sind bekannt und begehrt und ihre Popularität stieg in den frühen 1980er Jahren nach der Entdeckung des rot blühenden *P. besseae,* das zur Züchtung rot und orange blühender Hybriden herangezogen wurde. Die meisten blühen während der wärmeren Monate, starke Pflanzen können das ganze Jahr blühen. Alle Arten stehen auf CITES Anhang 1.

Kultur: Diese Orchideen haben ähnlich Kulturansprüche wie *Paphiopedilum*, brauchen aber mehr Licht und häufigere Wassergaben. Sie wachsen gut in einem feinen Rindensubstrat mit Anteilen von Quarzkies und Perlite. Manche Liebhaber verwenden auch reines Sphagnum. Die Pflanzen bevorzugen tiefere Kunststofftöpfe und sollten in wassergefüllte Untersetzer gestellt werden. Die Vermehrung erfolgt durch Teilung.

Phragmipedium besseae

↔ 20–40 cm ↕ 20–50 cm

Kolumbien, Ekuador und Peru. Blüten mit breiten Segmenten, bis etwa 6 cm breit. Blüht im Frühling und Sommer. Es gibt auch eine sehr seltene, gelb blühende Varietät.

Phragmipedium caudatum

↔ 30–60 cm ↕ 20–90 cm

Mittelamerika und westliches Südamerika; hat die größten Blüten der Gattung. Bis zu 4 gelbgrüne bis bräunliche Blüten pro Infloreszenz mit langen, hängenden Petalen, die eine Länge von 60 cm erreichen können. Blüht im Frühling bis Herbst.

Phragmipedium longifolium

↔ 30–60 cm ↕ 20–90 cm

Costa Rica bis Ekuador; variable Art. Blüten hauptsächlich grün, bis 15 cm breit mit rotbrauner Zeichnung auf den schmalen, ausgebreiteten Petalen. Blüht im Herbst.

Phragmipedium longifolium

Pholidota bracteata

Phragmipedium-Hybriden

↔ 20–60 cm ↑ 20–90 cm

Man unterscheidet 2 Gruppen, jene mit langen Petalen, die von *P. caudatum* und *P. longifolium* abstammen und die rot und rosa blühenden mit *P. schlimii* und *P. besseae* als Eltern.
Don Wimber, Hybride aus *P.* Eric Young und *P. besseae*;
Eric Young, Hybride aus *P. besseae* und *P. longifolium*;
Jason Fischer, Hybride aus *P. besseae* und *P.* Memoria Dick Clements;
Lutz Röllke, Hybride aus *P. besseae* und *P. boissierianum*;
Memoria Dick Clements, Hybride aus *P. sargentianum* und *P. besseae*;
Nitidissimum 'Raybar', Hybride aus *P. caudatum* und *P.* Conchiferum;
Noirmont 'Red Albatross', Hybride aus *P.* Memoria Dick Clements und *P. longifolium*;
Saint Ouen, Hybride aus *P. besseae* und *P.* Hanne Popow; sowie
Sergeant Eric, eine Hybride aus *P.* Eric Young und *P. sargentianum*.

Phragmipedium Eric Young

Phragmipedium Don Wimber

Phragmipedium Lutz Röllke

Phragmipedium Memoria Dick Clements

Phragmipedium Noirmont 'Red Albatross'

Phragmipedium Nitidissimum 'Raybar'

P

Phragmipedium Jason Fischer

Phragmipedium Saint Ouen

Phragmipedium Sergeant Eric

Platanthera

Diese Gattung umfasst etwa 85 Arten und ist in den tropischen, subtropischen und gemäßigten Breiten der Erde von Grönland bis Mexiko und Neuguinea verbreitet. Sie wachsen terrestrisch in Wiesen, Wäldern, Sümpfen und im Buschland von Meereshöhe bis auf 2500 m. Die Gattung ist sehr variabel, manche Arten haben nur ein einzelnes, grundständiges Blatt, andere in zahlreiche Brakteen und Blätter gehüllte Stängel. Die Blätter sind rundlich bis lanzettlich und die Blüten variieren von Weiß bis Grünlich und Zartrosa. Die Lippe ist gespornt und meistens ungeteilt.

Kultur: Die meisten Arten gedeihen in einer kalkfreien Mischung aus Sphagnum und gesiebtem Torf. Das Substrat darf nicht vernässen, da sonst die Wurzeln faulen. Die Pflanzen bevorzugen kühle Temperaturen und einen schattigen bis halbschattigen Standort, manche vertragen auch volle Sonne. Vermehrung durch Teilung.

Platanthera bifolia

syn. ***Gymnadenia bifolia, Habenaria bifolia, Platanthera solstitialis***

Zweiblättrige Waldhyazinthe

↔ 10–25 cm ↑ 15–50 cm

Europa und Mittelmeerraum; in lichten Laub- und Nadelwäldern, Trockenwiesen und Buschland. 2–3, seltener 4 basale Blätter. Infloreszenz aufrecht mit etwa 10 weißen, duftenden Blüten mit auffälligem Sporn, im Frühling und Sommer.

Platanthera chlorantha

syn. ***Habenaria chlorantha, Platanthera montana, P. virescens***

Grünliche Waldhyazinthe

↔ 15–35 cm ↑ 20–50 cm

Europa und Mittelmeerraum; in Wiesen, Buschland und Wäldern. Basale

Platanthera ciliaris

Blätter fast gegenständig. Infloreszenz aufrecht mit zahlreichen kleinen, grünlich weißen Blüten im Spätfrühling oder Sommer.

Platanthera ciliaris

↔ 10–15 cm ↑ 70–100 cm

Östliche und südöstliche USA. Triebe aufrecht, mit 5–30 cm langen, glänzend grünen Blättern. Infloreszenz dicht bis lockerblütig. Blüten im Sommer bis Herbst, orange; das dorsale Sepalum bildet mit den Petalen eine Kappe. Seitliche Sepalen zurückgebogen; Lippe tief geschlitzt, Sporn schlank, 25–35 mm lang.

Platanthera integra

↔ 5–8 cm ↑ 40–60 cm

Östliche und südöstliche USA. Triebe aufrecht, mit 1–2 großen basalen Blättern, die 5–20 cm lang werden können und am Stängel in Brakteen übergehen. Infloreszenz zylindrisch, dichtblütig mit zahlreichen kleinen gelben Blüten im Sommer. Lippe ungeteilt, ohne Fransen, Sporn kurz und schlank.

Plectorrhiza tridentata

Platanthera integra

Platanthera leucophaea

↔ 20–25 cm ↑ 40–65 cm

Kanada und USA östlich des Mississippi; in Sumpf- und Präriegebieten. Durch Habitatverlust gefährdet. Blätter lanzettlich, bis 20 cm lang. Triebe beblättert, mit bis zu 20 weißen, 25 mm breiten, duftenden Blüten im Sommer. Lippe gefranst. Wird von Schwärmern bestäubt.

Plectorrhiza

In dieser Gattung werden 3 kleine monopodiale Orchideen zusammengefasst, von denen 2 entlang der australischen Ostküste vorkommen und eine auf der Lord-Howe-Insel endemisch ist. Blätter bandförmig, schmal, zweizeilig am Trieb angeordnet. Der Trieb hält sich mit dicken, drahtigen und gebogenen Wurzeln an den äußeren Zweigen von Bäumen und Büschen in Regenwäldern und feuchten Wäldern fest. Die kleinen Blüten duften intensiv und haben grünliche Sepalen und Petalen und eine weißliche Lippe. Die Pflanzen sind relativ häufig, aber zwischen dem Laub verborgen und werden leicht übersehen. Sie sind eher für Liebhaber botanischer Miniatur-Orchideen interessant. Der Gattungsname leitet sich vom griechischen *plektos,* verdreht, und *rhiza,* was Wurzel bedeutet, ab.

KULTUR: Diese Orchideen gedeihen an einem schattigen Standort bei hoher Luftfeuchtigkeit und guter Luftbewegung. Sie wachsen am besten auf Korkrinde oder Hartholzbrettchen. Im Sommer vorsichtig mit stark verdünnter Düngelösung sprühen. Vermehrung durch Teilung.

Plectorrhiza tridentata

↔ 10–15 cm ↑ 6–15 cm

Ostaustralien; in Regenwäldern und feuchten Wäldern. Blätter lanzettlich bis länglich oval, bis 4 cm lang. Blüten duftend, grün bis braun mit weißer, rot gezeichneter Lippe an 12 cm langen Infloreszenzen. Die Blütezeit liegt im Sommer.

Pleione

Die etwa 20 Arten dieser kleinen, sympodialen Orchideen sind eng mit *Coelogyne* verwandt. Pleionen wachsen in Bergregionen, oft in großer Höhe von Nepal bis China. Sie wachsen terrestrisch oder epiphytisch auf bemoosten Ästen oder umgestürzten Stämmen und haben attraktive cattleyenähnliche Blüten, die einzeln oder zu zweit im Frühling erscheinen.

Kultur: Pleionen sind leicht zu kultivieren und müssen jährlich in frisches, durchlässiges Substrat getopft werden. Kräftige Pflanzen bilden 2 Neutriebe, die alten Pseudobulben sterben dann ab. Vom Frühling bis Frühherbst feucht halten, danach ist eine kühle und trockene Ruheperiode wichtig, zum Beispiel im Gemüsefach des Kühlschranks. Vermehrung durch Teilung der schlafenden Pseudobulben im Winter.

Pleione bulbocodioides

↔ 8–10 cm ↑ 10–18 cm

Weitverbreitet in China; sehr variable Art. Pseudobulben konisch, mit einem bis 15 cm langen Blatt, das nach der Blüte erscheint. Blüten bis 10 cm breit, rosa bis purpurrot; Lippe mit dunklerer Zeichnung im Schlund und fein gefranstem Rand.

Pleione formosana

Pleione formosana

↔ 40 cm ↑ 40 cm

China und Taiwan; von allen Arten am kältetolerantesten. Blüten in verschiedenen Rosa-Tönen, bis 10 cm groß. Es gibt auch reinweiß blühen-de Cultivare wie **'Clare'**. Lippe weiß mit gelbem Schlund und feinen roten Punkten. Die vorgenannte Art *P. bulbocodioides* wird von einigen Taxonomen zu dieser gestellt.

Pleione formosana 'Clare'

Pleione praecox

↔ 20–30 cm ↑ 15–25 cm

China bis Indien; an moosbewachsenen Hängen. Pseudobulben zugespitzt, mit 2 plikaten, spitz-ovalen, bis 25 cm langen Blättern. Blütentrieb bis 8 cm hoch mit 1–2 weißen bis dunkelrosa, 10 cm breiten, duftenden Blüten mit gefranster Lippe im Herbst, wenn die Blätter zu welken beginnen.

Pleione-Hybriden

↔ 20–40 cm ↑ 20–40 cm

Die meisten der zahlreichen Hybriden gehen auf *P. formosana* und andere rosa oder violett blühende Arten zurück. In neuerer Zeit wurden auch die etwas heikleren, gelb blühenden Arten aus China eingekreuzt und viele interessante Farben geschaffen:

Pleione Soufrière

Alishan, eine cremefarbene Hybride aus *P.* Versailles und *P. formosana*;
Britannia, dunkelrosa Hybride aus *P. formosana* und *P.* Tongariro;
El Pico aus *P.* Versailles und *P. bulbocodioides* hat intensiv gefärbte Blüten;
Shantung, eine Kreuzung aus *P. formosana* und *P.* Confusa (*P. albiflora* × *P. forrestii*) hat durch den Einfluss der gelb blühenden *P. forrestii* Blüten in verschiedenen Aprikot-, Rosa-, Lavendel- und Creme-Tönen;
Soufrière ist eine Hybride aus *P.* Versailles und *P. confusa* und hat hellrosa Blüten mit einer weiß gefransten Lippe, die im Schlund rötlich braun und gelb gezeichnet ist;
Tolima mit purpurrosa Blüten, aus *P. formosana* und *P. speciosa*;
Tongariro ist eine purpurrosa blühende Hybride zwischen *P.* Versailles und *P. speciosa*;
Versailles ist eine wüchsige Primärhybride aus der Kreuzung von *P. formosana* und *P. limprichtii*; sowie
Zeus Weinstein, eine Hybride aus *P. formosana* und *P. forrestii* mit lilarosa Blüten und einer gelblichen, rot gezeichneten Lippe.

Pleione Britannia

Pleione Tongariro

Pleione Versailles

Pleione Alishan

Pleione El Pico

Pleione Tolima

Pleione Shantung

Pleione Zeus Weinstein

P

Pleurothallis immersa

Kultur: Die Arten dieser Gattung haben ähnliche Ansprüche wie Masdevallien, sind aber in der Regel toleranter gegenüber höheren Temperaturen und Lichtintensitäten. Sie stehen gerne eng im Topf und bevorzugen kleinere Kulturgefäße. Am besten kultiviert man sie gleichmäßig feucht, schattig und bei hoher Luftfeuchtigkeit. Direkte Sonneneinstrahlung sollte man vermeiden. Als Substrat eignet sich reines Sphagnum oder eine feine Rindenmischung, die kriechenden Arten wachsen besser aufgebunden. Vermehrung durch Teilung.

Pleurothallis

Diese Gattung ist mit über 1000 Arten im gesamten tropischen Amerika verbreitet. Sie wachsen meist epiphytisch in Bergregenwäldern, zahlreiche Arten auch lithophytisch oder terrestrisch auf Felsen in dicken Moospolstern an exponierten Standorten. Sie bilden ein einzelnes Blatt, häufig auf einem dünnen, abgeflachten Trieb (Ramicaul) aus einem sympodialen Rhizom. Die Blüten erscheinen aus einer Scheide an der Basis der Blätter in einer faszinierenden Farben- und Formenvielfalt. Auch die Pflanzengröße ist sehr unterschiedlich und reicht von winzigen Zwergen bis zu großen, fast 1 m hoch wachsenden Riesen. Die meisten Pleurothallen wachsen eher kühl bis kühl-temperiert, es gibt aber auch Arten aus tieferen Regionen, die warme Temperaturen benötigen. Sie sind insgesamt eher für interessierte Liebhaber botanischer Miniatur-Orchideen interessant, der sich den manchmal nicht leichten Kulturansprüchen stellen will.

Pleurothallis cordata

↔ 10–30 cm ↑ 10–40 cm
◐/● ◆/⬙/◇

Venezuela, Kolumbien, Ekuador, Peru und Bolivien; weitverbreitet und variabel. Die Blüten sind grünlich gelb bis orangebraun, bis 12 mm groß und erscheinen beinahe kontinuierlich aus der Blattbasis.

Pleurothallis cordata

P

Pleurothallis praecipua

Pleurothallis viduata

Pleurothallis grobyi

↔ 6–30 cm ↑ 3,5–15 cm

Mittelamerika, Karibik, Brasilien und Peru; häufig und weitverbreitet. Laub kompakt und attraktiv mit dunkelvioletter Blattunterseite. Infloreszenz übergeneigt mit winzigen grünen bis orangegelben Blüten, die braun gestreift sind und sich nicht immer ganz öffnen. Blüht im Sommer.

Pleurothallis immersa

↔ 20–25 cm ↑ 45–60 cm

Von Mexiko bis nach Kolumbien und Venezuela; variabel. Blätter länglich-oval, direkt aus dem Rhizom. Die ungewöhnliche Infloreszenz erscheint aus der Mittelrippe an der Spitze des Blatts und wird 45–60 cm lang. Die Blüten sind orangegelb bis rötlich braun und öffnen sich alle gleichzeitig. Da die Infloreszenz aber immer weiter wächst, zieht sich die Blütezeit über Monate vom Herbst bis in den Frühling hin.

Pleurothallis macroblepharis

↔ 5–20 cm ↑ 5–15 cm

Ekuador. Die drahtige, zick-zack-artige Infloreszenz wächst ständig weiter und bildet zahlreiche, sternförmige, bis 18 mm große, cremeweiße bis grünliche Blüten mit dunkler Streifung aus. Kann zu jeder Jahreszeit blühen.

Pleurothallis marthae

↔ 15–35 cm ↑ 20–50 cm

Kolumbien; eine der größeren Arten der Gattung. Blätter groß, breit herzförmig. Blüten gelb bis rosa und purpurviolett oder zweifarbig aus diesen Tönen. Die Blütezeit liegt im Frühling bis Sommer.

Pleurothallis macroblepharis

Pleurothallis phalangifera

Pleurothallis phalangifera

↔ 35–40 cm ↑ 30–35 cm

Kolumbien und Ekuador; in feuchtkühlen Nebelwäldern. Blätter ledrig, länglich oval, zugespitzt, auf dünnen Trieben. Infloreszenz übergebogen, aus der Blattbasis mit etwa 12 Blüten, die bis 5 cm groß werden. Es gibt hellgrüne und weinrote Formen. In der Kultur am besten temperiert halten. Blüht zu jeder Jahreszeit.

Pleurothallis praecipua

↔ 35–40 cm ↑ 30–35 cm

Kolumbien und Ekuador; in feuchtkühlen Nebelwäldern. Blätter ledrig, länglich oval, zugespitzt, auf dünnen Trieben. Blüht zu jeder Jahreszeit, mit zahlreichen Blüten pro Infloreszenz, aber immer nur 1–2 gleichzeitig geöffnet. Blüten purpurrosa mit weißen Petalenspitzen, Lippe dunkelviolett. Wächst im Topf oder aufgebunden mit Moosunterlage.

Pleurothallis tuerckheimii

↔ 10–50 cm ↑ 20–50 cm

Mittelamerika. Infloreszenz lang, mit bis zu 20 rotbraunen Blüten, die bis 25 mm groß werden, im Sommer.

Pleurothallis viduata

↔ 10–30 cm ↑ 10–30 cm

Ekuador, ausgesprochen interessante Art, die offenbar nur ein einziges Mal gefunden wurde und in Kultur gelangt ist. *Viduatus* ist die lateinische Bezeichnung für »verloren« und bezieht sich auf die nicht mehr auffindbaren Aufzeichnungen, wo und wann die Art gesammelt wurde, als diese Orchidee 1981 beschrieben wurde. Man nimmt an, das alle Pflanzen in Kultur Teilstücke oder Ableger aus den Blattachseln der Originalpflanze sind. Die Blüten sind weiß, knapp 12 mm groß und haben 2 dunkelbraune »Augen« auf den Petalen. Die Büten erscheinen zu jeder Jahreszeit. Sehr anpassungsfähig an den Temperaturbereich, wächst kühl, temperiert oder warm.

Pleurothallis marthae

Pleurothallis villosa

syn. ***Pleurothallis schiedei***

↔ 3,5–15 cm ↑ 3,5–15 cm

Mexiko und Guatemala; etwas bizarre Miniatur-Orchidee mit kurzen Infloreszenzen, die bis zu 5 winzige, grünlich gelbe, orangebraune oder dunkelbraune Blüten mit dunklen Tupfen auf den Sepalen hat. Die Sepalen haben am Rand feine weiße Filamente, die sich beim geringsten Luftzug bewegen. Blüht im Frühling bis in den Herbst.

Podangis

Diese monotypische Gattung enthält eine epiphytisch wachsende, monopodiale Art aus West- und Zentralafrika. Der kurze Trieb, der manchmal an der Basis verzweigt ist, trägt fleischige, seitlich abgeflachte Blätter, die einen Fächer bilden. Die Infloreszenz erscheint unterhalb der Blätter und aus den Blattachseln der oberen Blätter. Der Name ist vom griechischen *pous*, Fuß und *angos*, Gefäß abgeleitet.
Kultur: In der Natur wächst diese Art in immergrünen Wäldern und braucht einen schattigen und luftfeuchten Standort. Sie ist bei zu häufigem Gießen anfällig für Fäulnis und muss bei Topfkultur zwischen den Wassergaben abtrocknen können. Bei genügend hoher Luftfeuchtigkeit ist eine epiphytische Kultur empfehlenswerter. Vermehrung durch Aussaat.

Podangis dactyloceras

↔ 10–15 cm ↑ 10–12 cm

West- und Zentralafrika. Blätter sichelförmig, 10–15 cm lang. Infloreszenz bis 5 cm lang, mit bis zu 20 dicht stehenden Blüten, die klein, becherförmig und durchscheinend weiß sind und eine grünliche Antherenkappe besitzen. Sporn bis 12 mm lang, erst weit geöffnet, dann enger und an der Spitze erneut geschwollen. Blüht im Sommer.

Pogonia

Etwa 10 Arten sind bekannt und in der gesamten nördlichen Hemisphäre mit Ausnahme Europas verbreitet. Man findet diese terrestrisch wachsenden Orchideen in nassen Wiesen, Sümpfen und Mooren. Das unterirdische Rhizom bildet kleine rundliche Knollen und behaarte Wurzeln aus. Der aufrechte Trieb trägt 1–2 Blätter und meist eine Blüte. Durch das verzweigte Rhizom bilden die Pflanzen schnell größere Kolonien.
Kultur: Im Topf in einem sauren, kalkfreien Substrat wie Torf oder Sphagnum mit einem 10-prozentigen Sand-, Perlite- oder Vermiculite-Anteil. Sie bevorzugen nasse, sonnige Standorte und können im Moorbeet sogar ausgepflanzt werden. Vermehrung durch Teilung.

Pogonia ophioglossoides

syn. *Arethusa ophioglossoides*

↔ 10–20 cm ↑ 15–25 cm

Nordamerika von Ostkanada bis nach Florida, USA, und in Ostasien in China, Japan und Korea; in Mooren und Sümpfen in voller Sonne. Blüten einzeln, bis 25 mm groß, rosa bis rötlich, selten auch reinweiß mit gefranster und behaarter Lippe. Blüht im Norden im Sommer, im Süden schon im Frühjahr.

Polystachya

Die meisten Arten dieser großen Gattung kommen in Afrika vor, eine auch in anderen tropischen Ländern. Sie wachsen sympodial und meist epiphytisch. Die zahlreichen kleinwüchsigen Arten mit kleinen Pseudobulben haben interessante, nicht resupinierte Blüten, das heißt die Knospe dreht sich nicht und die Lippe zeigt nach oben. Die Infloreszenzen erscheinen zwischen den Blättern des Neutriebs. Die Blütenfarbe ist variabel, Gelb- und Orange-Töne sind am häufigsten.
Kultur: Die Wachstumsphase liegt in den wärmeren Monaten, im Winter gehen die Pflanzen eine Ruhephase ein, in der sie vorsichtiger und seltener gegossen werden müssen. Sie bevorzugen temperierte Bedingungen bei hoher Luftfeuchtigkeit und einen halbschattigen Standort und wachsen am besten im Topf in einem durchlässigen Substrat auf Rindenbasis. Die Vermehrung erfolgt durch Teilung beim Umtopfen.

Polystachya bella

↔ 10–30 cm ↑ 10–30 cm

Kenia. Pseudobulben oval mit 1–2 Blättern. Die Infloreszenzen sind einfach oder verzweigt und tragen etliche leuchtend orangegelbe Blüten, die im Laufe der Zeit dunkler werden. Die Blütezeit liegt im Sommer.

Polystachya gerrardii

↔ 10–25 cm ↑ 8–30 cm

Östliches Zentralafrika und Madagaskar. Eng mit *P. cultriformis* verwandt. Infloreszenz verzweigt mit zahlreichen cremeweißen bis hellrosafarbenen, 12 mm großen Blüten, die sich nicht ganz öffnen. Blüht im Frühjahr und Sommer.

Polystachya johnstonii

↔ 5–15 cm ↑ 5–10 cm

Malawi; kleinwüchsige und variable Art. Blüten grünlich, bis 18 mm lang, purpurn überhaucht mit kontrastierender, rosafarbener Lippe. Blüht im Frühling.

Polystachya longiscapa

↔ 15–20 cm ↑ 30–90 cm

Östliches Tansania. Blätter bis 38 cm lang, grasartig. Infloreszenz gebogen, bis 90 cm hoch mit 1–3 Seitenästen und etlichen, hell- bis dunkler rosafarbenen, 5 cm breiten Blüten, die zu unterschiedlichen Jahreszeiten erscheinen können.

Polystachya ottoniana

↔ 6–20 cm ↑ 6–20 cm

Kleinwüchsige Art aus Südafrika. Infloreszenz kurz, mit bis zu 5 creme-

Podangis dactyloceras

Pogonia ophioglossoides

Polystachya gerrardii

Polystachya ottoniana

weißen bis gelblichen, 12 mm breiten Blüten, die sich nicht ganz öffnen und ein etwas »klauenartiges« Aussehen besitzen. Blüht im Frühling und Sommer.

Polystachya pubescens

↔ 15–20 cm ↑ 15–25 cm

Südafrika und Swasiland. Pseudobulben konisch, dicht stehend mit 2–3 dunkelgrünen, elliptischen, 5–10 cm langen Blättern. Die Infloreszenz wird bis 12 cm hoch und ist fein behaart mit 7–12 attraktiven, leuchtend gelben Blüten im Herbst bis Frühwinter. Seitliche Sepalen mit rotbrauner Aderung im oberen Bereich.

Polystachya johnstonii

Polystachya sp.

Polystachya pubescens

Porroglossum olivaceum

Porroglossum teaguei

Porroglossum meridionale

Porroglossum

syn. ***Lothiana***

Diese Gattung aus Venezuela, Bolivien und Peru umfasst etwa 30 Arten, die epiphytisch oder lithophytisch in Bergnebelwäldern vorkommen. Sie sind eng mit der Gattung *Masdevallia* verwandt und ähneln dieser im Habitus mit dicht stehenden Trieben und kurzgestielten Blättern. Sie unterscheiden sich durch die bewegliche Lippe, die Insekten zwischen Lippe und Säule einklemmt und so bei der Bestäubung behilflich ist.

Kultur: Am besten in kleinen Töpfen in reinem Sphagnum. Der Standort sollte gleichmäßig kühl, feucht und schattig bis halbschattig sein. Vermehrung durch Teilung.

Porroglossum amethystinum

syn. ***Masdevallia amethystinum, Scaphosepalum amethystinum***

↔ 10–15 cm ↑ 15–25 cm

Ekuador; in nassen Nebelwäldern in Höhenlagen von 1500–2400 m. Blätter einzeln auf kurzen, in Brakteen gehüllte Trieben. Infloreszenz aufrecht, bis 25 cm hoch, mit kleinen, rosafarbenen Blüten, die nach und nach zu jeder Jahreszeit erscheinen.

Porroglossum echidnum

syn. ***Masdevallia echidna, M. mucosa, Scaphosepalum echidnum***

↔ 10–15 cm ↑ 5–20 cm

Venezuela, Kolumbien, Peru und Ekuador; in andinen Nebelwäldern in Höhenlagen von 2600–3200 m. Triebe kurz, mit Brakteen bedeckt, mit einem einzelnen elliptischen Blatt. Infloreszenz bis 20 cm hoch mit einer grünlichen Blüte, die zu unterschiedlichen Jahreszeiten erscheint.

Porroglossum meridionale

↔ 3,5–10 cm ↑ 3–12 cm

Peru; kleine, büschelig wachsend Art. Blüten dunkelpurpurn, knapp 18 mm groß, zu mehreren an einer Infloreszenz sitzend. Die Hauptblütezeit liegt im Winter bis Frühjahr, aber auch zu anderen Zeiten sind Blüten möglich.

Porroglossum olivaceum

↔ 6–10 cm ↑ 6–20 cm

Ekuador und Kolumbien; in Nebelwäldern. Blütenfarbe und -größe variabel, olivgrün bis orangebraun, knapp 25 mm groß, im Frühling.

Porroglossum teaguei

↔ 5–8 cm ↑ 10–25 cm

Ekuador; kleinwüchsige Art. Blätter dunkelgrün, bis 12 cm lang. Infloreszenz aufrecht, 15–25 cm hoch mit kleinen Blüten, die durchscheinend violette Sepalen mit rosa oder roten Anhängseln besitzen. Lippe rosa. Die Blütezeit liegt im Sommer.

Potinara

Potinara ist eine künstliche Gattung an der die 4 Gattungen *Brassavola*, *Cattleya*, *Laelia* und *Sophronitis* beteiligt sind. Sie entsprechen Sophrolaeliocattleyen mit einem gewissen Einfluss von *Brassavola* (bzw. *Rhyncholaelia*). Die Blüten sind meist größer als die der Elternarten.

Kultur: Halbschattig, bei zu starker Sonneneinstrahlungen kann es zu Blattverbrennungen kommen. Sie wachsen am besten im Topf in einem groben Rindensubstrat, das dem weitreichenden Wurzelsystem genug Halt gibt. Während der Ruhezeit im Winter können die Pflanzen auch kühler stehen, wenn sie trocken gehalten werden. Die Vermehrung erfolgt durch Teilung.

Potinara-Hybriden

↔ 20–60 cm ↑ 20–60 cm

Das Farbspektrum dieser Hybriden ist enorm und viele haben attraktive Blüten in Rot- und Gelbtönen. Etliche blühen mehrmals im Jahr, die Hauptblütezeit liegt jedoch im Frühjahr. Stellvertretend für die vielen Züchtungen seien genannt:

Afternoon Delight 'Magnificent' mit leuchtend orangefarbenen Blüten;
Atomic Fireball mit roten Blüten, die bis zu 10 cm breit werden;
(***Brassolaeliocattleya*** **Orange Nugget** × ***Potinara*** **Wattana Gold**) mit einfarbig orangegelben Blüten;
(***Brassolaeliocattleya*** **Regal Pokai** × ***Potinara*** **Pastushin's Gold**) mit rosaroten Blüten und einer gekräuselten roten Lippe mit gelber Zeichnung;
Burana Beauty mit gelben Blüten und rot gesplashten Petalen und rotem Fleck auf der Lippe;
Dal's Moon, cremefarben mit gekräuselten Blütensegmenten;
Little Toshie 'Gold Country' mit gelben Blüten und roter Lippe;
Little Toshie 'Lake Land' mit gelborangefarbenen Blüten und rot gerandeter Lippe;
Netrasiri Starbright, variabel hellorange bis dunkelrot; sowie
Super Nova mit sehr runden, gut geformten goldgelben Blüten und roter Zeichnung in der Lippe.

Potinara Dal's Moon

Potinara Afternoon Delight 'Magnificent'

Potinara Atomic Fireball

Potinara Netrasiri Starbright

Potinara (*Brassolaeliocattleya* Regal Pokai × *Potinara* Pastushin's Gold')

Potinara Little Toshie 'Gold Country'

Potinara Little Toshie 'Lake Land'

Potinara Super Nova

Potinara (*Brassolaeliocattleya* Orange Nugget × *Potinara* Wattana Gold)

Potinara Burana Beauty

P

Prosthechea chacaoensis

Promenaea

Die etwa 15 Arten dieser Gattung sind in Brasilien endemisch. Sie kommen vom Bundesstaat Minais Gerais im Norden bis nach Rio Grande do Sul im Süden vor und wachsen epiphytisch oder lithophytisch in Bergwäldern in mittleren Höhenlagen. Die dicht stehenden Pseudobulben tragen meist 2 dünne, weiche Blätter und 2 seitliche Stützblätter. Die Infloreszenz erscheint mit dem neuen Trieb an der Basis der Pseudobulben und trägt 1–2 auffällige Blüten mit beweglicher Lippe. Bei manchen Arten verändert die Blüte im Laufe der Zeit ihre Farbe von Gelb nach Weiß.
Kultur: Diese Orchideen sind in der Regel einfach zu kultivieren und brauchen einen halbschattigen bis schattigen Standort, hohe Luftfeuchtigkeit und viel Luftbewegung. Anfällig für Blattflecken. Im Winter etwas vorsichtiger gießen. Sie wachsen in Töpfen, Körbchen oder aufgebunden. Die feinen Wurzeln faulen bei Staunässe leicht. Vermehrung durch Teilung.

Prosthechea brassavolae

Promenaea stapelioides

↔ 15–20 cm ↕ 5–10 cm

Südbrasilien, in den Bundesstaaten Rio de Janeiro, Sao Paulo, Parana und Santa Catarina. Die wachsartigen, bis 5 cm breiten Blüten ähneln denen der Sukkulentengattung *Stapelia*. Sepalen und Petalen grünlich mit dunkler Bänderung und Zeichnung, Lippe auf dem Mittellappen fast schwarz. Blüht im Sommer.

Prosthechea cochleata

Promenaea xanthina

syn. *Promenaea citrina*

↔ 15–20 cm ↕ 5–10 cm

Brasilien, von Minais Gerais und Espiroto Santo im Norden bis nach Parana im Süden; in Bergwäldern bis auf 1700 m. Blüten wachsartig, bis 5 cm groß, Sepalen hell- bis dunkelgelb, Petalen und Lippe gelb mit roten Tupfen und Bändern. Einige Klone blühen auch reingelb. Die Blütezeit liegt im Sommer.

Prosthechea

In dieser Gattung werden etwa 100 Arten zusammengefasst, die früher in *Encyclia* eingeordnet wurden. Das Verbreitungsgebiet reicht von Florida, USA, bis nach Brasilien. Viele Arten haben attraktive Blüten mit muschelförmigen, gestreiften Lippen und intensivem, angenehmen Duft. Die Einzelblüten halten relativ lange.
Die Pseudobulben sind spindelförmig, meist seitlich abgeflacht und haben an den Seiten deutlich hervortretende Kanten. Die Infloreszenz erscheint zwischen den 1–5 Blättern an der Spitze der Pseudobulben nachdem diese vollständig ausgereift sind.
Kultur: *Prosthechea*-Arten sind einfach zu kultivieren und wachsen aufgebunden auf Baumfarn oder Korkrinde, in Lattenkörbchen oder Töpfen in einem durchlässigen Rindensubstrat. Die meisten Arten machen vom Spätherbst bis ins Frühjahr eine deutliche Ruheperiode durch, in der sie nur selten oder überhaupt nicht gegossen werden dürfen. Erst im Frühling mit dem Erscheinen des Neutriebs beginnt man vorsichtig mit neuen Wassergaben. Die meisten Arten blühen im Sommer und bevorzugen einen sehr hellen Standort. Sie sind einfach zu pflegen und tolerieren verschiedene Temperaturbereiche. Vermehrung durch Teilung größerer Exemplare im Frühling.

Prosthechea brassavolae

syn. *Encyclia brassavolae, Epidendrum brassavolae, Panarica brassavolae*

↔ 35–45 cm ↕ 35–45 cm

Mexiko bis Panama; in lichten Wäldern. Pseudobulben an der Basis geschwollen, zur Spitze hin schlanker mit 2–3 ledrigen Blättern. Infloreszenz 15–40 cm lang, aus der Basis der Pseudobulben, mit 3–12 oder mehr 6–8 cm großen Blüten. Sepalen und Petalen schmal, gelblich grün, Lippe weiß und violett. Blüht zu unterschiedlichen Zeiten im Jahr.

Prosthechea chacaoensis

syn. *Encyclia chacaoensis*

↔ 15–30 cm ↕ 20–35 cm

Mexiko bis Kolumbien und Venezuela. Blüten bis 5 cm groß, cremefarben, in Büscheln, stark duftend. Lippe mit purpurnen Streifen. Blüht im Frühling und Sommer.

Prosthechea cochleata

syn. *Anacheilium cochleatum, Encyclia cochleata, Epidendrum cochleatum*

↔ 22–45 cm ↕ 20–60 cm

Weitverbreitet im tropischen Amerika; in immergrünen, laubabwerfenden Eichenwäldern. Pseudobulben eiförmig, zusammengedrückt, mit 1–3 schmalen, länglichen Blättern. Infloreszenz 20–60 cm lang, aus der Spitze der Pseudobulben mit zahlreichen, nacheinander erscheinenden Blüten; die Blütezeit dauert so das ganze Jahr. Blüten grünlich mit schwarz-purpurn gestreifter Lippe.

Prosthechea crassilabia

syn. *Encyclia vespa*

↔ 20–35 cm ↕ 20–70 cm

Weitverbreitet von Costa Rica bis Brasilien. Infloreszenz aufrecht, mit zahlreichen, knapp 18 mm großen, gelblich grünen Blüten mit dunkelbraunen Tupfen und fleischiger Textur. Blüht im Frühling.

Prosthechea michuacana

syn. *Encyclia michuacana*

↔ 20–40 cm ↑ 20–120 cm

Mittelamerika. Infloreszenz aufrecht, verzweigt, mit zahlreichen, bis 25 mm großen, rötlich braunen bis olivgrünen Blüten im Sommer, Lippe hauptsächlich weiß gefärbt.

Prosthechea prismatocarpa

syn. *Epidendrum prismatocarpum*

↔ 20–40 cm ↑ 20–70 cm

Costa Rica und Panama. Bis zu 20 duftende, lange haltbar, bis 5 cm breite Blüten von wachsartiger Textur. Tepalen hell cremefarben bis grünlich gelb, dunkelbraun gefleckt. Lippe cremegelb mit rosa Spitze. Blüht im Sommer und Herbst.

Prosthechea radiata

syn. *Anacheilium radiatum, Encyclia radiata, Epidendrum radiatum*

↔ 30–40 cm ↑ 20–40 cm

Mexiko bis Venezuela. Pseudobulben eiförmig, mit 2–3 Blättern. Blüten bis 3 cm groß, nicht resupiniert, stark duftend, grünlich weiß. Lippe weiß mit dunkelpurpurvioletter Aderung. Blüht im Frühling.

Prosthechea Sunburst

syn. *Encyclia* Sunburst

↔ 20–50 cm ↑ 20–50 cm

Primärhybride zwischen *P. radiata* und der orange blühenden *Encyclia vitellina* mit intermediären Blüten, die etwa 3 cm groß werden und gelb bis orangegelb gefärbt sind. Blüht vom Sommer bis in den Herbst.

Prosthechea prismatocarpa

Prosthechea Sunburst

Prosthechea crassilabia

Prosthechea michuacana

Prosthechea radiata

Psychopsis Mendenhall

Pseudolaelia

In dieser kleinen, relativ unbekannten Gattung werden etwa 10 Arten aus Brasilien zusammengefasst. Sie wachsen epiphytisch oder lithophytisch und sind mit *Schomburgkia* verwandt, aber deutlich kleiner. Die meisten wachsen epiphytisch auf verkrüppelten *Vellozia*-Sträuchern und -Bäumen an exponierten Standort in relativ großer Höhe. Die Pseudobulben tragen bis zu 7 Blätter und sitzen in großen Abständen auf einem weitreichenden Rhizom. Nicht jeder Trieb blüht und sie sind insgesamt sehr blühfaul.
Die meisten Arten haben aufrechte bis übergeneigte Infloreszenzen mit bis zu 16 hellrosa bis dunkelviolette Blüten, die sich nacheinander öffnen.
Kultur: Durch den kletternden Wuchs können diese Orchideen nur aufgebunden auf langen Kork- oder Baumrindenstücken kultiviert werden. Zwischen den Wassergaben müssen sie völlig abtrocknen können und sie brauchen sehr viel Licht, starke Luftbewegung und kühle bis temperierte Bedingungen. Im Winter trockener halten. Nur sehr große Exemplare sollten im Frühling geteilt werden, da Störungen der Wurzeln nicht gut vertragen werden.

Pseudolaelia vellozicola

syn. *Schomburgkia vellozicola*

↔ 10–80 cm ↑ 10–50 cm

Brasilien; Typus der Gattung. Infloreszenz mit bis zu 14, nacheinander aufgehenden hell- bis dunkelrosa Blüten, die eine Größe von 35 mm erreichen. Sie haben eine verblüffende Ähnlichkeit mit denen von *Encyclia adenocaula*. Blüht im Sommer.

Psychilis

Die 15 Arten dieser Gattung sind auf den Inseln der Karibik verbreitet und wachsen epiphytisch, lithophytisch oder terrestrisch an sehr exponierten Standorten auf Felsen oder Bäumen. Die harten Pseudobulben erinnern an die von *Schomburgkia* und sind an der Basis verdickt. Sie tragen 1–3 steife Blätter an der Spitze. Die Infloreszenz kann über mehrere Jahre immer wieder neue Knospen hervorbringen. Die Arten wurden früher zu *Epidendrum* und *Epidendrum* gestellt.
Kultur: Da die dicken weißen Wurzeln nicht gerne von Substrat bedeckt sind, wachsen diese Orchideen am besten aufgebunden auf Korkrinde. Sie brauchen das ganze Jahr über warme Bedingungen und sehr viel Licht. Eine hohe Luftfeuchtigkeit ist wichtiger als häufiges Sprühen und im Winter müssen die Pflanzen trockener gehalten werden. In tropischen Ländern werden sie häufig direkt auf Bäume im Garten gesetzt und blühen das ganze Jahr über. Die Vermehrung erfolgt durch Teilung.

Psychilis kraenzlinii

syn. *Encyclia kraenzlinii, Epidendrum kraenzlinii*

↔ 20–50 cm ↑ 40–100 cm

Endemisch auf der Insel Puerto Rico; in trockenen Sträuchern und Gebüschen. Infloreszenz lang mit einem Büschel aus 10–15 dunkelvioletten Blüten mit dreilappiger Lippe, die im Frühjahr und Sommer erscheinen.

Psychilis krugii

syn. *Encyclia krugii, Epidendrum krugii*

↔ 20–50 cm ↑ 40–100 cm

Endemisch auf der Insel Puerto Rico; in trockenen Sträuchern und auf Kakteen. Infloreszenz sehr lang mit zahlreichen, sich nacheinander öffnenden Blüten, die gelblich braune Sepalen und Petalen und eine weißliche Lippe haben. Blüht meist im Frühling.

Psychilis truncata

syn. *Encyclia truncata, Epidendrum eggersii, E. truncata*

↔ 15–20 cm ↑ 20–30 cm

Auf der Insel Hispaniola; in trockenen Gebüschen und auf steilen Felsen. Kleiner als die verwandten Arten, die Pseudobulben tragen nur 1 Blatt. Infloreszenz verzweigt mit zahlreichen, kleinen grünlich braunen Blüten mit rosafarbener Lippe. Blüht im Frühjahr und Sommer.

Psychopsis

Die 5 Arten dieser in Mittel- und Südamerika verbreiteten Gattung sind eng mit *Oncidium* verwandt. Sie haben dicht stehende, seitlich zusammengedrückte Pseudobulben mit einem einzelnen, steifen ledrigen Blatt, das eine marmorierte Zeichnung aufweist. Die aufrechte unverzeigte Infloreszenz erscheint an der Basis der Pseudobulben und trägt attraktive, meist gestreifte Blüten, die nacheinander über einen langen Zeitraum erscheinen. Das dorsale Sepalum und die Petalen sind aufrecht, an der Basis schmal und zur Spitze hin verbreitert. Die lateralen Sepalen sind breit und nach unten gebogen. Die ebenfalls ausgebreitete Lippe hat einen auffälligen Kallus.
Kultur: *Psychopsis* wächst entweder im Topf in einem groben Rindenpflanzstoff oder aufgebunden. Sie brauchen viel Licht und frische Luft und müssen während der Wachstumsphase reichlich gegossen werden. In der Ruhephase kühler halten und nur gelegentlich sprühen. Ältere Blütentriebe produzieren immer wieder neue Knospen und sollten nicht abgeschnitten werden. Die Vermehrung erfolgt durch Teilung.

Psychopsis kramerianum

syn. *Oncidium kramerianum*

↔ 12–60 cm ↑ 20–90 cm

Von Costa Rica bis Peru. Blüten gelb und braun, bis 12 cm groß, einzeln an einer hohen Infloreszenz. Kann zu jeder Jahreszeit blühen.

Psychopsis Mendenhall

syn. *Oncidium* Mendenhall

↔ 12–60 cm ↑ 20–90 cm

Wüchsige Hybride; Rückkreuzung von *P.* Butterfly *(P. papilio × P. sanderae)* mit *P. papilio*. Blüten gelb und braun, bis 20 cm groß, zu unterschiedlichen Zeiten im Jahr.

Psychopsis papilio

syn. *Oncidium papilio, Psychopsis picta*

↔ 12–60 cm ↑ 20–90 cm

Auffällige Art von den Westindischen Inseln, Guyana, Venezuela, Ekuador, Peru, Kolumbien und Brasilien. Pseudobulben oval, seitlich zusammengepresst, mit einem lanzettlichen, rot marmorierten Blatt. Die Infloreszenz entspringt aus der Basis der Pseudobulben und wird 50–60 cm hoch. Die Blüten erscheinen einzeln nacheinander, sodass die Pflanze jahrelang ohne Unterbrechung blühen kann. Deshalb nicht abschneiden. Die Blüten werden bis 15 cm groß und haben schmale rote Petalen und ein dorsales Sepalum mit gelber Zeichnung und breite seitliche Sepalen, die orange und gelb gebändert sind. Lippe gelb mit rotem bis orangerotem Rand.

Pseudolaelia vellozicola

Psychopsis kramerianum

Pterostylis curta

Pterostylis pedunculata

Pterostylis

Diese Gattung umfasst etwa 120 Arten laubabwerfender, terrestrischer Orchideen, die hauptsächlich in Australien verbreitet sind. Einige Arten kommen auch in Neuseeland, Neukaledonien und Neuguinea vor. Sie haben in Rosetten angeordnete Blätter mit einer schlanken Infloreszenz, die eine einzelne Blüte trägt und in der Mitte der Blätter entspringt. Die Blüten sind meist grünlich, machmal rötlich überhaucht und mit durchscheinenden hellen »Fenstern«, die Bestäuber anlocken sollen. Das dorsale Sepalum und die Petalen bilden einen Helm; die Lippe reagiert auf Berührungen und ist zu schnellen Bewegungen fähig, um Bestäuber anzulocken.

Kultur: Die Kolonien bildendenden Arten sind relativ einfach zu kultivieren, zum Blühen zu bringen und zu Vermehren. Sie brauchen feucht-kühle Bedingungen und eine hohe Luftfeuchtigkeit im Herbst bis ins Frühjahr während der Wachstumsphase. Sie gedeihen gut in einem durchlässigen Erdorchideensubstrat mit hohem Sphagnum- und Sand-Anteil. Im Sommer während der Ruhezeit müssen sie trocken gehalten werden. Jährlich zu dieser Zeit umtopfen, dabei können seitliche Knollen abgetrennt werden. Auch Aussaat ist zur Vermehrung möglich.

Pterostylis curta

↔ 3,5–8 cm ↑ 10–30 cm

Australien. Blüten dunkel- und gelblich grün, bis 35 mm breit und mit hellbrauner, leicht gedrehter Lippe. Blüht im Frühling.

Pterostylis nutans

↔ 3,5–8 cm ↑ 3,5–30 cm

Australien; eine der häufigsten Arten in der Natur. Die unverkennbaren, nickenden grün-weißen Blüten erscheinen im Winter und haben eine Größe von etwa 30 mm. Einfach in der Kultur, wüchsig und leicht durch Seitenknollen zu vermehren.

Pterostylis pedunculata

↔ 8–12 cm ↑ 15–20 cm

Ost- und Südaustralien und Tasmanien; in feuchten, lichten Wäldern. 3–6 ovale, bis 6 cm lange Blätter in einer grundstäändigen Rosette. Blü-ten einzeln, bis 18 mm breit auf einer 20 cm hohen Infloreszenz. Kappe und verwachsene Sepalen grün und weiß mit dunkleren Spitzen. Blüht im Winter bis ins Frühjahr.

Pterostylis planulata

↔ 3,5–10 cm ↑ 3,5–35 cm

Südöstliches Australien; eng mit *P. biseta* verwandt. Bis zu 6 durchscheinend grünliche, 35 mm große Blüten im Frühling und Frühsommer. Die Art wurde kürzlich unter dem Namen *Oligochaetochilus planulatus* neu klassifiziert. Ob sich diese Einteilung in botanischen Fachkreisen durchsetzt, ist allerdings noch offen.

Pterygodium

Die 20 laubabwerfenden, terrestrischen Orchideen sind mit einer Ausnahme, *P. ukingense*, die in Tansania vorkommt, in Südafrika endemisch. Sie haben aufrechte Infloreszenzen

Pterostylis planulata, am Naturstandort, Grampians National Park, Victoria, Australien

Pterostylis nutans

Pterygodium hastatum

Pyrorchis nigricans

mit häufig doldig angeordneten Blüten, in unterschiedlichen Farben. Das dorsale Sepalum ist häufig zu einem Helm aufgewölbt. Während einige Arten in der Natur nur schwer zu entdecken sind, haben andere auffällige attraktive Blüten und sind daher ausgesprochen kulturwürdig.
Kultur: Diese Erdorchideen sind relativ einfach zu kultivieren, blühen leicht und lassen sich recht problemlos vermehren. Sie benötigen feuchtkühle Bedingungen und eine hohe Luffeuchtigkeit während der Wachstumsphase vom Spätwinter bis in den Sommer. Sie gedeihen gut in einem durchlässigen Erdorchideensubstrat mit hohem Sphagnum- und Sand-Anteil. Im Herbst während der Ruhezeit müssen sie trocken gehalten werden. Jährlich zu dieser Zeit umtopfen, dabei die Knollen 5 cm tief eintopfen. Vermehrung durch Aussaat.

Pterygodium hastatum

↔ 12–25 cm ↑ 15–35 cm

Östliches Südafrika. Bis zu 4 Blätter. Infloreszenz mit bis zu 10 hellgrünen bis weißlichen, knapp 25 mm großen Blüten, die auf den Sepalen und Petalen feine violette Tupfen haben. Blüht im Spätsommer.

Pyrorchis

Diese Gattung umfasst nur 2 Arten von laubabwerfenden Erdorchideen, die in Südaustralien verbreitet sind. Während die eine Art, *P. nigricans* weitverbreitet ist, kommt *P. forrestii* nur im äußersten Südwesten Westaustraliens vor. Sie wurden früher in die Gattung *Lyperanthus* gestellt, unterscheiden sich aber in der Blattmorphologie, Blütenstruktur und Lebensweise. Der Name *Pyrorchis* bedeutet wörtlich »Feuer-Orchidee« und die Pflanzen blühen auch nur dann, wenn im Sommer des Vorjahres ein Buschbrand stattgefunden hat. Im Englischen tragen sie deshalb auch den Namen »fire orchid«. Sie vermehren sich vegetativ durch neue Wurzelknollen, die an den Enden der langen dünnen Wurzeln gebildet werden und natürlich durch Samen. Die Bestäuber sind einheimische Bienenarten.
Kultur: Leider sind diese interessanten Arten in Kultur kaum über längere Zeit am Leben zu erhalten. Zwar gab es Versuche mit sehr sandigen Substraten und flachen Schalen, die Pflanzen kommen aber praktisch nicht zur Blüte. Versuche mit »Rauchwasser« zur Blüteninduktion verliefen zwar vielversprechend, sind aber kaum praktikabel. Wenn die Substratoberfläche während der Ruhezeit abgebrannt werden soll, muss man die Pflanzen in Tontöpfen kultivieren.

Pyrorchis nigricans

syn. *Lyperanthus nigricans*

↔ 5–8 cm ↑ 10–30 cm

West- und Südaustralien und Tasmanien. Das einzelne grundständige Blatt ist spitzoval und erreicht eine Länge von bis zu 8 cm. Blüten an hohen Infloreszenzen, duftend, weiß mit intensiver roter Aderung. Die Lippe ist weiß mit purpurrotem Schlund. Die Blüten werden mit zunehmendem Alter fast schwarz.

Rangaeris

Diese Gattung beinhaltet etwa 5 Arten, die in Afrika von Sierra Leone und Senegal bis Kenia und Eritrea im Osten und dem nördlichen Südafrika im Süden verbreitet sind. Sie wachsen meist epiphytisch, manchmal auch lithophytisch oder terrestrisch und sind durch lange, monopodiale Stämme mit festen, fast sukkulenten Blättern gekennzeichnet. Die Blüten sind sternförmig, weiß, duften und haben einen langen Sporn. Die hängende oder gebogene Infloreszenz erscheint im oberen Teil des Triebs.

Kultur: Diese Orchideen gedeihen aufgebunden oder in flachen Töpfen oder Körbchen mit einem sehr durchlässigen Substrat, das die dicken Wurzeln beherbergt. Ein schattiger oder halbschattiger Standort ist ausreichend. Nach der Blütezeit ist eine kurze Ruhezeit empfehlenswert. Die Vermehrung erfolgt durch Teilung bewurzelter Triebstücke.

Renantanda Tuanku Bainun

Rangaeris muscicola

↔ 20–30 cm ↑ 15–20 cm

Typus der Gattung; kommt von Kenia bis Südafrika in Küsten- und höher gelegenen Bergwäldern bis auf 2500 m vor. Die kurzen Stämme tragen einen Fächer dunkelgrüner Blätter, Blüten weiß, bis zu 15 an einer Infloreszenz, jede mit einem 10 cm langen Sporn. Blüht im Winter.

Rangaeris rhipsalisocia

↔ 20–30 cm ↑ 15–20 cm

Etwas untyische Art, erinnert durch die sichelförmigen Blätter an *Podangis*. Im tropischen Afrika von Senegal bis Uganda und Angola verbreitet. Kleinwüchsig, mit kurzen Stämmen und weißen Blüten, die sich nicht ganz öffnen. Blüht zu jeder Jahreszeit.

Renantanda

Hybridgattung aus der Kreuzung von *Renanthera* und *Vanda*. Wuchs monopodial, aufrecht mit zweizeilig angeordneten Blättern. Ältere Pflanzen bilden an der Basis Seitentriebe und haben viele, dicke Wurzeln. Der Blütentrieb erscheint in der Blattbasis. Durch die Einkreuzung von *Vanda* nicht so groß wie viele *Renanthera*-Arten; mit größeren, runden Blüten. Blühen in den Tropen das ganze Jahr, mit einer Hauptblütezeit in den warmen Sommermonaten.

Rangaeris muscicola

R

Kultur: Diese vandeenartigen Orchideen benötigen warme bis sehr warme Kulturbedingungen, sehr viel Licht und eine gute Luftumwälzung. In den Tropen gedeihen sie als Gartenpflanzen, in Mitteleuropa nur im Gewächshaus. Sie gedeihen am besten im Topf in einem sehr groben Rindensubstrat. Die Wurzeln wachsen oft über den Topfrand hinaus und müssen nach dem Gießen schnell abtrocknen. Die Vermehrung kann durch abgetrennte Seitentriebe oder Stammstecklinge erfolgen, die jeweils mindestens 3 Wurzeln besitzen sollten.

Renantanda Tuanku Bainun

↔ 20–80 cm ↑ 20–120 cm

Hybride zwischen *Vanda* Keeree's Delight und *Renanthera storiei.* Die Blüten erreichen einen Durchmesser von 8 cm und sind dunkelrot mit intensiver Aderung.

Renanthera

Diese Gattung beherbergt etwa 15 monopodial wachsende Arten aus Malaysia, Indonesien, den Philippinen und Neuguinea, wo sie in heißen, feuchten Tieflandwäldern vorkommen. Die meisten Arten haben leuchtend gefärbte Blüten an verzweigten Infloreszenzen. Es gibt eine Reihe von intragenerischen Hybriden mit anderen Gattungen, um die Blütenfarbe und -form zu verbessern. Manche Arten sind in der Natur durch die Lebensraumzerstörung bedroht und *Renanthera imschootiana* wird auf Anhang 1 der CITES geführt.

Kultur: Diese großen vandeenartigen Orchideen brauchen warme bis sehr warme Temperaturen und sehr viel Licht. Sie werden in tropischen Ländern oft im Freien, in voller Sonne an Baumstämme gebunden, kultiviert; in Mitteleuropa ist nur eine Gewächshauskultur möglich. Durch ihren kletternden Wuchs und die langen Triebe ist es manchmal schwierig, die Pflanzen im Topf zu halten, Lattenkörbchen oder eine epiphytische Kultur auf Kork sind besser geeignet. Die Blüten können das ganze Jahr erscheinen, die Hauptblütezeit liegt in den Sommermonaten. Temperaturen unter 12 °C werden nicht vertragen. Die Vermehrung erfolgt durch Seitentriebe oder Teilung.

Renanthera coccinea

↔ 20–80 cm ↑ 20–120 cm

Weitverbreitet in Südostasien; sehr variabel. Die 5 cm großen, orange- bis dunkelroten Blüten mit dunkler Zeichnung erscheinen in großer Zahl im Frühjahr bis Sommer.

Renanthera monachica

Renanthera imschootiana

↔ 90–120 cm ↑ 120–150 cm

Myanmar, Nordindien, in der Provinz Yunnan, China und von Laos bis Südvietnam. Wächst epiphytisch auf Bäumen auf Kalkböden in Höhenlagen von 500–1500 m. Die langen Stämme verkahlen im Alter an der Basis und tragen zahlreiche, ledrige Blätter von 5–10 cm Länge. Blütentrieb meist verzweigt, im Frühjahr bis Sommer mit 10–30, etwa 5 cm großen Blüten. Sepalen und Petalen rot oder orangefarbenen oder gelb mit roten Punkten, die winzige Lippe ist weißlich mit roten Tupfen. CITES Anhang 1.

Renanthera monachica

↔ 50–60 cm ↑ 30–60 cm

Philippinen. Aufrecht wachsend mit 5–12 cm langen, schmalen Blättern und einer unverzweigten etwa 18–45 cm langen lockerblütigen Infloreszenz. Im Frühjahr erscheinen 6–30 gelbe Blüten, die dicht mit roten Punkten übersät sind und einen Durchmesser von 25–35 mm erreichen.

Renanthera-Hybriden

↔ 20–90 cm ↑ 0,3–2,4 m

Vandeenartig; Blütezeit in den wärmeren Monaten des Jahres, in den Tropen ganzjährig. Robuster und einfacher in der Kultur als die meis-ten Arten. Schön und empfehlens-wert sind die folgenden Hybriden:
Monaseng mit orangefarbenen, rot überhauchten Blüten; Eltern sind unter anderen *R. imschootiana*, *R. monachica* und *R. storiei;*
Tan Keong Choon, eine rot blühende Hybride aus *R. matutina*, *R. philippinensis* und *R. storiei;* sowie
Tom Thumb, eine Hybride aus *R. monachica* und *R. imschootiana*.

Renanthera imschootiana

Renanthera Tan Keong Choon

Renanthera Tom Thumb

Renanthera Monaseng

Restrepia antennifera

Restrepia antennifera 'Cow Hollow'

Restrepia contorta

Restrepia guttulata

Restrepia

Etwa 40 Arten umfasst diese Gattung, die bei Liebhabern immer beliebter wird. Die einblättrigen und einblütigen, sympodial wachsenden Epiphyten kommen aus den feuchten Bergregenwäldern Mittel- und Südamerikas und lassen sich auch ohne Blüte schnell als Restrepien erkennen. Sie sind mit *Pleurothallis* und *Masdevallia* verwandt und haben mit einer Länge von 8 cm verhältnismäßig große Blüten, die sich bei allen Arten in der Form ähneln. Die Blütenfarbe reicht von leuchtenden bis zu eher gedeckteren Tönen. Die lateralen Sepalen sind zu einem Synsepalum verwachsen, das auffälligste Kennzeichen der Restrepienblüte. Die Länge und Färbung des Synsepalums sind ein wichtiges Merkmal zur Artbestimmung.
Kultur: Diese Orchideen wachsen in einem breiten Temperaturspektrum, solange sie feucht gehalten werden, die Luftfeuchtigkeit hoch und die Luftbewegung ausreichend sind. Sie bevorzugen das ganze Jahr reichliche Wassergaben. Sphagnum-Moos ist ein ideales Substrat bei der Topfkultur, größere Exemplare können auch aufgebunden kultiviert werden. Als Unterlagen dienen Korkrinde mit einer Moosauflage oder Baumfarnbretter. Sie bevorzugen einen recht hellen Standort, vertragen aber keine direkte Sonne. Bei ausreichender Beleuchtung nehmen die Blätter oft eine rötliche Färbung an. Restrepien gehören zu den wenigen Orchideen, die durch Teilung oder Blattstecklinge vermehrt werden können.

Restrepia antennifera

syn. *Restrepia hemsleyana*

↔ 25–35 cm ↕ 20–25 cm

Kolumbien, Venezuela und Ekuador; in feuchten Bergwäldern. Die ovalen, zugespitzten Blätter stehen auf dünnen Stielen. Die Blüten erscheinen zu jeder Jahreszeit auf der Blattoberseite an deren Basis. Aus einer Blattbasis können sich immer wieder neue Blüten entwickeln. Blüten mit 8 cm wohl die größten der Gattung, gelb, orange, rosa oder rot, gestreift oder gepunktet. Der Klon **'Cow Hollow'** (syn. *R. hemsleyana* 'Cow Hollow') hat große, gestreifte Blüten.

Restrepia contorta

syn. *Restrepia caucana*

↔ 12–15 cm ↕ 18–20 cm

Wächst meist hoch in den Baumkronen nebliger Bergwälder in Venezuela, Kolumbien, Ekuador und Peru. Blätter oval, bis etwa 5 cm lang, auf dünnen Stielen. Die Blüten erreichen eine Länge von 25–35 mm und sind extrem variabel in Farbe und Zeichnung. Das Synsepalum ist in der Regel gelb, orange, rosa oder rot, gepunktet oder gestreift. Die Blüten können zu jeder Jahreszeit erscheinen. Wächst gleichermaßen gut im Topf oder aufgebunden mit einer feinen, wasserspeichernden Moosunterlage.

Restrepia guttulata

↔ 8–20 cm ↕ 8–15 cm

Venezuela bis Peru. Blüten bis 5 cm lang, in der Färbung wie die vorige Art sehr variabel von Orange bis Rot und Rosa bis Purpurviolett. Synsepalum mit auffälligen, dunkelroten bis purpurnen Flecken. Blütezeit ist im Frühjahr.

Restrepiella

Monotypisch. In Mittelamerika in Wäldern entlang von Flüssen, in Sumpfwäldern und Kaffeeplantagen zwischen 40–1600 m. Die mittelgroßen Pflanzen haben dicht stehende, einblättrige Triebe, die Blätter sind ledrig. Die einzige Art wurde als *Pleurothallis* beschrieben, dann mit 7 weiteren Arten in die Gattung *Restrepiella* überführt. Die übrigen werden mittlerweile in *Restrepiopsis*, eine Gattung die näher mit *Octomeria* und *Pleurothallopsis* verwandt ist, gestellt. Bis zu 4 duftende Blüten werden nacheinander hervorgebracht, jede einige Tage haltbar. Die Blüten ähneln einem Schlangenkopf.
Kultur: Warm bis temperiert, hell bei hoher Luftfeuchtigkeit und guter Luftumwälzung. Aufgebunden oder getopft. Regelmäßig gießen. Vermehrung durch Teilung.

Restrepiella ophiocephala

syn. *Pleurothallis ophiocephala*, *Restrepia ophiocephala*

↔ 15–20 cm ↕ 15–40 cm

Mexiko, Belize, Guatemala, El Salvador und Costa Rica. Stiele 8–22 cm lang, Blatt länglich oval, 8–22 cm lang. Blüten gelblich braun mit violetten Punkten, erscheinen in der Blattbasis im Winter und Frühjahr.

Restrepiella ophiocephala

Rhinerrhiza divitiflora

Rhinerrhiza

Diese mit *Sarcochilus* verwandte Gattung enthält nur eine Art, die in Ostaustralien und tiefer gelegenen Gebieten Neuguineas vorkommt.
Die monopodialen Pflanzen können recht groß werden und haben ausdauernde Blätter und ein stark entwickeltes Wurzelsystem. Die lange, hängende Infloreszenz trägt bis zu 60 Blüten, die leider nur 2 Tage halten.
Kultur: Diese Orchideen mögen es nicht, wenn ihre Wurzeln bedeckt sind, deshalb ist nur eine epiphytische Kultur auf langen Korkrindenstücken empfehlenswert, auf denen die weitreichenden Wurzeln Platz finden. Sie brauchen eine halbschattigen Standort mit hoher Luftfeuchtigkeit und eine gute Luftbewegung. Insgesamt nicht einfach zu kultivieren. Vermehrung durch Aussaat.

Rhinerrhiza divitiflora

↔ 8–30 cm ↑ 8–40 cm
Eine auffällige Art aus Australien und Neuguinea mit abgeflachten, rauen Wurzeln. Die spinnenartigen, gelblich orangefarbenen Blüten erreichen eine Breite von 6 cm und sind mit feinen roten Punkten übersät. Die Lippe ist verhältnismäßig klein, weiß mit roter und gelber Zeichnung. Blütezeit ist im Frühjahr.

Rhipidoglossum

Die im Jahr 1918 von dem deutschen Botaniker Rudolf Schlechter benannte Gattung enthält etwa 40 Arten und wurde bis vor kurzem von vielen Taxonomen als Synonym zu *Diaphananthe*, die 4 Jahre früher ebenfalls von Schlechter beschrieben wurde, angesehen. Neuere DNA-Analysen zeigen, dass die beiden Gattungen besser separat gehalten werden sollten. Die Pflanzen beider Gattungen sind sehr ähnlich und unterscheiden sich nur durch die Pollinien. Bei *Rhipidoglossum* hat jedes Pollinium ein eigenes Stipes (Bändchen) und Viscidium (Klebkörper), während bei *Diaphananthe* die Pollinien zwar eigene Stipes, aber ein gemeinsames Viscidium besitzen. Der stiftförmige Kallus auf der Lippe von *Diaphananthe* fehlt bei *Rhipidoglossum*. Rhipidoglossen haben kurze oder lange Triebe und Wurzeln, die bei Feuchtigkeit weiß gestreift sind. Blüten klein, weiß, grünlich oder gelblich, gespornt.
Kultur: Die kurztriebigen Arten gedeihen im Topf in einem mittelgroben Rindensubstrat, die langtriebigen werden besser aufgebunden. Die meisten Arten bevorzugen temperiert-warme Bedingungen, Schatten und hohe Luftfeuchtigkeit. Während des Wachstums regelmäßig gießen, sonst weniger, aber nicht austrocknen lassen. Vermehrung durch Teilung ausgewachsener Triebe oder Aussaat.

Rhizanthella slateri

Rhipidoglossum xanthopollinium

syn. ***Diaphananthe xanthopollinia***
↔ 15–30 cm ↑ 10–30 cm
Zentral- und Ostafrika bis Südafrika. Variable Art, mit kurzen oder langen Trieben und bandförmigen, sukkulenten Blättern die bis zu 15 cm lang werden. Die Infloreszenzen erscheinen entlang des Triebs und sind dicht mit Blüten besetzt. Die kleinen, nach Flieder duftenden Blüten erscheinen im Frühjahr und Sommer und sind creme- oder strohgelb bis orange.

Rhizanthella

Diese Gattung beinhaltet 2 Arten bizarrer saprophytischer Orchideen, eine aus Ost- *(Rhizanthella slateri)*, die andere aus Westaustralien *(R. gardneri)*. Sie wachsen und blühen komplett unterirdisch, nur die Samenkapsel erreicht knapp die Erdoberfläche. Sie werden meist nur durch Zufall entdeckt. Die kleinen, sukkulenten Blütenknopsen ähneln Pilzen und man nimmt an, dass Ameisen oder Fliegen, die in der Humusschicht leben, die Blüten bestäuben. Die Blütezeit liegt im Frühling und Sommer.
Kultur: Diese Orchideen sind nicht in Kultur anzutreffen.

Rhizanthella slateri

↔ 8–30 cm ↑ 8–20 cm
Ostaustralien. Rhizom verzweigt, ausgewachsene Pflanzen produzieren eine rundliche Infloreszenz, die dicht mit winzigen, fleischigen, cremefarbenen bis purpurvioletten Blüten besetzt ist. Die Blüten sind von schützenden Hüllblättern umgeben und erscheinen im Frühling oder Sommer.

Rhyncholaelia

Die beiden Arten dieser Gattung kommen von Mexiko bis Costa Rica bis in Höhenlagen von 1500 m vor. Sie wachsen in heißen, recht trockenen Wäldern oder im Dornbusch auf Kakteen. Die langen weißen Wurzeln wachsen mehrere Meter entlang der Rinde der Unterlage. Sie wurden früher zu *Brassavola* gestellt, aber aufgrund des cattleyenähnlichen Habitus und Unterschieden in der Blütenstruktur in eine eigene Gattung überführt. Ihre Hybriden tragen noch den alten Namen, zum Beispiel *Brassocattleya* oder *Brassolaelia*. Sie wurden zur Verbesserung der Blütensubstanz und des Duftes, sowie um gefranste Lippen und Petalen zu erhalten, in viele Hybriden eingekreuzt.
Kultur: Die Pflanzen können in kleinen Töpfen oder auf Korkrinde aufgebunden kultiviert werden und brauchen hohe Temperaturen und Luftfeuchtigkeit und sehr viel Licht. Vorsichtig wässern, nachdem die Pseudobulben ausgereift sind, eine Ruhezeit einlegen. Rhyncholaelien haben sehr brüchige Triebe, vor allem Neutriebe brechen sehr leicht, wenn man mit den Pflanzen hantiert. Vermehrung durch Teilung oder Aussaat.

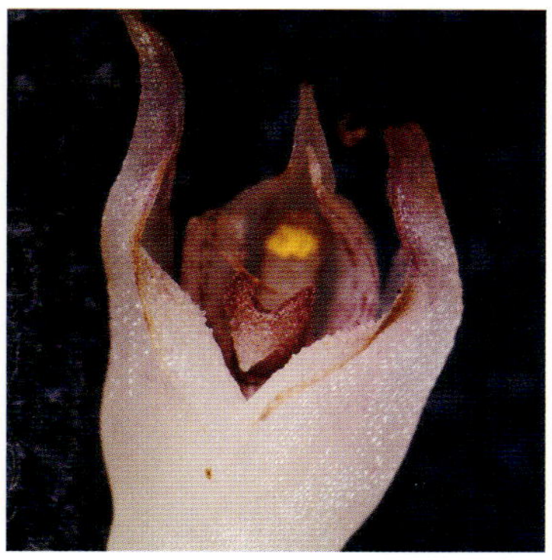

Rhizanthella slateri

Rhyncholaelia digbyana

Rhyncholaelia digbyana

syn. ***Brassavola digbyana***
↔ 20–35 cm ↑ 20–35 cm
Costa Rica, Belize, Guatemala, Honduras und Mexiko; Triebe mit typischer graugrüner Färbung. Pseudobulben einblättrig, insgesamt bis 20 cm hoch. Die einzelne, bis 18 cm große Blüte duftet nach Zitrone und hat apfelgrüne, manchmal bräunlichrot überhauchte, Sepalen und Petalen; die cremefarbene Lippe hat einen fein gefransten Rand. Blüht im Sommer. ***R. d.* var. *fimbripetala*** aus Honduras hat fein gefranste Petalen.

Rhyncholaelia glauca

syn. ***Brassavola glauca***
↔ 20–35 cm ↑ 20–35 cm
Guatemala und Mexiko; ähnelt *R. digbyana*. Pseudobulben spindelförmig, einblättrig. Die einzelne, duftende Blüte erscheint im Frühjahr aus einer 10 cm langen Blütenscheide. Sepalen und Petalen grün, manchmal leicht rötlich überhaucht, Lippe ganzrandig, cremefarben mit einem kleinen violetten Fleck an der Basis.

Rhynchostele

Diese 16 sympodial wachsenden Orchideenarten wurden von *Odontoglossum* getrennt und in eine eigene Gattung gestellt. Das Verbreitungsgebiet reicht von Mexiko bis ins nördliche Südamerika. Sie besitzen eiförmige, etwas abgeflachte Pseudobulben, die an der Spitze 3, relativ dünne Blätter tragen. Die Blüten sind meist attraktiv und sitzen an langen Infloreszenzen. **Kultur:** Die Pflanzen wachsen im Topf in einem feinen Rindensubstrat, dem etwa 20 % Perlite beigemischt werden. Auch Sphagnum-Moos hat sich bewährt. *Rhynchostele*-Arten gedeihen am besten bei feuchten, temperierten Bedingungen und benötigen das ganze Jahr über viel Wasser. Sie sind etwas wärmetoleranter als *Odontoglossum*-Arten. Ein halbschattiger Standort ist ideal. Die Vermehrung geschieht durch Teilung.

Rhynchostele bictoniensis

syn. ***Odontoglossum bictoniense***

↔ 20–40 cm ↑ 20–60 cm

Von Mexiko bis Panama. Infloreszenz aufrecht, mit bis zu 14 Blüten, die einen Durchmesser von 5 cm erreichen. Sepalen und Petalen gelblich grün bis braun, dunkler gepunktet und gezeichnet. Die breite Lippe ist weiß. Die Blütezeit ist im Winter bis Frühjahr. Bei ***R. b.*** **var.** ***alba*** fehlt die braune Zeichnung in den Sepalen und Petalen.

Rhynchostele cordata

syn. ***Odontoglossum cordatum***

↔ 20–40 cm ↑ 20–40 cm

Mexiko bis Venezuela. Blüten sternförmig, bis 8 cm groß, senfgelb mit dunkelbraunen Flecken. Blütezeit von Sommer bis Herbst.

Rhynchostele bictoniensis var. *alba*

Rhynchostele cordata

Rhynchostele Stanfordiense

Rhynchostele maculata

syn. ***Lemboglossum maculatum, Odontoglossum maculatum***

↔ 20–30 cm ↑ 20–35 cm

Verbreitungsgebiet Mexiko, Guatemala und Costa Rica; in Eichen- und Kiefernwäldern. Die Pseudobulben sind oval, seitlich zusammengedrückt und tragen wenige, dünne Blätter. Die aufrechte bis geneigte Infloreszenz entspringt an der Basis der Pseudobulben und trägt im Winter bis Frühling wenige, 6–8 cm große Blüten mit braunen Sepalen, gelben Petalen und einer rot bis braun getupften Lippe.

Rhynchostele rossii

syn. ***Lemboglossum rossii, Odontoglossum rossii***

↔ 15–20 cm ↑ 12–18 cm

Mexiko, Guatemala, Honduras und Nikaragua, in kühlen, feuchten Bergwäldern. Pseudobulben einblättrig, etwas zusammengedrückt. Infloreszenz an der Basis ausgereifter Pseudobulben im Herbst bis Winter mit bis zu 4 Blüten mit weißen bis hellrosa, rotbraun getupften Sepalen und Petalen, Lippe weiß mit gelbem Kallus. Wird oft mit *R. ehrenbergii* verwechselt, diese Art blüht aber an Trieben, die mit dem Neutrieb erscheinen.

Rhynchostele Stanfordiense

↔ 20–40 cm ↑ 20–70 cm

Primärhybride zwischen *R. bictoniensis* und *R. uro-skinneri*. Infloreszenz aufrecht, mit 5 cm großen Blüten, Sepalen und Petalen grün, variabel braun gezeichnet. Lippe rosa. Blütezeit Frühjahr bis Sommer.

Rhynchostele uro-skinneri

syn. ***Lemboglossum uro-skinneri, Odontoglossum uro-skinneri***

↔ 35–45 cm ↑ 30–40 cm

Guatemala und Honduras. Pseudobulben groß, zusammengedrückt, mit breiten, bandförmigen Blättern. Infloreszenz bis 100 cm lang, aus der Basis ausgereifter Pseudobulben. Blüten 3–5 cm im Durchmesser, Sepalen und Petalen braun gefleckt, Lippe rosa und weiß gefleckt. Blütezeit variabel.

Rhynchostylis

Gattung mit 4 oder 5 monopodialen Arten, die epiphytisch im tropischen Tiefland Asiens vorkommen. Triebe aufrecht, mit ledrigen Blättern in Zweierreihen. Ältere Pflanzen bilden an der Basis Seitentriebe und haben viele, sehr dicke Wurzeln. Der Blütentrieb erscheint seitlich am Stamm in der Basis der Blätter. **Kultur:** Brauchen sehr viel Licht und ganzjährig hohe Temperaturen. Sie gedeihen am besten in Lattenkörbchen, da die dicken Wurzeln unbehinderte Luftbewegung benötigen. Nach dem Gießen müssen Pflanze und Wurzeln schnell abtrocknen können. Vermehrung durch Aussaat.

Rhynchostylis gigantea

↔ 20–50 cm ↑ 20–60 cm

Aus Thailand und Indochina; die beliebteste Art in der Kultur. Blüten bis 3 cm im Durchmesser, die Farbe reicht von weiß mit rosa Tupfen und Flecken bis zu verschiedenen Purpur- und Rot-Tönen. Es gibt auch zweifarbig und reinweiß blühende Sippen. Die Blütezeit liegt im späten Winter und Frühling.

Rhynchostylis retusa

↔ 20–50 cm ↑ 20–75 cm

Südostasien, weitverbreitet. Die lange, hängende Infloreszenz trägt bis 60 weiße, rosa gezeichnete Blüten, die eine Größe von 18 mm erreichen. Eine seltene reinweiß blühende Form ist auch bekannt. Die Blütezeit liegt im Sommer.

Rhynchostylis gigantea

Rimacola elliptica

Rimacola

Monotypisch, nur in der Region um Sydney, Australien. Wächst in Felsspalten zwischen Sandsteinblöcken, die immer feucht sind. Die Pflanzen haben etliche gebogene, leicht überhängende Blätter und fleischige, weitreichende Wurzeln, in denen Wasser und Nährstoffe gespeichert werden. **Kultur:** Aufgrund der speziellen Anpassungen an das Habitat nicht zu kultivieren.

Rimacola elliptica

↔ 10–30 cm ↑ 6–30 cm

Unverwechselbare Art aus Australien. Der Blütentrieb trägt im Frühjahr oder Sommer bis zu 12 grüne Blüten, die eine Breite von 25 mm erreichen und auf der Lippe eine purpurbraune Zeichnung tragen.

Robiquetia

Diese Gattung beherbergt etwa 40 Arten, die von Indien und Sri Lanka über Südostasien bis nach Nordaustralien und auf einigen Pazifischen Inseln verbreitet sind. Die monopodial wachsenden Epiphyten sind meist im tropischen Tiefland anzutreffen. Die Blätter sind zweizeitig angeordnet und die Infloreszenz trägt viele, verhältnismäßig kleine, fleischige Blüten, die in den wärmeren Monaten des Jahres erscheinen. Einige Arten blühen auch zu jeder Jahreszeit.

Kultur: Diese Orchideen werden am besten epiphytisch, auf waagrechten oder senkrechten Korkrindenstücken aufgebunden, kultiviert, da die Wurzeln nicht gern von Substrat bedeckt sind. Größere Exemplare gedeihen auch in Lattenkörbchen. Das ganze Jahr über gleichmäßig feucht halten. Die meisten bevorzugen einen halbschattigen Standort und werden am besten im warmen Gewächshaus kultiviert. Die Temperatur sollte nicht unter 10 °C fallen. Vermehrung durch Aussaat.

Robiquetia cerina

↔ 12–35 cm ↑ 10–50 cm ♀ ◑ ◆ ✿ ⚑

Philippinen. Die Blätter sind ledrig, sukkulent und haben eine bläulich grüne Färbung. Die kurzen, dicht mit kleinen (6 mm Durchmesser) Blüten besetzten Infloreszenzen erscheinen im Frühling bis in den Sommer. Blütenfarbe rosa bis purpurviolett.

Robiquetia succisa

syn. ***Robiquetia paniculata***

↔ 20–50 cm ↑ 20–70 cm

♀ ☼/◑/☀ ◆/◇ ✿ ⚑

Wüchsige Art vom südostasiatischen Festland. Infloreszenz verzweigt, mit bis zu 80 goldgelben bis grünlichen Blüten im Sommer. Blütendurchmesser bis 12 mm.

Robiquetia succisa

Robiquetia cerina

Rodriguezia lanceolata

Rodriguezia decora

Rodriguezia

Etwa 40 sympodial wachsende Arten sind in Mexiko, Mittel- und Südamerika verbreitet und wachsen häufig als Zweigepiphyten in Nebelwäldern. Nur selten trifft man die Pflanzen auf dickeren Ästen oder Stämmen an. Die kleinen Pseudobulben sind seitlich abgeflacht und tragen 1–2 Blätter an der Spitze. Die Blüten erscheinen im Herbst oder Winter an einer Infloreszenz, die aus der Blattachsel eines gerade ausgereiften Triebs wächst. Viele Arten dieser nach dem brasilianischen Botaniker Barbosa Rodriguez benannten Gattung tragen leuchtend gefärbte Blüten.

Kultur: Am besten aufgebunden auf dünnen Kork- oder Baumfarnstreifen, die als Unterlage für die vielen drahtigen Wurzeln beherbegen. Sie brauchen hohe Luftfeuchtigkeit bei guter Luftbewegung. Vermehrung durch Teilung größerer Exemplare.

Rodriguezia decora

↔ 10–60 cm ↑ 10–40 cm

Brasilien. Pseudobulben in größeren Abständen auf dem kletternden Rhizom, in Kultur auf lange Unterlage aufbinden. Pseudobulben eiförmig, mit ledrigen, 15 cm langen Blättern. Bis zu 12 etwa 25 mm große Blüten erscheinen im Herbst und Winter an einer abstehenden Infloreszenz. Blüten hellrosa bis purpurbraun, Lippe ausgebreitet, weiß bis rosa mit dunklen Tupfen.

Rodriguezia lanceolata

syn. *Rodriguezia secunda*

↔ 15–20 cm ↑ 25–40 cm

Mittel- und Südamerika sowie auf den Westindischen Inseln. Pseudobulben einblättrig, schmal, 35 mm hoch, Blatt bis 25 cm lang. Die unverzweigte, 8–40 cm lange Infloreszenz ist dicht mit leuchtend rosaroten, kleinen Blüten besetzt. Die Blütezeit liegt im Winter und Frühjahr.

Rodriguezia venusta

↔ 15–20 cm ↑ 15–18 cm

Aus Brasilien und Peru. Pseudobulben 25–30 mm lang, länglich oval mit einem 15 cm langen Blatt. Die gebogene Infloreszenz wird 8–18 cm lang und trägt etliche, stark duftende weiße Blüten, die auf der Lippe einen gelben Kallus haben und einen Durchmesser von 35 mm erreichen. Blütezeit ist im Frühjahr.

Rossioglossum

Diese kleine Gattung enthält 6 Arten, die früher der Gattung *Odontoglossum* zugeordnet wurden. Sie haben auffällige, etwas zusammengedrückte Pseudobulben mit bis zu 3 breiten Blättern an der Spitze. Die Blütentriebe erscheinen an der Blattbasis mit dem entstehenden Neutrieb und entwickeln sich schon im Spätsommer bis Herbst; die Blüten erscheinen im Spätherbst bis Winter. Sie blühen nur einmal aus demselben Trieb.

Kultur: Während der Wachstumsperiode vom späten Frühjahr bis in den Herbst werden warme Temperaturen und eine hohe Luffeuchtigkeit bei großzügigen Wassergaben bevorzugt. Im Winter dann trockener und kühler halten und nur soviel gießen, dass die Pseudobulben nicht schrumpfen. Sie wachsen am besten getopft in einem Rindensubstrat bei kühlen bis temperierten Bedingungen. Starke Pflanzen können geteilt werden.

Rossioglossum grande

syn. *Odontoglossum grande*

↔ 20–50 cm ↑ 20–50 cm

Mexiko und Guatemala. Bis zu 8 rot-gelb gestreiften Blüten, die einen Durchmesser von 15 cm erreichen. Lippe cremefarben mit rotbrauner Zeichnung.

Rossioglossum Rawdon Jester

↔ 20–50 cm ↑ 20–50 cm

Kreuzung aus *R. grande* und *R. Williamsianum (R. grande × R. schlieperianum);* ähnelt einem kompakten *R. grande.* Blüht im Winter bis Frühjahr.

Rossioglossum Rawdon Jester

Rossioglossum grande

Sarcochilus aequalis

Sarcochilus aequalis, Albino-Form

Saccolabiopsis armitii

Saccolabiopsis

Diese Gattung ist mit *Sarcochilus* verwandt und enthält etwa 8 monopodiale Arten, die in Nordaustralien, Neuguinea und Indonesien verbreitet sind. Sie wachsen häufig am Waldrand von Regenwäldern als Zweigepiphyten, seltener an dicken Ästen oder Stämmen. Die kleinen Pflanzen haben zweizeilig angeordnete Blätter und drahtige Wurzeln. Die kurzen Infloreszenzen tragen meist grünliche Blüten, die zur Spitze des Blütentriebes hin zeigen.

Kultur: Da diese Orchideen es nicht mögen, wenn ihre Wurzeln bedeckt sind, wachsen sie am besten aufgebunden auf schmalen Korkrindenstreifen. Sie bevorzugen einen halbschattigen Standort bei warmen Bedingungen und hoher Luftfeuchtigkeit und guter Luftbewegung. Sie sind nicht ganz einfach in der Kultur. Vermehrung durch Teilung ausgereifter Triebe oder durch Aussaat.

Saccolabiopsis armitii

↔ 6–15 cm ↑ 6–20 cm

Nordqueensland, Australien. Infloreszenz hängend, mit bis zu 50 kleinen, gelblich grünen Blüten, im Sommer.

Sarcochilus

Diese Gattung vereint etwa 20 kleinwüchsige, monopodiale Orchideen, die in Ostaustralien und Neukaledonien vorkommen und als Epiphyten und Lithophyten in Wäldern vorkommen. Die kurze Infloreszenz trägt attraktive Blüten und erscheint im Frühjahr oder Sommer. Die lithophytischen Arten werden häufiger kultiviert und bilden dichte Polster, die baumbewohnenden wachsen häufig als Zweigepiphyten und haben meist nur einen Trieb.

Kultur: Die lithophytischen Arten wachsen gut im Topf in einem groben Substrat aus 2 Teilen mittelfeiner Rinde, 1 Teil Quarzkies und etwas Perlite. Die epiphytischen gedeihen besser aufgebunden, z. B. auf Korkrinde. Sie sind besonders anfällig für Herzfäule, wenn Wasser zwischen den neuen Blättern stehen bleibt. Die meisten Arten bevorzugen kühle bis temperierte Bedingungen, eine Schattierung von mindestens 70 % und hohe Luftfeuchtigkeit. Sie vertragen keine hohen Temperaturen und brauchen eine ständige Luftbewegung. Die polsterbildenden Arten kann man durch Teilung vermehren, die epiphytischen nur durch Aussaat.

Sarcochilus aequalis

syn. *Sarcochilus hartmannii* **Südlicher Typ**

↔ 15–25 cm ↑ 10–15 cm

Östliches New South Wales, Australien; an windigen, schattigen Standorten bis 600 m Höhe. Blätter dünn, bis 15 cm lang, ausgebreitet. Blüten bis 18 mm breit, cremefarben mit feiner hellbrauner Zeichnung, im Winter.

Sarcochilus ceciliae

↔ 15–30 cm ↑ 10–20 cm

Queensland und nördliches New South Wales, Australien; an trockenen sonnigen Standorten. Blätter bis 10 cm lang. Infloreszenz aufrecht, bis 20 cm hoch mit winzigen rosa Blüten, Lippe gelb gezeichnet, im Frühling und Sommer.

Sarcochilus falcatus

↔ 10–20 cm ↑ 6–20 cm

Östliches Australien. Mit bis zu 12 weißen bis cremefarbenen Blüten, die eine Größe von 35 mm erreichen und auf der Lippe goldfarben und purpurn gezeichnet sind, im Spätfrühling.

Sarcochilus fitzgeraldii

Sarcochilus hartmannii 'Giant Frost'

Sarcochilus hirticalcar

Sarcochilus fitzgeraldii

↔ 10–40 cm ↑ 10–40 cm

Australien; wächst an kühlen, schattigen Standorten. Bis zu 12 weiße Blüten mit hellrosa bis dunkelroten Tupfen und Bändern in der Mitte, bis 30 mm breit, im Frühling.

Sarcochilus hartmannii

↔ 10–40 cm ↑ 10–40 cm

Australien; variabel, häufig an sehr sonnigen, exponierten Standorten. Blätter dick, sukkulent. Infloreszenz aufrecht bis übergeneigt, mit bis zu 25 Blüten im Frühling. Blüten weiß, rund, bis 35 mm groß, Lippe winzig, manchmal mit rötlich brauner Zeichnung in der Mitte. **'Giant Frost'** ist ein attraktiver Cultivar mit besonders gut geformten Blüten.

Sarcochilus hillii

↔ 6–12 cm ↑ 6–12 cm

Queensland bis südliches New South Wales, Australien, in subtropischen Küstengebieten. Insgesamt klein bleibende Art. Blätter sehr schmal, sukkulent, bis 10 cm lang. Blüten rundlich, kristallig weiß bis zart rosa, 12 mm breit, im Frühjahr und Sommer.

Sarcochilus hirticalcar

syn. *Parasarcochilus hirticalcar, Pteroceras hirticalcar*

↔ 6–15 cm ↑ 6–15 cm

Cape York Halbinsel, Nordqueensland, Australien. Blüten grünlich gelb, bis 12 mm groß, Sepalen und Petalen rötlich braun gerandet. Blüht im Sommer und Herbst.

Sarcochilus olivaceus

↔ 10–30 cm ↑ 10–20 cm

Ostaustralien. Bis zu 12 gelblich grüne bis leuchtend grüne, duftende, bis 35 mm breite Blüten vom Hochsommer bis in den frühen Herbst.

Sarcochilus serrulatus

↔ 10–20 cm ↑ 6–15 cm

Nördliches Queensland, Australien; an schattigen Standorten, selten. Blüten an kurzen Infloreszenzen, ziegelrot bis braun, bis 18 mm lang, im Frühling.

Sarcochilus-Hybriden

↔ 10–40 cm ↑ 10–40 cm

Viele *Sarcochilus*-Arten wurden untereinander gekreuzt oder selektierte Linien gezüchtet. Viele Züchtungen verbinden die Robustheit lithophytischer Arten wie *S. ceciliae, S. fitzgeraldii* und *S. hartmannii* mit den farbigeren Blüten epiphytischer Arten wie *S. hirticalcar*. Viele Hybriden blühen das ganze Jahr. Die Blütengröße variiert von 18–35 mm. Schön sind: **Armstrong**, orangefarbene Blüten; **Bobby-Dazzler**, rosa und violett; **Burgundy on Ice 'Arctic Circle'**, Blüten weiß mit roter Mitte; **First Light**, mit bräunlicher Zeichnung und dunklen Punken; **Fitzhart**, weiß mit violetten Bändern und Zeichnungen; **Heidi**, Rückkreuzung von *S.* Fitzhart mit *S. hartmannii*; **Kate**, rosa blühend, Kreuzung aus *S. roseus* und *S.* Heidi; **Melba**, Primärhybride zwischen *S. falcatus* und *S. hartmannii*; sowie **Velvet**, rosa mit dunklerer Zeichnung.

Sarcochilus serrulatus

S

Sarcochilus Armstrong

Sarcochilus Bobby-Dazzler

Sarcochilus First Light

Sarcochilus Kate

Sarcochilus Burgundy on Ice 'Arctic Circle'

Sarcochilus Burgundy on Ice 'Arctic Circle'

Sarcochilus Fitzhart

Sarcochilus Velvet

Sartylis Blue Knob

Sartylis

Diese Kreuzung zwischen *Sarcochilus* und *Rhynchostylis* wurde entwickelt, um die Temperaturtoleranz der zu den tropischen Vandeen gehörenden *Rhynchostylis*-Arten zu vergrößern. Bislang wurden nur wenige dieser monopodialen Hybriden, die deutlich niedrigere Temperaturen vertragen, als reine *Rhynchostylis*-Arten, registriert. Sie sind anpassungsfähig und blühen das ganze Jahr durch.

Kultur: Diese Orchideen wachsen ideal in kleinen Lattenkörbchen in Rinde, bevorzugen kühle bis warme Temperaturen, eine hohe Luftfeuchtigkeit und viel Licht. Die farbenprächtigen Blüten sind sehr lange haltbar. Die Wurzeln wachsen häufig über den Rand der Lattenkörbchen oder Töpfe hinaus und müssen nach dem Gießen rasch wieder abtrocknen können. Sie bilden meistens nur einen Trieb aus und müssen durch Aussaat oder Meristemkultur vermehrt werden.

Sartylis Blue Knob

↔ 10–50 cm ↑ 10–60 cm

Primärhybride zwischen *Sarcochilus hartmannii* und *Rhynchostylis retusa*. Blüten an langen Infloreszenzen, jede bis 30 mm groß, weiß bis hellrosa mit purpurnen Flecken. Blüht das ganze Jahr, besonders üppig im Frühjahr und Sommer.

Sartylis Jannine Banks

↔ 10–50 cm ↑ 10–60 cm

Primärhybride zwischen *Sarcochilus hartmannii* und *Rhynchostylis gigantea*. Infloreszenzen mit zahlreichen dunkelroten und rosafarbenen Blüten, die eine Größe von bis zu 5 cm erreichen und in Abständen mehrmals nacheinander während der wärmeren Monate im Jahr erscheinen.

Satyrium hallackii

Satyrium

Die meisten der über 100 terrestrischen, laubabwerfenden Arten dieser Gattung kommen im südlichen Afrika vor, einige auch in Madagaskar und *Satyrium nepalense* ist von Pakistan bis Südwestchina verbreitet. Sie sind eng mit *Disa* verwandt und tragen ihre Blüten meist in dichten Rispen am Ende aufrechter Infloreszenzen. Die Lippe zeigt bei allen Arten nach oben und ist helmförmig. Die Blüten werden von einer blattartigen Braktee geschützt und variieren in der Farbe.

Kultur: Diese Orchideen brauchen ein durchlässiges Erdorchideensubstrat mit einem hohen Anteil von grobem Sand und etwas organischem Material. Manche Arten sind einfach zu kultivieren, andere haben sich als heikel erwiesen. Sie brauchen viel Licht zur Blütenbildung und müssen während des Wachstums feucht gehalten werden. In der Ruhezeit muss das Substrat austrocknen. Vermehrung durch Teilung.

Satyrium carneum

↔ 30–45 cm ↑ 30–80 cm

Westliches Südafrika. 2 basale Blätter, oval, bis 22 cm lang, dicht am Boden aufliegend. Blütenstiel mit etlichen Hüllblättern, Infloreszenz dichtblütig, mit vielen rosafarbenen, relativ großen Blüten im Sommer. Sporn bis 18 mm lang, parallel zum Ovarium.

Satyrium coriifolium

↔ 15–25 cm ↑ 20–75 cm

Westliches Südafrika. Blätter bis 15 cm lang, aufrecht oder ausgebreitet, elliptisch. Infloreszenz im Frühling, dichtblütig mit leuchtend orangefarbenen bis gelben, relativ großen Blüten mit 12 mm langem Sporn.

Satyrium erectum

↔ 10–30 cm ↑ 10–50 cm

Westliches Südafrika. 2 basale, fast runde bis 15 cm lange Blätter, dicht auf dem Boden aufliegend. Blütentrieb mit etlichen Hüllblättern und einigen bis vielen, dicht stehenden hell- bis dunkelrosa Blüten, die intensiv und sehr angenehm duften. Petalen und Lippe dunkler gezeichnet, Sporn kurz. Blüht im Frühling.

Satyrium hallackii

↔ 20–40 cm ↑ 20–60 cm

Südöstliches Afrika. Lockere Blattrosette, aus der eine kräftige aufrechte Infloreszenz mit bis zu 60 rosafarbenen, bis 35 mm großen Blüten erscheint. Blüht im Sommer.

Satyrium longicauda

↔ 20–40 cm ↑ 20–70 cm

Südöstliches Afrika. Pflanze mit wenigen, meist nur 1–2 Blättern und etwas schlaffer, nicht immer aufrechter Infloreszenz mit bis zu 40 weißen bis rosafarbenen, bis 35 mm großen Blüten. Blüht im Sommer.

Satyrium nepalense

↔ 20–50 cm ↑ 15–75 cm

Indien, Sri Lanka und Myanmar. Aufrecht wachsende Art mit halbaufrechten bis ausgebreiteten, recht fleischigen Blättern, die eine Länge von 10–25 cm erreichen. Infloreszenz kräftig, gedrungen, mit Hüllblättern entlang des Stängels, dichtblütig mit duftenden, rosafarbenen Blüten, die bis 12 mm breit werden. Brakteen länger als die Blüten. Selten findet man auch Pflanzen mit weißen Blüten. Blüht im Sommer.

Satyrium longicauda

Satyrium pumilum

Satyrium pumilum

↔ 5–10 cm ↑ 2,5–5 cm

Endemisch in Südafrika. Unverkennbare Art mit sehr kurzen Trieben, sodass die mit einer Breite von 30 mm verhältnismäßig großen Blüten praktisch auf der Erde sitzen. Blüten grünlich gelb bis dunkelrotbraun, nach Aas riechend. Die Blüten erinnern an die der nicht verwandten Sukkulentengattung *Stapelia* und werden wie diese von Fliegen bestäubt. Blüht im Frühjahr und Sommer.

Scaphosepalum

Diese, mit *Pleurothallis* und *Porroglossum* verwandte Gattung umfasst etwa 60, meist epiphytisch, seltener auch lithophytisch wachsende Orchideenarten, die in Mittelamerika und der nördlichen Hälfte Südamerikas verbreitet sind. Sie wachsen in Regen- und Nebelwäldern. Die mehrblütigen Infloreszenzen erscheinen an der Basis der Blätter. Die Blüten öffnen sich nacheinander, so blüht die Pflanze praktisch das ganze Jahr durch. Die seitlichen Sepalen mit ihren verlängerten Anhängseln sind das auffälligste Merkmal der farbenprächtigen Blüten, deren Lippe nach oben zeigt. **Kultur:** Diese Orchideen brauchen einen feuchten, schattigen Standort und ganzjährig kühle Temperaturen. Die Luftfeuchtigkeit muss hoch sein und die Pflanzen dürfen nicht der direkten Sonneneinstrahlung ausgesetzt sein. Die meisten *Scaphosepalum*-Arten gedeihen am besten in kleinen Töpfen in reinem Sphagnum oder einer feinen Rindenmischung. Die kriechenden Arten fühlen sich auch auf Baumfarnstäben aufgebunden wohl. Vermehrung durch Teilung.

Scaphosepalum breve

↔ 10–15 cm ↑ 12–15 cm

Guyana, Venezuela, Kolumbien, Ekuador und Bolivien. Triebe bis 30 mm lang, mit einem 15 cm großen, schmalelliptischen Blatt. Infloreszenz bis 25 cm lang, mit mehreren Blüten über das Jahr verteilt. Die orangefarben bis gelben, rot gezeichneten Sepalen werden insgesamt etwa 25 mm lang, davon entfallen 12 mm auf die Anhängsel. Lippe und Petalen klein.

Scaphosepalum swertiifolium

↔ 12–15 cm ↑ 15–22 cm

Kolumbien und Ekuador; büscheliger Wuchs. Triebe bis 35 mm hoch mit einem 20 cm langen Blatt. Infloreszenz bis 15 cm lang, Blüten weiß oder hellrosa mit brauner Zeichnung, bis 8 cm groß. Seitliche Sepalen mit bis zu 5 cm langen Anhängseln. Die Lippe und die Petalen sind sehr klein. Die Blüten erscheinen nacheinander das ganze Jahr über.

Scaphosepalum verrucosum

↔ 15–20 cm ↑ 20–50 cm

Kolumbien; büscheliger Wuchs. Triebe bis 30 mm hoch, Blätter ledrig bis fleischig, 5–15 cm lang. Infloreszenzen aufrecht, 20–50 cm hoch mit zahlreichen Blüten auf warzigen Stielen. Blüten klein, von fleischiger Textur, gelb oder gelblich grün mit rotbrauner oder purpurvioletter Zeichnung. Die Blüten erscheinen nacheinander das ganze Jahr über.

Scaphosepalum swertiifolium

Scaphyglottis violacea

Scaphyglottis

Diese mit *Hexisea* verwandte Gattung ist mit über 50 Arten in Mittelamerika, der Karibik und in Südamerika bis Brasilien und Bolivien verbreitet. Ihre genaue botanische Einordnung ist noch nicht ganz geklärt und es finden sich auch nur wenige Arten in Kultur. Diese sympodialen Epiphyten und Lithophyten haben einen ungewöhnlichen Habitus: Die neuen Triebe werden nicht nur an der Basis der Pseudobulben gebildet, sondern auch an ihrer Spitze. Die Blüten erscheinen in den Blattachseln und sind bei den meisten Arten grün, winzig und unscheinbar. Es gibt nur wenige Arten, die größere und farbenprächtigere Blüten hervorbringen. Diese botanischen Orchideen sind eher interessante Sammelobjekte für spezialisierte Liebhaber, als Pflanzen für die Fensterbank.
Kultur: Diese kleinwüchsigen Miniatur-Orchideen wachsen gut in einem durchlässigen, aber feuchtigkeitsspeicherndem Substrat oder auf Baumfarn aufgebunden. Sie bevorzugen temperierte Bedingungen und regelmäßige Wassergaben, da sich die Pflanze immer im Wachstum befindet und keine Ruhezeit durchmacht. Vermehrung durch Teilung oder durch Abtrennen seitlicher Keikis.

Scaphyglottis prolifera

syn. *Scaphyglottis cuneata*

↔ 8–10 cm ↑ 10–12 cm

Mittel- und Südamerika. Triebe mit übereinander angeordneten, zylindrischen oder spindelförmigen Pseudobulben, dichtbüschelig, verzweigt mit jeweils 2 schmalen, knapp 5 cm langen Blättern. Infloreszenzen in Büscheln, mit jeweils 1 kleinen, weißen, leicht rosa oder gelb überhauchten Blüte. Blütezeit im Frühling.

Scaphyglottis stellata

syn. *Scaphyglottis amethystina*

↔ 8–15 cm ↑ 8–15 cm

Mittel- und Südamerika. Triebe mit übereinander wachsenden, bis 12 cm langen, häufig rötlich überlaufenen zweiblättrigen Pseudobulben mit etwa 12 cm langen Blättern. Infloreszenzen in Büscheln mit je 1 kleiner, rosa, violetter oder selten auch weißer Blüte. Blüht im Frühling.

Scaphyglottis violacea

↔ 5–20 cm ↑ 6–15 cm

Venezuela, Brasilien und Peru; kleine, verzweigte Art. Im Frühling erscheinen kleine Büschel rosaroter und weißer Blüten, die sich nicht ganz öffnen.

Schistostylus

Monotypische Gattung, die mit *Sarcochilus* verwandt ist und aus Ostaustralien kommt. Die kleinen Pflanzen wachsen meist an dünnen Zweigen und den äußeren Ästen, häufig über Wasser; nur selten findet man sie an dicken Ästen oder Stämmen. Sie haben zweizeilig angeordnete Blätter und grobe, drahtige Wurzeln. Die kleinen grünlichen Blüten sitzen an kurzen Infloreszenzen und sind zu deren Spitze ausgerichtet.
Kultur: Aufgebunden, am besten auf Korkrinde, da die Wurzeln nicht mit Substrat bedeckt werden sollen. Halbschatten, bei hoher Luftfeuchtigkeit und guter Luftbewegung. Etwas heikel in der Kultur. Die Vermehrung erfolgt durch Aussaat.

Schistostylus purpuratus

↔ 6–12 cm ↑ 6–12 cm

Ostaustralien; relativ beschränktes Verbreitungsgebiet. Infloreszenzen kurz, hängend, mit bis zu 6 rötlichen bis grünlichen, 6 mm breiten Blüten, die eine weiße Lippe haben. Blüht im Frühling.

Schoenorchis

Etwa 22 Arten sind in dieser Gattung bekannt, die in den tropischen Regionen Asiens von Indien und Sri Lanka bis Indonesien, auf die Philippinen, Neuguinea und Nordaustralien verbreitet ist. Sie wachsen epiphytisch und haben aufrechte oder hängende, manchmal verzweigte monopodiale Triebe mit breiten oder schmalen, bei manchen Arten auch zylindrischen, Blättern. Die kleinen Blüten erscheinen in großer Zahl an einfachen oder verzweigten Infloreszenzen.
Kultur: *Schoenorchis*-Arten wachsen am besten auf Korkrinde oder einer ähnlichen Unterlage aufgebunden bei sehr warmen Temperaturen, hoher Luftfeuchtigkeit und Halbschatten. Die tereten Arten müssen gleichmäßig gegossen werden, die breitblättrigen brauchen weniger Wasser und müssen vor allem schnell wieder abtrocknen können. Diese Arten müssen im Winter auch etwas kühler und trockener stehen. Die Vermehrung erfolgt durch Aussaat.

Schoenorchis fragrans

syn. *Saccolabium fragrans*

↔ 3–5 cm ↑ 5–10 cm

Myanmar und Thailand in Höhenlagen bis 1000 m. Blätter breit elliptisch, sukkulent. Die kurzen hängenden Infloreszenzen erscheinen im Sommer aus den Blattachseln und tragen zahlreiche kleine, leuchtend rosafarbene Blüten.

Schoenorchis micrantha

syn. *Schoenorchis densiflora*

↔ 5–10 cm ↑ 5–10 cm

Neuguinea; in tieferen Lagen. Unterscheidet sich von *S. fragrans* durch die sichelförmigen, zylindrischen Blätter und die weißen, duftenden Blüten, die an hängenden Infloreszenzen im Frühling und Sommer erscheinen.

Schoenorchis pachyacris

↔ 3,5–8 cm ↑ 1,8–6 cm

Thailand, Malaysia und Indonesien. Sehr kleine, vandeenartige monopodiale Orchidee mit dicken, sukkulenten Blättern und einer kurzen Infloreszenz mit kleinen Blüten im Sommer, bis 6 mm groß, leuchtend rosa.

Schomburgkia

Die etwa 20 Arten dieser Gattung sind in der Karibik und von Mexiko bis Brasilien verbreitet. Sie ähneln im Habitus etlichen größeren *Laelia*-Arten, mit denen sie auch verwandt sind. Sie haben verlängerte, manchmal hohle Pseudobulben, die 2–3 steife, ledrige Blätter tragen. Die lange Infloreszenz erscheint an der Spitze des neuen Triebs und trägt im Spätfrühling, Sommer oder Herbst ein Büschel farbenprächtiger, großer, oft wachsartiger Blüten an der Spitze.
Kultur: Die meisten Arten brauchen sehr viel Licht und warme Tempera-

Schistostylus purpuratus

Schoenorchis pachyacris

turen während der Wachstumsphase. Unter 10 °C fühlen sie sich nicht mehr wohl. Der sparrige Wuchs macht es schwierig, sie im Topf zu halten, und sie blühen auch erst, wenn sie eng im Topf stehen oder über den Rand hinausgewachsen sind. Ausgewachsene Exemplare brauchen mindesten 45 cm breite Töpfe. Man kultiviert sie besser auf großen Korkrindenstücken aufgebunden. Die meisten Arten brauchen während der Mittagshitze eine leichte Schattierung. Vermehrung durch Teilung.

Schomburgkia lueddemanniana

↔ 50–100 cm ↑ 60–140 cm

Von Costa Rica bis Kolumbien; große Pflanze mit bis zu 40 cm hohen, keulenförmigen Pseudobulben, die 2–3 längliche, 30 cm lange Blätter tragen. Infloreszenz an der Spitze der Pseudobulben, mehr oder weniger aufrecht, mit etlichen Blüten im Frühling. Blüten 5–6 cm breit, Sepalen und Petalen hellbraun, Lippe dreilappig, rosa.

Schomburgkia superbiens

syn. *Cattleya superbiens, Laelia superbiens*

↔ 1,2–1,8 m ↑ 0,6–3,5 m

Mexiko, Guatemala und Honduras. Große Pflanze mit schlanken, gefurchten Pseudobulben, die 30 cm hoch werden und 1–2 schmalen, bis 30 cm langen Blättern an der Spitze. Infloreszenz terminal, unverzweigt, aufrecht oder überhängend, bis 1,2 m lang, mit zahlreichen, bis 12 cm breiten, violettrosafarbenen, duftenden Blüten im Herbst. Lippe dunkler mit gelbem Kallus.

Schomburgkia undulata

↔ 1,2–1,8 m ↑ 0,9–2 m

Kolumbien, Trinidad und Venezuela. Große Pflanze mit spindelförmigen, bis 35 hohen Pseudobulben und 2–3 länglichen, steifen, bis 30 cm langen Blättern an der Spitze. Infloreszenz 0,6–1,8 m lang, unverzweigt, mit bis zu 20, locker an der Spitze angeordneten Blüten, die manchmal duften, wachsartige, glänzend purpurbraune, gewellte Sepalen und Petalen haben sowie eine leuchtend magentarote Lippe. Blütezeit ist vom Herbst bis in den Frühling.

Schoenorchis fragrans

Schomburgkia weberbaueriana

↔ 0,9–1,2 m ↑ 0,9–1,2 m

Peru; in Bergwäldern. Große Pflanze mit spindelförmigen bis zylindrischen, etwa 40 cm hohen Pseudobulben und 2 Blättern an deren Spitze. Infloreszenz bis 80 cm lang, unverzweigt, mit zahlreichen, locker angeordneten Blüten mit auffälligen, schmalen, zugespitzten Segmenten. Blüten bis 35 mm breit, grünlich gelb mit brauner Zeichnung, Lippe weiß, lila überhaucht. Blüht im Spätfrühling.

Schomburgkia lueddemanniana

Scuticaria

Diese Gattung mit 5 sympodial wachsenden Epiphyten kommt aus Mittel- und Südamerika. Die Pflanzen haben kleine, einblättrige Pseudobulben und lange, hängende Blätter, die mehr oder weniger zylindrisch geformt sind und auf der Oberseite eine Furche haben. Die seitliche Infloreszenz trägt eine bis mehrere Blüten, die ausgebreitete Sepalen und Petalen sowie eine dreilappige Lippe besitzen. Der Gattungsname leitet sich vom lateinischen *scutica*, das Peitsche bedeutet, ab und bezieht sich auf die Form der Blätter.
Kultur: Aufgrund der langen, hängenden Blätter sollten diese Orchideen auf senkrechte Rindenstücke aufgebunden werden. Während der Wachstumsphase brauchen sie viel Wasser, nach der Blüte können sie etwas trockener stehen. Die Vermehrung erfolgt durch Teilung.

Scuticaria hadwenii

↔ 15–20 cm ↑ 20–45 cm
Brasilien und Guyana; hängender Wuchs. Blätter bis 45 cm lang, Infloreszenz hängend oder übergeneigt, bis 5 cm lang mit 1–2 Blüten im Frühling bis Herbst. Blüten bis 8 cm groß, duftend, lange haltbar, mit intensiver brauner Zeichnung und einer weißen bis hellgelben, rot und braun getupften Lippe.

Scuticaria steelei

↔ 15–20 cm ↑ 100–150 cm
Tropisches Mittel- und Südamerika. Pseudobulben bis 30 mm lang mit hängenden, bis 150 cm langen Blättern. Infloreszenz kurz, mit 1–3 attraktiven, bis 8 cm großen, gelb und grün gezeichneten, duftenden Blüten im Frühling und Sommer. Lippe heller, mit rötlichen Streifen.

Sedirea

Monotypisch. Die einzige epiphytische Art ist in Korea und Japan sowie auf den Ryukyu-Inseln verbreitet und hat

Sedirea japonica

Serapias lingua

kräftige, fleischige Wurzeln und Blätter sowie Rispen mit duftenden Blüten.
Kultur: Im Topf in einem mittelfeinen Rindensubstrat bei hoher Luftfeuchtigkeit an einem halbschattigen Standort im temperierten Gewächshaus. Im Winter kann man die Pflanzen trockener halten, ganz austrocknen sollten sie aber nicht. Die Vermehrung erfolgt durch Aussaat.

Sedirea japonica

↔ 15–30 cm ↑ 10–15 cm
Korea, Japan und Ryukyu-Inseln. Blätter bis 15 cm lang, bandförmig. Infloreszenzen bis 15 cm lang mit 2–12 duftenden, 25 mm großen, weißen Blüten, im Sommer. Seitliche Sepalen mit purpurvioletten Bändern in der unteren Hälfte und rosavioletten Tupfen auf der Lippe.

Seidenfadenia

Monotypisch, Thailand und Myanmar, als Epiphyt in Wäldern zwischen Meereshöhe und 1800 m. Die langen zylindrischen Blätter hängen von einem kurzen monopodialen Trieb herab und erreichen eine Länge von 50 cm. Die aufrechte Infloreszenz trägt zahlreiche, attarktive Blüten. Wurzeln dick und weiß, auffällig.
Kultur: Warm und feucht, ähnlich wie *Phalaenopsis*. Aufgrund des hängenden Habitus werden die Pflanzen am besten mit einer dünnen Schicht Moos oder Sphagnum auf Kork aufgebunden. Vermehrung durch Aussaat.

Seidenfadenia mitrata

syn. *Aerides mitrata*
↔ 10–15 cm ↑ 30–50 cm
Thailand und Myanmar; in feuchten Wäldern. Infloreszenz einfach, aufrecht, 15–20 cm hoch mit 15–30 mit duftenden, hellrosa Blüten mit dunklerer Lippe, im Frühling.

Serapias neglecta

Serapias

Zungenständel
Die 7–12 Arten der Gattung wachsen terrestrisch im Mittelmeerraum, östlich bin in den Kaukasus und einige Arten bis Frankreich, die Schweiz, Großbritannien und im Süden bis auf die Kanarischen Inseln und Nordafrika. Im Habitus ähneln sie den Arten der Gattung *Orchis*, haben aber spornlose Blüten mit einer sehr auffälligen, zungenförmigen Lippe. Im Winter ziehen sich die Pflanzen in unterirdische Knollen zurück.
Kultur: Diese Orchideen gehören zu den einfacher zu kultivierenden europäischen Erdorchideen. Sie gedeihen im Alpinenhaus mit einer trockenen Ruheperiode im Sommer. Sie brauchen ein durchlässiges, mineralisches Subtrat und direkte Sonne. Die Frosthärte ist je nach Art unterschiedlich, ein geschützter Platz mit Temperaturen knapp über dem Gefrierpunkt ist empfehlenswert. Vermehrung durch Teilung größerer Kolonien.

Serapias cordigera

Herzförmiger Zungenständel
syn. *Serapias azorica, S. ovalis*
↔ 15–25 cm ↑ 20–35 cm
Mittelmeergebiet und Nordafrika; in trockenen und feuchten Grassteppen, Dünen und Wäldern bis in Höhen von 1000 m. Aus der unterirdischen Knolle erscheinen 5–9 lanzettliche Blätter und eine aufrechte, in Brakteen gehüllte Infloreszenz mit 2–10 braunroten Blüten im Frühling.

Serapias lingua

syn. *Serapias excavata, S. hirsuta, S. stenopetala*
Echter Zungenständel
↔ 15–25 cm ↑ 10–35 cm
Mittelmeergebiet und Nordafrika; in trockenen und feuchten Grassteppen,

Serapias vomeracea subsp. *laxiflora*

Dünen und Wäldern bis in Höhen von 2000 m. Aus der unterirdischen Knolle erscheinen 4–8 lanzettliche Blätter und eine aufrechte, in Brakteen gehüllte Infloreszenz mit 2–6 braunrosa Blüten im Frühling.

Serapias neglecta

Verkannter Zungenständel
↔ 8–18 cm ↑ 10–30 cm
Mittelmeergebiet. 4–10 halbaufrechte Blätter, die eine Länge von 12 cm erreichen und breitlänglich, manchmal gefaltet sind. Infloreszenzen mit 2–8, manchmal auch mehr Blüten. Sepalen und Petalen zu einer Kappe geformt, gelbgrün bis violett, Lippe dreilappig, rotbraun bis gelb. Blüht im Spätfrühling und Frühsommer.

Serapias parviflora

syn. *Serapias elongata, S. laxiflora, S. occultata*
Kleinblütiger Zungenständel
↔ 15–25 cm ↑ 15–30 cm
Auf allen Inseln im Mittelmeer, im benachbarten Nordafrika und Südeuropa; in Wiesen, zwischen Büschen und in Nadelwäldern bis in Höhenlagen von 1200 m. Blätter lanzettlich, Infloreszenz aufrecht, in Brakteen gehüllt, mit 3–10 rötlichen Blüten im Frühling.

Serapias vomeracea

Pflugschar-Zungenständel
↔ 12–15 cm ↑ 20–60 cm
Mittelmeergebiet. 4–7 halbaufrechte, bis 20 cm lange Blätter. Infloreszenz mit 3–10 Blüten im Sommer. Brakteen länger als die Blüte; die hellroten, dunkler geaderten Sepalen und Petalen formen eine Kappe. Lippe violettbraun bis rostrot, behaart. ***S. v.* subsp. *laxiflora*** (syn. *S. laxiflora*) ist kleiner und wird nur etwa 30 cm hoch.

Serapias vomeracea

S

Smitinandia micrantha

Sobralia macrantha var. *alba*

Smitinandia

Kleine Gattung mit 3 monopodialen, vandeenartigen Orchideen, die vom Himalaja über Südostasien bis nach Indonesien verbreitet sind. Sie bilden lange Rispen mit kleinen, farbenprächtigen und haltbaren Blüten und wurden früher zu *Saccolabium* gestellt.
Kultur: Ideal in Lattenkörbchen mit Rindensubstrat. Die Pflanzen mögen warme Temperaturen und viel Licht. Die Wurzeln wachsen häufig frei in die Luft und müssen nach dem Gießen schnell abtrocknen können. Vermehrung durch Abtrennen größerer Seitentriebe oder Aussaat.

Smitinandia micrantha

syn. *Saccolabium fissum, S. micranthum*
↔ 12–25 cm ↑ 10–25 cm

Von Nordindien bis Südostasien; die häufigste Art in Kultur. Infloreszenz dick, mit bis zu 30 Blüten im Frühjahr und Sommer. Blüten knapp 6 mm groß, weiß bis hellrosa mit dunklerer Lippe.

Sobralia

Gattung mit über 100 Arten, die meisten davon terrestrisch. Das Verbreitungsgebiet reicht von Mexiko bis ins tropische Südamerika. Bislang werden nur wenige Arten kultiviert, ihre Popularität nimmt aber stetig zu, nicht zuletzt aufgrund der großen, cattleyen-ähnlichen Blüten. Diese halten häufig nur kurz und werden im Sommer an der Spitze der langen, schildrohrartigen Triebe gebildet.
Kultur: Die Pflanzen brauchen große, tiefe Töpfe, um das umfangreiche Wurzelsystem aufzunehmen. Man pflanzt sie in ein durchlässiges Erdorchideensubstrat mit Rindenanteil. Die Pflanzen bevorzugen hohe Lichtintensitäten, gepaart mit reichlichen Wassergaben während der wärmeren Monate und temperiert-warme Bedingungen. Im Sommer in wassergefüllte Untersetzer stellen. Im Winter trockener halten. Die Vermehrung erfolgt durch Teilung im Frühjahr.

Sobralia decora

↔ 60–90 cm ↑ 75–80 cm

Mexiko bis Costa Rica; in schattigen Tälern und Eichen- und Kiefernwäldern. Habitus bambus-ähnlich, ohne Pseudobulben mit langen schlanken, gegenständig beblätterten Trieben. Blätter plikat, haarig, bis 22 cm lang. Blüten bis 10 cm breit, weiß bis lila mit einer lavendelfarbenen oder purpurvioletten Lippe. Blüht aus der Spitze der Triebe im Frühling und Sommer, jede Blüte hält nur einen Tag, es werden aber zahlreiche neue nacheinander gebildet.

Sobralia macrantha

↔ 0,3–1,2 m ↑ 0,3–2 m

Mexiko bis Costa Rica. Triebe bis 2 m lang, in Kultur meist kürzer. Blüten bis 35 cm breit, purpurviolett, im Sommer. ***S. m.* var. *alba*** blüht weiß.

Sobralia Mirabilis

↔ 90 cm ↑ 90 cm

Hybride, die 1903 registriert wurde; Kreuzung zwischen *S. macrantha* und *S.* Veitchii. Die ursprünglichen Pflanzen hatten weiße Blüten mit zartem rosa Hauch auf der großen Lippe. Spätere Nachzüchtungen variieren, vor allem in der Lippenfarbe.

Sobralia xantholeuca

↔ 0,3–1,2 m ↑ 0,3–1,5 m

Mexiko und Guatemala. Im Habitus ähnlich wie *S. macrantha*. Blüten leicht nickend, bis 20 cm breit, zitronengelb. Blütezeit im Sommer.

Sobralia macrantha

Sobralia Mirabilis

Sobralia Yellow Kiss

↔ 30–200 cm ↑ 50–200 cm

Kreuzung er dritten Generation mit *S. xantholeuca* und *S. macrantha.* Große, robuste Pflanze mit attraktiven Blüten im Sommer. In den Tropen beliebte Gartenpflanze.

Sophrocattleya

Sophrocattleya ist eine umfangreiche, künstliche Gattung, die aus den Arten der Gattungen *Sophronitis* und *Cattleya* hervorgegangen ist. Die meisten haben die kühl-temperiert wachsende *Sophronitis coccinea* in ihrem Stammbaum, die eingekreuzt wurde, um kleinwüchsige Pflanzen mit gut geformten Blüten in verschiedenen Rot-Tönen zu erhalten. Die gelb blühenden Hybriden haben häufig *Cattleya luteola* als Elternteil. Die meisten blühen im Frühling und Sommer, einige auch im Herbst.

Kultur: Diese Hybriden brauchen viel Licht und bevorzugen kühle bis warme Bedingungen. Sie brauchen eine trockenere und kühlere Ruhezeit im Winter, wenn die Pflanzen nicht wachsen. Alle brauchen ein durchlässiges Substrat und wachsen am besten in Kunststoff- oder Tontöpfen. Zwischen den Wassergaben muss der Pflanzstoff abtrocknen können. Gesunde Pflanzen haben ein weitreichendes, verzweigtes Wurzelsystem. Die Vermehrung erfolgt durch Teilung.

Sophrocattleya Beaufort

↔ 10–40 cm ↑ 10–40 cm

Beliebte und kleinwüchsige Primärhybride zwischen *Sophronitis coccinea* und *Cattleya luteola*. Blüten meist leuchtend gelb, seltener orange. Kann zu jeder Zeit im Jahr blühen.

Sophrocattleya Lana Coryell

↔ 10–40 cm ↑ 10–40 cm

Kreuzung zwischen *Sophrocattleya* Beaufort und *Cattleya walkeriana*. Kompakt wachsend, mit ungewöhnlich großen, rosa Blüten. Viele Klone wurden hochprämiert.

Sobralia xantholeuca

Sophrolaelia

Künstliche Gattung, die aus der Kreuzung der südamerikanischen Gattungen *Sophronitis* und *Laelia* entstanden ist. Die meisten dieser Hybriden haben eher schlanke Pseudobulben und ein einzelnes, ledriges Blatt. Die farbenprächtigen Blüten erscheinen vom Frühjahr bis in den Herbst, häufig in kleinen Büscheln. Die Farbpalette reicht von kräftigen bis zu zarten Pastell-Tönen.

Kultur: Diese Hybriden brauchen viel Licht und bevorzugen kühle bis warme Bedingungen. Sie brauchen eine trockenere und kühlere Ruhezeit im Winter, wenn die Pflanzen nicht wachsen. Alle brauchen ein durchlässiges Substrat und blühen am besten, wenn sie etwas enger im Topf stehen. Man sollte sie deshalb nicht zu oft teilen, sondern zu Schaupflanzen heranwachsen lassen. Die Vermehrung erfolgt duch Teilung.

Sophrolaelia Gratrixiae

↔ 10–40 cm ↑ 10–40 cm

Primärhybride zwischen *Sophronitis coccinea* und *Laelia tenebrosa*, die schon vor über 100 Jahren registriert wurde. Blüten in Büscheln, klein, leuchtend rot mit röhrenförmiger Lippe, im Frühling und Sommer.

Sophrocattleya Lana Coryell

Sophrolaelia Orpetii

↔ 10–40 cm ↑ 10–40 cm

Primärhybride zwischen *Sophronitis coccinea* und *Laelia pumila*. Kompakt wachsende Kreuzung mit auffälligen, leuchtend rosa Blüten, die manchmal im Schlund gelb gezeichnet sind. Blüht zu jeder Jahreszeit.

Sophrolaelia Gratrixiae

Sophrolaeliocattleya Ann Topper

Sophrolaeliocattleya Ann Komine

Sophrolaeliocattleya Memoria Ken Martin

Sophrolaeliocattleya

Diese Hybridgattung vereint Arten der 3 südamerikanischen Gattungen *Sophronitis, Laelia* und *Cattleya*. *Sophronitis coccinea* ist bei den meisten Kreuzungen beteiligt und zeigt ihren Einfluss in den großen, gut stehenden Blüten und kräftigen Rot-Tönen sowie dem kompakten Habitus. Gelb blühende gehen meist auf Einkreuzung von *Cattleya luteola* zurück.

Kultur: Diese Hybriden brauchen viel Licht und bevorzugen kühle bis warme Bedingungen. Sie brauchen eine trockenere und kühlere Ruhezeit im Winter, wenn die Pflanzen nicht wachsen. Alle brauchen ein durchlässiges Substrat und wachsen am besten in Kunststoff- oder Tontöpfen. Zwischen den Wassergaben muss der Pflanzstoff abtrocknen können. Gesunde Pflanzen haben ein weitreichendes, verzweigtes Wurzelsystem. Die Vermehrung erfolgt durch Teilung.

Sophrolaeliocattleya-Hybriden

↔ 10–40 cm ↕ 10–40 cm

Die Blütengröße variiert von 3,5–15 cm, je nach Hybride. Die meisten blühen im Frühjahr und Sommer, manche auch im Herbst.

Ann Komine, glänzend weinrot;
Fire Lighter blüht Purpurrot, schon als junge Pflanze;
Hazel Boyd 'Apricot Glow', Kreuzung zwischen *S.* California Apricot und *S.* Jewel Box;
Jannine Louise, Hybride aus *S.* Kauai Starbright und *S.* Hazel Boyd;
Jeweler's Art hat 12 cm große, orangerosa Blüten;
Mahalo Jack, Kreuzung zwischen *Sophrolaelia* Orpetii und *Cattleya walkeriana* mit dunkelvioletten Blüten;
Memoria Ken Martin mit lachsrosa bis roten Blüten;
Mine Gold 'Orchid Centre' mit gelben Blüten und dunkelroter Lippe;
Sunset Nugget mit orangefarbenen Blüten und dunkelroter Lippe;
Trizac, ältere Kreuzung mit kirschroten Blüten und dunklerer Lippe.

Sophrolaeliocattleya Jeweler's Art

Sophrolaeliocattleya Mine Gold 'Orchid Centre'

Sophrolaeliocattleya Red Elf

Sophrolaeliocattleya Kevin

Sophrolaeliocattleya Fire Lighter

Sophrolaeliocattleya Mahalo Jack

Sophrolaeliocattleya Hazel Boyd 'Apricot Glow'

Sophrolaeliocattleya Seagull's Mini-Cat Heaven 'Dainty Lady'

Sophrolaeliocattleya Sunset Nugget

S

Sophrolaeliocattleya Hazel Boyd

Sophrolaeliocattleya Trizac

Sophronitella violacea

Sophronitella

Monotypische Art aus Brasilien, die früher in *Sophronitis* eingegliedert wurde. Die Pflanzen wachsen epiphytisch oder lithophytisch mit einem kriechenden Rhizom. Sie bilden dichte Kolonien an sonnigen Standorten in feuchten Bergwäldern in mittleren Höhenlagen.

Kultur: Temperiert bei hoher Luftfeuchtigkeit und viel Licht. Die Pflanzen wachsen am besten auf Kork aufgebunden. Die Vermehrung erfolgt durch Teilung.

Sophronitella violacea

syn. *Cattleya violacea, Sophronitis violacea*

↔ 10–15 cm ↕ 8–15 cm

◆ ❁

Brasilien. Pseudobulben schlank, oval, stark gerillt, auf einem verzweigten Rhizom; das einzelne Blatt ist grasartig. Die Infloreszenz trägt 1–2 sternförmige, rosa Blüten, die bis 25 mm breit werden, im Spätherbst und Winter.

Sophronitis

Gattung mit etwa 8 Arten, die durch den kompakten Wuchs und die großen, farbenprächtigen Blüten auffallen. Sie kommen in Ostbrasilien und Bolivien vor und wachsen epiphytisch oder lithophytisch. Sie sind eng mit *Laelia*, vor allem den Arten der Sektion *Hadrolaelia*, die Arten wie *L. jongheana* und *L. pumila* umfasst, verwandt und werden von Kolibris bestäubt. *Sophronitis*-Arten bilden die Blütenknospen im Neutrieb zwischen den sich entfaltenden Blattspreiten.

Kultur: Die meisten Arten wachsen am besten aufgebunden oder in kleinen Töpfen bei temperierten Bedingungen. Größere Pflanzen gedeihen in einem feinen Rindensubstrat, kleinere in reinem Sphagnum. Im Topf jedes 2. Jahr umtopfen, da sonst die Wurzeln absterben. Aufgebunden gedeihen sie besser, da sie ungestört wachsen können. Sie brauchen eine hohe Luftfeuchtigkeit, relativ viel Licht und viel frische Luft. Die Vermehrung erfolgt durch Teilung.

Spathoglottis plicata

Sophronitis brevipedunculata

↔ 6–15 cm ↕ 3,5–10 cm

◆/◇ ❁

Brasilien, im Bundesstaat Minais Gerais; wächst auf Vellozien und Felsen. Pseudobulben fast kugelig mit einem eiförmigen, ledrigen Blatt. Blüten bis 8 cm breit, rosarot mit gelbem Lippenschlund, im Herbst. *S. wittigiana* ähnlich, aber mit reinrosa Blüten ohne rote Pigmente.

Sophronitis cernua

↔ 6–18 cm ↕ 3,5–8 cm

◆/◇ ❁

Brasilien und Bolivien; auf Felsen und Bäumen. Infloreszenz im Herbst mit 5–15 orangeroten, selten reingelben Blüten, die 12–15 mm breit werden. Wächst am besten auf Kork.

Sophronitis coccinea

syn. *Sophronitis grandiflora*

↔ 6–20 cm ↕ 3,5–12 cm

◆/◇ ❁

Brasilien. Attraktive Miniatur-Orchidee mit riesigen, orange bis roten Blüten, die bis 8 cm breit werden und in der Lippe gelb gezeichnet sind. Es gibt auch reingelb oder orangegelb blühende Cultivare. Blüht im Herbst bis Winter.

Spathoglottis

Diese Gattung umfasst etwa 40 immergrüne oder laubabwerfende Erdorchideen, die von Südostasien bis nach Neuguinea und Nordaustralien sowie auf einigen Pazifischen Inseln verbreitet sind. Sie wachsen im Grasland und lichten Wäldern an feuchten Stellen. Die kleinen, konischen, etwas abgeflachten Pseudobulben wachsen knapp unter der Erdoberfläche und tragen einige wenige, plikate Blätter und eine aufrechte, hohe Infloreszenz mit meist rosa oder violetten, selten auch gelben oder weißen Blüten. Sie blühen in den Tropen das ganze Jahr und im Gewächshaus in gemäßigten Breiten in den wärmeren Monaten des Jahres.

Spathoglottis plicata

Sophronitis brevipedunculata

Kultur: Diese Orchideen brauchen ganzjährig warme Bedingungen und viel Licht. Bei Temperaturen unter 10 °C kann es zu Schäden kommen. Sie wachsen am besten in tiefen Töpfen in einem durchlässigen Pflanzstoff aus Sand, Torfmoos und Pinienrinde. Während der Wachstumsperiode feucht halten, die Pfanzen können dann auch in einem mit Wasser gefüllten Untersetzer stehen. Im Winter müssen die Wassergaben während der leichten Ruhephase reduziert werden. Vermehrung durch Teilung.

Spathoglottis plicata

syn. *Spathoglottis vieillardii*

↔ 20–120 cm ↕ 30–100 cm

◆/◇ ❁

Südostasien, Australien und einige benachbarte Pazifische Inseln; auf Hawaii verwildert. Aufrechte Triebe mit bis zu 20 rosa bis violetten, 35 mm breiten Blüten, ganzjährig.

Spiranthes

Drehwurz

Die etwa 300 Arten dieser Gattung sind weltweit in tropischen, subtropischen oder gemäßigten Zonen verbreitet. Sie wachsen meistens terrestrisch, seltener auch auf bemoosten Ästen oder Felsen. Die dicken, knolligen Wurzeln sind faserig und bilden einen schlanken Spross mit lanzettlichen Blättern und einer aufrechten Infloreszenz. Die Blüten sind spiralig entlang der Rispe angeordnet.

Kultur: Während sich manche Arten als praktisch nicht kultivierbar erwiesen haben, gedeihen andere in einem Substrat aus Lehm und Laubhumus oder Torf. Während der Wachstumsphase gut wässern, im Winter, wenn die Blätter abgestorben sind, weniger gießen. Sie lassen sich leicht durch Teilung vermehren, da die Pflanzen schnell große Kolonien bilden.

Spiranthes odorata

syn. *Spiranthes cernua*

Duftende Drehwurz, Wasserorchidee

↔ 10–15 cm ↕ 30–90 cm ◇ ❁

Nordamerika, in Holland und Norddeutschland verwilderte Populationen.

Stanhopea anfracta

Eine der größeren Arten der Gattung, die in feuchten, kalkhaltigen Wiesen und Marschen wächst. Blüten weiß, nach Jasmin duftend, im Herbst und Winter.

Spiranthes sinensis

Chinesische Drehwurz

↔ 10–15 cm ↑ 10–25 cm ◆

Vom östlichen Russland bis nach Malaysia, Australien und auf einigen Pazifischen Inseln bis nach Neuseeland verbreitet; in lichten Wäldern, Steppen und Mooren. Grundständige Blattrosette mit einer aufrechten Infloreszenz, die im Sommer viele kleine, leuchtend rosa Blüten mit weißer Lippe trägt.

Spiranthes spiralis

syn. *Spiranthes autumnalis*

Herbst-Drehwurz

↔ 10–15 cm ↑ 10–30 cm ◆/◇

Mittel- und und Südeuropa, im Osten bis zum westlichen Himalaja; im Grasland und lichten Wäldern, von Meereshöhe bis auf 1500 m. Blüten weiß, im Spätsommer bis Herbst.

Stanhopea

Beliebte Gattung mit etwa 70 epiphytisch wachsenden Orchideen, die von Mexiko durch Mittelamerika bis nach Brasilien verbreitet sind. Die eiförmigen Pseudobulben tragen ein einzelnes, plikates Blatt. Die riesigen Blüten haben eine bizarre und farbenprächtige Lippe von ganz besonderer Struktur. Die wachsartigen Blüten duften intensiv und halten nur wenige Tage. **Kultur:** Diese Orchideen müssen in Körben oder aufgebunden kultiviert werden, da die Blütentriebe senkrecht nach unten durch das Substrat wachsen, bevor sich die riesigen Blüten öffnen. Man kann ein durchlässiges Substrat, dem Sphagnum und feine Rinde zugegeben wurden, verwenden. Werden die Pflanzen aufgebunden, müssen sie sehr luftfeucht stehen und häufig gegossen werden, sonst schrumpfen die Bulben und sterben ab. Sie bevorzugen einen halbschattigen Standort und gleichmäßig hohe Luftfeuchtigkeit. Bei direktem Sonnenlicht verbrennen die Blätter. Die Vermehrung erfolgt durch Teilung.

Stanhopea nigroviolacea

Stanhopea anfracta

↔ 30–50 cm ↑ 50–75 cm ◆

Östliche Andenregionen von Ekuador bis Bolivien. Große Pflanze mit bis zu 40 cm langen Blättern und einer 7–13-blütigen Infloreszenz, die im Sommer und Herbst erscheint. Blüten bis 5 cm breit, Sepalen und Petalen fleischig, ausgebreitet, hell- bis dunkelorange, Lippe orange mit dunkelbraunen »Augenflecken« auf jeder Seite an der Basis der Lippe.

Stanhopea embreei

↔ 20–50 cm ↑ 20–50 cm

◆/◆

Ekuador. Infloreszenz mit bis zu 5 weißen, bis 12 cm breiten Blüten, die bei manchen Klonen dunkelrot getupft sind und auf der weißen bis gelblich gefärbten Lippe purpurviolette Tupfen und 2 dunkelpurpurne Augenflecken haben. Die Blüten haben einen intensiven Duft nach Zimt. Die Hauptblütezeit liegt im Sommer.

Stanhopea nigroviolacea

syn. *Stanhopea tigrina* var. *nigroviolacea*

↔ 20–60 cm ↑ 20–50 cm

◆/◆/◇

Mexiko. Wohl die häufigste Art in Kultur. Blüten zu zweit, bis 18 cm breit und gelblich grün mit intensiver rötlich brauner Zeichnung. Intensiver, angenehmer Duft nach Vanille, der oft schon lange bevor man die Blüten entdeckt, wahrgenommen werden kann. Blüht im Sommer.

Stanhopea oculata

Stanhopea wardii

Stanhopea oculata

↔ 20–50 cm ↕ 20–50 cm

Mexiko bis Brasilien; variable Art. Infloreszenz mit bis zu 8 Blüten im Spätsommer bis Herbst. Blüten bis 12 cm breit, hellgelb mit purpurroten kreisförmigen Flecken übersät. Lippe cremefarben mit feineren, rötlichen Punkten, an der Basis leuchtend orangerot gefärbt.

Stanhopea wardii

↔ 20–50 cm ↕ 20–50 cm

Nikaragua, Costa Rica, Panama, Kolumbien und Venezuela; variable Art. Infloreszenz mit bis zu 10 leuchtend gelben bis orangefarbenen, bis 12 cm großen Blüten, die eine feine braunrote Punktierung aufweisen; im Sommer oder Herbst. Der dunkelpurpurne Fleck an der Lippenbasis ist zur Bestimmung diagnostisch.

Staurochilus

In dieser Gattung werden etwa 14 Arten aus der Vandeen-Verwandschaft zusammengefasst, die früher zu *Trichoglottis* gestellt wurden. Sie kommen in ganz Südostasien vor, das Verbreitungszentrum liegt in den Philippinen. Die aufrecht wachsenden, monopodialen Orchideen haben zweizeilig angeordnete Blätter und sind wegen der haltbaren Blüten bei Liebhabern und Sammlern begehrt.

Kultur: Diese Orchideen brauchen temperiert-warme Bedingungen, eine hohe Luftfeuchtigkeit und viel Licht. Sie wachsen am besten in Lattenkörbchen mit groben Rindenstücken. Die Wurzeln wachsen häufig frei über den Topfrand hinweg und müssen nach dem Wässern schnell abtrocknen können. Sie können auch aufgebunden kultiviert werden. Vermehrung durch Teilung in Abschnitte mit mindestens 3 aktiven Wurzeln.

Staurochilus fasciatus

↔ 15–30 cm ↕ 25–80 cm

Weitverbreitet in Südostasien; Typus der Gattung. Infloreszenz aufrecht, mit bis zu 8 Blüten im Frühling oder Sommer. Blüten langlebig, intensiv duftend, knapp 5 cm groß und senfgelb mit dunkelbrauner Bänderung.

Staurochilus luchuensis

syn. *Trichoglottis ionosma*

↔ 20–40 cm ↕ 20–60 cm

Philippinen und Taiwan. Infloreszenz verzweigt, mit zahlreichen, kleinen, etwa 30 mm großen, gelb und ockerfarbenen lange haltbaren Blüten im Frühling.

Stelis

Artenreiche Gattung mit über 1000 Spezies, die eng mit *Pleurothallis* verwandt ist. Das Verbreitungsgebiet reicht von Mittel- bis Südamerika, wo die Pflanzen in Regenwäldern und Bergwäldern wachsen. Sie haben keine Pseudobulben, aber häufig sukkulente Blätter, die Wasser und Feuchtigkeit speichern können. Die Triebe stehen dicht gedrängt in Büscheln auf einem kurzen Rhizom. Sie wachsen meistens als Epiphyten, seltener auch lithophytisch oder sogar terrestrisch zwischen Grasbüscheln und in Moospolstern. Durchschnittlich 20 Blüten erscheinen nacheinander an einer schlanken Infloreszenz, die etwas zick-zack-artig geformt ist. Die Blüten sind allesamt ähnlich, mit 3 gleichgeformten Sepalen, kleineren Petalen und einer winzigen Lippe. Die Blütenfarbe variiert von Weiß über Gelb und Grün bis zu Braun und dunkel Purpurrot. Manche Arten öffnen die Blüten nur während der Nacht und schließen sie am Tag. Aufgrund der geringen Blütengröße sind diese Orchideen nur für spezialisierte Sammler interessant.

Kultur: Diese Pflanzen tolerieren ein weites Temperaturspektrum und auch höhere Lichtintensitäten. Sie stehen gerne eng im Topf und sollten nicht zu oft umgetopft werden. Am besten kultiviert man sie feucht, schattig und bei hoher Luftfeuchtigkeit; pralle Sonne sollte vermieden werden. Die meisten Arten wachsen gut in reinem Sphagnum oder einem feinen Rindensubstrat, die kriechenden kann man auch gut auf Baumfarnstäbe oder Korkrindenstücke mit einer Unterlage aus lebendem Baummoos kultivieren. Vermehrung durch Teilung.

Stelis argentata

↔ 5–10 cm ↕ 18–30 cm

Weitverbreitet in Mittel- und Südamerika. Triebe 3–6 cm hoch mit einem 5–10 cm langen, elliptischen Blatt. Infloreszenz aufrecht oder geneigt, locker mit zahlreichen Blüten besetzt. Blüten klein, hellgrün mit Braun überhaucht oder hellbraun. Blüht meist öfters im Jahr, vom Frühling bis in den Herbst.

Stelis imraei

syn. *Pleurothallis imraei*

↔ 6–15 cm ↕ 10–20 cm

Von Costa Rica bis Bolivien. Infloreszenz kurz, häufig an der Blattunterseite entspringend, mit bis zu 12 dunkelpurpurnen bis gelblich grünen Blüten im Frühling. Blüten knapp 6 mm groß mit feinen kurzen Härchen.

Stenoglottis

Diese Gattung umfasst 5 oder mehr Arten, die im südlichen und östlichen Afrika verbreitet sind, eine Art kommt nördlich bis Tansania vor. Die terrestrisch oder lithophytisch wachsenden Pflanzen haben knollige Wurzeln, eine grundständige Rosette und gefleckte oder einfarbige Blätter. Die Infloreszenz erscheint in der Mitte der Rosette und trägt zahlreiche kleine rosa oder weiße Blüten, die oft purpurn getupft sind. Die Sepalen und Petalen bilden einen Helm, die Lippe ist drei bis fünflappig und trägt bei manchen Arten einen Sporn, andere besitzen keinen; die Seitenlappen sind häufig gefranst.

Kultur: Diese Orchideen wachsen am besten in flachen Schalen in einem durchlässigen Erdorchideensubtrat. Nach der Blüte sterben die oberirdi-

Staurochilus fasciatus

Staurochilus luchuensis

Stelis sp., Knospen

Stelis imraei

schen Pflanzenteile ab und sollten entfernt werden. Bis zum Erscheinen neuer Triebe müssen die Pflanzen nun trocken stehen. Sobald sich neue Blätter zeigen, kann man vorsichtig mit dem Gießen beginnen. Die Vermehrung erfolgt durch Teilung der Wurzelknollen während der Ruheperiode.

Stenoglottis fimbriata

↔ 25–30 cm ↑ 3,5–15 cm

Südafrika und Swasiland. 6–10 dunkelgrüne, purpurn gefleckte Blätter, die 2,5–15 cm lang werden, in einer basalen Rosette. Selten auch ohne Blattflecken. Blattrand wellig. Infloreszenz relativ dichtblütig mit kleinen, rosafarbenen, dunkler getupften Blüten, Lippe dreilappig, ohne Sporn. Blüht im Sommer.

Stenoglottis longifolia

↔ 20–30 cm ↑ 30–100 cm

Südafrika. Zahlreiche, 10–25 cm lange, grüne Blätter mit welligen Rand bilden eine grundständigen Rosette. Infloreszenz dichtblütig mit hell- bis dunkelrosa Blüten mit dunkler gefleckter Lippe. Lippe fünflappig, bis 18 mm lang, Seitenlappen fransig. Blüht im Spätsommer und im Herbst.

Stenorrhynchos

Die etwa 30 Arten sind in tropischen und subtropischen Bereichen des amerikanischen Kontinents verbreitet. Sie wachsen terrestrisch und haben dicke Wurzeln und aufrechte Infloreszenzen mit häufig leuchtend gefärbten, attraktiven Blüten, deren Farbe von Rosa über Rot bis zu Orange variiert. Die Blätter erscheinen oft erst nach der Blüte, bei manchen Arten auch davor.
Kultur: In Töpfen oder flachen Schalen in einer Mischung aus Lehm, Sand und Laubhumus. Während der Wachstumsphase brauchen die Pflanzen viel Wasser, nachdem die Blätter abgestorben sind, weniger gießen. Sie bevorzugen helle, halbschattige Standorte. Vermehrung durch Teilung.

Stenorrhynchos lanceolatum

syn. *Spiranthes lanceolata, S. orchioides, Stenorrhynchos orchioides*

↔ 20–35 cm ↑ 40–90 cm

Florida, USA, Mittel- und Südamerika und in der Karibik; in Höhenlagen von 100–1200 m in feuchtem, offenem Grasland oder an gestörten Flächen, z. B. entlang von Straßen. Die unteren Blätter bilden eine kleine Rosette, die aufrechte Infloreszenz trägt zahlreiche, bis 25 mm große korallenrote Blüten. Es gibt auch Formen mit gelben oder grünlichen Blüten. Blüht im Frühling bis Sommer.

Stenorrhynchos speciosum

Stenorrhynchos speciosum

↔ 10–15 cm ↑ 30–60 cm

Mittelamerika, nördliches Südamerika und Karibik. Aufrechter Habitus, Wurzeln fleischig, Blätter in grundständiger Rosette, manchmal mit weißer Zeichnung. Infloreszenz bis 60 cm hoch mit zahlreichen, dicht stehenden Blüten, die an farbigen, großen Brakteen sitzen. Blüht im Winter bis Frühling. Sepalen und Petalen orange oder rot, Lippe weiß.

Symphoglossum

Diese Gattung umfasst entweder 6 epiphytische Arten oder ist monotypisch mit einer sehr variablen Art. Das Verbreitungsgebiet reicht von Ekuador bis Peru, in nebligen Bergwäldern in Höhenlagen von 1200–2600 m. Die seitlich zusammengepressten Pseudobulben stehen dicht gedrängt und tragen 2 apikale Blätter und kleinere, seitliche Hüllblätter. Die hängende oder übergeneigte Infloreszenz trägt im Frühling zahlreiche, auffällige Blüten. Die Pflanzen wurden von *Cochlioda* aufgrund der unterschiedlichen Blütenstruktur abgetrennt.
Kultur: Kühl und in den heißen Sommermonaten mit Schattierung. Während der Wachstumsphase reichlich gießen. Sie wachsen im Topf in einem durchlässigen Pflanzstoff gleichermaßen gut wie aufgebunden. Vermehrung durch Teilung, aber nicht zu häufig stören.

Symphoglossum sanguineum

syn. *Cochlioda sanguinea, Mesospinidium sanguineum*

↔ 25–35 cm ↑ 20–30 cm

Peru und Ekuador; vor allem auf der Andenwestseite in Nebelwäldern. Infloreszenz bis 80 cm lang, übergeneigt, mit bis zu 30 hell- bis dunkelrosa Blüten im Frühling. Die Lippe ist heller gefärbt.

Symphoglossum sanguineum

Stenoglottis longifolia

Telipogon octavoi

Telipogon

Etwa 100 Arten sind aus den hochandinen Nebelwäldern von Nikaragua im Norden über Venezuela im Westen und Peru im Osten in Höhenlagen zwischen 1400–3500 m verbreitet. Die meisten Arten sind in Kolumbien beheimatet. Sie wachsen epiphytisch, seltener auch terrestrisch und haben keine Pseudobulben, sondern kurze oder verlängerte Stämmchen mit zweizeilig angeordneten Blättern. Die Blüten vieler Arten sind recht attraktiv; die Sepalen sind verhältnismäßig klein, die Lippe und die Petalen sind größer und auffällig geadert.

Kultur: *Telipogon*-Arten sind erfahrungsgemäß heikel in der Kultur und schwierig, dauerhaft am Leben zu erhalten. Sie benötigen kalte bis kühle Temperaturen, Schatten oder Halbschatten, eine sehr hohe Luftfeuchtigkeit und regelmäßige Wassergaben bei beinahe ständiger Benebelung. Um Pilzkrankheiten zu vermeiden ist eine gute Luftumwälzung notwendig. Die Pflanzen wachsen in kleinen Töpfen oder aufgebunden. Eine erfolgreiche Kultur ist nur möglich, wenn die Temperaturen 20 °C nicht überschreiten, was im Sommer schwierig ist. Starke Pflanzen können geteilt werden.

Telipogon octavoi

↔ 5–6 cm ↑ 25–35 cm

Ekuador; in sehr feuchten Bergnebelwäldern. Keine Pseudobulben, die Blätter sind zweizeilig an kurzen schilfartigen Stämmchen angeordnet und formen kleine Horste. Die aufrechte Infloreszenz trägt eine etwa 30 mm große, rundliche Blüte, die zu jeder Jahreszeit erscheinen kann.

Thelymitra

Das Hauptverbreitungsgebiet dieser etwa 100 Arten umfassenden Gattung liegt in Australien mit verstreuten Populationen auf Neuseeland, Neuguinea, Neukaledonien, den Philippinen und Borneo. Die Pflanzen tragen ein einzelnes, dickes, etwas fleischiges Blatt und eine aufrechte, mehrblütige Infloreszenz im Frühjahr oder Sommer. Die Blüten sind eher untypisch für Orchideen, da sie gleichgeformte Segmente besitzen und die für diese Familie charakteristische, spezialisierte Lippe fehlt. Die häufigsten Blütenfarben sind Blau, verschiedene Rosa- und Purpur-Töne; es gibt aber auch gelb, braun oder weiß blühende Arten. Manche sind auch gepunktet. Diese Gattung beinhaltet einige der wenigen Orchideenarten mit reinblauen Blüten überhaupt. Die Blüten öffnen sich nicht bei bedecktem Himmel, was ihnen im Englischen den Namen »Sun Orchid« eingetragen hat. In Australien überdauern die Pflanzen die heißen Sommermonate mit unterirdischen Knollen.

Kultur: Diese Orchideen gedeihen nur in Symbiose mit bestimmten Mykorrhizapilzen und sind kaum dauerhaft erfolgreich zu pflegen. Oft kümmern die Pflanzen mehrere Jahre vor sich hin, bevor sie endgültig eingehen. Einen gewissen Erfolg verspricht ein durchlässiges sandiges Substrat mit einem geringen Humusanteil.

Thelymitra ixioides

Thelymitra aristata

syn. *Thelymitra grandiflora*

↔ 15–20 cm ↑ 40–60 cm

Die Art kommt in bewaldeten Grassavannen im südlichen und östlichen Australien vor. Die lanzettlichen Blätter erreichen eine Länge von 40 cm und erscheinen vor der aufrechten, vielblütigen, bis 60 cm hohen Infloreszenz. Die duftenden, reinblauen Blüten erreichen einen Durchmesser von bis zu 25 mm und öffnen sich nur bei warmen und sonnigem Wetter im Frühling.

Thelymitra aristata

Thunia Veitchiana

Thelymitra ixioides

↔ 10–20 cm ↑ 10–100 cm

Robuste Art aus Australien mit schmalem, gerillten Blatt. Blüten zahlreich, bis 30 mm groß und von rosablau bis dunkelblau, oft mit dunkler Punktierung in der Mitte. Blütezeit ist im Fühjahr.

Thelymitra matthewsii

↔ 6–10 cm ↑ 10–15 cm

Lichte Waldbiotope im nördlichen Neuseeland und Ostaustralien. Das schmale, sukkulente Blatt wickelt sich spiralförmig um die Basis der Infloreszenz. Eine einzelne Blüte, purpurlila, oft mit dunkler Aderung, knapp 18 mm groß. Säule mit 2 gelben Anhängseln über der gelben Antherenkappe. Blüht im Frühling.

Thunia

Thunia beherbergt 5 mittelgroße bis große, terrestrisch wachsende Orchideenarten aus Indien, Nepal, China und Südostasien. Die schilfartigen Stämme halten 2 Vegetationsperioden und stehen dicht gedrängt. Der obere Teil ist zweizeilig beblättert, der untere von Hüllblättern geschützt. Die Infloreszenz bildet sich am Triebende und hat auffällige Brakteen. Die Blüten sind groß, attraktiv und duften. Sie halten nur kurz, werden aber durch nachfolgende schnell ersetzt. Die Petalen und Sepalen sind frei, ähnlich geformt und die trichterförmige Lippe am Rand gefranst. Die Gattung ist nach Thun von Tetschin (1786–1873) benannt.

Kultur: Die schilfartigen Stängel gedeihen am besten in einem Topf in einem Erdorchideensubstrat und brauchen während der Wachstumsperiode eine ausreichende Wasser- und Nährstoffversorgung. Nach der Blüte sollten die Pflanzen austrocknen und hell und kühl aufgestellt werden. Die Vermehrung kann durch Teilung oder Stammstecklinge erfolgen.

Thunia alba
syn. *Thunia marshalliana*
↔ 30–50 cm ↑ 75–125 cm

Indien, Myanmar und China. Die graugrünen Blätter erreichen eine Länge von 10–15 cm und sind lanzettlich. Die etwas überhängende Infloreszenz wird bis 30 cm lang und trägt im Sommer 4–9 Blüten. Blüten groß (12 cm), mit weißen Sepalen und Petalen, die Lippe ist gelb oder orange mit purpurnen Adern.

Thunia Veitchiana
↔ 15–50 cm ↑ 20–100 cm

Primärhybride zwischen *T. bensoniae* und *T. marshalliana*. Starkwüchsig mit bis zu 5 weißen, rosa überhauchten Blüten, die eine Größe von 15 cm erreichen. Die Lippe ist dunkel purpurviolett überlaufen und hat in der Mitte eine orangefarbene Zeichnung. Blüht im Sommer.

Tolumnia
Rund 20 Arten dieser Gattung kommen im karibischen Raum vor. Sie wachsen epiphytisch oder litophytisch in Trockenwäldern, Busch- und Grasland sowie Mangroven bis in eine Höhe von 2000 m. Sie waren früher als »variegate Oncidien« bekannt und können an ihrem typischen Habitus mit den fächerförmig angeordneten Blättern, die dicht gedrängt oder an kletternden, drahtigen Rhizomen sitzen, erkannt werden. Die Infloreszenz wird länger als das Blatt.
Kultur: Die Ansprüche variieren je nach Art. Die meisten sind heikel und nicht leicht über längere Zeit am Leben zu erhalten. Die Hybriden sind etwas leichter zu kultivieren. Prinzipiell brauchen sie einen sehr hellen Standort bei nicht allzu hoher Luftfeuchtigkeit und temperierte bis warme Bedingungen. Die Minimumtemperatur liegt bei 15 °C. Sie wachsen am besten auf dünnen Zweigen aufgebunden bei täglicher Benebelung. Zuviel Nässe führt zu Fäulnis. An den abgeblühten Infloreszenzen entstehen oft neue Knospen oder Ableger (Keikis). Vermehrung durch Teilung augewachsener Blattfächer.

Tolumnia pulchella
syn. *Oncidium pulchellum*
↔ 10–15 cm ↑ 10–15 cm

Typus der Gattung aus Jamaika. Bildet kompakte Blattfächer. Die mehrfach verzweigte Infloreszenz trägt im Sommer bis zu 20 weinrote bis rosa Blüten mit einer auffälligen Lippe.

Tolumnia variegata

Die seltene Varietät *T. p.* var. *concava* hat weiße oder sehr helle Blüten.

Tolumnia triquetra
syn. *Olgasias triquetra, Oncidium triquetrum*
↔ 10–15 cm ↑ 10–20 cm

Jamaika, kompakt wachsend. Die 20 cm lange Infloreszenz trägt von Sommer bis Winter attraktive, cremefarbene Blüten mit rötlicher Zeichnung. Die Petalen sind auffallend dreieckig.

Tolumnia variegata
syn. *Oncidium variegatum*
↔ 10–15 cm ↑ 10–15 cm

Sehr weit verbreitete Art, die von Südflorida, USA, über die Bahamas, Kuba, Hispaniola, Puerto Rico bis zu den Jungfern-Inseln vorkommt. Die weißen Blüten sind manchmal rosa überhaucht und haben eine hellbräunliche Zeichnung. Blütezeit ist meist von Frühjahr bis Sommer.

Trias
Eine kleinere Gattung aus Südostasien, die etwa 10 Arten umfasst und nahe mit *Bulbophyllum* verwandt ist. Von diesen unterscheidet sie sich durch die fast dreieckigen Blüten mit fleischigen, ausgebreiteten Sepalen, die viel größer als die Petalen und die Lippe sind. Die Antherenkappe ist verlängert und oft gespalten. Die Pflanzen sind recht klein und haben ein kriechendes Rhizom, fast runde, einblättrige Pseudobulben und einzeln stehende Blüten, die für die Pflanze recht groß sind. Die Infloreszenz entspringt der Basis der Psuedobulbe.
Kultur: Aufgebunden oder in flachen Schalen. Sie benötigen eine hohe Luftfeuchtigkeit und während des Wachstums viel Wasser. Während der Ruhezeit trockener halten. Vermehrung durch Teilung.

Tolumnia-Hybride

Trias oblonga
↔ 8–10 cm ↑ 25–35 mm

Zwergig wachsende Arte aus Myanmar und Thailand. Pseudobulben maximal 25 mm hoch, dicht stehend. Blätter 35 mm lang, Infloreszenz etwa 25 mm hoch. Blüten gelb bis gelbgrün, 25 mm breit, im Frühjahr.

Trias oblonga

Trias picta
↔ 6–15 cm) ↑ 25–35 mm

Thailand und Myanmar, breitwachsend. Blüte einzeln, fleischig, 18 mm groß, im Frühjahr und Frühsommer; dicht mit feinen purpurnen Punkten übersät, sodass der Eindruck einer einfarbigen Blüte entsteht. Petalen und Lippe sehr klein, die Sepalen bilden den größten Teil der Blüte.

Trias picta

Trichocentrum cebolleta

Trichocentrum ascendens

Trichocentrum

syn. *Acoidium*

Etwa 20 Arten dieser neotropischen Gattung sind bekannt. Sie kommen von Florida, USA, und Mexiko im Norden bis nach Südostbrasilien im Süden vor und wachsen epiphytisch in feuchten oder zeitweise trockenen Wäldern zwischen 300–1400 m. Einige Arten der Gattung *Oncidium* werden mittlerweile hierher gestellt. Die kleinen Pseudobulben sind einblättrig, die Infloreszenz hat wenige bis viele Blüten mit auffälliger Lippe.
Kultur: Sehr hell, aber keine pralle Sonne und temperiert bis warme Bedingungen. Sie gedeihen am besten auf Korkrinde oder Ähnlichem aufgebunden und sollten das ganze Jahr über gleichmäßig mit Wasser versorgt werden. Die Pflanzen können durch Teilung vermehrt werden, mögen aber keine zu häufigen Störungen, da sie recht langsam wachsen.

Trichocentrum ascendens

syn. *Oncidium ascendens*

↔ 15–50 cm ↑ 20–70 cm

Kletternde Art von den Westindischen Inseln, Mittelamerika und Kolumbien. Blätter zylindrisch, teret; die verzweigte Infloreszenz trägt im Sommer viele kleine, 25 mm große, gelbe und rotbraune Blüten.

Trichocentrum cebolleta

syn. *Oncidium cebolleta, O. longifolium*

↔ 10–40 cm ↑ 20–120 cm

Westindische Inseln und Mittel-amerika. Pseudobulben stark redu-ziert, mit einem einzelnen, sehr langen, zylindrischen tereten Blatt, das zu der Bezeichnung »Ratten-schwanz-Oncidium« geführt hat. Bis zu 30, etwa 35 mm große Blüten erscheinen im Sommer. Die Sepalen und Petalen sind grünlich mit brau-nen Tupfen, die Lippe ist goldgelb.

Trichocentrum luridum

syn. *Oncidium guttatum, O. luridum*

↔ 45–90 cm ↑ 75–90 cm

Weitverbreitet; von Südflorida, USA, den Westindischen Inseln, Mexiko und bis nach Guyana und Peru. Die winzigen Pseudobulben tragen ein großes, ledriges Blatt, das ihnen den Namen »Eselsohr-Oncidium« eingetragen hat. Infloreszenz aufrecht, verzweigt, bis 90 cm hoch; Blüten 25–35 mm groß, gelblich oder rötlich mit brauner Zeichnung, Lippe weiß bis rosa. Blüht zu jeder Jahreszeit.

Trichocentrum splendidum

Trichocentrum pulchrum

syn. *Trichocentrum maculatum, T. speciosum, T. verruciferum*

↔ 10–15 cm ↑ 15–20 cm

Venezuela, Kolumbien und Südperu. Kommt meist in feuchten Bergwäldern zwischen 1000–1600 m Höhe vor. Die Infloreszenz trägt im Sommer 1–2 weiß bis cremefarbene, rot getupfte Blüten, die einen Durchmesser von 5 cm erreichen.

Trichocentrum splendidum

syn. *Oncidium splendidum*

↔ 50–60 cm ↑ 60–120 cm

Guatemala und Honduras; in Tieflandwäldern. Pseudobulben recht klein für die Größe der Pflanze, mit großen, ledrigen »Eselsohr-Blätter«. Die hohe, verzweigte Infloreszenz wird 60–120 cm hoch und trägt viele, lange haltbare Blüten. Blütezeit ist im Winter. Die Blüten werden 6–8 cm lang, die Sepalen und Petalen sind rotbraun mit gelber Bänderung. Die breite Lippe ist leuchtend gelb.

Trichocentrum splendidum, Blatt

Trichocentrum tigrinum

↔ 10–15 cm ↑ 15–20 cm

Ekuador und Nordperu. Blätter mit auffälligen roten Flecken. Blüten bis 5 cm im Durchmesser, Sepalen und Petalen grünlich mit dunkelpurpurvioletter Zeichnung; Lippe weiß mit purpurner Basis und gelber Mitte. Blüht von Sommer bis in den Herbst.

Trichoglottis

syn. *Staurochilus, Stauropsis*

Etwa 60 Arten sind aus Ostasien, Malaysia, Indonesien und etlichen Polynesischen Inseln bekannt. Sie wachsen epiphytisch in Tieflandwäldern und haben kletternde oder hängende, monopodiale Triebe mit sukkulenten, zweizeilig angeordneten Blättern. Die kleinen fleischigen oder wachsartigen Blüten erscheinen an kurzen Stielen in der Blattachsel oder an vielblütigen Infloreszenzen. Die Lippe hat einen fein behaarten Mittellappen.
Kultur: Warm, nicht unter 15 °C, je nach Art schattig bis sehr hell. Sie wachsen am besten im Topf in einem sehr durchlässigen Substrat oder aufgebunden. Keine Ruhezeit. Vermehrung durch Teilung bewurzelter Triebe.

Trichoglottis atropurpurea

syn. *Trichoglottis brachiata*

↔ 8–12 cm ↑ 40–80 cm

Philippinen; in Tieflandwäldern bis 300 m. Triebe lang, mit kurzen, ovalen, zweizeilig angeordneten Blättern. Wurzeln dick, weiß. Blüten hell bis dunkelviolett, samtig. Blütezeit von Frühling bis Sommer.

Trichoglottis geminata
syn. *Trichoglottis wenzelii*
↔ 12–25 cm ↑ 20–80 cm

Borneo, Philippinen und die Insel Sulawesi in Indonesien. Habitus aufrecht, kletternd mit vielen weißen Luftwurzeln, die die Pflanze an den Stämmen verankern. Wächst oft in voller Sonne. Die intensiv und angenehm duftenden Blüten erscheinen im Frühjahr oder Sommer einzeln oder zu zweit gegenüber in den Blattachseln. Sie werden bis 18 mm groß, Sepalen und Petalen grünlich gelb mit 3–4 breiten dunkelbraunen Streifen, die Lippe ist weiß.

Trichoglottis philippinensis
syn. *Arachnis philippinensis, Staurochilus philippinensis, Stauropsis philippinensis*
↔ 8–12 cm ↑ 40–80 cm

Philippinen und bis nach Borneo. Sehr ähnlich *T. geminata,* außerhalb der Blütezeit kaum zu unterscheiden. Blüten gelblich mit variabler brauner Zeichnung, Lippe weiß bis rosa, im Verblühen oft gelblich. Blüht meist im Frühjahr oder Sommer.

Trichopilia
syn. *Pilumna*

Etwa 22 Arten sind bekannt. Das Verbreitungsgebiet reicht von Mexiko bis nach Brasilien. Sie wachsen epiphytisch in den mittleren Lagen tropischer Bergwälder bis in Höhen von 2800 m. Die ovalen Pseudobulben sind von Stützblättern umhüllt und tragen ein einzelnes, ledriges Blatt. Die hängende Infloreszenz erscheint an der Basis der Pseudobulben und trägt 5, selten bis zu 8 attraktive, duftende Blüten mit einer sehr auffälligen, röhrenförmigen Lippe.
Kultur: *Trichopilia*-Arten wachsen am besten in lichtem Schatten oder Halbschatten bei temperierten Bedingungen. Aufgrund der hängenden Blütentriebe setzt man sie entweder in kleine Körbchen oder kultiviert sie aufgebunden. Während des Triebwachstums brauchen die Pflanzen viel Wasser, nach dem Ausreifen der Pseudobulben folgt eine mehrere Wochen dauernde Ruhezeit bei reduzierten Wassergaben. Ansonsten wächst die Pflanze durch und produziert nur einen weitereren Neutrieb und keine Blüten. Vermehrung durch Teilung.

Trichopilia fragrans
syn. *Pilumna fragrans, Trichopilia albida, T. candida, T. lehmannii*
↔ 20–30 cm ↑ 20–45 cm

Peru und Ekuador in Höhenlagen von 1200–2800 m. Pseudobulben dicht

Trichoglottis geminata

gedrängt, bis 12 cm hoch, Blatt 30 cm lang. 2–5, bis 10 cm große Blüten erscheinen im Spätherbst oder Winter. Sepalen und Petalen cremefarben mit hellroten Tupfen; die große weiße Lippe ist auf dem Endlappen leuchtend rot gezeichnet.

Trichopilia marginata
↔ 12–25 cm ↑ 12–30 cm

Von Guatemala bis Kolumbien. Die kurze, hängende Infloreszenz trägt im Frühling bis zu 5 Blüten mit dunkelroten Sepalen und Petalen; die trompetenförmige Lippe ist dunkelviolett. Der Klon **'Faye'** hat besonders intensiv gefärbte Blüten.

Trichopilia suavis
syn. *Trichopilia kienastiana*
↔ 20–30 cm ↑ 15–30 cm

Costa Rica und Kolumbien; in Höhenlagen von 1000–1500 m in den unte-

Trichoglottis philippinensis

ren Waldetagen auf dicken, moosbewachsenen Ästen oder Stämmen. Der kurze Blütentrieb trägt im Frühsommer 2–5 Blüten von 10 cm Durchmesser. Sepalen und Petalen cremefarben mit rötlichen Punkten; Lippe weiß, außen mit leuchtend roter Zeichnung. ***T. suavis*** var. ***alba*** ist eine Varietät mit reinweißen Blüten.

Trichopilia tortilis
↔ 12–25 cm ↑ 12–25 cm

Typus der Gattung; von Mexiko und ganz Mittelamerika bis nach Costa Rica in feuchten Wäldern in Höhenlagen von 1000–1400 m anzutreffen. Pro Blütentrieb wird meist nur eine einzige Blüte hervorgebracht, die durch die korkenzieherartig gedrehten Sepalen und Petalen auffällt. Diese sind gelblich mit einem rötlich braunen Mittelstreifen; die auffällige Lippe ist reinweiß.

Trigonidium

Etwa 20 sympodiale, epiphytisch oder semi-terrestrisch wachsende Arten aus Mittel- und Südamerika. Die dicht stehenden Pseudobulben tragen 2–3 bandförmige Blätter. Die einblütige Infloreszenz trägt eine ungewöhnlich geformte Blüte mit 3 zurückgeschlagenen Sepalen. Die Petalen und die Lippe sind unscheinbar. Diese frühjahrsblühenden Orchideen sind meist nur bei spezialisierten Sammlern und in botanischen Gärten anzutreffen.
Kultur: Am besten im Topf in einem durchlässigen Rindensubstrat. Regelmäßig gießen und düngen, lieben hohe Luftfeuchtigkeit und viel Licht. Standort ganzjährig temperiert bis warm. Vermehrung durch Teilung.

Trigonidium egertonianum
↔ 20–60 cm ↑ 20–50 cm

Verbreitung von Mexiko bis Kolumbien. Die bandförmigen Blätter sind mittelgrün. Blüten bis 35 mm groß, becherförmig mit hellgelben bis rosabraunen Blütenblättern, die eine feine, dunklere Aderung aufweisen. Blüht im Frühjahr.

Trigonidium egertonianum

Trichopilia marginata 'Faye'

Vanda

syn. *Trudelia*

Diese Gattung beherbergt etwa 50 Arten kräftiger, monopodial wachsender Orchideen, die von Sri Lanka und Indien über ganz Südostasien bis Neuguinea und Nordostaustralien verbreitet sind. Sie wachsen aufrecht und haben bandförmige, gefaltete Blätter, die in 2 Reihen entlang des Triebs stehen. Größere Exemplare verzweigen sich an der Basis und haben zahlreiche, dicke, weiße Wurzeln. Die Infloreszenz erscheint am Stamm aus den Blattachseln. Sie trägt attraktive, lange haltbare Blüten in unterschiedlichen Farben und Farbkombinationen. Die so genannten »tereten« Vandeen sind mittlerweile in eine eigene Gattung, *Papilionanthe*, überführt, gärtnerisch werden sie aber noch unter dem alten Namen geführt. Vandeen gehören zu den wichtigsten Schnittblumen in Thailand und Singapur. Es gibt zahlreiche Hybriden, innerhalb *Vanda* und auch mit Arten aus anderen Gattungen. **Kultur:** Vandeen wachsen am besten in kleinen Lattenkörbchen und brauchen viel Licht, warme bis temperierte Bedingungen und eine hohe Luftfeuchtigkeit. In tropischen Ländern sind sie beliebte Gartenpflanzen. Als Pflanzstoff dienen grobe Rindenbrocken, da die Wurzeln nach dem Gießen schnell austrocknen müssen. Die Wurzeln wachsen häufig über den Topfrand hinaus und hängen frei in der Luft. In den Tropen blühen die meisten Arten und viele Hybriden das ganze Jahr, mit einer Hauptblüte im Frühling und Sommer. Vermehrung durch Teilung oder Kopfstecklinge. Die Teilstücke müssen mindestens 3 Wurzeln besitzen.

Vanda alpina

syn. *Trudelia alpina*

↔ 30–50 cm ↑8–18 cm

Nordostindien; häufig in Gruppen. Blätter zweireihig, 5–15 cm lang, schmal. Die kurze Infloreszenz trägt 1–3 Blüten im Sommer. Die Blüten werden etwa 18–25 mm groß und haben grüne bis gelblich grüne Sepalen und Petalen, die Lippe ist grün mit purpurvioletter Zeichnung.

Vanda coerulea

↔ 10–25 cm ↑15–90 cm

Indien bis China; in Bergwäldern. Wohl die bekannteste Art. Infloreszenz mit bis zu 12 spektakulären, bis 10 cm großen flachen, netzartig gezeichneten Blüten. Die Färbung variiert von hell- bis dunkelviolettblau. Durch Selektionszucht gibt es mittlerweile viel exzellente Cultivare.

Vanda coerulescens

↔ 25–35 cm ↑35–50 cm

Nordostindien, Südchina, Thailand und Myanmar; in saisonal trockenen und laubabwerfenden Wäldern in Höhenlagen von 500–1500 m. Blätter zweizeilig, bis 12 cm lang, schmal bandförmig, ledrig. Infloreszenz aufrecht, bis 50 cm hoch, mit 10–30 duftenden, 25–35 mm großen, bläulich violetten bis fast weißen Blüten mit amethystfarbener Lippe. Blütezeit im Herbst bis Frühjahr. Der Cultivar **'Magnificent'** hat dunklere Blüten.

Vanda coerulescens

Vanda coerulescens 'Magnificent'

Vanda cristata

syn. *Trudelia cristata*

↔ 20–60 cm ↑20–50 cm

Nepal bis China. Blätter ledrig, grün. Blüten bis 5 cm groß, grünlich gelb; Lippe mit zweigeteiltem Endlappen. Blüht im Sommer.

Vanda denisoniana

↔ 20–40 cm ↑20–90 cm

Thailand und Südchina. Infloreszenz aufrecht bis übergeneigt, mit bis zu 8 lange haltbaren, 6 cm breiten Blüten. Die Färbung variiert von hell gelbgrün bis honigfarben. Blütezeit vom Winter bis ins Frühjahr.

Vanda hindsii

↔ 20–40 cm ↑20–120 cm

Australien und Neuguinea. Bis zu 10 Blüten pro Infloreszenz, bis 35 mm groß, glänzend braun mit gelbem Rand auf den Blütensegmenten. Blütezeit im Frühling.

Vanda javierae

↔ 18–30 cm ↑20–90 cm

Endemisch auf der Insel Luzon in den Philippinen; erst vor kurzem entdeckt. Selten und auffällig, wächst meist in der Nähe von Gewässern. Blätter ledrig, bandförmig. Infloreszenz mit bis zu 8 Blüten im Frühling. Blüten weiß, bis 6 cm groß, mit breiten Blütensegmenten. Mit *V. roeblingiana* verwandt, die Lippe ähnlich ankerförmig, aber weiß mit zartrosa und brauner Zeichnung an der Basis. Bevorzugt kühlere Temperaturen und einen schattigeren Standort als die meisten Vandeen.

Vanda lamellata

↔ 40–45 cm ↑40–50 cm

Philippinen, Taiwan und Borneo; in saisonal trockenen Wäldern. Variable Art mit typischem Vandeenhabitus mit bandförmigen Blättern. Infloreszenz mit wenigen bis mehreren Blüten, die im Winter bis Frühling erscheinen. Blütendurchmesser 35–50 mm, die Färbung variiert von Hellgelb bis grünlich Gelb und Weiß mit bräunlichem Hauch. *V. l.* var. *boxallii* hat cremeweiße Blüten mit rotbrauner Zeichnung auf der unteren Blütenhälfte.

Vanda luzonica

↔ 20–50 cm ↑20–100 cm

Philippinen. Infloreszenz aufrecht, mit attraktiven, weißen, bis 6 cm großen Blüten, die auf den Sepalen und Petalen rosa bis violett gezeichnet sind. Blüht im Frühling.

Vanda pumila

syn. *Trudelia pumila*

↔ 25–30 cm ↑25–50 cm

Indien bis Indochina. Aufrecht wachsend, Blätter schmal lanzettlich, 10–15 cm lang. Die kurze Infloreszenz trägt 2–4 cremefarbene, bis 5 cm große Blüten, die rot-weißer Zeichung auf der Lippe. Blüht im Sommer.

Vanda sanderiana

syn. *Euanthe sanderiana*

↔ 20–50 cm ↑20–120 cm

Von der Insel Mindanao auf den Philippinen; von Meereshöhe bis auf 500 m. Elternteil sehr vieler Hybriden. Infloreszenz aufrecht, mit bis zu 10 Blüten im Herbst. Blüten bis 10 cm groß, die Petalen und das dorsale Sepalum sind zart violettrosa mit schokoladenbraunen Tupfen an der Basis. Die seitliche Sepalen sind ockergelb mit rötlich brauner Aderung. Die Blüten sind sehr variabel, was zur Beschreibung etlicher Varietäten geführt hat.

Vanda testacea

syn. *Vanda parviflora*

↔ 12–25 cm ↑15–60 cm

Kompakt wachsende Art, die von Sri Lanka und Indien bis nach Thailand vorkommt. Blüten klein, zahlreich, hellgelb mit dunkel violettblauer Lippe, bis 25 mm groß. Blüht im Frühling und Sommer.

Vanda tricolor

↔ 20–50 cm ↑20–120 cm

Insel Java, Indonesien; auf Felsen und Bäumen am Rande intakter Tieflandregenwälder. Auffällige und häufige Art. Blüten duftend, bis 6 cm breit, weiß mit dunkelrotbraunen Tupfen, Lippe purpurviolett, mit gelben und weißen Flecken an der Basis. Die Hauptblütezeit liegt im Herbst und reicht bis in den Winter.

Vanda cristata

Vanda coerulea

Vanda javierae

Vanda denisoniana

Vanda lamellata

Vanda pumila

Vanda sanderiana

Vanda tricolor

Vanda Rothschildiana

Vanda-Hybride

Vanda Gordon Dillon

Vanda Happy Smile

Vanda Lumpini Red 'AM'

Vanda Bangkok Pink

Vanda Marlie Dolera

Vanda Pat Delight

Vanda (Gordon Dillon × Robert Fuchs)

Vanda Robert's Delight

Vanda Pranerm Prai

Vanda Manisaki

Vanda Sansai Blue

V

Vanda Tailor Blue

Vanda-Hybriden

↔ 20–50 cm ↑ 20–120 cm

Seit dem letzten Jahrhundert wurden Tausende von *Vanda*-Hybriden gezüchtet. 2 Arten sind bei fast allen Kreuzungen beteiligt: *V. coerulea* und *V. sanderiana* (syn. *Euanthe sanderiana*). *V. coerulea* ist bei allen großblütigen »blauen« Hybriden beteiligt, von denen viele eine dunklere Aderung aufweisen. Durch sie sind auch viele Hybriden etwas toleranter, was kühlere Temperaturen angeht. *V. sanderiana* hat ihre großen, flachen Blüten an die Nachkommen weitergegeben und ist bei vielen rosa und bräunlich blühenden Hybriden beteiligt. Ihre Albino-Form wird zur Züchtung grüner und gelber Formen verwendet. Die Blütengröße variiert von 3,5–10 cm, die Blütezeit ist praktisch das ganze Jahr. Als Beispiele seien genannt:
Bangkok Pink mit rosa bis purpurvioletetn, fein gezeichneten Blüten;
Gordon Dillon mit runden, dunkel geaderten Blüten;
Happy Smile mit senfgelben, braun getupften Blüten;
Manisaki aus *V. dearei*, *V. tricolor*, *V. luzonica* und *V. sanderiana*;
Marlie Dolera, braucht viel Licht, um zu blühen;
Pat Delight mit rosa Blüten, die rot gezeichnet sind;
Reverend Masao Yamada mit guter Form durch *V. sanderiana*;
Robert's Delight mit rosa Blüten und starkem Einfluss von *V. sanderiana*;
Rothschildiana mit purpurvioletetn bis blauen Blüten ist die Primärhybride zwischen den beiden Arten *V. sanderiana* und *V. coerulea*;
Sansai Blue mit den typisch tiefblauen Blüten von *V. coerulea*.

Vanda Reverend Masao Yamada

Vandopsis warocqueana

Vandopsis undulata

Vandopsis

Etwa 10 große, monopodial wachsenden Arten aus der Vandeen-Verwandschaft werden in dieser Gattung vereint. Sie wachsen in den Küstenregenwäldern Südostasiens, häufig an exponierten Plätzen. Die eindrucksvolle, verzweigte Infloreszenz trägt zahlreiche, lange haltbare, fleischige und bei vielen Arten duftende Blüten. **Kultur:** Diese Orchideen brauchen sehr viel Licht und vertragen sogar volle Sonne, sowie feucht-heiße Temperaturen bei sehr hoher Luftfeuchtigkeit, um zu blühen. Durch den kletternden Habitus ist es nicht immer leicht, sie im Topf zu kultivieren. Sie wachsen am besten frei im Gewächshaus, in den Tropen auch im Garten in Bäumen. Vermehrung durch Teilung, die Teilstücke müssen mindestens 3 Wurzeln haben.

Vandopsis undulata

syn. ***Stauropsis undulata, Vanda undulata***

↔ 12–25 cm ↕ 20–50 cm

Nepal; braucht im Gegensatz zu anderen Arten nicht so hohe Temperaturen. Infloreszenz aufrecht, mit bis zu 8 weißen, rosa überhauchten, 5 cm großen Blüten im Frühling, Sepalen und Petalen mit gewelltem Rand.

Vandopsis warocqueana

syn. ***Sarcanthopsis nagarensis, Stauropsis warocqueana***

↔ 50–200 cm ↕ 50–240 cm

Neuguinea; am Rand dichter Wälder, große Art. Infloreszenz aufrecht, verzweigt, mit zahlreichen Blüten im Sommer und Herbst. Blüten fleischig, bis 5 cm groß, gelblich grün mit braunem Hauch und dunklen Tupfen.

Vanilla

Die Gattung *Vanilla* umfasst etwa 100 Orchideenarten, die in den feuchten Tropen der ganzen Welt verbreitet sind. Sie unterscheiden sich von allen anderen Orchideen durch ihren kletternden, lianenartigen Wuchs. Die Wurzeln erscheinen an den Nodien, gegenüber den sukkulenten Blättern. Viele Arten wachsen erst terrestrisch und später dann als Epiphyten. Die Blüten halten nur einen Tag und erinnern an die von Cattleyen, mit denen sie aber nicht näher verwandt sind. Während der Hauptblütezeit werden täglich neue Blüten gebildet.
Kultur: Diese Orchideen brauchen viel Platz, um zu gedeihen. Für den kommerziellen Anbau werden sie in Töpfen an starken Stützen, an denen die Wurzeln Halt finden, kultiviert. In Privatsammlungen lässt man sie in hängenden Körben wachsen und legt längere Triebe immer wieder in die Mitte zurück oder zieht die Pflanze an einem Spalier. Sie brauchen viel Licht und ganzjährig feucht-warme Bedingungen. Vermehrung durch Stecklinge.

Vanilla planifolia

Vanille

↔ 0,3–3 m ↕ 0,3–3 m

Mittel- und Südamerika; weltweit zur Gewinnung von Vanille-Essenz aus den Samenkapseln angebaut. Blüten gelb-grün, bis 6 cm groß, mit trompetenförmiger Lippe. Es gibt auch eine Form mit panschierten Blättern. Blüht meist im Frühling.

Vanilla polylepis

↔ 50–200 cm ↕ 100–500 cm

Kletternde Art aus dem tropischen Afrika. Blätter fleischig, bis 25 cm lang. Infloreszenz mit bis zu 20, nacheinander aufblühenden Blüten im Sommer. Blüten duftend, bis 12 cm groß, cremefarben bis grünlich, mit auffälliger, purpurroter Lippe. Die Blüten halten nur einen Tag, werden aber am nächsten durch neue Knospen ersetzt. Die Triebe müssen eine Länge von mindestens 3–4 m haben, um blühen zu können.

Vascostylis

Mehrgattungshybride, bei der 3 Gattungen aus dem tropischen Asien beteiligt sind: *Ascocentrum*, *Rhynchostylis* und *Vanda*. Es gibt zahlreiche registriert Hybriden. Der Einfluss von *Ascocentrum* zeigt sich im kompakten Wuchs und in den aufrechten, dicht mit zahlreichen, leuchtend gefärbten Blüten besetzten Infloreszenzen. Durch die Einkreuzung von *Vanda* wurden die Blüten größer und die Form und Substanz verbessert. *Rhynchostylis* hat die Anzahl der Blüten erhöht und den Duft mit eingebracht. Die Blütenfarbe reicht von Weiß über Gelb, Rosa und Rot bis zu Violett und Blau-Tönen. Die Pflanzen können das ganze Jahr über zur Blüte kommen, die Hauptblütezeit liegt aber im Herbst, Winter und Frühling.
Kultur: In Lattenkörbchen mit grober Rinde, warm und sehr hell. Seitentriebe sollten an der Mutterpflanze belassen werden, da die so entstehenden vielblütigen Schaupflanzen viel eindrucksvoller sind. Vermehrung durch Teilung oder Seitentriebe.

Vascostylis Pine Rivers 'Pink'

↔ 20–30 cm ↕ 25–50 cm

Blätter schmal, bis 20 cm lang. Infloreszenz aufrecht, mit bis zu 50 duftenden Blüten im Frühling. Blüten bis 35 mm groß, dunkelkirschrot. Wertvolle Schnittblume.

Vanilla polylepis

Vascostylis Pine Rivers 'Pink'

Vuylstekeara

Mehrgattungshybride mit Beteiligung der 3 Gattungen *Cochlioda, Miltonia* und *Odontoglossum*. Die meisten farbenfrohen Hybriden sind durch Kreuzung von *Odontodia* mit *Miltonia* entstanden. Sie haben lange, aufrechte oder gebogene Infloreszenzen mit attraktiven, intensiv gefärbten und gezeichneten Blüten.

Kultur: *Vuylstekeara*-Hybriden mögen es nicht, wenn ihre Wurzeln austrocknen. Man pflanzt sie am besten in Sphagnum oder ein feines Rindensubstrat. Sie wachsen temperiert bis kühl und brauchen ganzjährig reichliche Wassergaben sowie einen halbschattigen Standort. Hohe Luftfeuchtigkeit bei guter Luftbewegung sind ideal. Vermehrung durch Teilung.

Vuylstekeara-Hybriden

↔ 10–50 cm ↑ 10–60 cm

Blüten 3,5–12 cm breit, vom Frühling bis in den Herbst. Schön sind: **Cambria** mit weißen, purpurbraun gesprenkelten Blüten mit gelber Mitte; **Edna 'Stamperland'**, ein Klassiker mit leuchtend rot und orangefarbenen Blüten auf hohen Infloreszenzen; **Ephyra** mit violettroten Blüten, die an den Spitzen weiß gezeichnet sind; **Everglades Promise** mit rosa und roten Blüten und auffälliger Lippe; **Linda Isler** mit zahlreichen weinroten Blüten mit weißer Lippe; **Memoria Hanna Lassfolk** mit dem Besten aus allen 3 Gattungen; sowie **Memoria Mary Kavanaugh**, die ihre großen purpurvioletten Blüten dem Einfluss von *Miltonia spectabilis* in ihrem Stammbaum verdankt.

Vuylstekeara Cambria

Vuylstekeara Everglades Promise

Vuylstekeara Edna 'Stamperland'

Vuylstekeara Memoria Hanna Lassfolk

Vuylstekeara Ephyra

Vuylstekeara Linda Isler

Vuyl. Memoria Mary Kavanaugh

Wilsonara

Diese farbenprächtigen Mehrfachhybriden haben *Cochlioda*, *Odontoglossum* und *Oncidium* im Stammbaum und sind meist aus Kreuzungen von *Odontodia* mit *Oncidium* entstanden. Sie vertragen viel höherer Temperaturen als reine Odontoglossen und haben lange, aufrechte oder übergeneigte Infloreszenzen mit farbenprächtige, attraktiv gezeichneten Blüten.
Kultur: *Wilsonara*-Hybriden mögen es nicht, wenn ihre Wurzeln austrocknen. Man pflanzt sie am besten in Sphagnum oder ein feines Rindensubstrat. Sie wachsen temperiert bis kühl und brauchen ganzjährig reichliche Wassergaben sowie einen halbschattigen Standort. Hohe Luftfeuchtigkeit bei guter Luftbewegung sind ideal. Vermehrung durch Teilung.

Wilsonara-Hybriden

↔ 10–50 cm ↑ 10–60 cm

Die Blüten erscheinen zu jeder Jahreszeit und werden 3,5–9 cm groß. Schöne Blüten haben die Sorten:
Athol Bell, cremefarben mit dunkler Zeichnung;
Blazing Lustre, pfirsichfarben mit dunklen Flecken und weißer Lippe;
Dorset Gold, cremefarben mit goldener Zeichnung;
Firecracker, orange bis rot;
Kendrick Williams 'Rosslow', dunkelrosa; sowie
Russiker Tiger, braun und gelb, mit deutlichem Einfluss von *Oncidium tigrinum*.

Wilsonara Athol Bell

Wilsonara Firecracker

Wilsonara Blazing Lustre

Wilsonara Russiker Tiger

Wilsonara Dorset Gold

Wilsonara Kendrick Williams 'Rosslow'

Xylobium variegatum

Zygopabstia Gumeracha

Xylobium

Diese Gattung umfasst etwa 30 Arten, die in Mittel- und Südamerika verbreitet sind. Sie wachsen meist epiphytisch, seltener terrestrisch in Wäldern in Höhenlagen bis zu 3000 m. Die größte Artenvielfalt findet man in der Andenregion von Venezuela bis Peru. Alle Arten haben ein sympodiales Rhizom mit schlanken, beinahe bleistiftdünnen Pseudobulben, die aufrechte, plikaten Blätter tragen. Die basale Infloreszenz trägt zahlreiche kleine, recht unscheinbare Blüten.
Kultur: Diese Orchideen gedeihen am besten im Topf oder Korb in einem durchlässigen Substrat und bevorzugen temperierte bis kühle Bedingungen und viel Licht. Nach der Wachstumsperiode sollten die Wassergaben eingeschränkt werden, die Luftfeuchtigkeit muss aber hoch bleiben. Vermehrung durch Teilung.

Xylobium variegatum

syn. ***Xylobium carnosum, X. scabrilingua, X. squalens, X. supinum***

↔ 20–30 cm ↕ 40–60 cm

Von Costa Rica bis Peru, Bolivien, Venezuela und Brasilien in Höhen von 200–1000 m. Pseudobulben dunkelgrün, oval, bis 8 cm hoch mit 2 plikaten Blättern. Die kurze, dichtblütige Infloreszenz erscheint im Sommer bis Herbst und trägt gelblich cemefarbene, rötlich gezeichnete Blüten; die Lippe hat dunklere Tupfen, vor allem an der Spitze.

Zygopabstia

syn. ***Zygocolax***

Zygopabstia ist eine Kreuzung zwischen *Zygopetalum* und *Pabstia* (syn. *Colax*). Diese sympodial wachsenden Hybriden sind kompakter als viele *Zygopetalum*-Arten und blühen mehrmals im Jahr. Die einzelnen Blüten erreichen eine Größe von 3,5–9 cm.

Kultur: Diese Orchideen bevorzugen temperiert-kühle Bedingungen und einen relativ schattigen Standort. Direkte Sonneneinstrahlung führt sehr schnell zu Blattverbrennungen. Bei zu geringer Luftfeuchtigkeit trocknen die Blattspitzen sehr schnell ein und es entstehen hässliche Blattflecken. Als Pflanzstoff eignet sich Sphagnum oder ein feines Rindensubstrat. Sie sollten nicht zu häufig umgetopft werden. Die Hauptblütezeit liegt im Winter und Frühling, die Blüten können aber zu jeder Jahreszeit mit dem frischen Neutieb erscheinen. Vermehrung durch Teilung.

Zygopabstia Gumeracha

↔ 10–50 cm ↕ 20–60 cm

Kreuzung aus *Zygopetalum maxillare, Z. intermedium, Z. crinitum* und *Pabstia jugosa*. Blüten grün, dunkelbraun überhaucht und mit rotbrauner Zeichnung. Die magentarote Lippe ist manchmal weiß oder cremefarben gezeichnet. Blüht im Winter bis in den Frühling.

Zygopetalum

Gattung mit etwa 16 terrestrisch oder epiphytisch wachsenden, sympodialen Orchideen aus Südamerika. Die langen Infloreszenzen tragen auffällige, lange haltbare und stark duftende Blüten. Es gibt viele Hybriden, innerhalb der Gattung und mit verwandten Arten, die meist kompakt wachsen und häufig duftende, intensiv gefärbte Blüten haben.
Kultur: Die meisten Zygopetalen wachsen gut in einem Standardorchideensubstrat, das durchlässig ist, aber etwas Feuchtigkeit speichert. Viele Liebhaber verwenden ein feines Rindensubstrat. Die epiphytischen Arten bevorzugen ein grobes Substrat mit hohem Rindenanteil und tiefe Töpfe, die dem großen Wurzelballen genug Platz bieten. Die Pflanzen sollten das ganze Jahr feucht gehalten werden, und vor allem in der Wachstumsperiode vom Frühling bis zum Herbst häufig gegossen und gedüngt werden. Sie brauchen eine hohe Luftfeuchtigkeit bei guter Luftbewegung, ansonsten trocknen die Blattspitzen ein und die Blätter bekommen Flecken. Vermehrung durch Teilung.

Zygopetalum crinitum

↔ 10–40 cm ↕ 20–60 cm

Brasilien. Infloreszenzen aufrecht, mit bis zu 8 Blüten im Winter bis Frühling. Blüten bis 8 cm groß, Sepalen

Zygopetalum crinitum

Zygopetalum intermedium

Zygopetalum mackayi

und Petalen gelblich grün mit braunen Streifen; Lippe weiß mit purpurrötlicher Aderung und feinen kurzen Härchen.

Zygopetalum intermedium

↔ 10–40 cm ↑ 10–40 cm

Brasilien; ähnelt *Z. mackayi*. Infloreszenz kräfig, aufrecht, mit bis zu 6 fleischigen Blüten, die bis 8 cm groß werden und grüne Sepalen und Petalen mit braunvioletten Flecken haben. Die Lippe ist weiß mit breiter, dunkelvioletter Aderung. Blütezeit im Herbst und Winter.

Zygopetalum mackayi

↔ 10–40 cm ↑ 10–40 cm

Brasilien. Bis zu 10, 8 cm große Blüten an einer aufrechten, kräftigen Infloreszenz. Sepalen und Petalen fleischig, grün mit purpurbrauner Fleckung. Lippe weiß mit dunkelvioletter Aderung. Blüht im Herbst bis Winter.

Zygopetalum maxillare

↔ 10–40 cm ↑ 10–40 cm

Brasilien und Paraguay; kletternder Wuchs. Pseudobulben in großen Abständen auf dem langen Rhizom. Blätter mit deutlicher Aderung. Infloreszenz im Winter bs Frühling, mit bis zu 6 Blüten. Blüten grün mit variabler rotbrauner Fleckung, bis 6 cm groß, Lippe bläulich-violett. Wächst am besten an langen Baumfarnstäben.

Zygopetalum-Hybriden

↔ 10–40 cm ↑ 10–40 cm

Die meisten *Zygopetalum*-Hybriden zeigen deutlich den Einfluss von *Z. mackayi*, was dazu geführt hat, dass sich viele Kreuzungen stark ähneln. Die meisten sind durch die Einkreuzung von *Z. maxillare* kompakter und blühen mehrfach im Jahr.
Die Blüten werden 6–8 cm groß.
Die Kreuzung (**106 'Royale Romp'** × **Redvale 'Heir Apparent'**) hat gelbgrüne, rotbraun gezeichnete Blüten mit einer dunkelviolett und weiß gesprenkelten Lippe;
Alan Greatwood hat eine sehr gute, rundliche Blütenform und dunkel bräunliche Blüten mit auffällig grün gerandeten Sepalen und Petalen, Lippe weiß mit dunkelvioletter Aderung;
Blanchetown ist hellbraun mit purpurner, dunkel geaderter Lippe;

Zygopetalum (106 'Royale Romp' × Redvale 'Heir Apparent')

Zygopetalum Alan Greatwood

Zygopetalum Blanchetown

Zygopetalum sp.

Zygopetalum Imagination

Zygopetalum Kiwi Dusk

Imagination hat dunkelbraune Blüten mit violetter Lippe;
Kiwi Dusk grüne Blüten mit weiß-violetter Lippe; und
Titanic stark duftende Blüten.

Zygosepalum

syn. *Menadenium*

Die etwa 6 Arten kommen im nördlichen Teil Südamerikas im Einzugsgebiet des Amaszonas und Orinocos und ihrer Nebenflüsse vor. Sie wachsen epiphytisch oder terrestrisch in feuchten Tiefland- oder Bergwäldern in Höhenlagen von 100–2400 m. Die eifömigen Pseudobulben tragen bis zu 4 Blätter an der Spitze und stehen dicht gedrängt oder in Abständen auf einem kletternden oder kriechenden Rhizom. Die seitlich erscheinende Infloreszenz trägt eine oder mehrere Blüten mit einer dreilappigen Lippe.
Kultur: Die epiphytischen, kletternden Arten werden aufgebunden an einem schattigen Standort im Warmhaus kultiviert und müssen ganzjährig gut feucht gehalten werden. Die terrestrischen wachsen besser im Topf bei temperiert-kühlen Bedingungen und brauchen ebenfalls keine Ruhezeit. Vermehrung durch Teilung.

Zygosepalum lindeniae

syn. *Menadenium lindeniae, Zygopetalum lindeniae*

↔ 20–30 cm ↑ 25–40 cm

Venezuela, Brasilien und Peru; in Regen- und Bergwäldern. Rhizom kletternd, mit seitlich zusammengedrückten Pseudobulben. Blüten im Frühjahr und Sommer, bis 8 cm groß, Sepalen und Petalen gelblich braun, Lippe hellrosa bis weiß mit auffälliger rötlicher Aderung.

Zygostates

Gattung mit etwa 9 Arten aus Südostbrasilien, 2 Arten auch im benachbarten Paraguay und Argentinien. Sie wachsen epiphytisch in Wäldern bis in Höhenlagen von etwa 500 m. Von der nah verwandten Gattung *Dipteranthus* können sie leicht durch die fehlenden Pseudobulben unterschieden werden. Blätter glänzend grün, ledrig, bis 10 cm lang. Ihre relativ einfache Kultur und die überreich blühenden Infloreszenzen machen sie zu beliebten Miniatur-Orchideen.

Kultur: Diese kleinen Orchideen bevorzugen die wärmeren Bereiche im temperierten Gewächshaus. Die Luftfeuchtigkeit sollte ganzjährig hoch sein. Der Standort sollte schattig bis halbschattig sein und die zarten Pflanzen nicht über längere Zeit komplett austrocknen. Durch ihren Habitus eignen sie sich besonders für die epiphytische Kultur – ein kleines Korkrindenstück mit einer Unterlage aus lebendem Baummoos ist ideal. Im Winter muss man etwas vorsichtiger gießen und durch Luftumwälzung für eine schnelle Abtrockung der Blätter sorgen. Vermehrung durch Teilung, aber besser nicht zu oft stören.

Zygostates alleniana

↔ 30–50 mm ↑ 18–30 mm

Südbrasilien; in den Staaten Parana, Santa Catarina und Rio Grande do Sul und im Westen bis nach Argentinien und Paraguay. Bildet dichte Büschel mit 25 mm langen, feinen Blättern und Massen winziger weißer Blüten mit grünlich gelber Zeichnung in der Lippe, im Frühling.

Zygostates lunata

↔ 5–10 cm ↑ 5–10 cm

Brasilien; von Minais Gerais bis nach Santa Catarina. Typus der Gattung. Blüten im Herbst bis Winter, in dichten Rispen, Sepalen grün, Petalen grünlich bis orangegelb, Lippe weiß.

Zygopetalum Titanic

Anhang

Glossar

Adventivpflanze

Jungpflanze, die aus dem Haupttrieb oder an den Nodien entsteht.

Anthere
Der Teil der Säule, der die Pollinien erhält.

apikal
zur Spitze hinweisend, zum Beispiel der oberer Teil der Infloreszenz.

basal
zur Basis hinweisend, zum Beispiel der untere Teil der Pseudobulben.

bifoliat
zweiblättrig.

Blüteninduktion
Faktor, der die Bildung von Blütentrieben auslöst, z. B. eine Temperaturabsenkung oder die Tageslänge.

Brakteen
Schützenden Hüllblätter an den Pseudobulben oder dem Blütenstiel.

Bulbe
Umgangssprachliche Kurzform für Pseudobulbe.

diploid
der normale Chromosomensatz im Zellkern, bei dem jedes Chromosom zweifach vorliegt.

Dolde
Form des Blütenstands, bei dem alle Einzelblüten aus einem Punkt entspringen.

Epiphyt
Auf anderen Pflanzen (zum Beispiel Bäumen) wachsende Pflanze.

Equitant
Pflanzenform mit fächerartig angeordneten Blättern.

Hybride
Kreuzung zwischen zwei oder mehreren Arten oder Gattungen.

Infloreszenz
Blütenstand

Keiki
Vor allem für Adventivpflanzen oder Kindel von *Dendrobium* und *Phalaenopsis* geprägter, aus Hawaii stammender Begriff.

Klon
Eine Einzelpflanze, die nur vegetativ (Teilung, Meristeme) vermehrt werden kann.

Labellum
Das zur Lippe ausgebildete Blütenblatt.

Lithophyt
Auf Felsen oder Steinen wachsende Pflanze.

Meriklon
Aus Meristem-Vermehrung hervorgegangene Pflanze (Klon).

Meristem-Vermehrung
Das Heranziehen von Pflanzen durch Gewebekultur von Spross- oder Wurzelspitzen oder anderem Geweben.

monopodial
Wuchsform, bei der neue Blätter kontinuierlich an der Pflanzenspitze gebildet werden.

Mykorrhiza
Bezeichnet die symbiotische Beziehung zwischen einer Pflanze und besonderen Pilzen.

Myzel
Pilzgeflecht.

Nodium
Verdickter Teil eines Triebs, an dem Blätter oder Adventivsprosse entstehen.

Pelorie
Mutation, bei der statt einer Lippe und zwei Petalen drei Lippen oder lippenähnliche Petalen gebildet werden.

Petale
Inneres Blütenblatt.

Pollinie
Pollenpaket.

Protokorm
Noch undifferenzierter Gewebeklumpen, aus dem eine Pflanze entstehen kann.

Pseudobulbe
Verdickte Spross- bzw. Blattbasis, ähnlich einer Zwiebel (Bulbe).

Resupination
Bezeichnet den Prozess des Drehens der Blütenknospe, sodass das oberste innere Blütenblatt (die Lippe) nach unten zeigt. Bei nicht resupinierten Orchideenblüten zeigt die Lippe nach oben und man hat den Eindruck, die Blüte steht »auf dem Kopf«.

Rhizom
Verdickter Wurzelspross.

Rispe
Blütenstand, bei dem die Blüten nacheinander angeordnet sind.

Rückbulbe
Ältere Pseudobulben, die als Reserveorgan dienen und nach Teilung wieder Austreiben können.

Saprophyt
Eine Pflanze, die sich von abgestorbenem organischen Material ernährt.

Säule
Verwachsung von Griffel, Narbe und Staubblättern der Blüte, die für Orchideen typisch ist.

Sepale, dorsal
Der Lippe gegenüberstehendes äußeres Blütenblatt.

Sepale, lateral
Seitliches, äußeres Blütenblatt.

Spatha
Blütenscheide an der Spitze der Pseudobulben, z. B. bei verschiedenen Cattleyenarten.

Stützblatt
Blätter an der Basis der Pseudobulben, z. B. bei Oncidien.

sukkulent
verdickt, mit dicken, Wasser speichernden Trieben oder Blättern.

Symbiose
Enge Beziehung von zwei oder mehr Lebewesen, bei der beide Partner profitieren.

sympodial
Wuchsform, bei der der Neutrieb an der Basis des vorhergehenden entsteht.

Taxonom
Botaniker, der sich mit der Taxonomie, der Lehre der Systematik der Pflanzen und Tiere beschäftigt.

Tepalen
Bezeichnung für gleichartig ausgestaltete Blütenblätter.

teret
Bezeichnung für bleistiftförmige, runde und schmale Blätter.

terrestrisch
Im Erdboden wachsende Pflanze.

Textur
Oberflächenbeschaffenheit des Blatts oder der Blütenblätter.

unifoliat
einblättrig.

Velamen
Die äußere Schicht aus abgestorbenen Wurzelzellen einer Orchideenwurzel.

Viscidium
Klebscheibe, an der die Pollinien verschiedener Orchideenarten befestigt sind.

Xerophyt
Pflanze, die an extrem trockene Umweltbedingungen angepasst ist.

Vereine und Verbände

Deutsche Orchideengesellschaft e.V.
Flößweg 11
D-33758 Schloß Holte Stukenbrok
www.orchidee.de

VDOF Verband Deutscher Orchideenfreunde e.V.
Mittel-Carthausen 2
D-58553 Halver
www.vdof.de

Österreichische Orchideengesellschaft
Postfach 300
A-1222 Wien
www.orchideen.at

Schweizerische Orchideengesellschaft
Societé Suiss d'Orchidophile
Dahlienweg 2
CH-2555 Brügg
www.orchideengesellschaft.ch

Orchideengärtnereien

(bei allen Orchideengärtnereinen ist vor einem Besuch eine Terminabsprache empfehlenswert)

Deutschland

Orchideenzentrum-Chemnitz
Gartenbau GmbH Chemnitzer Blumenring
Orchideenzentrum
Zschopauer Str. 277
D-09126 Chemnitz
www.orchideenzentrum-chemnitz.de

Großräschener Orchideen
H.-J Wlodarczyk
W.-Seelenbinder-Str. 21
D-01983 Großräschen
www.orchideenwlodarczyk.de

Niederlausitzer Orchideen & Tillandsien
Gärtnerei Lehradt
Hauptstraße 3
D-01983 Allmosen

Orchideen Seidel GbR
Hauptstraße 119a
D-08115 Lichtentanne
www.orchideen-seidel.de

Orchideen Rehbein
Curslacker Deich 270
D-21039 Hamburg
www.orchideen-rehbein.de

Orchideen-Garten Joachim Karge
Bahnhofstraße 24
D-21368 Dahlenburg
www.karge-orchideen.de

Orchideen Zentrum Celle
Orchideen Wichmann
Tannholzweg 1-3
D-29229 Celle
www.orchideen-wichmann.de

Andreas Stockelbusch
Tropische Orchideen
Wielohweg 9
D-30938 Fuhrberg-Burgwedel

Radius Orchideenhandel
Andrea Schmidt
In der Bünte 3
D-30989 Gehrden

Wilhelm Hennis Orchideen
Große Venedig 4
D-31134 Hildesheim
www.hennis-orchideen.de

Ludwig Orchideenzucht
Hainebuchenweg 2
D-31855 Aerzen

Orchideen-Anzucht-Kultur
Klaus-Dieter Lohoff
Wilfriedstrasse 39
D-33649 Bielefeld
www.orchideen-lohoff.de

Röllke Orchideenzucht
Flößweg 11
D-33758 Schloß Holte-Stukenbrock
www.roellke-orchideen.de

Herrnberg Orchideen
F. Kuhmichel
D-35688 Dillenburg
(keine Besuche, nur Versand)

Orchideen Tonn
Meierbreite 2
D-37249 Neu-Eichenberg
www.orchideen-tonn.de

N. Popow Orchideen
Sandkämperstr. 1
D-38442 Wolfsburg
bpopow@t-online.de

Orchidpalace
pernsoft capital holding GmbH
Wittenerstrasse 28
D-45527 Hattingen
www.orchideenshop.de

Baumann-Orchideen
Beethovenstr. 199
D-46145 Oberhausen
www.baumann-orchideen.de

Orchideen Hans Lucke
Bergschenweg 6
D-47506 Neukirchen-Vluyn
www.orchideen-lucke.de

Holm Orchideen
Alte Bahn 206
D-47551 Bedburg-Hau Louisendorf

Orchideen Kuhlmann
Hinsbecker Str. 17a
D-47929 Grefrath
www.orchideen-kuhlmann.de

Elsner-Orchideen
Königsberger Straße 9
D-48493 Wettringen
www.elsner-orchideen.de

Lemförder Orchideenzucht
Am rauhen Berge 8
D-49448 Lemförde
www.loz.de

Tropical-Orchids-Fochem
Elisabeth Fochem
Am Grünen Weg 13
D-50259 Pulheim-Dansweiler

Schronen Orchidarium und Alpengarten
In der Elkes 3-5
D-54689 Daleiden/Eifel
www.orchideen-schronen.de

Orchideen Koch
Lindenhof
D-573568 Lennestadt-Grevenbrück

Schwerter Orchideenzucht
Bergstr. 8
D-58239 Schwerte/Ruhr
www.schwerter-orchideenzucht.de

Orchideen Röhl
Stemweg 14
D-59494 Soest-Paradiese

Martha Stork
Alte Darmstädter Strasse 1
D-64521 Groß Gerau - Dornheim
www.orchideenhandel.de

Tropica GmbH
Am Holzweg 17-21
D-65830 Kriftel / Taunus
www.tropica-may.de

Orchideen Lenhard
Oliver Lenhard
Orchideenzucht und Versandgärtnerei
Weißenburgerstr.64
D-67065 Ludwigshafen
www.orchideen-lenhard.de
(keine Besuche, nur Versand)

Speyerer Orchideenzucht
H. Nothhelfer
Gottfried-Renn-Weg 4
D-67346 Speyer

Orchideen Netzer & Café Orchidee
Ortsstrasse 138
D-69488 Birkenau - Hornbach
www.netzer.de

Bauer Bromelien/Orchideen
Stammheimer Str. 105
D-70435 Stuttgart (Zuffenhausen)

Orchideenzucht Karin Steiger
Dürrstr. 31
D-72070 Tübingen
karinsteiger.tripod.com

Junginger Orchideen
Bernd Junginger
Reuteweg 18
D-72229 Rohrdorf
www.junginger-orchideen.de

Heinrich Hotz
Am Klosterberg 6
D-76684 Östringen (Tiefenbach)
hhotz@gmx.de

Orchids & more
Robert-Koch-Allee 31
D-82131 Gauting
www.orchideen.com

Wössner Orchideen
Franz Glanz
Hauptstr. 28
D-83246 Unterwössen
www.woessnerorchideen.de

Cramer Orchideen
Zum Steiner 11
D-83489 Strub
www.cramer-orchideen.de

Der Orchideen Strauß
Starzenbachstraße 27
D-85304 Ilmmünster
www.orchideen-strauss.de
(keine Besuche, nur Versand)

Befort Gartenbau
Asamstrasse 21
D-85356 Freising
www.befort-gartenbau.de

Kenntner Orchideenzucht
Birkelweg 12
D-89555 Steinheim-Sontheim
www.kenntner-orchideen.de

Orchideen Kopf
Hindenburgstrasse 15
D-94469 Deggendorf
www.orchideen-kopf.de

Currlin Orchideen
Welbhausen 30
D-97215 Uffenheim
www.currlinorchideen.de

Eisenheimer Orchideengärtnerei
B.Wück u. G.Krönlein GbR
Setzweg 4
D-97247 Eisenheim,
OT Obereisenheim

M&M Orchideen
M. Wolff
Kaeppelesweg 11
D-97539 Wonfurt-Steinsfeld
www.m-m-orchid.com/

Nüdlinger Orchideenladen
Am Pfaffenpfad 10
D-97720 Nüdlingen
www.orchideen-beck.de

Österreich

Richard Steininger
Wienerstrasse 59
A-3433 Königsstetten

Gärtnerei Karl Zinterhof
Wassergasse 12
A-3443 Sieghartskirchen
Zugang Orchideenhäuser:
Badgasse

Gärtnerei Handlbauer
Wöranstraße 5
A-4201 Gramastetten

Martin Tauber
Igler Strasse 59
A-6080 Igls
www.glashaus-tauber.at

Orchideen - Müller
August Müller - Orchideen-Gärtnerei
Gänslestrasse 8a
A-6890 Lustenau

Steffan Fritjung
Hollenegger Str. 22
A-8530 Deutschlandsberg

Schweiz

Orchidarium Daniel Page
Route de Promenthoux
CH-1197 Prangins
www.orchidarium.ch

Gärtnerei und Orchideenkulturen
Alfred Hofmann
Burgdorfstrasse 15
CH-3510 Konolfingen

Swissthai Orchids
Werner Bürki
Blümlisalpstrasse 18
CH-3600 Thun

Weber Orchideen GmbH
Hofstettenstr. 40
CH-4107 Ettingen
www.weberorchideen.ch

Orchideenkulturen Ernst Gunzenhauser
Allmendstrasse 5
CH-4460 Gelterkinden

Gärtnerei Bruno Jenny
Adligenswilerstrasse 113
CH-6030 Ebikon
www.jenny-gaertnerei.ch

Orchideenkulturen
Jakob Isler
Obermoos
CH-8332 Russikon

Gewächshausbau und Orchideen-Zentrum Feustle
W + Th Feustle
Im Kläffler 9
CH-8370 Sirnach
www.orchideen-zentrum.ch

RA Orchid
Roland und Esther Amsler
Untermattstrasse 27 / Auen
CH-8370 Sirnach

Erlebnisgärtnerei Jost Lottenbach
Gishalde
CH-8465 Rudolfingen
www.tropical-paradise.ch

Erd- und Freilandorchideen

Bernhard Röllich
Altendorfer Straße 19
D-01814 Rathmannsdorf

Ihr Gartenbau Härtl
Martina Härtl
Am Frieselbach 3
D-34305 Niedenstein
www.ihrgartenbau-haertl.de

Freiland-Orchideen-Ulrich
Orchideen und Alpenpflanzen
Zucht und Verkauf
Schlierbacher Straße 60
D-37235 Hessisch Lichtenau

terrorchids pinkepank
freilandorchideen
Inh. Barbara Imfeld-Pinkepank
Am Atzumer Weg 18
D-38300 Wolfenbüttel
www.cypripedium.biz

Orchideen Vienenkötter
Appelhülsener Str. 56
D-48301 Nottuln
www.orchideen-vienenkoetter.de

Reinhard Krewerth
Hansell 152b
D-48341 Altenberge
www.orchideen-krewerth.de

Botanische Spezialitäten
Erich Maier
D-48341 Altenberge-Hansell
www.erichmaier.de

Myorchids.de
Dr. Heinrich Beyrle
Postfach 1129
D-86316 Friedberg
www.myorchids.de

Winterharte Orchideen
Ursula Schuster
Josef-Ost-Straße 16
D-89257 Illertissen
www.schuster-illertissen.de

Manfred Merz
Pflanzen und mehr
Kuhnhofer Weg 42a
D-91207 Lauf / Pegnitz
www.merz-im-web.de

Orchideen DÖPPER
Manfred Döpper
Tulpenweg 14
A-9581 Ledenitzen

Garten-Orchideen
Hans Blättler
CH-6064 Kerns
www.gartenorchideen.ch

Garten-Orchideen
Roland Mettler
CH-8489 Wildberg

Gewächshaushersteller und Zubehör

Siedenburger Gewächshausbau
Auf der Welle 10
D-32369 Rahden
www.siedenburger.de

Luxaflor Gewächshäuser
Franz-Kleine-Str. 28
D-33154 Salzkotten

Hunecke Gewächshauszubehör
Krackser Str. 12
D-33659 Bielefeld
www.hunecke-zubehoer.de

Bio-Green (Zubehör)
Gewerbegebiet 1a
D-35649 Oberweidbach

Avaria Import und Export (Zubehör)
Auf der Rohfackel 12
D-44879 Bochum
avaria@sphagnum.de

Terlinden Abt. A 10
D-46509 Xanten

Selfkant Wolters
Maria Lind 29
D-52525 Waldfeucht-Braunsrath
www.selfkant-wolters.de

Voss Gewächshäuser
Gewerbegebiet 2
D-55268 Nieder-Olm
www.voss-ideen.de

Krieger Gewächshäuser
Gahlenfeldstr. 5
D-58313 Herdecke
www.kriegergmbh.de

Orchideen-Kulturbedarf Manfred Meyer (Zubehör)
Eckenheimer Landstr. 334
D-60435 Frankfurt am Main
www.orchideen-online.de/manfred_meyer.htm

Landauer
Carl-Benz-Str. 32
D-73037 Göppingen
www.landauer-metall.de

Beckmann KG
Simoniusstr. 12
D-88239 Wangen/Allgäu
www.beckmann-kg.de

Wama Gewächshäuser
Hollertszug 27
D-57562 Herdorf
www.wamadirekt.de

Pflanzenbedarf IRIS
Vertrieb von Manfred Mayer's Orchideenkulturbedarf
Steinbauergasse 36
A-1120 Wien
www.orchideen12.at

Princess Glashausbau
Salzburger Str. 340
A-5084 Großgmain-Wartberg
www.princess-glasbau.at

Gewächshausbau und Orchideen-Zentrum Feustle
W. und Th. Feustle
Im Kläffler 9
CH-8370 Sirnach
www.orchideen-zentrum.ch

Max Meier
Orchideenbedarf Feinmechanik
Riedhaldenbuckstr. 8
CH-8427 Rorbas-Freienstein

Weiterführende Literatur

Rittershausen, Brian & Wilma, Das große Kosmos Buch der Orchideen, Kosmos 2001

Internet

Es gibt im Internet eine Vielzahl an Seiten, die sich mit Orchideen beschäftigen. Als Einstieg empfiehlt sich eine Recherche über gängige Suchmaschinen wie Google oder yahoo sowie über die Seiten der Vereine und kommerzieller Anbieter. Für Einsteiger und Fortgeschrittene ist die folgende sehr umfangreiche Homepage mit vielen Links und einem Diskussionsforum empfehlenswert:
www.orchideenforum.de

Kultur-Tabellen

Die folgenden Kultur-Tabellen enthalten alle Informationen über die Orchideen der **Kosmos Enzyklopädie der Orchideen** auf einen Blick. Man sucht nach der Orchidee, über die man mehr wissen möchte und erfährt in der zugehörigen Zeile die Höhe, Breite, Wuchsform, Temperaturansprüche, Eigenschaften wie duftende Blüten, das beste Kulturverfahren, ob eine Ruhezeit nötig ist und vieles mehr. In der letzten Zeile ist vermerkt, wenn die Art durch CITES besonders geschützt ist.

Die Wuchsform einer Orchidee ist mit **E**, **L** oder **T** markiert:

E = die Orchidee wächst epiphytisch

L = die Orchidee wächst lithophytisch

T = die Orchidee wächst terrestrisch

Der Temperaturbereich, in dem eine Orchidee am besten wächst, ist mit **W**, **T** oder **K** abgekürzt. Viele Orchideen fühlen sich auch in mehreren Temperaturbereichen wohl.

W = Warm wachsend. Im Winter beträgt die Minimumtemperatur 16–18 °C; bei Temperaturen unter 10 °C kommt es zu irreparablen Kälteschäden. Höhere Temperaturen werden, wenn die Luftfeuchtigkeit hoch ist, gut vertragen.

T = Temperiert wachsend. Im Winter beträgt die Minimumtemperatur 10–12 °C; kühlere Temperaturen sind kurzzeitig möglich, im Sommer nicht länger über 25–30 °C.

K = Kühl wachsend. Im Winter beträgt die Minimumtemperatur 6–8 °C; im Sommer nicht über 20–25 °C.

Orchidee	Höhe	Breite	Wuchs	Temp.	auffällige Blüten	duftende Blüten	Topfkultur	epiphytische Kultur	feucht halten	Ruhezeit im Winter	verträgt Trockenheit	verträgt Frost	sehr hell/sonnig	hell/halbschattig	schattig	CITES I
Acacallis cyanea	15–30 cm	20–30 cm	E	W				◆						◆	◆	
Acampe ochracea	40–60 cm	40–60 cm	E	W/T		◆	◆						◆			
Acampe papillosa	60–90 cm	30–60 cm	E	W/T		◆	◆							◆		
Acampe rigida	20–150 cm	30–60 cm	E	W/T		◆	◆							◆		
Acanthephippium mantinianum	60–75 cm	30–60 cm	T	T	◆		◆								◆	
Aceras anthropophorum	10–60 cm	10–30 cm	T	K			◆			◆			◆			
Acianthus confusus	6–10 cm	25 mm	T	T			◆		◆						◆	
Acianthus exsertus	5–10 cm	12–35 mm	T	T/K			◆		◆					◆	◆	
Ada aurantiaca	25–40 cm	20–40 cm	E/L	K			◆			◆				◆	◆	
Ada glumacea	20–30 cm	20–40 cm	E/L	K			◆			◆				◆		
Ada keiliana	15–30 cm	20–40 cm	E	K	◆	◆	◆			◆				◆	◆	
Aerangis biloba	12–20 cm	10–40 cm	E	W/T	◆	◆		◆	◆						◆	
Aerangis citrata	6–12 cm	12–30 cm	E	W/T	◆	◆	◆	◆	◆					◆		
Aerangis cryptodon	15–38 cm	15–38 cm	E	W/T	◆	◆	◆	◆	◆					◆		
Aerangis distincta	15–20 cm	12–25 cm	E	T	◆	◆		◆	◆						◆	
Aerangis ellisii	40–80 cm	20–40 cm	E/L	T	◆	◆	◆	◆	◆						◆	◆
Aerangis kotschyana	10–20 cm	15–45 cm	E	W/T	◆	◆		◆	◆						◆	
Aerangis rhodosticha	6–18 cm	10–25 cm	E	W/T	◆	◆		◆	◆					◆		
Aeranthes caudata	80–120 cm	30–40 cm	E	T			◆		◆						◆	
Aeranthes grandiflora	15–30 cm	30–40 cm	E	W		◆	◆	◆	◆						◆	

Orchidee	Höhe	Breite	Wuchs	Temp.	auffällige Blüten	duftende Blüten	Topfkultur	epiphytische Kultur	feucht halten	Ruhezeit im Winter	verträgt Trockenheit	verträgt Frost	sehr hell/sonnig	hell/halbschattig	schattig	CITES I
Aerides crassifolia	20–50 cm	20–40 cm	E	W/T	◆	◆	◆	◆	◆				◆	◆		
Aerides falcata	20–100 cm	20–50 cm	E	W/T	◆	◆	◆	◆	◆				◆	◆		
Aerides houlletiana	20–60 cm	20–50 cm	E	W/T	◆	◆	◆	◆	◆				◆	◆		
Aerides krabiensis	20–60 cm	15–25 cm	E	W	◆	◆	◆	◆	◆				◆	◆		
Aerides lawrenciae	30–120 cm	30–70 cm	E	W	◆	◆	◆	◆	◆				◆	◆		
Aerides leeana	20–40 cm	30–50 cm	E	W/T	◆	◆	◆	◆	◆						◆	
Aerides multiflora	20–90 cm	20–60 cm	E	T	◆	◆	◆	◆	◆				◆	◆		
Aerides odorata	20–180 cm	20–100 cm	E	W/T	◆	◆	◆	◆	◆				◆	◆		
Aerides quinquevulnera	20–100 cm	20–40 cm	E	W/T	◆	◆	◆	◆	◆				◆	◆		
Aerides rosea	20–90 cm	20–60 cm	E	T	◆	◆	◆	◆	◆				◆	◆		
Amesiella monticola	5–10 cm	10–15 cm	E	T	◆		◆	◆	◆					◆	◆	
Amesiella philippinensis	3–5 cm	5–10 cm	E	W	◆	◆	◆	◆	◆					◆	◆	
Anacamptis pyramidalis	20–80 cm	10–25 cm	T	K			◆					◆	◆	◆		
Ancistrochilus rothschildianus	10–35 cm	15–25 cm	E/T	T	◆		◆	◆		◆				◆		
Angraecum calceolus	25–30 cm	30–38 cm	E	T/K	◆	◆	◆	◆	◆						◆	
Angraecum didieri	10–15 cm	10–15 cm	E	T	◆	◆		◆	◆					◆		
Angraecum distichum	15–25 cm	15–20 cm	E	W/T	◆	◆	◆		◆						◆	
Angraecum eburneum	30–75 cm	50–100 cm	E/L	W/T	◆	◆	◆		◆					◆		
Angraecum firthii	0,9–1,2 m	10–15 cm	E	T	◆	◆	◆	◆	◆					◆	◆	
Angraecum infundibulare	0,9–3 m	15–20 cm	E	W	◆	◆	◆		◆						◆	
Angraecum Lemförde White Beauty	20–30 cm	20–30 cm	E	T	◆	◆	◆		◆					◆	◆	
Angraecum scottianum	8–30 cm	8–15 cm	E	T/K	◆	◆	◆	◆	◆					◆		
Angraecum sesquipedale	20–90 cm	30–60 cm	E	W/T	◆	◆	◆		◆					◆		
Angraecum Veitchii	20–100 cm	30–60 cm	E/L	W/T	◆	◆	◆		◆					◆		
Anguloa clowesii	40–60 cm	30–60 cm	T	T/K	◆		◆		◆					◆		
Anguloa hohenlohii	40–60 cm	30–60 cm	T	T/K	◆		◆		◆					◆		
Anguloa uniflora	40–60 cm	30–60 cm	T	T/K	◆		◆		◆					◆		
Angulocaste Jupiter × *Anguloa hohenlohii*	40–60 cm	60–90 cm	E/T	T/K	◆		◆		◆					◆		
Angulocaste Rosemary	40–60 cm	60–90 cm	E/T	T/K	◆		◆		◆					◆		
Anoectochilus koshunensis	5–15 cm	20–30 cm	T	T	◆		◆		◆						◆	
Ansellia africana	40–100 cm	40–150 cm	E	T	◆	◆	◆	◆		◆		◆	◆			

Orchidee	Höhe	Breite	Wuchs	Temp.	auffällige Blüten	duftende Blüten	Topfkultur	epiphytische Kultur	feucht halten	Ruhezeit im Winter	verträgt Trockenheit	verträgt Frost	sehr hell/sonnig	hell/halbschattig	schattig	CITES I
Arachnis flos-aeris	0,9–4,5 m	50–80 cm	E/L	W	◆	◆		◆	◆				◆			
Arachnis hookeriana	0,9–4,5 m	30–50 cm	E/L	W	◆			◆	◆				◆			
Aranda Noorah Alsagoff	40–60 cm	30–50 cm	E	W	◆		◆	◆	◆				◆			
Aranthera Beatrice Ng	40–200 cm	30–60 cm	E	W	◆			◆	◆				◆			
Arpophyllum giganteum	40–80 cm	30–90 cm	E	W/T	◆		◆							◆		
Arpophyllum spicatum	80–120 cm	30–50 cm	E/L/T	W/T	◆		◆							◆		
Arundina graminifolia	40–200 cm	30–90 cm	T	W	◆		◆						◆			
Ascocenda-Hybriden	40–120 cm	30–60 cm	E	W	◆		◆						◆			
Ascocentrum ampullaceum	15–25 cm	20–30 cm	E	W/T	◆		◆							◆	◆	
Ascocentrum aurantiacum subsp. *philippinense*	10–40 cm	20–30 cm	E	W/T	◆		◆	◆	◆				◆			
Ascocentrum christensonianum	10–20 cm	20–30 cm	E	W	◆		◆							◆	◆	
Ascocentrum garayi	12–30 cm	12–25 cm	E	W			◆						◆			
Ascoglossum calopterum	30–50 cm	20–40 cm	E	W				◆	◆				◆			
Ascoglossum purpureum	30–50 cm	20–40 cm	E	W				◆	◆				◆			
Ascorachnis Shah Alam City	20–100 cm	20–50 cm	E	W	◆		◆	◆	◆				◆	◆		
Aspasia lunata	25–40 cm	20–30 cm	E	W			◆			◆				◆		
Aspasia psittacina	25–40 cm	20–30 cm	E	W		◆	◆			◆				◆	◆	
Barbosella cucullata	8–15 cm	5–10 cm	E	T/K			◆	◆	◆					◆		
Barkeria lindleyana	40–60 cm	40–80 cm	E	W/T	◆		◆	◆		◆				◆	◆	
Barkeria melanocaulon	30–40 cm	15–20 cm	L	W/T	◆		◆	◆		◆				◆	◆	
Barkeria scandens	12–40 cm	10–20 cm	E/L	W/T	◆		◆	◆		◆			◆	◆		
Barlia robertiana	30–80 cm	25–30 cm	T	K		◆	◆			◆				◆		
Bartholina etheliae	20–30 cm	6–10 cm	T	T/K	◆		◆						◆			
Beallara Marfitch 'Howard's Dream'	75 cm	30 cm	E	T	◆		◆			◆				◆		
Beallara Tahoma Glacier	20–75 cm	20–30 cm	E	T/K			◆			◆				◆		
Bifrenaria harrisoniae	20–30 cm	20–60 cm	E/L	T/K	◆	◆	◆						◆	◆		
Bletia purpurea	50–150 cm	40–60 cm	T	K	◆		◆			◆			◆			
Bletilla striata	30–60 cm	30–120 cm	T	K	◆		◆		◆			◆	◆	◆		
Bollea coelestis	25–50 cm	25–50 cm	E	T	◆		◆		◆					◆		
Bonatea polypodantha	25–35 cm	15–25 cm	T	T/K			◆			◆				◆	◆	

Orchidee	Höhe	Breite	Wuchs	Temp.	auffällige Blüten	duftende Blüten	Topfkultur	epiphytische Kultur	feucht halten	Ruhezeit im Winter	verträgt Trockenheit	verträgt Frost	sehr hell/sonnig	hell/halbschattig	schattig	CITES I
Bonatea speciosa	40–60 cm	20–30 cm	T	K			◆			◆				◆	◆	
Brassavola cucullata	30 cm	60 cm	E	W/T	◆	◆		◆		◆			◆	◆		
Brassavola flagellaris	20–60 cm	20–30 cm	E/L	W/T	◆	◆	◆	◆		◆			◆	◆		
Brassavola nodosa	30–45 cm	20–30 cm	E/L	T	◆	◆	◆	◆		◆			◆			
Brassavola subulifolia	15–20 cm	20–30 cm	E	T	◆	◆	◆	◆		◆			◆			
Brassia arcuigera	30–60 cm	20–40 cm	E	W/T	◆	◆	◆	◆	◆					◆		
Brassia gireoudiana	30–40 cm	40–50 cm	E	W/T	◆	◆	◆	◆	◆					◆	◆	
Brassia lawrenceana	30–40 cm	30–50 cm	E	W/T	◆	◆	◆	◆	◆					◆	◆	
Brassia maculata	25–35 cm	30–40 cm	E	W/T	◆	◆	◆	◆	◆					◆	◆	
Brassia verrucosa	20–30 cm	20–60 cm	E	T	◆	◆	◆	◆	◆					◆		
Brassia-Hybriden	30 cm	60 cm	E	W/T	◆	◆	◆	◆						◆		
Brassidium Fly Away 'Taida'	20–30 cm	20–60 cm	E	W/T	◆		◆							◆		
Brassidium Shooting Star × *Brassia* Rex	20–50 cm	20–50 cm	E	T	◆		◆						◆	◆		
Brassidium Wild Warrior 'Santa Barbara'	20–30 cm	20–60 cm	E	W/T	◆		◆							◆		
Brassocattleya-Hybriden	25 cm	30 cm	E	W/T/K	◆	◆	◆	◆		◆			◆	◆		
Brassolaeliocattleya-Hybriden	20–60 cm	20–60 cm	E	W/T/K	◆	◆	◆			◆				◆		
Broughtonia negrilensis	20–70 cm	20–40 cm	E	W/T			◆	◆	◆				◆	◆		
Broughtonia sanguinea	20–60 cm	15–20 cm	E	W			◆	◆	◆				◆			
Brownleea parviflora	20–60 cm	20–40 cm	T	T/K			◆				◆		◆	◆		
Bulbophyllum absconditum	2,5–5 cm	10–15 cm	E	W				◆	◆						◆	
Bulbophyllum ambrosia	15–20 cm	10–15 cm	E	W/T	◆	◆	◆	◆	◆					◆	◆	
Bulbophyllum appendiculatum	5–10 cm	20–35 cm	E	W/T	◆		◆	◆	◆					◆	◆	
Bulbophyllum carunculatum	60 cm	25 cm	E	W		◆		◆	◆					◆		
Bulbophyllum contortisepalum	15–20 cm	15–20 cm	E	W				◆	◆					◆	◆	
Bulbophyllum corolliferum	10–15 cm	15–20 cm	E	W/T	◆	◆	◆	◆	◆					◆	◆	
Bulbophyllum Daisy Chain	12 cm	30 cm	E	W	◆		◆	◆						◆		
Bulbophyllum dearei	15–20 cm	12–15 cm	E	T	◆	◆	◆	◆	◆						◆	
Bulbophyllum exiguum	1,8–5 cm	20–40 cm	E/L	T/K				◆	◆					◆	◆	
Bulbophyllum falcatum	12–30 cm	20–60 cm	E	W/T			◆	◆	◆					◆		
Bulbophyllum fletcherianum	30–100 cm	25–60 cm	L	W	◆	◆		◆	◆					◆		
Bulbophyllum globuliforme	12–18 mm	3–10 cm	E/L	T/K				◆	◆					◆	◆	

Orchidee	Höhe	Breite	Wuchs	Temp.	auffällige Blüten	duftende Blüten	Topfkultur	epiphytische Kultur	feucht halten	Ruhezeit im Winter	verträgt Trockenheit	verträgt Frost	sehr hell/sonnig	hell/halbschattig	schattig	CITES I
Bulbophyllum graveolens	50 cm	60 cm	E	W	◆	◆	◆	◆	◆					◆		
Bulbophyllum guttulatum	25 cm	25 cm	E	W/T	◆			◆	◆					◆		
Bulbophyllum levatii	15–20 cm	15–20 cm	E	W/T				◆	◆					◆		
Bulbophyllum lingulatum	3,5–5 cm	8–10 cm	E	W/T				◆	◆						◆	
Bulbophyllum longissimum	15–30 cm	15–30 cm	E	W/T	◆	◆	◆	◆	◆					◆	◆	
Bulbophyllum Louis Sander	15–20 cm	20–30 cm	E	W	◆		◆	◆	◆					◆	◆	
Bulbophyllum macrobulbum	30–100 cm	25–60 cm	L	W	◆	◆	◆	◆	◆					◆		
Bulbophyllum morphologorum	15–20 cm	15–20 cm	E	W				◆	◆					◆	◆	
Bulbophyllum ngoyense	2,5–5 cm	10–30 cm	E	W/T				◆	◆						◆	
Bulbophyllum nymphopolitanum	20–25 cm	10–20 cm	E	W				◆	◆						◆	
Bulbophyllum ornatissimum	10–15 cm	15–25 cm	E	W	◆		◆	◆	◆					◆	◆	
Bulbophyllum patella	5–6 cm	6–10 cm	E	T/K			◆	◆	◆					◆	◆	
Bulbophyllum pectenveneris	8–15 cm	40 cm	E	W				◆	◆					◆		
Bulbophyllum picturatum	20–30 cm	15–30 cm	E	W	◆		◆	◆	◆						◆	
Bulbophyllum pulchellum	15–25 cm	10–20 cm	E	W	◆			◆	◆					◆	◆	
Bulbophyllum rothschildianum	25 cm	60 cm	E	W/T/K	◆	◆	◆		◆					◆		
Bulbophyllum rufinum	10–20 cm	30–50 cm	E	W/T	◆		◆	◆	◆					◆	◆	
Bulbophyllum schillerianum	6–20 cm	8–15 cm	E/L	T/K				◆	◆					◆		
Bulbophyllum speciosum	8–20 cm	10–25 cm	E	T/K	◆		◆	◆	◆						◆	
Bulbophyllum sulawesii	25–40 cm	40–50 cm	E	W	◆	◆		◆	◆					◆	◆	
Bulbophyllum tridentatum	25 cm	30 cm	E	W		◆		◆	◆					◆		
Bulbophyllum unitubum	12–20 cm	20 cm	E	W	◆			◆	◆					◆		
Bulbophyllum wendlandianum	20–30 cm	10–30 cm	E	W/T/K	◆		◆	◆	◆					◆	◆	
Cadetia taylori	10–15 cm	10–20 cm	E/L	T			◆	◆	◆					◆		
Caladenia arenicola	30–60 cm	15–25 cm	T	T/K	◆		◆						◆			
Caladenia chapmanii	15–45 cm	10–20 cm	T	K	◆		◆						◆			
Caladenia flava	20–30 cm	10–25 cm	T	T/K	◆		◆						◆	◆		
Caladenia harringtoniae	20–40 cm	15–25 cm	T	T/K	◆		◆						◆			
Caladenia latifolia	20–45 cm	10–25 cm	T	T/K	◆		◆						◆	◆		
Caladenia longicauda	35–60 cm	18–25 cm	T	T/K	◆		◆						◆			

Orchidee	Höhe	Breite	Wuchs	Temp.	auffällige Blüten	duftende Blüten	Topfkultur	epiphytische Kultur	feucht halten	Ruhezeit im Winter	verträgt Trockenheit	verträgt Frost	sehr hell/sonnig	hell/halbschattig	schattig	CITES I
Caladenia nana	5–15 cm	5–10 cm	T	T/K	◆		◆						◆			
Calanthe discolor	40–50 cm	20–30 cm	T	K	◆		◆			◆					◆	
Calanthe Rose Georgene	30–60 cm	20–50 cm	T	W/T	◆		◆							◆	◆	
Calanthe rosea	30–50 cm	25–50 cm	T	W/T	◆		◆			◆					◆	
Calanthe striata	30–50 cm	40–45 cm	T	K	◆		◆			◆					◆	
Calanthe sylvatica	50–75 cm	30–50 cm	T	T	◆		◆			◆					◆	
Calanthe triplicata	80–100 cm	50–100 cm	T	T	◆		◆			◆					◆	
Calanthe vestita	60–90 cm	40–75 cm	T	W/T	◆		◆			◆					◆	
Calochilus campestris	40–60 cm	5–10 cm	T	T/K	◆		◆							◆		
Calochilus paludosus	25–35 cm	5–8 cm	T	T/K	◆	◆	◆						◆	◆		
Calopogon tuberosus	30–40 cm	5–10 cm	T	K	◆		◆		◆				◆			
Calypso bulbosa	15–20 cm	2,5–5 cm	T	K	◆	◆	◆			◆		◆		◆		
Cannaeorchis verruciferum	40–120 cm	20–50 cm	E/T	W/T	◆		◆						◆	◆		
Catasetum saccatum	30–60 cm	30–40 cm	E	T	◆		◆			◆				◆		
Catasetum tenebrosum	30–45 cm	30–40 cm	E	W/T	◆		◆			◆			◆	◆		
Cattleya aclandiae	8–15 cm	10–30 cm	E	W/T	◆		◆	◆						◆		
Cattleya amethystoglossa	75–130 cm	30–50 cm	E/L	T	◆		◆	◆					◆			
Cattleya aurantiaca	12–60 cm	15–60 cm	E	W/T			◆						◆	◆		
Cattleya bicolor	20–120 cm	20–60 cm	E/L	W/T	◆		◆						◆	◆		
Cattleya bowringiana	15–90 cm	10–60 cm	L	W/T	◆		◆						◆	◆		
Cattleya gaskelliana	20–40 cm	20–50 cm	E	W/T	◆	◆	◆							◆		
Cattleya × guatemalensis	30–35 cm	30–40 cm	E	T	◆		◆						◆	◆		
Cattleya intermedia	15–40 cm	10–30 cm	E	W/T	◆		◆							◆		
Cattleya loddigesii	15–60 cm	10–30 cm	E	W/T	◆		◆							◆		
Cattleya lueddemanniana	15–50 cm	10–30 cm	L	W/T	◆		◆							◆		
Cattleya mendelii	40–45 cm	40–45 cm	E/L	T	◆	◆	◆							◆		
Cattleya nobilior	12–20 cm	18–30 cm	E/L	W	◆	◆	◆						◆	◆		
Cattleya schilleriana	10–15 cm	10–30 cm	E	W/T	◆		◆	◆	◆					◆		
Cattleya schofieldiana	30–100 cm	20–50 cm	E	W/T	◆		◆							◆		
Cattleya schroderae	40–45 cm	40–45 cm	E	T	◆	◆	◆							◆		
Cattleya skinneri	30–35 cm	30–40 cm	E	T	◆		◆							◆		

Orchidee	Höhe	Breite	Wuchs	Temp.	auffällige Blüten	duftende Blüten	Topfkultur	epiphytische Kultur	feucht halten	Ruhezeit im Winter	verträgt Trockenheit	verträgt Frost	sehr hell/sonnig	hell/halbschattig	schattig	CITES I
Cattleya walkeriana	8–15 cm	10–25 cm	E	T	◆		◆							◆		
Cattleya-Hybriden	20–80 cm	20–60 cm	E	T	◆		◆							◆		
Cattleyopsis lindenii	10–15 cm	10–15 cm	E	W	◆		◆			◆	◆		◆			
Cattleytonia Maui Maid	10–50 cm	10–30 cm	E	W/T	◆		◆	◆					◆	◆		
Cattleytonia Starrlyn	10–50 cm	10–30 cm	E	W/T	◆		◆	◆					◆	◆		
Caularthron bicornutum	45–60 cm	35–45 cm	E/L	W		◆	◆	◆		◆			◆			
Cephalanthera austiniae	50–65 cm	8–10 cm	T	K	◆		◆					◆		◆		
Cephalanthera damasonium	20–60 cm	10–20 cm	T	K	◆		◆					◆		◆		
Cephalanthera longifolia	15–60 cm	8–10 cm	T	K	◆		◆							◆		
Cephalanthera rubra	10–60 cm	10–20 cm	T	K	◆		◆					◆		◆		
Ceratostylis incognita	8–18 cm	10–20 cm	E	T/K			◆	◆	◆						◆	
Ceratostylis retisquama	20–40 cm	10–15 cm	E	W			◆	◆	◆					◆	◆	
Chiloglottis formicifera	10–30 cm	8–15 cm	T	T/K			◆		◆					◆		
Chiloglottis gunnii	8–30 cm	8–20 cm	T	T/K			◆		◆					◆		
Chiloschista lunifera	2,5–12 cm	6–20 cm	E	W/T	◆			◆	◆					◆	◆	
Chiloschista parishii	5–10 cm	5–8 cm	E	W				◆	◆				◆			
Chysis aurea	20–60 cm	20–25 cm	E	T	◆		◆	◆		◆				◆		
Chysis bractescens	15–25 cm	15–20 cm	E	T	◆		◆	◆		◆				◆		
Cirrhaea dependens	25–35 cm	20–30 cm	E	T			◆	◆		◆				◆		
Cleisostoma racemiferum	25–50 cm	50–70 cm	E	T			◆	◆	◆						◆	
Cleisostoma recurvum	20–45 cm	20–45 cm	E	T			◆	◆	◆						◆	
Cleisostoma weberi	15–45 cm	10–20 cm	E	W			◆	◆	◆				◆	◆		
Clowesia rosea	30–50 cm	20–30 cm	E	T		◆	◆			◆			◆			
Clowesia warscewiczii	20–50 cm	15–25 cm	E	W/T	◆	◆	◆			◆			◆	◆		
Cochleanthes amazonica	10–50 cm	10–25 cm	E	W/T			◆		◆					◆		
Cochleanthes discolor	10–20 cm	15–20 cm	E	T			◆		◆						◆	
Cochlioda noezliana	20–35 cm	15–20 cm	E	T			◆	◆						◆		
Cochlioda rosea	30–45 cm	12–15 cm	E	T/K			◆	◆							◆	
Cochlioda vulcanica	20–35 cm	12–15 cm	E	T/K			◆	◆							◆	
Coelia bella	40–80 cm	15–50 cm	E	T	◆	◆	◆	◆	◆				◆	◆	◆	
Coelogyne Burfordiense	25–90 cm	20–80 cm	E	W	◆	◆	◆							◆		

Orchidee	Höhe	Breite	Wuchs	Temp.	auffällige Blüten	duftende Blüten	Topfkultur	epiphytische Kultur	feucht halten	Ruhezeit im Winter	verträgt Trockenheit	verträgt Frost	sehr hell/sonnig	hell/halbschattig	schattig	CITES I
Coelogyne chloroptera	16–30 cm	15–30 cm	E	T	◆	◆	◆								◆	
Coelogyne corymbosa	12–25 cm	10–20 cm	E	T/K		◆	◆							◆		
Coelogyne cristata	20–30 cm	30–40 cm	E	T/K	◆	◆	◆							◆		
Coelogyne flaccida	12–38 cm	10–70 cm	E	T/K	◆	◆	◆							◆		
Coelogyne huettneriana	10–20 cm	15–30 cm	E	T/K	◆	◆	◆							◆	◆	
Coelogyne lawrenceana	25–30 cm	30–45 cm	E	T/K	◆	◆	◆							◆		
Coelogyne Memoria W. Micholitz	20–70 cm	20–50 cm	E	T/K	◆	◆	◆							◆		
Coelogyne nitida	15–25 cm	15–30 cm	E	T/K	◆	◆	◆							◆	◆	
Coelogyne ovalis	8–10 cm	15–30 cm	E	T/K			◆							◆		
Coelogyne pandurata	20–60 cm	20–120 cm	E	W	◆	◆	◆							◆		
Coelogyne speciosa	25–70 cm	38–50 cm	E	W/T	◆		◆							◆		
Coelogyne tomentosa	100–130 cm	25–30 cm	E	T/K	◆	◆	◆							◆		
Colmanara-Hybriden	20–75 cm	20–30 cm	E	T/K	◆		◆		◆					◆		
Comparettia falcata	10–15 cm	8–12 cm	E	I	◆		◆	◆	◆				◆			
Comparettia speciosa	10–15 cm	8–12 cm	E	I	◆		◆	◆	◆				◆			
Comperia comperiana	25–60 cm	15–20 cm	T	C			◆			◆					◆	
Condylago rodrigoi	25 cm	8 cm	E	T/K			◆	◆	◆						◆	
Corallorrhiza striata	30–50 cm	8–10 cm	T	C			◆					◆			◆	
Corallorrhiza trifida	12–20 cm	18–30 mm	T	C			◆					◆		◆	◆	
Coryanthes macrantha	75–100 cm	60–75 cm	E	W/T	◆	◆	◆	◆							◆	
Coryanthes speciosa	75–100 cm	60–75 cm	E	W/T	◆	◆	◆	◆							◆	
Corybas barbarae	12–50 mm	18–35 mm	T	T/K			◆		◆						◆	
Corybas diemenicus	25–100 mm	25–35 mm	T	T/K			◆		◆						◆	
Corybas montanus	12–50 mm	18–35 mm	T	T/K			◆		◆						◆	
Corybas pruinosus	12–35 mm	25–30 mm	T	T/K			◆		◆					◆		
Cryptopus elatus	50–100 cm	15–30 cm	E/L	I			◆	◆	◆					◆		
Cuitlauzina pendula	15–30 cm	20–35 cm	E	C		◆		◆		◆			◆	◆		
Cycnoches barthiorum	35–50 cm	35–50 cm	E	I	◆	◆	◆								◆	
Cycnoches ventricosum	30–65 cm	30–70 cm	E	I	◆	◆	◆							◆		
Cymbidiella flabellata	30–70 cm	30–80 cm	T	W/T	◆		◆	◆					◆	◆		
Cymbidiella pardalina	40–100 cm	40–150 cm	E	W	◆		◆		◆				◆			

Orchidee	Höhe	Breite	Wuchs	Temp.	auffällige Blüten	duftende Blüten	Topfkultur	epiphytische Kultur	feucht halten	Ruhezeit im Winter	verträgt Trockenheit	verträgt Frost	sehr hell/sonnig	hell/halbschattig	schattig	CITES I
Cymbidium bicolor	40–65 cm	45–60 cm	E	W	◆	◆	◆		◆				◆	◆		
Cymbidium canaliculatum	40–65 cm	45–60 cm	E	W/T/K	◆	◆	◆		◆		◆		◆			
Cymbidium erythrostylum	30–70 cm	20–60 cm	E	K	◆		◆		◆				◆	◆		
Cymbidium insigne	70–80 cm	60–90 cm	T	K	◆		◆		◆					◆		
Cymbidium lancifolium	10–50 cm	10–45 cm	T	T	◆		◆		◆						◆	
Cymbidium lowianum	30–120 cm	20–90 cm	T	T/K	◆		◆		◆				◆	◆		
Cymbidium madidum	50–80 cm	60–90 cm	E	T	◆		◆		◆					◆		
Cymbidium parishii	30–40 cm	30–40 cm	E/T	T/K	◆	◆	◆		◆					◆		
Cymbidium sanderae	50–75 cm	50–70 cm	E	K	◆		◆		◆					◆		
Cymbidium sinense	50–75 cm	50–60 cm	E/T	T/K	◆	◆	◆		◆					◆	◆	
Cymbidium suave	30–120 cm	20–80 cm	E	T/K	◆	◆	◆		◆				◆	◆		
Cymbidium tracyanum	30–120 cm	20–90 cm	E	K	◆	◆	◆		◆			◆	◆	◆		
Cymbidium-Hybriden	30–120 cm	20–90 cm	T	T/K	◆		◆						◆	◆		
Cypripedium acaule	20–45 cm	15–20 cm	T	K	◆		◆					◆			◆	
Cypripedium calceolus	20–60 cm	25–30 cm	T	K	◆		◆					◆			◆	
Cypripedium californicum	50–120 cm	10–15 cm	T	K	◆	◆	◆					◆			◆	
Cypripedium formosanum	10–25 cm	10–30 cm	T	K	◆		◆							◆		
Cypripedium montanum	20–40 cm	15–20 cm	T	T/K	◆	◆	◆					◆		◆	◆	
Cypripedium parviflorum	15–50 cm	10–25 cm	T	K	◆	◆	◆					◆	◆	◆	◆	
Cypripedium reginae	40–80 cm	20–30 cm	T	K	◆		◆					◆	◆	◆		
Cyrtochilum falcipetalum	3–6 m	80–120 cm	E/L	K	◆		◆		◆						◆	
Cyrtochilum microxiphium	30–150 cm	20–60 cm	T	T/K	◆		◆							◆	◆	
Cyrtopodium holstii	80–100 cm	50–100 cm	T	W			◆						◆			
Cyrtopodium punctatum	0,9–1,5 m	0,9–1,2 m	E/T	W			◆						◆			
Cyrtorchis arcuata	30–50 cm	40–50 cm	E/L	W/T		◆		◆					◆			
Cyrtostylis reniformis	3–12 cm	18–50 mm	T	T/K			◆		◆					◆	◆	
Dactylorhiza elata	60 cm	15 cm	T	K	◆		◆			◆		◆	◆	◆		
Dactylorhiza foliosa	30–70 cm	10–25 cm	T	K	◆		◆			◆		◆	◆	◆		
Dactylorhiza fuchsii	20–60 cm	10–25 cm	T	K	◆		◆			◆		◆	◆	◆		
Dactylorhiza incarnata	20–60 cm	10–25 cm	T	K	◆		◆			◆		◆	◆	◆		

Orchidee	Höhe	Breite	Wuchs	Temp.	auffällige Blüten	duftende Blüten	Topfkultur	epiphytische Kultur	feucht halten	Ruhezeit im Winter	verträgt Trockenheit	verträgt Frost	sehr hell/sonnig	hell/halbschattig	schattig	CITES I
Dactylorhiza majalis	20–75 cm	12–30 cm	T	K	◆		◆			◆		◆	◆			
Dactylorhiza praetermissa	20–70 cm	20–60 cm	T	K	◆		◆			◆		◆	◆			
Dactylorhiza romana	15–35 cm	20–30 cm	T	K	◆		◆			◆		◆	◆			
Dactylorhiza sambucina	10–30 cm	15–20 cm	T	K	◆		◆			◆		◆	◆	◆		
Dactylorhiza urvilleana	25–80 cm	10–25 cm	T	K	◆		◆			◆		◆	◆	◆		
Darwinara Pretty Girl	20–60 cm	20–38 cm	E	W/T	◆		◆						◆			
Degarmoara Skywalker 'Red Star'	20–80 cm	20–40 cm	E	T/K	◆		◆			◆				◆		
Degarmoara Starshot 'Fashion'	20–80 cm	20–40 cm	E	T/K	◆		◆			◆				◆		
Degarmoara Winter Wonderland 'White Fairy'	20–80 cm	20–40 cm	E	T/K	◆		◆			◆				◆		
Dendrobium aduncum	30–60 cm	45–60 cm	E	W/T	◆		◆			◆				◆		
Dendrobium aemulum	10–15 cm	20 cm	E	K	◆	◆		◆						◆		
Dendrobium albosanguineum	35–40 cm	35–40 cm	E	T	◆		◆							◆		
Dendrobium alexandrae	20–70 cm	20–50 cm	E	W/T	◆		◆							◆		
Dendrobium amethystoglossum	85–95 cm	45–70 cm	E	T/K		◆	◆	◆		◆			◆	◆		
Dendrobium anosmum	20–120 cm	20–40 cm	E	W/T	◆	◆	◆							◆	◆	
Dendrobium antennatum	20–60 cm	10–30 cm	E	W	◆		◆	◆					◆	◆		
Dendrobium atroviolaceum	20–50 cm	20–60 cm	E	T	◆		◆							◆		
Dendrobium bigibbum	10–60 cm	20–60 cm	E	W	◆		◆	◆		◆			◆			
Dendrobium bracteosum	15–35 cm	12–38 cm	E	W	◆		◆							◆		
Dendrobium bulbophylloides	12–30 mm	5–20 cm	E	T			◆	◆	◆					◆		
Dendrobium bullenianum	20–100 cm	20–40 cm	E	W/T	◆		◆	◆						◆	◆	
Dendrobium cacatua	10–30 cm	10–30 cm	E	T/K	◆			◆	◆						◆	
Dendrobium canaliculatum	10–40 cm	10–40 cm	E	W	◆			◆		◆			◆			
Dendrobium capitisyork	15–60 cm	10–50 cm	E	T	◆			◆	◆						◆	
Dendrobium capituliflorum	15–30 cm	20–30 cm	E/L	T			◆	◆						◆		
Dendrobium ceraula	15–40 cm	10–25 cm	E	T/K	◆		◆		◆					◆		
Dendrobium chameleon	12–60 cm	10–20 cm	E	T	◆		◆		◆					◆		
Dendrobium chittimae	10–30 cm	10–25 cm	E	T	◆		◆							◆	◆	
Dendrobium chrysocrepis	20–30 cm	10–15 cm	E/L	K	◆	◆	◆			◆				◆	◆	
Dendrobium chrysotoxum	20–40 cm	20–60 cm	E	W/T	◆		◆			◆			◆	◆		
Dendrobium crumenatum	20–60 cm	20–60 cm	E	W	◆	◆	◆	◆					◆	◆		

Orchidee	Höhe	Breite	Wuchs	Temp.	auffällige Blüten	duftende Blüten	Topfkultur	epiphytische Kultur	feucht halten	Ruhezeit im Winter	verträgt Trockenheit	verträgt Frost	sehr hell/sonnig	hell/halbschattig	schattig	CITES I
Dendrobium cucullatum	70–90 cm	25–40 cm	E/L	T	◆	◆	◆	◆						◆		
Dendrobium curvicaule	20–90 cm	30–120 cm	E/L	W/T/K	◆	◆	◆				◆		◆	◆		
Dendrobium cuthbertsonii	2,5–8 cm	5–20 cm	E	T/K	◆		◆	◆	◆					◆		
Dendrobium × delicatum	30–50 cm	40–50 cm	E/L	T/K	◆	◆	◆						◆	◆		
Dendrobium densiflorum	30–45 cm	40–50 cm	E	T	◆		◆			◆				◆		
Dendrobium dichaeoides	5–8 cm	6–20 cm	E/L	T/K	◆		◆	◆	◆					◆	◆	
Dendrobium discolor	0,3–1,8 m	0,3–1,2 m	E/L	W	◆		◆		◆				◆			
Dendrobium dixanthum	20–75 cm	15–30 cm	E	W/T	◆		◆							◆	◆	
Dendrobium engae	20–70 cm	20–50 cm	E	T	◆	◆	◆							◆		
Dendrobium farmeri	30–45 cm	30–45 cm	E	T	◆	◆	◆	◆		◆				◆		
Dendrobium fimbriatum	0,3–2 m	0,3–1,2 m	E	T/K	◆	◆	◆			◆			◆	◆		
Dendrobium findleyanum	35–60 cm	40–60 cm	E	T	◆	◆	◆						◆	◆		
Dendrobium flaviflorum	20–50 cm	20–40 cm	E	T/K	◆		◆							◆	◆	
Dendrobium formosum	40–45 cm	35–45 cm	E/L	T	◆		◆						◆	◆		
Dendrobium gibsonii	30–120 cm	30–60 cm	E	T	◆		◆						◆	◆		
Dendrobium goldschmidtianum	20–90 cm	20–60 cm	E	W/T	◆		◆	◆					◆	◆		
Dendrobium gracilicaule	20–60 cm	20–90 cm	E/L	T/K		◆	◆	◆					◆	◆		
Dendrobium × gracillimum	45–60 cm	60–75 cm	E	T/K		◆	◆						◆	◆		
Dendrobium harveyanum	20–40 cm	20–40 cm	E	W	◆		◆							◆		
Dendrobium hercoglossum	15–40 cm	20–60 cm	E	W/T/K	◆		◆	◆						◆	◆	
Dendrobium jenkinsii	6–10 cm	10–12 cm	E	I		◆		◆		◆				◆		
Dendrobium johnsoniae	20–50 cm	20–50 cm	E	W	◆	◆	◆							◆		
Dendrobium keithii	10–40 cm	15–40 cm	E	W/T/K				◆	◆				◆	◆	◆	
Dendrobium kingianum	5–90 cm	10–120 cm	E/L	T/K	◆	◆	◆							◆		
Dendrobium laevifolium	6–15 cm	6–20 cm	E	T/K	◆		◆		◆					◆		
Dendrobium lawesii	15–50 cm	10–30 cm	E	W/T	◆		◆		◆					◆		
Dendrobium lichenastrum	12–18 mm	10–15 cm	E/L	T				◆						◆		
Dendrobium lindleyi	20–40 cm	20–40 cm	E	W/T	◆		◆						◆	◆		
Dendrobium lituiflorum	60–70 cm	45–70 cm	E	T	◆	◆	◆			◆			◆	◆		
Dendrobium macrophyllum	20–70 cm	20–60 cm	E	W	◆		◆						◆	◆		
Dendrobium masarangense	2,5–5 cm	5–12 cm	E	T/K			◆		◆					◆		

Orchidee	Höhe	Breite	Wuchs	Temp.	auffällige Blüten	duftende Blüten	Topfkultur	epiphytische Kultur	feucht halten	Ruhezeit im Winter	verträgt Trockenheit	verträgt Frost	sehr hell/sonnig	hell/halbschattig	schattig	CITES I
Dendrobium melaleucaphilum	20–60 cm	20–50 cm	E	T/K	◆	◆		◆						◆	◆	
Dendrobium moniliforme	10–25 cm	20–60 cm	E	T/K		◆	◆						◆	◆		
Dendrobium monophyllum	6–20 cm	20–30 cm	E/L	T/K		◆		◆					◆	◆		
Dendrobium mutabile	20–90 cm	40–150 cm	E/L	W/T	◆		◆						◆	◆		
Dendrobium nobile	20–60 cm	20–60 cm	E	W/T/K	◆		◆			◆			◆	◆		
Dendrobium pandanicola	10–60 cm	10–40 cm	E	T/K	◆		◆	◆							◆	
Dendrobium peguanum	3,5–8 cm	2½6–7 cm	E	T		◆	◆			◆				◆		
Dendrobium phalaenopsis	20–80 cm	10–30 cm	E	W	◆		◆	◆		◆			◆	◆		
Dendrobium primulinum	40–80 cm	30–50 cm	E	T	◆	◆	◆	◆		◆			◆	◆		
Dendrobium pseudoglomeratum	20–70 cm	20–50 cm	E	W/T			◆							◆		
Dendrobium pulchellum	0,3–2 m	0,3–0,9 m	E	W	◆	◆	◆						◆	◆		
Dendrobium rex	30–120 cm	30–150 cm	E/L	W/T/K	◆	◆	◆				◆		◆	◆		
Dendrobium roseipes	35–60 cm	45–60 cm	E	T			◆		◆					◆		
Dendrobium rupestre	2,5–5 cm	5–10 cm	E	T/K			◆		◆					◆		
Dendrobium sanderae	70–90 cm	50–60 cm	E	W/T	◆		◆							◆		
Dendrobium scabrilingue	25–35 cm	30–45 cm	E	W/T	◆	◆	◆		◆					◆		
Dendrobium schildhaueri	30–40 cm	35–45 cm	E	W/T	◆		◆			◆			◆	◆		
Dendrobium secundum	100 cm	30–60 cm	E	W/T			◆							◆		
Dendrobium smillieae	20–120 cm	20–70 cm	E	W	◆		◆						◆	◆		
Dendrobium speciosum	10–120 cm	0,3–3 m	E/L	T/K	◆	◆	◆	◆			◆		◆	◆		
Dendrobium spectabile	20–80 cm	20–60 cm	E	W	◆		◆						◆	◆		
Dendrobium subclausum	15–50 cm	10–30 cm	E	W/T	◆		◆							◆		
Dendrobium sulphureum	2,5–5 cm	5–12 cm	E	T/K	◆		◆		◆					◆		
Dendrobium tapiniense	20–80 cm	20–60 cm	E	W/T	◆		◆						◆	◆		
Dendrobium tarberi	20–110 cm	30–150 cm	E/L	W/T/K	◆	◆	◆				◆		◆	◆		
Dendrobium tetragonum	10–70 cm	10–50 cm	E	T/K	◆	◆	◆	◆						◆		
Dendrobium thrysiflorum	20–60 cm	20–90 cm	E	W/T	◆		◆							◆		
Dendrobium tortile	40–50 cm	50–60 cm	E/L/T	W/T	◆	◆	◆						◆	◆		
Dendrobium trilamellatum	45–60 cm	40–60 cm	E	W/T	◆	◆	◆	◆					◆	◆		
Dendrobium vexillarius	2,5–12 cm	5–12 cm	E	T/K	◆		◆		◆					◆		
Dendrobium victoriae-reginae	20–60 cm	20–50 cm	E	T/K	◆		◆		◆					◆		

Orchidee	Höhe	Breite	Wuchs	Temp.	auffällige Blüten	duftende Blüten	Topfkultur	epiphytische Kultur	feucht halten	Ruhezeit im Winter	verträgt Trockenheit	verträgt Frost	sehr hell/sonnig	hell/halbschattig	schattig	CITES I
Dendrobium wardianum	20–70 cm	20–40 cm	E	W/T	◆	◆	◆						◆	◆		
Dendrobium wentianum	20–80 cm	10–30 cm	E	T	◆		◆		◆					◆		
Dendrobium williamsonii	20–40 cm	20–30 cm	E	W/T			◆							◆		
Dendrobium, Australische Hybriden	10–60 cm	20–75 cm	E	T/K	◆	◆	◆							◆		
Dendrobium-Phalaenopsis-Hybriden	20–100 cm	20–80 cm	E	W	◆		◆						◆	◆		
Dendrobium, Nigrohirsute Hybriden	20–40 cm	20–40 cm	E	W/T	◆		◆						◆	◆		
Dendrobium-Nobile-Hybriden	20–60 cm	15–40 cm	E	T/K	◆		◆						◆	◆		
Dendrochilum arachnites	15–20 cm	20–30 cm	E	T	◆		◆		◆					◆	◆	
Dendrochilum cobbianum	15–50 cm	20–50 cm	E	W/T	◆	◆	◆		◆					◆		
Dendrochilum filiforme	35–45 cm	35–45 cm	E	T/K	◆	◆	◆		◆						◆	
Dendrochilum glumaceum	20–40 cm	20–60 cm	E	W/T	◆		◆		◆					◆		
Dendrochilum latifolium	15–50 cm	20–50 cm	E	W/T	◆	◆	◆		◆					◆		
Dendrochilum niveum	15–20 cm	15–20 cm	E	T	◆	◆	◆		◆						◆	
Dendrochilum saccolabium	20–40 cm	20–60 cm	E	T	◆		◆		◆					◆		
Dendrochilum simile	50–75 cm	50–75 cm	E	T	◆		◆		◆						◆	
Dendrochilum tenellum	20–40 cm	20–80 cm	E	T	◆	◆	◆		◆					◆		
Diaphananthe fragrantissima	50–75 cm	25–30 cm	E	W/T	◆	◆	◆		◆						◆	
Dichaea glauca	40–60 cm	15–20 cm	E	T	◆	◆	◆	◆	◆						◆	
Dichaea muricata	30–45 cm	10–12 cm	E	T		◆	◆		◆						◆	
Dichaea pendula	40–60 cm	30–50 cm	E	T				◆	◆						◆	
Dichaea sodiroi	8–50 cm	10–20 cm	E	T/K	◆			◆	◆						◆	
Dimorphorchis lowii	150–200 cm	100–150 cm	E	W	◆		◆		◆				◆			
Diplocaulobium aratriferum	12–15 cm	12–15 cm	E	T/K			◆	◆	◆					◆		
Dipteranthus estradae	1,8–8 cm	3,5–10 cm	E	T	◆			◆	◆						◆	
Disa aurata	10–60 cm	20–30 cm	T	K	◆		◆		◆					◆		
Disa cardinalis	30–70 cm	10–20 cm	T	K	◆		◆		◆				◆			
Disa lugens	45–100 cm	1½3,5–10 cm	T	K	◆		◆		◆				◆	◆		
Disa racemosa	8–100 cm	8–12 cm	T	K	◆		◆		◆				◆			
Disa tripetaloides	10–50 cm	20–30 cm	T	K	◆		◆		◆				◆			
Disa uniflora	15–80 cm	10–25 cm	T	K	◆		◆		◆				◆	◆		
Disa-Hybriden	20–80 cm	10–25 cm	T	K	◆		◆		◆				◆	◆		

Orchidee	Höhe	Breite	Wuchs	Temp.	auffällige Blüten	duftende Blüten	Topfkultur	epiphytische Kultur	feucht halten	Ruhezeit im Winter	verträgt Trockenheit	verträgt Frost	sehr hell/sonnig	hell/halbschattig	schattig	CITES I
Diuris maculata	10–40 cm	10–20 cm	T	K	◆		◆					◆	◆			
Dockrillia cucumerina	3,5–5 cm	15–25 cm	E	T/K				◆						◆		
Dockrillia linguiformis	2,5–12 cm	10–60 cm	E/L	T/K	◆	◆		◆			◆		◆	◆		
Dockrillia schoenina	10–80 cm	10–50 cm	E	T/K		◆		◆						◆	◆	
Dockrillia striolata	10–75 cm	10–50 cm	L	K	◆		◆	◆				◆	◆	◆		
Dockrillia teretifolia	0,3–3 m	0,3–0,9 m	E	T/K	◆	◆	◆	◆					◆	◆		
Dockrillia wassellii	6–15 cm	6–20 cm	E	W/T	◆			◆					◆	◆		
Dracula bella	18–30 cm	25–30 cm	E	T/K	◆		◆		◆						◆	
Dracula Cafe Mocha	20–35 cm	20–40 cm	E	T/K	◆		◆		◆						◆	
Dracula chimaera	18–45 cm	30–40 cm	E	K	◆		◆		◆						◆	
Dracula gigas	35–45 cm	25–35 cm	E	T/K	◆		◆		◆						◆	
Dracula polyphemus	50–60 cm	30–40 cm	E	T/K	◆		◆		◆						◆	
Dracula Quasimodo	20–35 cm	20–40 cm	E	T/K	◆		◆		◆						◆	
Dracula tubeana	10–40 cm	10–40 cm	E	T	◆		◆		◆					◆		
Dracula vampira	50–60 cm	30–40 cm	E	T/K	◆		◆		◆						◆	
Dracula velutina	10–40 cm	10–40 cm	E	T/K	◆		◆		◆					◆		
Drakaea glyptodon	10–35 cm	12–35 mm	T	T/K	◆		◆						◆	◆		
Dryadella edwallii	2,5–5 cm	2,5–5 cm	E	T/K			◆	◆	◆						◆	
Dryadella pusiola	6–8 cm	5–8 cm	E	T			◆	◆	◆						◆	
Dryadella zebrina	5–6 cm	3,5–5 cm	E	T			◆	◆	◆						◆	
Dyakia hendersoniana	8–20 cm	6–15 cm	E	W	◆	◆	◆	◆	◆				◆	◆		
Elythranthera brunonis	15–30 cm	2,5–8 cm	T	T/K	◆		◆						◆	◆		
Encyclia alata	20–90 cm	20–50 cm	E	W/T	◆		◆	◆		◆			◆	◆		
Encyclia hanburyi	20–70 cm	20–50 cm	E	W/T	◆		◆	◆		◆			◆	◆		
Encyclia randii	30–60 cm	30–60 cm	E	W/T	◆		◆	◆						◆		
Epiblastus basalis	10–30 cm	10–30 cm	E/T	T	◆		◆	◆	◆					◆		
Epicattleya Purple Glory 'Moir's Pride'	20–50 cm	15–40 cm	E	W/T	◆		◆	◆		◆				◆		
Epicattleya Siam Jade	20–40 cm	10–40 cm	E	W/T/K	◆		◆	◆		◆			◆	◆		
Epidendrum anceps	60–90 cm	40–50 cm	E/L	W/T	◆		◆	◆						◆		
Epidendrum barbeyanum	10–25 cm	10–25 cm	E	W/T	◆		◆	◆	◆					◆		

Orchidee	Höhe	Breite	Wuchs	Temp.	auffällige Blüten	duftende Blüten	Topfkultur	epiphytische Kultur	feucht halten	Ruhezeit im Winter	verträgt Trockenheit	verträgt Frost	sehr hell/sonnig	hell/halbschattig	schattig	CITES I
Epidendrum ciliare	20–60 cm	20–90 cm	E	W/T	◆		◆	◆		◆			◆	◆		
Epidendrum ibaguense	20–120 cm	20–120 cm	E/T	W/T/K	◆		◆						◆	◆		
Epidendrum ilense	20–120 cm	20–60 cm	E	W	◆		◆	◆	◆					◆		
Epidendrum lacustre	30–110 cm	30–60 cm	T	W/T	◆		◆						◆	◆		
Epidendrum medusae	10–30 cm	10–40 cm	E	T/K	◆		◆		◆					◆		
Epidendrum × obrienianum	1,8–9 m	75–130 cm	T	T	◆		◆						◆			
Epidendrum parkinsonianum	0,3–2 m	20–60 cm	E	W/T	◆		◆	◆					◆	◆		
Epidendrum porpax	2,5–6 cm	5–30 cm	E	W/T/K	◆		◆	◆	◆					◆	◆	
Epidendrum pseudepidendrum	20–100 cm	10–40 cm	E	W	◆		◆							◆		
Epidendrum secundum	20–90 cm	20–120 cm	T	W/T	◆		◆						◆	◆		
Epidendrum stanfordianum	25–50 cm	20–75 cm	E	W/T	◆		◆						◆	◆		
Epidendrum-Hybriden	20–120 cm	20–120 cm	E	W/T/K	◆		◆						◆	◆		
Epigeneium triflorum	12–30 cm	20–40 cm	E	W/T	◆		◆	◆					◆	◆		
Epipactis gigantea	60–100 cm	20–40 cm	T	K	◆		◆					◆	◆			
Epipactis helleborine	20–100 cm	10–30 cm	T	K	◆		◆					◆			◆	
Epipactis palustris	30–40 cm	10–15 cm	T	K	◆		◆					◆	◆			
Epipactis viridiflora	20–90 cm	10–20 cm	T	K	◆		◆					◆			◆	
Epiphronitis Veitchii	10–50 cm	5–15 cm	E/T	W/T	◆		◆	◆						◆		
Eria aporoides	10–25 cm	10–25 cm	E	W/T			◆						◆	◆		
Eria gigantea	20–90 cm	20–60 cm	E	T			◆							◆		
Eria mysorensis	10–40 cm	10–60 cm	E	T			◆							◆		
Eria spicata	10–35 cm	15–50 cm	E	T			◆								◆	
Eria stricta	10–25 cm	10–25 cm	E	W/T			◆							◆		
Eria xanthocheila	15–40 cm	10–40 cm	E	T			◆						◆	◆	◆	
Eriopsis biloba	45–100 cm	40–50 cm	E/T	T	◆		◆		◆					◆		
Erycina echinata	10–20 cm	12–20 cm	E	W	◆			◆		◆			◆	◆		
Esmeralda cathcartii	100–200 cm	40–60 cm	E	T	◆		◆		◆						◆	
Esmeralda clarkei	20–100 cm	20–50 cm	E	W/T	◆		◆		◆					◆		
Euchile mariae	15–25 cm	10–15 cm	E	T	◆		◆	◆		◆			◆			
Eulophia clavicornis	10–90 cm	10–40 cm	T	T/K	◆		◆						◆	◆		
Eulophia ovalis	15–70 cm	10–40 cm	T	T/K	◆		◆						◆	◆		

Orchidee	Höhe	Breite	Wuchs	Temp.	auffällige Blüten	duftende Blüten	Topfkultur	epiphytische Kultur	feucht halten	Ruhezeit im Winter	verträgt Trockenheit	verträgt Frost	sehr hell/sonnig	hell/halbschattig	schattig	CITES I
Eulophia spectabilis	45–100 cm	20–30 cm	T	T	◆		◆							◆	◆	
Eulophia welwitschii	25–90 cm	10–40 cm	T	T/K	◆		◆						◆	◆		
Eulophiella elisabethae	60–90 cm	40–50 cm	E	W	◆			◆	◆					◆		
Eurychone rothschildiana	10–15 cm	20–30 cm	E	W	◆	◆		◆	◆						◆	
Fernandezia subbiflora	3–12 cm	3–10 cm	E	K	◆			◆	◆						◆	
Galeandra baueri	30–40 cm	20–30 cm	E	T		◆	◆			◆				◆		
Gastrochilus calceolaris	10–15 cm	15–20 cm	E	W			◆	◆						◆		
Gastrochilus formosanus	8–10 cm	2,5–5 cm	E	W	◆		◆	◆						◆		
Gastrochilus japonicus	5–15 cm	10–30 cm	E	W/T	◆		◆	◆						◆	◆	
Gastrochilus obliquus	5–15 cm	10–35 cm	E	W/T	◆		◆	◆						◆	◆	
Gastrochilus suavis	5–15 cm	10–30 cm	E	W/T	◆		◆	◆						◆	◆	
Gastrorchis pulcher	60–75 cm	50–60 cm	T	T	◆		◆			◆				◆	◆	
Gastrorchis steinhardtiana	20–50 cm	20–40 cm	T	T	◆		◆			◆				◆	◆	
Georgeblackara Tribute	8–25 cm	8–15 cm	E	W/T	◆		◆	◆						◆		
Glossodia major	10–35 cm	5–10 cm	T	T/K	◆	◆	◆						◆	◆		
Gomesa crispa	15–20 cm	15–20 cm	E	K	◆	◆	◆	◆							◆	
Gongora histrionica	90 cm	70 cm	E	W/T	◆	◆	◆		◆					◆		
Gongora nigropunctata	50–70 cm	50–60 cm	E	W/T	◆	◆	◆		◆					◆	◆	
Gongora pleiochroma	20–50 cm	20–60 cm	E	W/T	◆	◆	◆		◆						◆	
Goodyera biflora	5–15 cm	6–8 cm	T	T/K			◆		◆					◆	◆	
Goodyera tesselata	10–25 cm	6–10 cm	T	T/K		◆	◆		◆					◆	◆	
Grammangis ellisii	50–60 cm	50–65 cm	E	T	◆		◆		◆						◆	
Grammatophyllum elegans	30–120 cm	30–150 cm	E	W/T	◆		◆						◆	◆		
Grammatophyllum speciosum	0,9–2 m	3,5–6 m	E	W	◆	◆	◆						◆			
Grastidium cathcartii	120 cm	90 cm	E	T/K			◆		◆					◆		
Grobya amherstiae	15–30 cm	12–25 cm	E	T	◆		◆	◆	◆					◆	◆	
Gymnadenia conopsea	15–45 cm	5–10 cm	T	K	◆	◆	◆					◆	◆			
Habenaria arenaria	25–40 cm	15–30 cm	T	T			◆		◆						◆	

Orchidee	Höhe	Breite	Wuchs	Temp.	auffällige Blüten	duftende Blüten	Topfkultur	epiphytische Kultur	feucht halten	Ruhezeit im Winter	verträgt Trockenheit	verträgt Frost	sehr hell/sonnig	hell/halbschattig	schattig	CITES I
Habenaria dregeana	20–40 cm	10–20 cm	T	T/K	◆		◆		◆				◆	◆		
Habenaria marginata	8–20 cm	5–15 cm	T	T/K			◆		◆				◆			
Habenaria monorhiza	20–50 cm	12–25 cm	T	T	◆		◆		◆					◆		
Habenaria rhodocheila	20–30 cm	10–20 cm	T	W/T	◆		◆		◆					◆	◆	
Haraella retrocalla	5–10 cm	6–15 cm	E	T		◆	◆	◆	◆						◆	
Hawkinsara Keepsake 'Lake View'	10–50 cm	10–30 cm	E	W/T	◆		◆						◆	◆		
Hexisea imbricata	10–50 cm	10–40 cm	E	W/T			◆	◆	◆					◆		
Himantoglossum adriaticum	30–75 cm	15–25 cm	T	K	◆		◆					◆	◆			
Himantoglossum caprinum	30–100 cm	15–30 cm	T	K	◆		◆					◆	◆	◆		
Himantoglossum hircinum	30–75 cm	15–25 cm	T	K	◆	◆	◆					◆	◆			
Homalopetalum pumilio	12–50 mm	18–30 mm	E	T			◆	◆	◆					◆		
Howeara Mary Eliza	10–40 cm	10–15 cm	E	W/T	◆	◆	◆							◆		
Huntleya citrina	20–30 cm	20–30 cm	E	W	◆		◆	◆	◆						◆	
Huntleya meleagris	20–30 cm	20–30 cm	E	W/T	◆	◆	◆	◆	◆						◆	
Huttonaea grandiflora	10–90 cm	8–20 cm	T	T/K	◆		◆							◆	◆	
Hygrochilus parishii	20–30 cm	35–45 cm	E	W/T	◆	◆	◆			◆			◆	◆		
Ida costata	30–90 cm	30–90 cm	E/L	T/K	◆	◆	◆							◆	◆	
Ionopsis utricularioides	30 cm	15–20 cm	E	W/T	◆			◆	◆				◆			
Isabelia virginalis	3,5–8 cm	5–15 cm	E	W/T			◆	◆	◆					◆		
Isochilus aurantiacus	10–40 cm	10–50 cm	E	W/T	◆		◆		◆					◆		
Isochilus linearis	10–60 cm	10–60 cm	E	W/T	◆		◆		◆					◆		
Jumellea arachnantha	45–70 cm	50–100 cm	E	T	◆	◆	◆								◆	
Jumellea comorensis	12–30 cm	10–25 cm	E	W/T	◆	◆	◆							◆	◆	
Jumellea confusa	12–60 cm	15–25 cm	E/L	T	◆	◆	◆								◆	
Jumellea densefoliata	5–8 cm	6–8 cm	E/L	T	◆	◆	◆								◆	
Jumellea fragrans	25–60 cm	40–60 cm	E	W/T	◆	◆	◆								◆	
Jumellea sagittata	30–45 cm	50–75 cm	E	T	◆	◆	◆								◆	
Kefersteinia graminea	20–35 cm	20–30 cm	E	T/K	◆		◆	◆	◆					◆	◆	

Orchidee	Höhe	Breite	Wuchs	Temp.	auffällige Blüten	duftende Blüten	Topfkultur	epiphytische Kultur	feucht halten	Ruhezeit im Winter	verträgt Trockenheit	verträgt Frost	sehr hell/sonnig	hell/halbschattig	schattig	CITES I
Kefersteinia laminata	30 cm	40 cm	E	T/K	◆		◆	◆	◆					◆	◆	
Kunthara-Hybriden	75 cm	30 cm	E	T/K	◆		◆		◆					◆		
Laelia anceps	20–120 cm	20–90 cm	E	W/T/K	◆	◆	◆	◆		◆			◆	◆		
Laelia blumenscheinii	30–35 cm	25–40 cm	L	T/K	◆		◆			◆			◆	◆		
Laelia Canariensis	20–100 cm	20–60 cm	E/L	W/T	◆		◆						◆	◆		
Laelia caulescens	12–35 cm	10–25 cm	L	T	◆		◆						◆	◆		
Laelia cinnabarina	30–50 cm	35–40 cm	L	T/K	◆		◆			◆			◆	◆		
Laelia crispa	20–60 cm	20–90 cm	E/L	W/T	◆		◆						◆	◆		
Laelia crispata	25–40 cm	20–25 cm	L	T/K	◆		◆			◆			◆			
Laelia dayana	15–20 cm	12–20 cm	E	T	◆		◆							◆		
Laelia harpophylla	35–60 cm	35–45 cm	E	T	◆		◆							◆	◆	
Laelia jongheana	20–30 cm	22–35 cm	E	T/K	◆		◆						◆	◆		◆
Laelia longipes	8–10 cm	10–15 cm	L	T	◆		◆			◆			◆			
Laelia milleri	20–70 cm	10–40 cm	L	W/T	◆		◆			◆			◆	◆		
Laelia pumila	10–20 cm	10–40 cm	E	W/T	◆		◆	◆						◆		
Laelia purpurata	20–90 cm	20–90 cm	E	W/T	◆	◆	◆						◆	◆		
Laelia rubescens	25–60 cm	25–40 cm	E/L	W/T	◆		◆	◆		◆			◆	◆		
Laelia sincorana	8–18 cm	10–20 cm	E	T	◆		◆							◆		
Laelia tenebrosa	20–80 cm	20–90 cm	E	W/T	◆	◆	◆						◆	◆		
Laeliocatonia Peggy San 'Galaxy'	20–30 cm	15–20 cm	E	W/T	◆	◆	◆	◆						◆		
Laeliocattleya-Hybriden	10–90 cm	10–75 cm	E	W/T	◆		◆			◆			◆	◆		
Lanium avicula	8–12 cm	15–30 cm	E	T			◆	◆						◆		
Lepanthes calodictyon	5–6 cm	5–8 cm	E	K			◆	◆	◆						◆	
Lepanthes ligiae	35–40 cm	35–45 cm	E	T/K			◆	◆	◆						◆	
Leptotes bicolor	8–12 cm	8–12 cm	E	T			◆	◆	◆				◆			
Leptotes unicolor	5–8 cm	5–8 cm	E	T			◆	◆	◆				◆			
Liparis latifolia	18–30 cm	10–15 cm	T	T	◆		◆	◆	◆						◆	
Liparis nervosa	12–35 cm	10–20 cm	T	T/K	◆		◆		◆						◆	
Liparis nigra	25–100 cm	20–30 cm	T	T	◆	◆	◆	◆	◆						◆	
Liparis reflexa	10–30 cm	10–90 cm	L	T/K		◆	◆	◆	◆					◆		

Orchidee	Höhe	Breite	Wuchs	Temp.	auffällige Blüten	duftende Blüten	Topfkultur	epiphytische Kultur	feucht halten	Ruhezeit im Winter	verträgt Trockenheit	verträgt Frost	sehr hell/sonnig	hell/halbschattig	schattig	CITES I
Liparis viridiflora	10–40 cm	10–90 cm	E	W/T		◆	◆	◆	◆					◆		
Lockhartia biserra	10–40 cm	10–30 cm	E	W/T	◆		◆	◆	◆					◆		
Lockhartia pittieri	15–20 cm	12–15 cm	E	W/T	◆		◆	◆	◆					◆	◆	
Ludisia discolor	10–40 cm	10–60 cm	T	W/T	◆		◆		◆						◆	
Lycaste aromatica	20–40 cm	20–60 cm	E/L/T	W/T/K	◆	◆	◆							◆	◆	
Lycaste bradeorum	10–30 cm	20–60 cm	E	W/T	◆	◆	◆						◆	◆		
Lycaste macrophylla	65–80 cm	60–80 cm	E/T	T	◆	◆	◆							◆		
Lycaste skinneri	10–60 cm	20–60 cm	E	T/K	◆	◆	◆							◆		
Lycaste tricolor	10–40 cm	20–60 cm	E	W/T	◆	◆	◆							◆		
Lycaste-Hybriden	10–60 cm	20–60 cm	E/T	W/T	◆		◆							◆		
Lyperanthus serratus	25–50 cm	10–20 cm	T	T/K	◆	◆	◆						◆	◆		
Macodes petola	18–20 cm	15–20 cm	T	W/T			◆		◆						◆	
Macodes sanderiana	18–20 cm	15–20 cm	T	W/T			◆		◆						◆	
Macroclinium bicolor	40–100 cm	40–150 cm	E	W/T		◆		◆	◆					◆		
Malaxis taurina	10–40 cm	20 cm	T	W			◆		◆					◆		
Masdevallia amabilis	15–30 cm	10–30 cm	E/L	K	◆		◆		◆					◆	◆	
Masdevallia coccinea	10–50 cm	20 cm	T	T/K	◆		◆		◆					◆		
Masdevallia floribunda	8–15 cm	10–20 cm	E	W/T	◆		◆		◆					◆	◆	
Masdevallia ignea	10–30 cm	10–12 cm	T	K	◆		◆		◆						◆	
Masdevallia infracta	10–30 cm	20 cm	T	W/T	◆		◆		◆						◆	
Masdevallia nidifica	2,5–8 cm	5–8 cm	E	K	◆		◆		◆						◆	
Masdevallia ophioglossa	10–18 cm	6–10 cm	E	K	◆		◆		◆						◆	
Masdevallia princeps	20–50 cm	20–40 cm	E	T	◆		◆		◆					◆	◆	
Masdevallia tovarensis	30 cm	30 cm	E	W/T	◆		◆		◆					◆		
Masdevallia tridens	10–30 cm	10–20 cm	T	T/K	◆		◆		◆					◆		
Masdevallia veitchiana	60 cm	30 cm	T	T/K	◆		◆		◆					◆		
Masdevallia-Hybriden	10–60 cm	10–30 cm	T	T/K	◆		◆		◆					◆		
Maxillaria acuminata	10–20 cm	10–30 cm	E	W/T/K	◆		◆							◆	◆	
Maxillaria biolleyi	90 cm	50 cm	E	W/T			◆							◆		
Maxillaria chrysantha	25–35 cm	25–35 cm	E	T	◆		◆							◆		

Orchidee	Höhe	Breite	Wuchs	Temp.	auffällige Blüten	duftende Blüten	Topfkultur	epiphytische Kultur	feucht halten	Ruhezeit im Winter	verträgt Trockenheit	verträgt Frost	sehr hell/sonnig	hell/halbschattig	schattig	CITES I
Maxillaria cogniauxiana	60 cm	20 cm	E	W/T	◆		◆							◆		
Maxillaria cucullata	20–40 cm	20–80 cm	E/L/T	W/T/K	◆		◆							◆		
Maxillaria fractiflexa	10–60 cm	20 cm	E	T/K	◆		◆							◆		
Maxillaria marginata	10–20 cm	10–40 cm	E	W/T/K	◆		◆							◆		
Maxillaria nigrescens	10–60 cm	10–20 cm	E	T/K	◆		◆							◆		
Maxillaria picta	25–35 cm	25–40 cm	E/L	T/K	◆	◆	◆							◆		
Maxillaria porphyrostele	10–60 cm	10–20 cm	E/L	W/T/K	◆		◆						◆	◆		
Maxillaria sanderiana	45–50 cm	50–70 cm	E/T	T/K	◆		◆		◆					◆		
Maxillaria variabilis	10–60 cm	10–20 cm	E	W/T/K	◆		◆						◆	◆		
Mediocalcar bifolium	8–25 cm	10–30 cm	E	T/K	◆		◆	◆	◆			◆		◆		
Mediocalcar decoratum	5–15 cm	10–60 cm	E	T/K	◆		◆	◆	◆			◆		◆		
Mexicoa ghiesbreghtiana	12–15 cm	15–20 cm	E	K	◆		◆					◆		◆		
Microcoelia exilis	15–25 cm	20–25 cm	E	W/T				◆						◆		
Microcoelia globulosa	10–20 cm	10–20 cm	E	W				◆						◆		
Microcoelia stolzii	10–25 cm	10–30 cm	E	W/T				◆						◆		
Microterangis hariotiana	10–20 cm	8–10 cm	E	T			◆	◆							◆	
Microtis orbicularis	20–30 cm	2–5 cm	T	K			◆			◆					◆	
Miltassia 'Charles M, Fitch'	80 cm	60 cm	E	T/K	◆		◆						◆	◆		
Miltassia 'Mourier Bay' × *Miltonia* 'Sao Paulo'	80 cm	60 cm	E	T/K	◆		◆						◆	◆		
Miltonia clowesii	20–70 cm	20–60 cm	E	W/T	◆		◆	◆		◆				◆		
Miltonia cuneata	20–50 cm	20–60 cm	E	T	◆		◆	◆		◆				◆		
Miltonia flavescens	20–50 cm	20–90 cm	E	W/T	◆		◆	◆		◆			◆	◆		
Miltonia moreliana	25–40 cm	12–15 cm	E	T	◆		◆	◆		◆					◆	
Miltonia regnellii	20–60 cm	20–60 cm	E	W/T	◆		◆	◆		◆				◆		
Miltonia Sandy's Cove	20–60 cm	20–60 cm	E	W/T	◆		◆	◆		◆				◆		
Miltonia spectabilis	20–40 cm	20–60 cm	E	W/T	◆		◆	◆		◆				◆		
Miltonidium Bartley Schwarz 'Highland'	20–90 cm	20–60 cm	E	W/T	◆		◆						◆	◆		
Miltonidium Pupukea Sunset 'H & R'	20–90 cm	20–60 cm	E	W/T	◆		◆						◆	◆		
Miltoniopsis phalaenopsis	30 cm	38 cm	E	W/T	◆		◆		◆					◆		
Miltoniopsis vexillaria	20–40 cm	20–60 cm	E	W/T	◆		◆		◆					◆		
Miltoniopsis-Hybriden	50 cm	80 cm	E	W/T	◆	◆	◆		◆					◆		

Orchidee	Höhe	Breite	Wuchs	Temp.	auffällige Blüten	duftende Blüten	Topfkultur	epiphytische Kultur	feucht halten	Ruhezeit im Winter	verträgt Trockenheit	verträgt Frost	sehr hell/sonnig	hell/halbschattig	schattig	CITES I
Myrmecophila tibicinis	0,3–2,4 m	0,3–0,9 m	E	W/T	◆		◆	◆					◆	◆		
Mystacidium brayboniae	5–10 cm	6–15 cm	E	T				◆		◆				◆	◆	
Mystacidium capense	10–15 cm	15–25 cm	E	W/T	◆			◆		◆				◆	◆	
Nageliella purpurea	12–15 cm	10–15 cm	E	T		◆	◆	◆					◆			
Nakamotoara Rainbow Gem	10–40 cm	10–30 cm	E	W/T	◆		◆	◆					◆	◆		
Nanodes discolor	8–12 cm	8–10 cm	E	T	◆		◆	◆	◆						◆	
Neobathiea grandidierana	5–6 cm	8–10 cm	E	T	◆		◆	◆		◆					◆	
Neofinetia falcata	8–20 cm	8–25 cm	E	T	◆	◆	◆	◆	◆				◆	◆		
Neolauchea pulchella	6–12 cm	10–50 cm	E	W/T/K	◆			◆	◆					◆	◆	
Neopabstopetalum Adelaide Alive	15–60 cm	10–40 cm	E	T/K	◆	◆	◆		◆					◆		
Neopabstopetalum Beverley Lou	15–60 cm	10–40 cm	E	T/K	◆	◆	◆		◆					◆		
Neopabstopetalum Warooka	25–60 cm	20–50 cm	E	W/T/K	◆	◆	◆		◆					◆	◆	
Neostylis Lou Sneary	10–40 cm	10–30 cm	E	W/T	◆	◆	◆	◆	◆				◆	◆		
Nidema ottonis	10–15 cm	10–15 cm	E	T	◆		◆	◆	◆						◆	
Notylia barkeri	20–25 cm	20–25 cm	E	W		◆		◆	◆					◆		
Oberonia gracilis	10–40 cm	10–20 cm	E	W				◆	◆					◆		
Octomeria alpina	8–15 cm	10–20 cm	E	T/K			◆	◆	◆					◆	◆	
Octomeria grandiflora	15–20 cm	10–15 cm	E	W/T			◆	◆	◆					◆	◆	
Octomeria juncifolia	30–40 cm	10–25 cm	E	T/K			◆	◆	◆					◆	◆	
Odontioda-Hybriden	20–90 cm	20–60 cm	E	K	◆		◆		◆					◆		
Odontobrassia Kenneth Biven 'Santa Barbara'	20–100 cm	20–70 cm	E	W/T/K	◆		◆		◆					◆		
Odontocidium-Hybriden	20–90 cm	20–60 cm	E	W/T/K	◆		◆							◆		
Odontoglossum crispum	12–80 cm	10–40 cm	E	K	◆		◆		◆					◆		
Odontoglossum gloriosum	60–90 cm	35–40 cm	E	K	◆		◆		◆					◆		
Odontoglossum harryanum	35–45 cm	35–40 cm	E	T/K	◆		◆		◆					◆		
Odontoglossum trilobum	120–140 cm	110–130 cm	E	W/T/K	◆		◆		◆					◆	◆	
Odontoglossum wyattianum	12–60 cm	10–30 cm	E	K	◆		◆		◆					◆		
Odontoglossum-Hybriden	20–90 cm	20–60 cm	E	K	◆		◆		◆					◆		
Odontonia Bartley Schwarz	20–90 cm	20–60 cm	E	T/K	◆		◆		◆					◆		

Orchidee	Höhe	Breite	Wuchs	Temp.	auffällige Blüten	duftende Blüten	Topfkultur	epiphytische Kultur	feucht halten	Ruhezeit im Winter	verträgt Trockenheit	verträgt Frost	sehr hell/sonnig	hell/halbschattig	schattig	CITES I
Odontonia Papageno	20–50 cm	20–40 cm	E	T/K	◆		◆		◆						◆	
Odontonia Susan Bogdanow	20–90 cm	20–60 cm	E	T/K	◆		◆		◆					◆		
Oeceoclades maculata	20–30 cm	15–20 cm	T	W			◆			◆			◆			
Oeceoclades pulchra	20–100 cm	20–50 cm	T	W/T			◆			◆				◆	◆	
Oeoniella polystachys	10–30 cm	10–30 cm	E	W/T	◆	◆	◆	◆							◆	
Oerstedella centropetala	15–50 cm	10–25 cm	E/L	W	◆		◆	◆	◆					◆		
Oerstedella schweinfurthiana	90–210 cm	40–90 cm	T	T/K	◆		◆	◆					◆	◆		
Oerstedella wallisii	25–75 cm	20–30 cm	E/T	W/T/K	◆		◆	◆	◆					◆		
Oncidium baueri	0,3–3 m	0,3–1,2 m	E	W/T	◆		◆						◆	◆		
Oncidium Cameo Sunset	10–50 cm	12–40 cm	E	T/K	◆		◆							◆		
Oncidium crispum	20–70 cm	10–40 cm	E	W/T	◆		◆						◆	◆		
Oncidium croesus	10–20 cm	10–30 cm	E	W/T	◆		◆							◆		
Oncidium flexuosum	20–150 cm	20–90 cm	E	W/T	◆			◆					◆	◆		
Oncidium fuscatum	30–60 cm	20–45 cm	E	T	◆		◆						◆	◆		
Oncidium hintonii	45–65 cm	35–45 cm	E	T	◆		◆							◆		
Oncidium leucochilum	0,6–2,4 m	30–45 cm	E	T/K	◆	◆	◆							◆		
Oncidium maculatum	35–60 cm	35–45 cm	E	T	◆		◆							◆		
Oncidium marshallianum	20–100 cm	15–40 cm	E	T/K	◆		◆							◆		
Oncidium ornithorynchum	15–90 cm	10–60 cm	E	T/K	◆	◆	◆							◆		
Oncidium phymatochilum	20–70 cm	20–40 cm	E	W/T	◆		◆							◆	◆	
Oncidium sarcodes	20–80 cm	20–50 cm	E	W/T/K	◆		◆							◆	◆	
Oncidium Sharry Baby 'Sweet Fragrance'	20–120 cm	20–90 cm	E	W/T	◆	◆	◆						◆	◆		
Oncidium sphacelatum	20–150 cm	20–90 cm	E	W/T	◆	◆	◆	◆					◆	◆		
Oncidium Sweet Sugar	20–120 cm	20–90 cm	E	W/T	◆		◆						◆	◆		
Oncidium Tai	30–150 cm	30–120 cm	E	W/T/K	◆		◆						◆	◆		
Oncidium varicosum	12–80 cm	10–40 cm	E	W/T	◆		◆	◆					◆	◆		
Oncidium viperinum	12–18 cm	12–15 cm	E	T	◆		◆							◆		
Ophrys apifera	20–60 cm	5–10 cm	T	K	◆		◆					◆	◆			
Ophrys holoserica	10–50 cm	5–10 cm	T	K	◆		◆					◆	◆			
Ophrys insectifera	15–40 cm	5–10 cm	T	K	◆		◆					◆	◆			
Ophrys lutea	10–30 cm	5–18 cm	T	K	◆		◆						◆	◆		

Orchidee	Höhe	Breite	Wuchs	Temp.	auffällige Blüten	duftende Blüten	Topfkultur	epiphytische Kultur	feucht halten	Ruhezeit im Winter	verträgt Trockenheit	verträgt Frost	sehr hell/sonnig	hell/halbschattig	schattig	CITES I
Ophrys sphegodes	10–45 cm	5–10 cm	T	K	◆		◆					◆	◆			
Ophrys tenthredinifera	10–45 cm	8–25 cm	T	K	◆		◆						◆	◆		
Orchis militaris	20–65 cm	8–15 cm	T	K	◆		◆					◆	◆	◆		
Orchis purpurea	30–90 cm	8–12 cm	T	K	◆		◆					◆		◆	◆	
Ornithocephalus bicornis	8–15 cm	8–15 cm	E	W/T	◆			◆	◆				◆	◆	◆	
Ornithocephalus gladiatus	5–10 cm	5–12 cm	E	T	◆			◆	◆					◆	◆	
Ornithocephalus myrticola	25–50 mm	25–50 mm	E	W	◆			◆	◆					◆	◆	
Osmoglossum convallarioides	20–30 cm	20–30 cm	E	T/K	◆	◆	◆						◆			
Osmoglossum pulchellum	20–30 cm	20–30 cm	E	W	◆	◆	◆						◆			
Pabstia jugosa	20–30 cm	15–25 cm	E/L	W	◆	◆	◆		◆						◆	
Paphiopedilum appletonianum	15–60 cm	20–30 cm	L/T	W	◆		◆							◆	◆	◆
Paphiopedilum barbatum	15–30 cm	15–40 cm	L	W/T	◆		◆							◆		◆
Paphiopedilum bellatulum	6–15 cm	20–30 cm	T	W/T	◆		◆							◆		◆
Paphiopedilum boxallii	10–50 cm	20–40 cm	E/T	T/K	◆		◆								◆	◆
Paphiopedilum bullenianum	10–40 cm	10–30 cm	T	W	◆		◆								◆	◆
Paphiopedilum callosum	12–15 cm	20–30 cm	T	W/T	◆		◆							◆	◆	◆
Paphiopedilum charlesworthii	15–25 cm	25–30 cm	L	T	◆		◆							◆		◆
Paphiopedilum concolor	15–25 cm	20–30 cm	L/T	W	◆		◆							◆	◆	◆
Paphiopedilum delenatii	15–25 cm	18–22 cm	T	W/T	◆	◆	◆							◆	◆	◆
Paphiopedilum exul	10–30 cm	20–40 cm	T	W	◆		◆						◆	◆		◆
Paphiopedilum fowliei	20–25 cm	15–18 cm	T	W/T	◆		◆							◆	◆	◆
Paphiopedilum glanduliferum	35–45 cm	30–35 cm	L/T	W/T	◆		◆							◆		◆
Paphiopedilum glaucophyllum	10–60 cm	20–50 cm	T	W/T	◆		◆							◆		◆
Paphiopedilum gratrixianum	10–40 cm	20–40 cm	T	W/T/K	◆		◆							◆		◆
Paphiopedilum hainanense	15–50 cm	20–30 cm	L/T	W	◆		◆							◆	◆	◆
Paphiopedilum haynaldianum	10–80 cm	30–60 cm	E/L/T	W/T	◆		◆							◆		◆
Paphiopedilum henryanum	10–40 cm	20–30 cm	L	W/T	◆		◆							◆		◆
Paphiopedilum hirsutissimum	10–40 cm	20–40 cm	T	T/K	◆		◆							◆		◆
Paphiopedilum hookerae	10–50 cm	10–30 cm	T	W	◆		◆								◆	◆
Paphiopedilum insigne	10–40 cm	20–30 cm	T	T/K	◆		◆							◆		◆

Orchidee	Höhe	Breite	Wuchs	Temp.	auffällige Blüten	duftende Blüten	Topfkultur	epiphytische Kultur	feucht halten	Ruhezeit im Winter	verträgt Trockenheit	verträgt Frost	sehr hell/sonnig	hell/halbschattig	schattig	CITES I
Paphiopedilum kolopakingii	75–130 cm	30–50 cm	T	W/T	◆		◆							◆		◆
Paphiopedilum liemianum	45 cm	35–45 cm	T	W/T	◆		◆							◆	◆	◆
Paphiopedilum lowii	20–100 cm	30–60 cm	L/T	W/T	◆		◆							◆		◆
Paphiopedilum malipoense	45–60 cm	25–30 cm	T	T	◆	◆	◆							◆	◆	◆
Paphiopedilum mastersianum	10–50 cm	20–30 cm	T	W/T	◆		◆							◆		◆
Paphiopedilum moquetteanum	10–50 cm	15–60 cm	T	W	◆		◆								◆	◆
Paphiopedilum niveum	10–30 cm	10–20 cm	T	W	◆		◆							◆		◆
Paphiopedilum philippinense	20–60 cm	20–40 cm	L/T	W/T	◆		◆							◆		◆
Paphiopedilum primulinum	10–60 cm	20–40 cm	T	W/T	◆		◆							◆		◆
Paphiopedilum rothschildianum	20–90 cm	20–80 cm	L/T	W/T	◆		◆							◆		◆
Paphiopedilum spicerianum	10–40 cm	20–30 cm	T	T/K	◆		◆							◆		◆
Paphiopedilum sukhakulii	10–30 cm	10–25 cm	T	W/T	◆		◆								◆	◆
Paphiopedilum tonsum	35–40 cm	20–30 cm	L/T	W	◆		◆								◆	◆
Paphiopedilum venustum	25–35 cm	30–40 cm	T	T	◆		◆		◆					◆	◆	◆
Paphiopedilum victoria-regina	10–70 cm	20–60 cm	L/T	W/T	◆		◆							◆		◆
Paphiopedilum villosum	10–40 cm	20–30 cm	T	T/K	◆		◆							◆		◆
Paphiopedilum wardii	20–45 cm	25–30 cm	L/T	T	◆		◆								◆	◆
Paphiopedilum-Hybriden	10–60 cm	10–20 cm	T	T/K	◆		◆							◆	◆	
Papilionanthe hookeriana	1,5–2 m	15–20 cm	E/T	W	◆		◆	◆					◆			
Papilionanthe Miss Joaquim	0,3–2 m	20–40 cm	E	W/T	◆		◆	◆					◆	◆		
Papilionanthe teres	1,5–2 m	20–25 cm	E/T	W	◆		◆	◆					◆			
Papilionanthe vandarum	70–90 cm	30–40 cm	E	W/T	◆		◆	◆					◆	◆		
Paracaleana nigrita	5–15 cm	18–60 mm	T	T/K			◆						◆	◆		
Paraphalaenopsis denevei	40–70 cm	10–20 cm	E	W	◆			◆		◆			◆	◆		
Paraphalaenopsis labukensis	100–200 cm	10–20 cm	E	W	◆			◆		◆			◆	◆		
Paraphalaenopsis laycockii	60–100 cm	10–20 cm	E	W	◆			◆		◆			◆	◆		
Pescatorea cerina	10–40 cm	20–40 cm	E	W/T	◆	◆	◆		◆					◆		
Pescatorea lehmannii	10–50 cm	20–40 cm	E	W/T	◆	◆	◆		◆					◆		
Phaiocalanthe Schroederiana	30–80 cm	40–60 cm	T	W/T	◆		◆		◆					◆		
Phaiocymbidium Chardwarense	50–70 cm	30–40 cm	T	W/T	◆		◆							◆		
Phaius flavus	45–65 cm	60–75 cm	T	W/T	◆		◆		◆					◆	◆	

Orchidee	Höhe	Breite	Wuchs	Temp.	auffällige Blüten	duftende Blüten	Topfkultur	epiphytische Kultur	feucht halten	Ruhezeit im Winter	verträgt Trockenheit	verträgt Frost	sehr hell/sonnig	hell/halbschattig	schattig	CITES I
Phaius tankervilleae	30–120 cm	20–90 cm	T	W/T	◆		◆		◆				◆	◆		
Phalaenopsis amabilis	30–90 cm	20–50 cm	E	W	◆		◆	◆	◆					◆		
Phalaenopsis aphrodite	10–60 cm	20–60 cm	E	W	◆		◆	◆	◆						◆	
Phalaenopsis equestris	10–30 cm	12–30 cm	E	W	◆		◆	◆	◆					◆		
Phalaenopsis gibbosa	5–8 cm	8–20 cm	E	W/T	◆		◆	◆		◆				◆	◆	
Phalaenopsis lueddemanniana	10–40 cm	15–40 cm	E	W	◆		◆		◆					◆		
Phalaenopsis mannii	20–30 cm	25–40 cm	E	W/T	◆		◆	◆	◆					◆	◆	
Phalaenopsis parishii	10–20 cm	12–20 cm	E	W	◆		◆	◆	◆					◆		
Phalaenopsis pulcherrima	10–90 cm	12–30 cm	L/T	W	◆		◆	◆	◆				◆	◆		
Phalaenopsis schilleriana	30–90 cm	20–50 cm	E	W	◆		◆		◆					◆		
Phalaenopsis wilsonii	15–20 cm	10–12 cm	E/L	W/T	◆			◆		◆				◆	◆	
Phalaenopsis-Hybriden	20–90 cm	12–60 cm	E	W	◆		◆	◆	◆					◆		
Pholidota articulata	20–30 cm	20–30 cm	E/L	W/T		◆	◆	◆						◆		
Pholidota bracteata	15–35 cm	10–30 cm	E	T		◆	◆	◆						◆	◆	
Pholidota chinensis	30–40 cm	20–25 cm	E/L	T		◆	◆	◆						◆		
Pholidota imbricata	25–35 cm	20–30 cm	E	W		◆	◆	◆					◆			
Phragmipedium besseae	20–50 cm	20–40 cm	L/T	W/T	◆		◆		◆					◆		◆
Phragmipedium caudatum	20–90 cm	30–60 cm	E/L	W	◆		◆		◆					◆		◆
Phragmipedium longifolium	20–90 cm	30–60 cm	T	W	◆		◆		◆					◆		◆
Phragmipedium-Hybriden	20–90 cm	20–60 cm	T	W/T	◆		◆		◆					◆		
Platanthera bifolia	15–50 cm	10–25 cm	T	K	◆	◆	◆					◆	◆	◆	◆	
Platanthera chlorantha	20–50 cm	15–35 cm	T	K	◆	◆	◆					◆	◆	◆	◆	
Platanthera ciliaris	70–100 cm	10–15 cm	T	K	◆	◆	◆					◆	◆	◆		
Platanthera integra	40–60 cm	5–8 cm	T	K	◆	◆	◆					◆	◆	◆		
Platanthera leucophaea	40–65 cm	20–25 cm	T	K	◆	◆	◆					◆	◆			
Plectorrhiza tridentata	6–15 cm	10–15 cm	E	T/K		◆		◆	◆					◆	◆	
Pleione bulbocodioides	10–18 cm	8–10 cm	L/T	K	◆		◆			◆					◆	
Pleione formosana	40 cm	40 cm	L/T	K	◆		◆			◆		◆		◆		
Pleione praecox	15–25 cm	20–30 cm	T	K	◆	◆	◆			◆				◆		
Pleione-Hybriden	20–40 cm	20–40 cm	T	K	◆		◆			◆		◆		◆		
Pleurothallis cordata	10–40 cm	10–30 cm	E	W/T/K			◆		◆					◆	◆	

Orchidee	Höhe	Breite	Wuchs	Temp.	auffällige Blüten	duftende Blüten	Topfkultur	epiphytische Kultur	feucht halten	Ruhezeit im Winter	verträgt Trockenheit	verträgt Frost	sehr hell/sonnig	hell/halbschattig	schattig	CITES I
Pleurothallis grobyi	3,5–15 cm	6–30 cm	E	W/T/K			◆		◆					◆		
Pleurothallis immersa	45–60 cm	20–25 cm	E	T/K			◆		◆						◆	
Pleurothallis macroblepharis	5–15 cm	5–20 cm	E	T/K			◆		◆					◆	◆	
Pleurothallis marthae	20–50 cm	15–35 cm	E	T			◆		◆					◆	◆	
Pleurothallis phalangifera	30–35 cm	35–40 cm	E	T/K			◆		◆						◆	
Pleurothallis praecipua	30–35 cm	35–40 cm	E	T/K			◆		◆						◆	
Pleurothallis tuerckheimii	20–50 cm	10–50 cm	E	T			◆		◆					◆		
Pleurothallis viduata	10–30 cm	10–30 cm	E	W/T/K			◆		◆					◆	◆	
Pleurothallis villosa	3,5–15 cm	3,5–15 cm	E	T/K			◆		◆					◆		
Podangis dactyloceras	10–12 cm	10–15 cm	E	T			◆	◆							◆	
Pogonia ophioglossoides	15–25 cm	10–20 cm	T	K	◆		◆		◆			◆	◆			
Polystachya bella	10–30 cm	10–30 cm	E	W	◆		◆			◆				◆		
Polystachya gerrardii	8–30 cm	10–25 cm	E	T	◆		◆							◆	◆	
Polystachya johnstonii	5–10 cm	5–15 cm	E	W	◆		◆			◆				◆		
Polystachya longiscapa	30–90 cm	15–20 cm	L	T/K	◆		◆			◆			◆			
Polystachya ottoniana	6–20 cm	6–20 cm	E	W/T/K	◆		◆			◆				◆	◆	
Polystachya pubescens	15–25 cm	15–20 cm	E/L	T/K	◆	◆	◆	◆		◆	◆			◆	◆	
Porroglossum amethystinum	15–25 cm	10–15 cm	E/L	T/K	◆		◆		◆					◆	◆	
Porroglossum echidnum	5–20 cm	10–15 cm	E/L	K	◆		◆		◆					◆	◆	
Porroglossum meridionale	3–12 cm	3,5–10 cm	E	T/K	◆		◆		◆						◆	
Porroglossum olivaceum	6–20 cm	6–10 cm	E	T/K	◆		◆		◆						◆	
Porroglossum teaguei	10–25 cm	5–8 cm	E	T	◆		◆		◆						◆	
Potinara-Hybriden	20–60 cm	20–60 cm	E	W/T	◆		◆			◆				◆		
Promenaea stapelioides	5–10 cm	15–20 cm	E	T	◆	◆	◆	◆						◆	◆	
Promenaea xanthina	5–10 cm	15–20 cm	E	T	◆		◆	◆						◆	◆	
Prosthechea brassavolae	35–45 cm	35–45 cm	E/L	W/T	◆		◆	◆					◆	◆		
Prosthechea chacaoensis	20–35 cm	15–30 cm	E	W/T/K	◆	◆	◆	◆						◆		
Prosthechea cochleata	20–60 cm	22–45 cm	E	W/T	◆		◆	◆						◆		
Prosthechea crassilabia	20–70 cm	20–35 cm	E	W/T	◆		◆	◆						◆		
Prosthechea michuacana	20–120 cm	20–40 cm	E	T	◆		◆	◆						◆		
Prosthechea prismatocarpa	20–70 cm	20–40 cm	E	W/T	◆	◆	◆	◆						◆		

Orchidee	Höhe	Breite	Wuchs	Temp.	auffällige Blüten	duftende Blüten	Topfkultur	epiphytische Kultur	feucht halten	Ruhezeit im Winter	verträgt Trockenheit	verträgt Frost	sehr hell/sonnig	hell/halbschattig	schattig	CITES I
Prosthechea radiata	20–40 cm	30–40 cm	E/L	T	◆	◆	◆	◆						◆		
Prosthechea Sunburst	20–50 cm	20–50 cm	E	W/T	◆	◆	◆	◆						◆		
Pseudolaelia vellozicola	10–50 cm	10–80 cm	E	T/K	◆			◆		◆			◆	◆		
Psychilis kraenzlinii	40–100 cm	20–50 cm	E	W	◆			◆		◆			◆			
Psychilis krugii	40–100 cm	20–50 cm	E	W	◆			◆		◆			◆			
Psychilis truncata	20–30 cm	15–20 cm	E/L	W	◆			◆		◆			◆			
Psychopsis kramerianum	20–90 cm	12–60 cm	E	W	◆		◆	◆					◆	◆		
Psychopsis Mendenhall	20–90 cm	12–60 cm	E	W/T	◆		◆	◆					◆	◆		
Psychopsis papilio	20–90 cm	12–60 cm	E	W	◆		◆	◆					◆	◆		
Pterostylis curta	10–30 cm	3,5–8 cm	T	T/K	◆		◆					◆		◆		
Pterostylis nutans	3,5–30 cm	3,5–8 cm	T	T/K	◆		◆					◆			◆	
Pterostylis pedunculata	15–20 cm	8–12 cm	T	T/K	◆		◆					◆		◆		
Pterostylis planulata	3,5–35 cm	3,5–10 cm	T	T/K	◆		◆					◆		◆		
Pterygodium hastatum	15–35 cm	12–25 cm	T	T/K	◆		◆			◆				◆		
Pyrorchis nigricans	10–30 cm	5–8 cm	T	T/K	◆	◆	◆						◆	◆		
Rangaeris muscicola	15–20 cm	20–30 cm	E/L	W	◆	◆	◆	◆							◆	
Rangaeris rhipsalisocia	15–20 cm	20–30 cm	E	W	◆	◆	◆	◆							◆	
Renantanda Tuanku Bainun	20–120 cm	20–80 cm	E	W	◆		◆		◆				◆			
Renanthera coccinea	20–120 cm	20–80 cm	E	W	◆		◆	◆					◆			
Renanthera imschootiana	120–150 cm	90–120 cm	E	T	◆		◆	◆					◆	◆		◆
Renanthera monachica	30–60 cm	50–60 cm	E	W/T	◆		◆	◆						◆		
Renanthera-Hybriden	0,3–2,4 m	20–90 cm	E	W	◆		◆	◆					◆			
Restrepia antennifera	20–25 cm	25–35 cm	E	T/K	◆		◆		◆						◆	
Restrepia contorta	18–20 cm	12–15 cm	E	T/K	◆		◆	◆	◆						◆	
Restrepia guttulata	8–15 cm	8–20 cm	E	T/K	◆		◆		◆					◆		
Restrepiella ophiocephala	15–40 cm	15–20 cm	E	W/T		◆	◆		◆					◆		
Rhinerrhiza divitiflora	8–40 cm	8–30 cm	E	T	◆			◆						◆		
Rhipidoglossum xanthopollinium	10–30 cm	15–30 cm	E	T	◆	◆		◆	◆						◆	
Rhizanthella slateri	8–20 cm	8–30 cm	T	T			◆								◆	
Rhyncholaelia digbyana	20–35 cm	20–35 cm	E	W	◆	◆	◆	◆					◆			

Orchidee	Höhe	Breite	Wuchs	Temp.	auffällige Blüten	duftende Blüten	Topfkultur	epiphytische Kultur	feucht halten	Ruhezeit im Winter	verträgt Trockenheit	verträgt Frost	sehr hell/sonnig	hell/halbschattig	schattig	CITES I
Rhyncholaelia glauca	20–35 cm	20–35 cm	E	W/T	◆	◆	◆	◆					◆			
Rhynchostele bictoniensis	20–60 cm	20–40 cm	E	T	◆		◆		◆					◆		
Rhynchostele cordata	20–40 cm	20–40 cm	E	T	◆		◆		◆					◆		
Rhynchostele maculata	20–35 cm	20–30 cm	E	T/K	◆		◆		◆					◆		
Rhynchostele rossii	12–18 cm	15–20 cm	E	T/K	◆		◆		◆					◆		
Rhynchostele Stanfordiense	20–70 cm	20–40 cm	E	T	◆		◆		◆					◆		
Rhynchostele uro-skinneri	30–40 cm	35–45 cm	E	T/K	◆		◆		◆					◆		
Rhynchostylis gigantea	20–60 cm	20–50 cm	E	W	◆		◆	◆					◆	◆		
Rhynchostylis retusa	20–75 cm	20–50 cm	E	W/T	◆		◆	◆					◆	◆		
Rimacola elliptica	6–30 cm	10–30 cm	T	T/K	◆		◆		◆					◆		
Robiquetia cerina	10–50 cm	12–35 cm	E	W	◆			◆	◆					◆		
Robiquetia succisa	20–70 cm	20–50 cm	E	W/T	◆			◆	◆				◆	◆	◆	
Rodriguezia decora	10–40 cm	10–60 cm	E	W/T	◆	◆		◆	◆					◆		
Rodriguezia lanceolata	25–40 cm	15–20 cm	E	T	◆			◆	◆					◆	◆	
Rodriguezia venusta	15–18 cm	15–20 cm	E	T	◆	◆		◆	◆						◆	
Rossioglossum grande	20–50 cm	20–50 cm	E	T/K	◆		◆			◆			◆	◆		
Rossioglossum Rawdon Jester	20–50 cm	20–50 cm	E	T/K	◆		◆			◆			◆	◆		
Saccolabiopsis armitii	6–20 cm	6–15 cm	E	W				◆	◆					◆		
Sarcochilus aequalis	10–15 cm	15–25 cm	L	T/K	◆		◆		◆					◆	◆	
Sarcochilus ceciliae	10–20 cm	15–30 cm	L	T/K	◆		◆		◆		◆		◆	◆		
Sarcochilus falcatus	6–20 cm	10–20 cm	E	T/K	◆	◆		◆	◆					◆	◆	
Sarcochilus fitzgeraldii	10–40 cm	10–40 cm	L	T/K	◆		◆		◆					◆	◆	
Sarcochilus hartmannii	10–40 cm	10–40 cm	L	T/K	◆		◆		◆					◆		
Sarcochilus hillii	6–12 cm	6–12 cm	E	T/K		◆		◆	◆					◆	◆	
Sarcochilus hirticalcar	6–15 cm	6–15 cm	E	T	◆			◆	◆					◆		
Sarcochilus olivaceus	10–20 cm	10–30 cm	E/L	T/K	◆	◆		◆	◆						◆	
Sarcochilus serrulatus	6–15 cm	10–20 cm	E	T	◆	◆		◆	◆					◆	◆	
Sarcochilus-Hybriden	10–40 cm	10–40 cm	E/L	T/K	◆	◆	◆	◆	◆					◆	◆	
Sartylis Blue Knob	10–60 cm	10–50 cm	E	W/T/K	◆		◆		◆					◆		
Sartylis Jannine Banks	10–60 cm	10–50 cm	E	W/T	◆		◆		◆					◆		

Orchidee	Höhe	Breite	Wuchs	Temp.	auffällige Blüten	duftende Blüten	Topfkultur	epiphytische Kultur	feucht halten	Ruhezeit im Winter	verträgt Trockenheit	verträgt Frost	sehr hell/sonnig	hell/halbschattig	schattig	CITES I
Satyrium carneum	30–80 cm	30–45 cm	T	K	◆		◆			◆			◆			
Satyrium coriifolium	20–75 cm	15–25 cm	T	T/K	◆		◆			◆			◆			
Satyrium erectum	10–50 cm	10–30 cm	T	T/K	◆	◆	◆			◆			◆	◆		
Satyrium hallackii	20–60 cm	20–40 cm	T	T/K	◆		◆			◆			◆	◆		
Satyrium longicauda	20–70 cm	20–40 cm	T	T/K	◆		◆			◆			◆	◆		
Satyrium nepalense	15–75 cm	20–50 cm	T	T/K	◆	◆	◆			◆				◆		
Satyrium pumilum	2,5–5 cm	5–10 cm	T	T/K	◆	◆	◆			◆			◆	◆		
Scaphosepalum breve	12–15 cm	10–15 cm	E	K			◆	◆	◆						◆	
Scaphosepalum swertiifolium	15–22 cm	12–15 cm	E	K			◆	◆	◆						◆	
Scaphosepalum verrucosum	20–50 cm	15–20 cm	E/L	K			◆	◆	◆						◆	
Scaphyglottis prolifera	10–12 cm	8–10 cm	E	T	◆		◆	◆	◆				◆	◆		
Scaphyglottis stellata	8–15 cm	8–15 cm	E/L	T	◆		◆	◆	◆				◆	◆		
Scaphyglottis violacea	6–15 cm	5–20 cm	E	T/K	◆		◆	◆	◆					◆	◆	
Schistostylus purpuratus	6–12 cm	6–12 cm	E	T				◆	◆					◆		
Schoenorchis fragrans	5–10 cm	3–5 cm	E	W		◆		◆	◆					◆		
Schoenorchis micrantha	5–10 cm	5–10 cm	E	W		◆		◆	◆					◆		
Schoenorchis pachyacris	1,8–6 cm	3,5–8 cm	E	W/T				◆	◆					◆	◆	
Schomburgkia lueddemanniana	60–140 cm	50–100 cm	E/L	T	◆		◆								◆	
Schomburgkia superbiens	0,6–3,5 m	1,2–1,8 m	E/T	W/T/K	◆	◆	◆							◆		
Schomburgkia undulata	0,9–2 m	1,2–1,8 m	E	W/T	◆	◆	◆	◆						◆		
Schomburgkia weberbaueriana	0,9–1,2 m	0,9–1,2 m	E	T	◆		◆							◆		
Scuticaria hadwenii	20–45 cm	15–20 cm	E	T	◆	◆		◆	◆						◆	
Scuticaria steelei	100–150 cm	15–20 cm	E	T	◆			◆	◆						◆	
Sedirea japonica	10–15 cm	15–30 cm	E	T/K	◆	◆	◆		◆						◆	
Seidenfadenia mitrata	30–50 cm	10–15 cm	E	W	◆	◆		◆	◆					◆		
Serapias cordigera	20–35 cm	15–25 cm	T	K	◆		◆						◆	◆		
Serapias lingua	10–35 cm	15–25 cm	T	K	◆		◆						◆	◆		
Serapias neglecta	10–30 cm	8–18 cm	T	K	◆		◆						◆	◆		
Serapias parviflora	15–30 cm	15–25 cm	T	K	◆		◆						◆	◆		
Serapias vomeracea	20–60 cm	12–15 cm	T	K	◆		◆						◆	◆		
Smitinandia micrantha	10–25 cm	12–25 cm	E	W/T	◆		◆							◆		

Orchidee	Höhe	Breite	Wuchs	Temp.	auffällige Blüten	duftende Blüten	Topfkultur	epiphytische Kultur	feucht halten	Ruhezeit im Winter	verträgt Trockenheit	verträgt Frost	sehr hell/sonnig	hell/halbschattig	schattig	CITES I
Sobralia decora	75–80 cm	60–90 cm	E/L/T	W/T	◆		◆			◆				◆		
Sobralia macrantha	0,3–2 m	0,3–1,2 m	T	W/T	◆		◆			◆			◆	◆		
Sobralia Mirabilis	90 cm	90 cm	T	W/T	◆		◆			◆				◆	◆	
Sobralia xantholeuca	0,3–1,5 m	0,3–1,2 m	T	W/T	◆		◆			◆			◆	◆		
Sobralia Yellow Kiss	50–200 cm	30–200 cm	T	W/T/K	◆		◆			◆			◆	◆		
Sophrocattleya Beaufort	10–40 cm	10–40 cm	E	W/T	◆		◆			◆			◆	◆		
Sophrocattleya Lana Coryell	10–40 cm	10–40 cm	E	W/T	◆		◆			◆			◆	◆		
Sophrolaelia Gratrixiae	10–40 cm	10–40 cm	E	W/T	◆		◆			◆			◆	◆		
Sophrolaelia Orpetii	10–40 cm	10–40 cm	E	W/T	◆		◆			◆			◆	◆		
Sophrolaeliocattleya-Hybriden	10–40 cm	10–40 cm	E	W/T	◆		◆			◆			◆	◆		
Sophronitella violacea	8–15 cm	10–15 cm	E/L	T	◆			◆					◆	◆		
Sophronitis brevipedunculata	3,5–10 cm	6–15 cm	E	T/K	◆			◆	◆				◆	◆		
Sophronitis cernua	3,5–8 cm	6–18 cm	E	W/T	◆		◆	◆					◆	◆		
Sophronitis coccinea	3,5–12 cm	6–20 cm	E	T/K	◆		◆	◆						◆		
Spathoglottis plicata	30–100 cm	20–120 cm	T	W/T	◆		◆		◆				◆			
Spiranthes odorata	30–90 cm	10–15 cm	T	K	◆	◆	◆			◆			◆			
Spiranthes sinensis	10–25 cm	10–15 cm	T	T			◆			◆			◆			
Spiranthes spiralis	10–30 cm	10–15 cm	T	T/K			◆			◆			◆			
Stanhopea anfracta	50–75 cm	30–50 cm	E	T	◆	◆	◆		◆					◆		
Stanhopea embreei	20–50 cm	20–50 cm	E	W/T	◆	◆	◆		◆					◆		
Stanhopea nigroviolacea	20–50 cm	20–60 cm	E	W/T/K	◆	◆	◆		◆					◆		
Stanhopea oculata	20–50 cm	20–50 cm	E	W/T	◆	◆	◆		◆					◆		
Stanhopea wardii	20–50 cm	20–50 cm	E	W/T	◆	◆	◆		◆					◆		
Staurochilus fasciatus	25–80 cm	15–30 cm	E	W/T	◆	◆	◆	◆					◆	◆		
Staurochilus luchuensis	20–60 cm	20–40 cm	E	W/T	◆	◆	◆	◆					◆	◆		
Stelis argentata	18–30 cm	5–10 cm	E	T			◆		◆						◆	
Stelis imraei	10–20 cm	6–15 cm	E	T/K			◆		◆						◆	
Stenoglottis fimbriata	3,5–15 cm	25–30 cm	L/T	T/K	◆		◆			◆					◆	
Stenoglottis longifolia	30–100 cm	20–30 cm	L/T	T/K	◆		◆			◆					◆	
Stenorrhynchos lanceolatum	40–90 cm	20–35 cm	T	T	◆		◆		◆				◆			
Stenorrhynchos speciosum	30–60 cm	10–15 cm	T	T	◆		◆		◆						◆	

Orchidee	Höhe	Breite	Wuchs	Temp.	auffällige Blüten	duftende Blüten	Topfkultur	epiphytische Kultur	feucht halten	Ruhezeit im Winter	verträgt Trockenheit	verträgt Frost	sehr hell/sonnig	hell/halbschattig	schattig	CITES I
Symphoglossum sanguineum	20–30 cm	25–35 cm	E	T/K	◆		◆		◆					◆		
Telipogon octavoi	25–35 cm	5–6 cm	E	K	◆		◆	◆	◆					◆	◆	
Thelymitra aristata	40–60 cm	15–20 cm	T	T	◆	◆	◆							◆		
Thelymitra ixioides	10–100 cm	10–20 cm	T	T/K	◆		◆						◆			
Thelymitra matthewsii	10–15 cm	6–10 cm	T	T	◆		◆							◆		
Thunia alba	75–125 cm	30–50 cm	T	T/K	◆	◆	◆		◆					◆	◆	
Thunia Veitchiana	20–100 cm	15–50 cm	T	W/T/K	◆	◆	◆		◆				◆	◆	◆	
Tolumnia pulchella	10–15 cm	10–15 cm	E	W/T	◆		◆	◆					◆			
Tolumnia triquetra	10–20 cm	10–15 cm	E	W/T	◆		◆	◆					◆			
Tolumnia variegata	10–15 cm	10–15 cm	E	W/T	◆		◆	◆					◆			
Trias oblonga	25–35 mm	8–10 cm	E	T	◆		◆	◆	◆						◆	
Trias picta	25–35 mm	6–15 cm	E	T	◆		◆	◆	◆					◆		
Trichocentrum ascendens	20–70 cm	15–50 cm	E	W/T	◆			◆	◆				◆	◆		
Trichocentrum cebolleta	20–120 cm	10–40 cm	E	W	◆			◆					◆			
Trichocentrum luridum	75–90 cm	45–90 cm	E/L	W/T	◆			◆					◆	◆		
Trichocentrum pulchrum	15–20 cm	10–15 cm	E	W	◆			◆					◆			
Trichocentrum splendidum	60–120 cm	50–60 cm	E/L	W/T	◆			◆					◆	◆		
Trichocentrum tigrinum	15–20 cm	10–15 cm	E	W	◆			◆					◆			
Trichoglottis atropurpurea	40–80 cm	8–12 cm	E	W	◆		◆	◆	◆				◆			
Trichoglottis geminata	20–80 cm	12–25 cm	E	W/T	◆	◆	◆	◆	◆				◆	◆		
Trichoglottis philippinensis	40–80 cm	8–12 cm	E	W	◆		◆	◆	◆				◆			
Trichopilia fragrans	20–30 cm	20–45 cm	E	T	◆	◆	◆	◆	◆						◆	
Trichopilia marginata	12–30 cm	12–25 cm	E	W/T	◆	◆	◆	◆	◆					◆	◆	
Trichopilia suavis	15–30 cm	20–30 cm	E	T	◆	◆	◆	◆	◆						◆	
Trichopilia tortilis	12–25 cm	12–25 cm	E	T	◆	◆	◆	◆	◆						◆	
Trigonidium egertonianum	20–50 cm	20–60 cm	E	W/T	◆		◆		◆				◆	◆		
Vanda alpina	7–18 cm	30–50 cm	E	T	◆		◆								◆	
Vanda coerulea	15–90 cm	10–25 cm	E	T/K	◆		◆						◆	◆		
Vanda coerulescens	35–50 cm	25–35 cm	E	T	◆	◆	◆						◆	◆		

Orchidee	Höhe	Breite	Wuchs	Temp.	auffällige Blüten	duftende Blüten	Topfkultur	epiphytische Kultur	feucht halten	Ruhezeit im Winter	verträgt Trockenheit	verträgt Frost	sehr hell/sonnig	hell/halbschattig	schattig	CITES I
Vanda cristata	20–50 cm	20–60 cm	E	W/T	◆		◆						◆	◆		
Vanda denisoniana	20–90 cm	20–40 cm	E	W/T	◆		◆						◆	◆		
Vanda hindsii	20–120 cm	20–40 cm	E	W/T	◆		◆						◆	◆		
Vanda javierae	20–90 cm	18–30 cm	E	W/T	◆		◆							◆		
Vanda lamellata	40–50 cm	40–45 cm	E	W/T	◆		◆						◆	◆		
Vanda luzonica	20–100 cm	20–50 cm	E	W/T	◆		◆						◆	◆		
Vanda pumila	25–50 cm	25–30 cm	E	W/T	◆		◆						◆	◆		
Vanda sanderiana	20–120 cm	20–50 cm	E	W	◆		◆						◆			
Vanda testacea	15–60 cm	12–25 cm	E	W/T	◆		◆						◆	◆		
Vanda tricolor	20–120 cm	20–50 cm	E	W/T	◆		◆						◆	◆		
Vanda-Hybriden	20–120 cm	20–50 cm	E	W/T	◆		◆						◆	◆		
Vandopsis undulata	20–50 cm	12–25 cm	E	W/T	◆		◆	◆						◆		
Vandopsis warocqueana	0,5–2,4 m	0,5–2 m	E	W	◆			◆					◆			
Vanilla planifolia	0,3–3 m	0,3–3 m	E	W/T		◆	◆	◆					◆			
Vanilla polylepis	1–5 m	0,5–2 m	E	W/T		◆	◆	◆						◆	◆	
Vascostylis Pine Rivers 'Pink'	25–50 cm	20–30 cm	E	W/T	◆	◆	◆							◆		
Vuylstekeara-Hybriden	10–60 cm	10–50 cm	E	T/K	◆		◆		◆					◆		
Wilsonara-Hybriden	10–60 cm	10–50 cm	E	T/K	◆		◆		◆					◆		
Xylobium variegatum	40–60 cm	20–30 cm	E	T	◆		◆						◆			
Zygopabstia Gumeracha	20–60 cm	10–50 cm	E	T/K	◆	◆	◆		◆					◆		
Zygopetalum crinitum	20–60 cm	10–40 cm	E	T/K	◆	◆	◆		◆				◆	◆		
Zygopetalum intermedium	10–40 cm	10–40 cm	E	T/K	◆	◆	◆		◆					◆		
Zygopetalum mackayi	10–40 cm	10–40 cm	E	T/K	◆	◆	◆		◆					◆		
Zygopetalum maxillare	10–40 cm	10–40 cm	E	T/K	◆	◆	◆	◆	◆					◆		
Zygopetalum-Hybriden	10–40 cm	10–40 cm	E/T	T/K	◆	◆	◆		◆					◆		
Zygosepalum lindeniae	25–40 cm	20–30 cm	E	W	◆		◆	◆	◆						◆	
Zygostates alleniana	18–30 mm	30–50 mm	E	W	◆			◆	◆					◆	◆	
Zygostates lunata	5–10 cm	5–10 cm	E	W	◆			◆	◆					◆	◆	

Register

Kursive Seitenzahlen verweisen auf Abbildungen.

A

B

C

D

E

F

G

H

N

O

P